УМСТВЕННОЕ РАЗВИТІЕ ДѢТЕЙ

ОТЪ ПЕРВАГО ПРОЯВЛЕНІЯ СОЗНАНІЯ ДО ВОСЬМИЛѢТНЯГО ВОЗРАСТА.

КНИГА ДЛЯ ВОСПИТАТЕЛЕЙ

Е. Водовозовой.

Нравственное и умственное развитіе дѣтей. — Работы, игры, физическія упражненія на воздухѣ и въ комнатѣ, разсказы, сказки, загадки, пословицы, ариѳметическія задачи и наблюденія надъ явленіями природы.

При книгѣ приложены: чертежи и сборникъ дѣтскихъ пѣсней и подвижныхъ игръ съ народными мелодіями и съ акомпаниментомъ для фортепіано, музыка А. И. Рубца.

Изданіе 3-е, исправленное и дополненное.

С.-ПЕТЕРБУРГЪ.

ВЪ ТИПОГРАФІИ Ф. С. СУЩИНСКАГО,
Екатерининскій каналъ, 168.

1876.

Дозволено цензурою. С. Петербургъ, 1 октября 1875 г.

ОГЛАВЛЕНІЕ.

ГЛАВА I.

Развивать умъ ребенка обыкновенно начинаютъ у насъ только съ того времени, когда его задумаютъ отдать въ школу, т. е. въ 8 — 9 лѣтъ. Еще Песталоцци говорилъ: „До школы дѣтей совершенно предоставляютъ природѣ, дозволяютъ дѣйствовать на нихъ каждому впечатлѣнію чувственной жизни, а потомъ вдругъ всю природу закрываютъ передъ ними; неумолимо сгоняютъ ихъ, какъ овецъ, большими стадами, въ душную каморку; на цѣлые часы, дни, мѣсяцы и годы приковываютъ ихъ взоръ къ однообразнымъ и вовсе не заманчивымъ буквамъ, и вводятъ въ жизнь, совершенно противуположную тому попеченію, какое до того времени имѣла о нихъ природа".—Съ тѣхъ поръ въ нашемъ домашнемъ воспитаніи ничего не измѣнилось. Ребенокъ наслаждается полною свободой безсознательно; но вотъ къ 8—9 годамъ ему все чаще напоминаютъ о томъ, что скоро, скоро пройдетъ его блаженство, что въ школѣ поиграть у него не будетъ и минуты свободной, и что цѣлый день онъ долженъ будетъ сидѣть за книгами. Ребенокъ припоминаетъ все свое прошлое и не можетъ представить себѣ, какъ это онъ усидитъ въ четырехъ душныхъ стѣнахъ, когда весною налетитъ изъ теплыхъ странъ столько хорошенькихъ птичекъ, когда такъ любопытно засматривать въ ихъ гнѣзда,—и какъ это его не будетъ въ шумной толпѣ товарищей, когда тѣ съ первыми лучами теплаго весенняго солнышка выбѣгутъ на зеленый лужокъ играть въ бабки, катать яйца, бѣгать въ запуски... И вдругъ теперь... ничего! ничего! И всего этого лишиться изъ-за ученья?

Ребенокъ инстинктивно чувствуетъ, что вполнѣ законна его дѣтская потребность наслаждаться жизнью, и онъ все съ новымъ ужасомъ и отвращеніемъ думаетъ о своихъ будущихъ школьныхъ занятіяхъ. Зачѣмъ сразу такая ужасная перемѣна жизни? Зачѣмъ онъ вдругъ долженъ измѣнить всѣмъ своимъ привычкамъ; зачѣмъ, наконецъ, ему это школьное ученье? Не лучше ли было бы вѣкъ такъ прожить, какъ ему жилось до сихъ поръ,—вотъ мысли, которыя даже по ночамъ тревожатъ ребенка, когда приближается ему время поступить въ школу.

До сихъ поръ ребенокъ жилъ только исключительно внѣшними чувствами, никогда не понималъ ничего отвлеченнаго, а теперь сразу и надолго долженъ утонуть въ этой школьной тинѣ. Прежде дѣтская любознательность подстрекала его идти далье, дѣлать болѣе тонкія всестороннія наблюденія, узнавать причину явленій, но въ этомъ мама и папа усмотрѣли неприличное любопытство, безпокойный характеръ, и тутъ же стали стращать его школой: „вотъ, погоди, тамъ тебя славно за это проучатъ".

1

Когда же родителямъ покажется, что сынокъ не на шутку хочетъ узнать то или другое, то они успокаиваютъ себя обыкновенно такъ: „пусть ихъ останутся всѣ эти цвѣточки, звѣрьки и разная тамъ философія (разумѣя подъ этимъ ясныя понятія объ окружающемъ) до школы, иначе мальчугану нечего тамъ будетъ дѣлать; онъ только избалуется съ товарищами, а дома хоть бы хорошенько приготовить ко вступительному экзамену“. И ребенокъ, по старанію родителей, отлично сдаетъ экзаменъ. При этомъ у послѣднихъ точно гору съ плечъ свалило; они горды сознаніемъ, что выполнили тяжелую родительскую обязанность и теперь могутъ вздохнуть свободнѣе: главная отвѣтственность не на ихъ рукахъ. Самыя даже заботливыя изъ матерей теперь ограничиваются только тѣмъ, что присматриваютъ за отмѣтками, да развѣ еще за внѣшностью ребенка, дабы она всегда соотвѣтствовала законамъ приличія. И не будь начальства, которое по временамъ досаждаетъ родителямъ своими жалобами на ту или другую шалость ребенка, не будь плохихъ отмѣтокъ, какой бы это водворился миръ въ родительскомъ сердцѣ!

Но неожиданно то и другое, т. е. отмѣтки и начальство, все болѣе и болѣе тревожатъ родителей. Какъ бы избавиться и отъ этой непріятности, такъ чтобы уже совсѣмъ успокоиться на счетъ будущности ребенка? На то существуютъ выговоры, строгія наказанія, а буде замѣтно малѣйшее стремленіе къ пресѣченію пороковъ, — что въ концѣ недѣли докажутъ отмѣтки, — щедрыя награды. Заботливая мать съумѣла отыскать и наказаніе, которое смертельно стыдитъ ребенка, и награду, которая удовлетворяетъ его младенческимъ мечтамъ. Эта муштровка какъ будто измѣняетъ его нравственность, но только по внѣшности. Ребенокъ видимо лѣзетъ изъ кожи, чтобы удовлетворить и родителей, и начальство. Только иногда онъ прорывается... Осматриваетъ новенькія ножницы, любуется ими и вдругъ въ то время, какъ мать погрузилась въ работу, онъ, забывая все на свѣтѣ, и строгія наказанія, и щедрыя награды—изрѣзываетъ дорогое платье, софу... повертѣлъ въ рукахъ перочинный ножикъ отца, и въ той комнатѣ испорчены шпалеры, рабочій столъ. Въ классѣ, ни съ того ни съ сего, показалъ лучшему учителю языкъ, подтолкнулъ лотокъ торговки, приколотилъ товарища, нѣсколько разъ сряду не зналъ ни аза изъ уроковъ по любимому предмету. Настаетъ снова тревожный для всѣхъ періодъ времени; слезы, наказанія, увѣщанія. „Это ужъ такой несчастный ребенокъ, говоритъ отецъ, ему просто ничего не слѣдуетъ давать въ руки, иначе онъ все перепортитъ“. — „Если онъ изъ любимаго предмета ничего не отвѣтилъ, ужъ, видно, учитель плохъ“, оправдываетъ мать.—„Способный, но лѣнивый и скверный мальчишка, замѣчаютъ преподаватели: видно, дома безъ мѣры балуютъ“. И счастье ребенку, если брань, упреки, наказанія и награды не развратятъ его до того, что онъ уже будетъ, не краснѣя, отпираться отъ всякой своей шалости, не пріобрѣтетъ навыка ловко дѣлать за глаза всякую шалость. Когда всѣ домашнія средства истощены безъ удовлетворительнаго результата, родители начинаютъ проклинать школу... Наконецъ, что здѣсь всего печальнѣе, ребенокъ нерѣдко самъ при этомъ серьезно страдаетъ.

Въ школѣ начальство и учителя считаютъ его отпѣтымъ лѣнтяемъ; товарищи изъ самолюбія не хотятъ сводить дружбу съ такою ничтожностью. Дома его заставляютъ страдать еще больше; для пущей кары, не стѣсняясь уже его присутствіемъ, разрисовываютъ передъ всякимъ встрѣчнымъ, не жалѣя красокъ, его дурную нравственность; у ребенка при этомъ навертываются слезы, но онъ скоро научится ихъ проглатывать, подавляя въ себѣ тяжелое чувство. При подобномъ воспитаніи еще болѣе удачный исходъ бываетъ въ такомъ случаѣ, когда найдется въ домѣ хоть одна живая душа, обыкновенно въ видѣ няньки или стараго слуги, которые подмѣтятъ въ дитяти добрыя качества и искренно къ нему привяжутся. Согрѣтый ласкою, онъ, если и не дѣлается лучше, то по крайней мѣрѣ добродушно относится къ окружающему; изъ него впослѣдствіи выйдетъ хотя и безпутный какой нибудь забулдыга, но, что называется, добрый малый. Въ противномъ случаѣ, когда ребенокъ видитъ, что всѣ о немъ дурнаго мнѣнія, самолюбіе его все болѣе раздражается. Онъ привыкаетъ серьезно ненавидѣть всѣхъ людей безъ разбора, впослѣдствіи ловко прикрываетъ себя маскою добродѣтели и при случаѣ не задумается, не разбирая средствъ, выместить злобу. Но сильное раздраженіе, негодованіе—еще, конечно, не признакъ испорченной натуры, и эти чувства легко овладѣваютъ человѣкомъ въ ранней юности, когда онъ сильнѣе чувствуетъ и желаетъ быть хорошимъ. Позже, стремленіе къ добру слабѣетъ, и человѣкъ становится холоднымъ эгоистомъ, котораго единственная цѣль — обладать матеріальною силою, для того чтобы заставить другихъ преклоняться и унижаться передъ собою, какъ онъ въ дѣтствѣ самъ унижался передъ другими.

Отчего все это происходитъ? Какъ же вы, заботливыя матери, испытавъ столько тревогъ и истративъ столько денегъ при переводныхъ экзаменахъ ребенка,—вы, отцы, столь щедрыя на всякія родительскія увѣщанія, все таки не способствовали тому, чтобы ребенокъ всегда счастливо переходилъ изъ класса въ классъ, и теперь, положа руку на сердце, не можете сказать, что юноша пойдетъ хорошею дорогой, что изъ него выйдетъ хорошій человѣкъ, честный труженикъ? Вы вините школу и, какъ одно изъ неотразимыхъ доказательствъ, приводите то, что она не съумѣла привлечь его къ серьезнымъ занятіямъ, не внушила ему любви къ наукѣ.

Было бы лишнимъ распространяться о томъ, что наша школа не удовлетворяетъ разумнымъ требованіямъ, но намъ кажется, что, даже и при идеальномъ устройствѣ, ея задачею должно быть не столько первоначальное умственное и нравственное развитіе, сколько болѣе широкая цѣль воспитывать будущаго общественнаго дѣятеля и гражданина и давать основательныя знанія. Если подъ надзоромъ любящихъ родителей мало по малу укрѣпятся въ ребенкѣ сначала инстинктивно, а потомъ и сознательно, нравственныя привычки, то и въ школѣ ему легко будетъ усвоить тѣ добрыя стремленія, ту горячую любовь къ наукѣ, которыя однѣ только впослѣдствіи и поддержатъ его въ тяжелой житейской борьбѣ. Можетъ ли преподаватель исторіи и литературы заставить понять и сознательно полюбить историческихъ дѣятелей и труженивовъ, отдавшихъ среди страданій всю свою жизнь на служеніе обществу, если до 10—12 лѣтъ мальчикъ совершенно сознательно еще не понимаетъ, что скверно и глупо подтолкнуть бѣдную торговку. Такой ребенокъ, и сдѣлавшись взрослымъ, никогда не пойметъ лучшихъ стремленій общества, никогда не будетъ работать за одно съ лучшими его представителями. Что касается умственнаго развитія, то мы положительно можемъ сказать, что если дома, до вступленія въ школу, ребенку не дали разумной подготовки, то и потомъ развѣ только особенно талантливый можетъ пріобрѣсть основательныя знанія. При нашей школьной программѣ намъ мало можно надѣяться на развитіе въ школѣ. Да и мудрено школьнымъ преподавателямъ заставить полюбить свой предметъ, если въ дѣтствѣ, когда въ ребенкѣ такъ сильна наклонность къ наблюдательности, онъ привыкъ безучастно проходить передъ самыми обыденными явленіями, къ которымъ нельзя возвращаться въ школѣ. И какъ онъ можетъ внимательно слушать часовой урокъ въ классѣ, когда дома его не пріучили ни думать, ни напрягать своего вниманія и 10 минутъ кряду.

И такъ, всѣ наши неудачи въ воспитаніи происходятъ отъ того, что оно начинается только со школьной скамьи, когда характеръ уже сложился, а умъ, привыкшій къ бездѣйствію, принялъ извѣстное направленіе.

Давно уже всѣми признано, что соотвѣтственное возрасту умственное и нравственное развитіе должно начинаться съ перваго проявленія сознанія въ ребенкѣ; между тѣмъ, страшно подумать, какъ мало заботятся объ этомъ даже въ самомъ образованномъ классѣ общества. Будущій историкъ, изучая нашу педагогику и дѣтскую литературу, вѣроятно придетъ въ величайшее затрудненіе, какъ изобразить то воспитаніе, которое въ наше время даютъ дѣтямъ до школьной скамьи. По воспитанію физическому онъ еще найдетъ кое какія руководства, но по предмету умственнаго и нравственнаго развитія ему представится весьма и весьма немного; два три руководства для механическихъ занятій по системѣ нѣмецкаго педагога Фребеля, да кое какія отрывочныя статейки по элементарному преподаванію. Естественно, что родители не имѣютъ ни малѣйшаго понятія о раціональномъ воспитаніи, когда наша педагогика такъ мало занимается этимъ вопросомъ. Единственный у насъ журналъ, посвятившій себя спеціально задачѣ первоначальнаго воспитанія, «Дѣтскій садъ» за 1866, 67 и 68 гг., не только не нашелъ въ педагогической литературѣ строгой и безпристрастной оцѣнки, но и не вызвалъ никакого разумнаго отголоска, никакого живаго сочувствія къ поднятому вопросу. Мы не будемъ здѣсь разбирать его, но, каковы бы ни были его недостатки, по важности затронутаго имъ вопроса, педагогическая литература должна была своими указаніями помочь ему идти по вѣрному пути, объясняя публикѣ, какъ необходимо измѣнить рутинныя правила нашего воспитанія, всецѣло заимствованныя нами отъ нашихъ прабабушекъ. На вышедшіе у насъ учебники по Фребелю также были сдѣланы только чисто внѣшнія замѣчанія о недостаткахъ перевода, но вовсе не было разъяснено, какъ примѣнять Фребелевскія работы къ русскимъ дѣтямъ, чтобъ онѣ дѣйствительно способствовали ихъ развитію; какъ бы и изъ нашей русской жизни и изъ нашей обыденной обстановки найдти не менѣе полезныя занятія для маленькихъ дѣтей?

Однако, что же дѣлаютъ наши родители съ ребенкомъ, пока не засадятъ его за азбуку? Одни держатся того мнѣнія, что нужно совершенно предоставить ребенка самому себѣ, и потому даютъ ему просвѣщаться отъ лакеевъ, кухарокъ и испорченныхъ дѣтей его возраста; другіе приглядываютъ и сами за дѣтьми, но вся ихъ забота ограничивается тѣмъ, что они не жалѣютъ денегъ на покупку игрушекъ и заставляютъ зубрить французскія и нѣмецкія слова и басни. Въ большинствѣ случаевъ дѣтей совершенно сдаютъ на руки нянькамъ. Няня добра и услужлива, игрушки прелестны; но въ два, три дня она успѣла передать весь запасъ своихъ разсказовъ и придуманныхъ ею игръ, и начинаетъ повторяться. Игрушки изломаны и не утѣшаютъ дѣтей, а покупать другихъ нѣтъ средствъ или, при малой изобрѣтательности нашихъ игрушечныхъ мастеровъ, можно предложить ребенку только тоже самое, что уже разъ было ему куплено. Дѣти нестерпимо скучаютъ, пристаютъ къ старшимъ, не знаютъ, что дѣлать. При строгости родителей, которые требуютъ, чтобы дѣти имъ не докучали, они дѣйствительно скоро перестаютъ просить перемѣны занятій и, мало по малу, притупляется ихъ живость; они мирятся съ своимъ положеніемъ, и вяло, безжизненно, тупо проходитъ день за днемъ дѣтская жизнь, угасаютъ навсегда творчество и способности. При баловствѣ же и потаканіи дурнымъ инстинктамъ, дѣти только изощряются въ пошлыхъ выдумкахъ и шалостяхъ.

Что же дѣлать? Какъ направить воспитаніе? Дайте разумное содержаніе жизни ребенка, и если всѣ дѣти не выйдутъ геніальными, то навѣрно не будетъ ни тупыхъ, ни разсѣянныхъ, ни вялыхъ, ни нервно-живыхъ, ни совершенно безнравственныхъ.

При разлагающемъ вліяніи нашей среды, при бѣдности нашей житейской обстановки, необходимо прибрать для дѣтскихъ игръ и занятій какой нибудь матеріалъ, имѣющій обще-человѣческій смыслъ, указать дѣтямъ образцы трудовой жизни, которою живутъ милліоны людей. Дѣтямъ, пріученнымъ съ первыхъ лѣтъ презирать праздность, любить и уважать простой трудъ, не придется объяснять того, что и подъ сермягою и рубищемъ бьется такое же человѣческое сердце, какъ и подъ тончайшимъ сукномъ.

Но, прежде чѣмъ говорить о томъ, какъ мы, русскіе воспитатели, можемъ воспитывать своихъ дѣтей, скажемъ нѣсколько словъ о томъ, какъ слѣдуетъ вообще воспитывать всякаго человѣка, къ какой бы націи онъ ни принадлежалъ.

Что же значитъ воспитывать? „Высшая цѣль воспитанія", по опредѣленію древнихъ, — „mens sana in corpore sano" (въ здравомъ тѣлѣ здоровая душа). „Хорошо воспитывать", говоритъ Руссо въ Эмилѣ, „значитъ пріучать пользоваться всѣми органами, чувствами, способностями, всѣми нашими членами, всѣми частями нашего существа". — „Воспитаніе маленькихъ дѣтей", поясняетъ Песталоцци, „есть ничто иное, какъ устремленіе вниманія на разнообразные предметы, окружающіе ребенка; оно есть ничто иное, какъ правильное упражненіе чувствъ, нѣжныхъ стремленій сердца, языка, памяти, способности мышленія и тѣлесныхъ способностей дѣтей". Вотъ что говоритъ по этому поводу Спенсеръ въ своей книгѣ о воспитаніи: „Какъ обращаться съ тѣломъ, какъ обращаться съ умомъ, какъ вести дѣла, какъ вести семью, какъ дѣйствовать въ роли гражданина, какъ воспользоваться всѣми источниками счастья, которыми снабжаетъ насъ природа, какъ употребить всѣ наши способности съ наибольшею выгодою для насъ и для другихъ, какъ жить наиболѣе полно, — вотъ великая задача, къ разрѣшенію которой должно приготовить насъ воспитаніе".

Вотъ какъ опредѣляютъ значеніе воспитанія передовые мыслители, самые вліятельные поборники реализма или естественности въ воспитаніи, которые болѣе другихъ внесли новыхъ, живыхъ, здоровыхъ идей, и тѣмъ имѣли рѣшительное вліяніе на обновленіе теоріи воспитанія.

При этомъ будетъ понятно правило Песталоцци, что воспитаніе должно начинаться съ колыбели.

И такъ, всѣ мыслители признаютъ, что умъ со всѣми способностями и чувствами, тѣло со всѣми его органами должно развивать одинаково, т. е. физическое, нравственное и умственное воспитаніе всегда должно идти рука объ руку и помогать другъ другу къ достиженію возможно полныхъ, всестороннихъ воспитательныхъ результатовъ.

Нынѣшнее воспитаніе, какъ и самый вѣкъ, должно носить характеръ реальный. Теперь каждый воспитатель долженъ смотрѣть на своего воспитанника, какъ на сумму физическихъ и умственныхъ силъ, которыя, какъ бы ни были велики, во всякомъ случаѣ ограничены. Не смотря на это, добросовѣстный воспитатель-реалистъ только и будетъ помышлять о томъ, какъ-бы развить эти силы на сколько возможно шире и дать имъ возможно полное всестороннее примѣненіе. Онъ будетъ руководиться не отвлеченными принципами и теоріями, а призывами самой жизни. Если при этомъ питомецъ обнаружитъ пылкую натуру, то онъ постарается лишь дать доброе направленіе горячимъ порывамъ, поддержать живую и плодотворную страсть.

О физіологическомъ уходѣ за дѣтьми мы не будемъ говорить, такъ какъ по этому вопросу въ педагогическихъ журналахъ было много дѣльныхъ статей; кромѣ того, тутъ мы можемъ указать на книгу Комба: «Уходъ за дѣтьми, физіологическій и нравственный» лекція Илинскаго, гдѣ воспитатели найдутъ много дѣльныхъ совѣтовъ объ уходѣ за дѣтьми въ раннемъ возрастѣ, объ ихъ питаніи, и выясненіе очень важнаго вопроса о томъ, какое вліяніе имѣетъ на здоровье ребенка образъ жизни матери во время беременности.

Тутъ мы нѣсколько остановимся только на томъ, на что такъ мало обращаютъ вниманія наши медики и составители всѣхъ руководствъ по физіологіи.

Сонъ, пища и чистый воздухъ уже давно признаны необходимыми условіями для правильнаго развитія всякаго организма. Но намъ кажется, въ особенности при развитіи дѣтей, упускаютъ изъ виду еще не менѣе важное условіе — движеніе. Подъ этимъ мы разумѣемъ не гимнастику, не танцы, даже не физическія упражненія, которыя имѣютъ, конечно, свое значеніе (о нихъ мы скажемъ ниже), но вполнѣ свободныя движенія ребенка, не подавляемыя никакими искусственными мѣрами. Съ первой минуты появленія его на свѣтъ, ребенокъ долженъ вполнѣ самостоятельно распоряжаться всѣми своими органами, всѣми членами, всею силою, всѣми частями своего маленькаго существа. При этомъ воспитатели не должны соображаться ни съ предразсудками, ни съ личнымъ вкусомъ, ни съ приличіями, ни даже съ собственнымъ спокойствіемъ, но во всемъ прежде всего задавать себѣ вопросъ: будетъ ли движеніямъ ребенка въ томъ или другомъ случаѣ предоставлена наибольшая, возможная свобода? Но и это еще не все. Иногда воспитатели, при физіологическомъ уходѣ за дѣтьми, строго руководятся правилами гигіены, и все таки дѣти ихъ вялы и неподвижны. Какъ темпераментъ, такъ и настроеніе ребенка въ данную минуту зависятъ отъ множества причинъ: отъ обстановки, отъ пищи, иногда прекрасной для дѣтей вообще, но не подходящей извѣстному организму, очень много—отъ наслѣдственности; наконецъ, причины бываютъ чисто психологическія, иногда весьма сложныя, гнѣздятся глубоко и не поддаются поверхностному наблюденію. И такъ, дѣти сплошь и рядомъ бываютъ равнодушны и недостаточно дѣятельно относятся къ окружающему, т. е. мало двигаются, прыгаютъ, заигрываютъ, мало обращаютъ вниманія на предметы. Тутъ уже ваше дѣло, воспитатели, вызвать въ ребенкѣ проявленіе всесторонней, полнѣйшей (конечно, всегда свойственной возрасту) жизненности, помочь ему какъ можно скорѣе сдѣлаться полнымъ господиномъ своихъ разнообразныхъ движеній. Объяснимъ все по порядку и представимъ примѣры.

Чѣмъ у насъ стѣсняютъ свободу движеній ребенка, почему это дурно и какъ помочь этому?

Лишь только ребенокъ появляется на свѣтъ, всѣ части его тѣла обматываютъ и крѣпко на крѣпко обвязываютъ разными пеленками. Мы не будемъ останавливаться на этомъ обычаѣ, противъ котораго впервые заговорили уже полтораста лѣтъ тому назадъ, чѣмъ и до нынѣ наполнены всѣ руководства по физическому воспитанію (но, вѣроятно, все еще недостаточно, такъ какъ и до сихъ поръ въ весьма немногихъ семействахъ уничтоженъ этотъ варварскій обычай; даже въ нашихъ воспитательныхъ и родильныхъ домахъ, гдѣ этимъ дѣломъ руководятъ образованные медики—пеленаніе во всей силѣ). Мы только разсмотримъ весь вредъ его относительно самостоятельныхъ движеній ребенка.

Первое обмываніе новорожденнаго, не смотря на всю осторожность, значительно раздражаетъ ребенка. Къ тому же онъ только-что перемѣнилъ среду, гдѣ находился всегда въ одинаково высокой температурѣ,—все это вмѣстѣ вызываетъ въ немъ множество разнообразныхъ движеній, и эти-то движенія, столь полезныя для возбужденія первой самостоятельной жизненной энергіи, подавляютъ пеленками тотчасъ при ихъ проявленіи. При повтореніи этихъ усиленныхъ движеній, его нѣжное тѣло трется о грубую ткань пеленокъ, вслѣдствіе чего происходитъ слишкомъ быстрая и обильная испарина. Вы распеленываете ребенка—и эта испарина, отъ вліянія болѣе холоднаго воздуха, въ которомъ сразу очутилось его тѣло, также быстро охлаждается: его схватываетъ лихорадка, онъ начинаетъ икать. Постепенно у него все ослабѣваетъ потребность движенія: тутъ начинаетъ дѣйствовать привычка, вышеописанное болѣзненное расположеніе и другія ненормальныя явленія, вызываемыя пеленаніемъ. Прямо вытянутые члены лежатъ совершенно неподвижно, до онѣмѣнія, которое весьма трудно замѣтить воспитателямъ; результатомъ же бываетъ плохой медленный ростъ. Свивальники стѣсняютъ всѣ главные органы выдѣленія и дыханія, т. е. кишки, почки, кожу и легкія. Это особенно отзывается на пищевареніи и на замедленіи испражненія. Распеленайте слабаго ребенка, и даже для наблюдательной матери весь вредъ пеленанія будетъ очевиденъ: онъ сразу начинаетъ испражняться. А всѣмъ извѣстно, какое вредное вліяніе имѣетъ на организмъ пребываніе въ немъ матеріала, который уже выполнилъ свою задачу, а между тѣмъ не выдѣляется изъ него на перекоръ закону природы.

Есть дѣти, и преимущественно очень здоровыя отъ природы, у которыхъ пеленаніе усиливаетъ дѣятельность органовъ питанія на-счетъ дѣятельности органовъ выдѣленія: это выражается въ томъ, что такія дѣти бываютъ необыкновенно тяжелы, вялы, съ прозрачною одутловатостью и неестественною толстотою всего тѣла; ихъ обыкновенно называютъ сырыми. Но какимъ бы здоровымъ организмомъ ни былъ одаренъ ребенокъ, пеленаніе мѣшаетъ естественному укрѣпленію и развитію кожи, бываетъ причиною, что движенія становятся неопредѣленными, безсвязными, боязливыми. Часто и полуторогодовалый ребенокъ, когда вы его распеленываете, не привыкъ еще распоряжаться своими рученками, не знаетъ куда ихъ сунуть, и пребольно царапаетъ себѣ ими лицо и глаза. А если онъ заснетъ неспеленатый, то безпрестанно вздрагиваетъ, пугается самаго легкаго шума, до сильнѣйшаго сердцебіенія, а иногда и до нервнаго припадка *).

Ставши юношей, ребенокъ будетъ избѣгать всякой физической усталости, которая, болѣе чѣмъ какое другое средство, избавляетъ людей въ этомъ возрастѣ отъ тайныхъ грѣховъ, преждевременной возмужалости и противоестественныхъ пороковъ; все это, конечно, неотразимо вліяетъ на нравственное и умственное развитіе молодаго поколѣнія. Бэнъ, одинъ изъ величайшихъ европейскихъ мыслителей и психологовъ,

*) Мы не указываемъ на множество болѣзней, которыя развиваются отъ пеленанія, такъ какъ послѣдствіемъ его бываетъ ненормальное отправленіе органовъ пищеваренія и дыханія, наше дѣло указать весь вредъ пеленанія, только по отношенію къ движеніямъ дитяти.

считаетъ движеніе источникомъ, изъ котораго возникаютъ важныя умственныя спо- собности. Но и тѣ дѣти, которыхъ не пеленаютъ, если они флегматичны уже отъ природы, бываютъ совсѣмъ вялы иногда только потому, что мать ихъ холодная и суровая женщина. Она, можетъ быть, и совершенно добросовѣстно выполняетъ свои обязанности, но обходится съ дѣтьми безъ горячаго участія. Она аккуратно мѣняетъ простыни, кормитъ по часамъ, купаетъ даже съ термометромъ, и т. п., но при этомъ въ ней не промелькнетъ ни одной искры страстной материнской любви, она никогда не снизойдетъ до безумно-веселой болтовни, до оживленной игры въ сороку-ворону, въ гуси-лебеди, и т. п.

Такихъ дѣтей въ особенности нужно умѣть расшевелить. Еще пока ребенокъ не можетъ сидѣть, можно придумать всевозможныя мышечныя движенія, которыя укрѣп- ляютъ позвоночный хребетъ, мышцы рукъ и ногъ (См. объ этомъ въ V главѣ, „о мы- шечныхъ движеніяхъ“).

Если мало-мальски дозволяетъ квартира и есть возможность держать ребенку ноги тепло и сухо, — не только пускайте его ползать на полъ, но поощряйте это раз- ными средствами. То можно положить на коверъ, въ нѣсколькихъ шагахъ отъ него, вещь, до которой бы онъ могъ доползти, то звать его къ себѣ. Чѣмъ свободнѣе упражняетъ ребенокъ свои мускулы, тѣмъ скорѣе крѣпнетъ его организмъ, и онъ ста- новится смѣлымъ, самостоятельнымъ.

Но вотъ ребенокъ достаточно выросъ; онъ не удовлетворяется больше тѣмъ, что неопредѣленно тянется изъ одной комнаты въ другую; онъ хочетъ уже болѣе осмысленныхъ движеній: то погонится за бабочкой, то ловитъ муху. Все это, конечно, скоро ему надоѣдаетъ, и если вы не изобрѣтете множество подвижныхъ игръ, не да- дите ему товарищества, которое еще болѣе возбуждаетъ его къ дѣятельности, то и въ это время могутъ явиться тысячи обстоятельствъ, при которыхъ погибнетъ хорошо начатое вами дѣло воспитанія.

Подвижныя игры не должны быть устроены по командѣ, по нѣмецки: такъ онѣ не принесли бы никакой пользы, потому что движенія только тогда и могутъ быть полезны, когда онѣ совершенно свободны и доставляютъ дѣтямъ шумную, веселую радость. Тутъ многіе могутъ замѣтить, что и всякая игра уже нѣсколько стѣсняетъ, что лучше уже просто предоставить ребенку полную свободу ходить на четверень- кахъ, кувыркаться, топать ногами, и т. п. Представляю себѣ ужасъ родителей: все это совершенно необходимо и, даже скажу больше, — воспитатели не должны ни- сколько стѣснять этого наивнаго выраженія дѣтской веселости; но безъ подвижныхъ игръ, какъ мы увидимъ ниже, дѣти не могутъ обойтись. Что касается шумнаго ве- селья, какъ бы подъ-часъ оно ни было тяжело для воспитателя, подавлять его не слѣ- дуетъ, такъ какъ оно одно изъ главныхъ способовъ, служащихъ къ развитію муску- ловъ и вполнѣ здоровой организаціи. „Отрада“, говоритъ Спенсеръ, „есть самое сильное изъ тоническихъ средствъ. Ускоряя обращеніе крови, оно облегчаетъ от- правленіе всѣхъ другихъ функцій и такимъ образомъ упрочиваетъ здоровье и воз- становляетъ его, когда оно разстроено. Крайній интересъ дѣтей въ ихъ играхъ, буй- ная радость, съ которою они приступаютъ къ новымъ шалостямъ, столь же важны, какъ и сопровождающее ихъ движеніе“.

Если вы съ самого рожденія ребенка никогда не стѣснили его тѣлодвиженій, не убили въ зародышѣ всѣхъ стремленій ума и сердца, потребность къ шумной игрѣ, къ буйной неудержимой веселости, проявляется весьма не надолго. Онъ хочетъ еще иг- рать, но быстрыя, буйныя тѣлодвиженія его физически утомили; ему нужно теперь тихое, болѣе продолжительное удовольствіе, которое возбуждало бы и оживляло его умъ. Обыкновенно послѣ такого буйства ребенокъ сразу дѣлается грустнымъ и пристаетъ къ родителямъ съ неизмѣннымъ вопросомъ: что дѣлать? Но онъ дѣлать еще ничего не можетъ; вотъ тутъ-то вы и должны помочь ему изобрѣсти игру, въ которой бы онъ и душою, и тѣломъ принималъ живое участіе и могъ бы мало по малу успокоиться послѣ сильнаго возбужденія.

Наиболѣе приносятъ пользы тѣ подвижныя игры (см. ниже главу о подвижн. играхъ), которыя, согласно его желанію, даютъ ребенку полную свободу замѣнять мысль и тѣлодвиженія игры собственною фантазіею.

Намъ пришлось быть однажды свидѣтельницей такой сцены. Въ одномъ дѣтскомъ саду дѣти въ подвижной игрѣ пѣли, представляя на нѣмецкій ладъ лягушку, птицу и другихъ животныхъ. Одинъ мальчикъ, наскучивъ однообразіемъ, тѣмъ болѣе, что ему уже чуть-ли не шестой разъ выпадало на долю представлять все одно и тоже животное, вскричалъ: „да что это все одно и тоже? Я лучше вотъ что покажу!“—и ребенокъ пустился отхватывать трепака. Дѣти расхохотались и оживились, и, какъ по знаку, въ тактъ стали прихлопывать въ ладоши, но воспитательница не дала расходиться русскому нраву, удалила изъ общества зачинщика и первая монотонно затянула прерванную, исковерканную на русскій ладъ нѣмецкую пѣсню: „Ужъ ты, лягушечка, поскачи, попляши, моя душечка“.

Конечно, такія подвижныя игры приносятъ гораздо болѣе вреда, чѣмъ пользы. Такимъ воспитателямъ слѣдуетъ чаще вспоминать извѣстное изреченіе; „вамъ никогда не удастся воспитать мудрецовъ, если вы не воспитаете шалуновъ“. И такъ, при физическомъ уходѣ за ребенкомъ, не только слѣдуетъ заботиться о провѣтриваніи комнаты и мясной пищѣ, но и о его движеніяхъ. „Я хочу сдѣлать своего питомца“ — говоритъ Руссо — „соперникомъ дикой козы!“ И намъ кажется, подобное стремленіе всякаго воспитателя могло бы только снискать ему отъ питомца самое глубокое уваженіе и искреннѣйшую благодарность. Обладать живостью и граціей дикой козы, которая съ одинаковою легкостью перепрыгиваетъ со скалы на скалу, избѣгая всякой опасности, и добываетъ все нужное для своего существованія — это дѣйствительно горячо желаемый идеалъ при ф и з и ч е с к о м ъ воспитаніи современныхъ поколѣній.

ГЛАВА II.

Нравственное воспитаніе дѣтей такъ тѣсно связано съ ихъ умственнымъ развитіемъ, что трудно говорить о каждомъ изъ нихъ отдѣльно. На поступки взрослаго человѣка можно взглянуть съ нравственной точки зрѣнія, или со стороны его образованія и развитія. Что касается маленькаго ребенка, то его отношенія къ окружающему, его шалости и проступки—большею частью вѣрное зеркало его умственнаго кругозора. Когда ребенокъ поступаетъ дурно, находчивая мать не будетъ читать ему правоученій, а укажетъ, какъ въ такомъ случаѣ поступилъ бы другой на его мѣстѣ. Эти примѣры не должны быть въ родѣ слѣдующаго: „а вотъ паинька дѣвочка—никогда не вертится на стулѣ", или: „паинька мальчикъ всегда сидитъ за книгой и всегда услуживаетъ матери". Умная мать представитъ ему идеалъ, но не такой, какого бы ребенокъ не могъ достигнуть, не какую-нибудь отвлеченную добродѣтель, а укажетъ на самый простой случай изъ жизни, на который обыкновенно и не обращаютъ вниманія. Ребенокъ, положимъ, отказываетъ матери въ пустой просьбѣ, она приводитъ въ примѣръ бѣднаго сосѣдняго мальчика, который, даже не спрашивая матери, знаетъ что ей нужно: то цѣлый день таскаетъ со двора щепки для растопки, то загонитъ скотину въ хлѣвъ, и т. п. Такимъ образомъ, давая ребенку нравственный примѣръ, вы заставляете его вглядываться въ жизнь вообще. Съ другой стороны, при хорошемъ умственномъ развитіи, не будетъ недостатка и въ нравственныхъ примѣрахъ.

Въ нашемъ краткомъ очеркѣ нравственнаго воспитанія, читатель не найдетъ ни предписаній, ни правилъ, какъ исправить дѣтей отъ того или другаго порока, съ какою непобѣдимою стойкостью, не трогаясь мольбами питомца, долженъ держать себя педагогъ, чтобы подобная сдержанность уже сразу возвысила его надъ всѣми смертными.. Такихъ идеальныхъ педагоговъ мы вовсе не уважаемъ, такъ какъ, по нашему мнѣнію, только на театральныхъ подмосткахъ людямъ можетъ быть дозволено присвоивать себѣ чужія качества, т. е. являться поперемѣнно то въ той, то въ другой роли. Въ дѣйствительной же жизни вообще, и въ особенности въ такомъ великомъ дѣлѣ, какъ наука, нравственность, взаимныя отношенія наставника и питомца,—все должно быть основано на прочномъ фундаментѣ, на строгой правдѣ. А что же за справедливость, когда воспитатель, за минуту горячій, веселый, увлекающійся, снисходительный къ окружающимъ, не исключая и себя, такъ неприступенъ для своего питомца, такъ неподатливъ ни на какія его мольбы? И зачѣмъ эта маска холоднаго равнодушія, безсердечной стойкости? Если вамъ не нравится тотъ или другой поступокъ дитяти, если онъ настолько дуренъ, что отзывается болью въ вашемъ сердце, зачѣмъ таить это передъ ребенкомъ, отчего не отнестись къ нему такъ же искренно, какъ вы отнеслись бы въ этомъ случаѣ къ другу, къ брату, ко всякому горячо любимому вами существу? Вы скажете, что разница ясна: то, что пойметъ взрослый, недоступно дитяти. На это мы только отвѣтимъ: всякое естественное страданіе и боль вызываютъ и безъискусственныя выраженія; но если вы вообще съ первыхъ лѣтъ дѣтства не пріучили ребенка понимать, что у другаго, какъ и у него, бываетъ и физическая, и нравственная боль, что другому все это столько-же невыносимо, какъ и ему, съ такимъ ребенкомъ нужно изобрѣсти особую методу воспитанія; но вы не годитесь для этого изобрѣтенія, такъ какъ не умѣли укрепить въ немъ первыхъ правилъ добра. Не найдутъ читатели въ нашемъ очеркѣ правилъ, какъ исправлять тотъ или другой порокъ, по слѣдующей причинѣ. Кто имѣлъ много дѣла съ дѣтьми, тотъ знаетъ, что хотя въ дѣтяхъ есть общіе недостатки и пороки, но ихъ оттѣнки и условія, при которыхъ они являются, такъ разнообразны, что однимъ и тѣмъ же средствомъ исправлять двухъ дѣтей—рѣшительно невозможно. Даже и при совершенно одинаковой житейской обстановкѣ повидимому черезъ чуръ строгая мѣра для одного—такъ ничтожна для другаго, что не производитъ на него никакого дѣйствія. Притомъ, для правилъ нравственнаго воспитанія въ наукѣ не существуетъ никакихъ данныхъ. Состояніе нашего духа, сила нашихъ чувствъ, самые наши поступки,—все это въ тѣсной связи съ разными отправленіями нашего организма. Между тѣмъ, физіологія еще не разрѣшила многихъ важныхъ вопросовъ; вотъ почему и психологія, наука о душѣ человѣка, въ такомъ несовершенномъ состояніи. Педагогика опирается на выводы этихъ наукъ, такъ можетъ ли она предписывать правила, основанныя на неточномъ выводѣ, на единичномъ опытѣ? Какъ для умственнаго, такъ и для нравственнаго развитія дѣтей мы указываемъ въ нашей книгѣ только матеріалъ, которымъ можетъ воспользоваться воспитатель, но то и другое онъ долженъ примѣнять сообразно съ личностью ребенка.

Что же такое нравственное воспитаніе? Но прежде чѣмъ говорить о нравственномъ воспитаніи, спросимъ себя, что такое нравственный человѣкъ. Обратитесь съ этимъ вопросомъ къ нѣсколькимъ людямъ, и вы получите совершенно различныя опредѣленія. Разные классы общества совсѣмъ не сходятся между собою въ своихъ идеалахъ, въ своихъ понятіяхъ о нравственности. Идеалъ женщины въ небогатомъ кругу—это трудящаяся личность, избѣгающая роскоши, преданная семейнымъ интересамъ столько же, сколько и общественнымъ. Въ модномъ свѣтскомъ кругу самымъ большимъ уваженіемъ пользуется та женщина, которая никогда, ни въ какихъ житейскихъ обстоятельствахъ не поступится своими визитами, модами, внѣшними приличіями, однимъ словомъ, такая, которая свято будетъ хранить предразсудки праздныхъ людей. Тѣмъ болѣе діаметрально-противуположныя воззрѣнія на этотъ предметъ имѣетъ одно поколѣніе передъ другимъ. Родовая месть нашихъ предковъ, рабство, невольничество въ самыхъ представительныхъ государствахъ, звѣрское отношеніе нашихъ помѣщиковъ къ крестьянамъ, къ подчиненнымъ и небогатымъ людямъ — все это не только теперь предосудительно, но и гадко каждому здравомыслящему человѣку. Во время же господства въ обществѣ этихъ дикихъ понятій, окружающіе не только безпощадно осмѣивали въ своемъ ближнемъ малѣйшее отступленіе отъ общепринятыхъ нравовъ или проблескъ гуманнаго чувства, но пускались на интриги, клеветы и преслѣдованія, пока несчастнаго совсѣмъ не выживали изъ своей среды.

Однимъ изъ главныхъ условій нравственнаго воспитанія—указать постепенно, и разумѣется въ доступной формѣ, какъ на заблужденія и добродѣтели прошлаго времени, такъ и на тѣ идеалы, которые выработаны въ настоящее время. Вотъ почему нравственное воспитаніе такъ тѣсно связано съ умственнымъ развитіемъ. По нашему мнѣнію, теперь должно стремиться и считать нравственнымъ человѣка, котораго горе, лишенія, житейскія дрязги и неудачи не надламываютъ, даже не гнутъ въ разныя стороны. Лишенія только обогащаютъ его житейскимъ опытомъ, а неудачи заставляютъ много обдумывать и соображать и пробуждаютъ въ немъ тонкій анализъ въ отношеніи къ окружающему, и прежде всего въ отношеніи къ самому себѣ. Такой человѣкъ искренно сознается, когда неудача произошла по его неловкости или недостаточной подготовкѣ къ дѣлу; но это сознаніе не разслабитъ его нервы до безполезнаго самобичеванія, до желчной злобы и ненависти къ людямъ. Если онъ въ горѣ могъ безпристрастно отнестись къ себѣ, то тѣмъ болѣе онъ справедливъ къ другимъ, и собственныя неудачи не пошатнули его вѣру въ честность и достоинство человѣка вообще. Нравственнымъ мы называемъ того, у кого воля подчиняется разсудку, кто умѣетъ уравновѣсить жажду наслажденія (такъ часто низводящую человѣка до животнаго) со святыми обязанностями въ отношеніи къ своей семьѣ и къ людямъ вообще. Нравственный человѣкъ всегда одинъ и тотъ же при всякомъ общественномъ и матеріальномъ положеніи. Получаетъ ли онъ въ наслѣдство всѣ богатства Калифорніи, его мысли и руки работаютъ, какъ и прежде; онъ не сдѣлается отъ этого ни строптивымъ повелителемъ, ни божкомъ, передъ которымъ будутъ курить ѳиміамъ. Онъ, какъ и прежде, будетъ презирать двуногихъ животныхъ, всегда готовыхъ ползать на четверенькахъ передъ золотымъ тельцомъ. Правда, онъ не раздастъ нищимъ своего богатства, потому что честная и трудолюбивая жизнь научила его видѣть нужду не тамъ только, гдѣ ее выставляютъ на показъ; но это самое богатство дастъ ему возможность трудиться съ пользою въ болѣе широкой сферѣ. Потерявъ свое богатство, онъ будетъ также веселъ, бодръ, способенъ къ труду, какъ и тогда, когда его получилъ. Крезъ онъ или нищій, его убѣжденія до самыхъ мелочныхъ оттѣнковъ, его друзья,— всегда одни и тѣ же. Такимъ можетъ и долженъ быть каждый, и это далеко еще не идеалъ высоконравственной личности. Въ чемъ состоитъ высокая нравственность—нечего много изъяснять; стоитъ только вспомнить о личностяхъ въ родѣ Роберта Овена, Песталоцци, отдавшихъ всю свою жизнь до послѣдняго вздоха на служеніе обществу и честной идеѣ. Такой энергіи, желѣзной воли, геройства чести, нравственной высоты, какъ и высоты генія, конечно, не всякій можетъ достигнуть; но воспитаніе въ образованномъ обществѣ тѣмъ и должно отличаться, чтобы внушить глубокое уваженіе къ подобнымъ личностямъ, чтобы заронить въ молодое еще сердце искру дѣятельной любви къ ближнему. Человѣкъ, умственно и нравственно развитой, свято выполняя свои семейныя обязанности, также строго будетъ относиться и къ своей общественной дѣятельности. Онъ никогда не будетъ роптать, что на долю его не выпала возможность совершить исполинское дѣло; но въ немъ вѣчно будетъ копошиться червякъ, не дающій ему покоя при страданіи всякаго человѣка, кто бы онъ ни былъ. Нравственно и умственно развитый долженъ отличаться отъ необразованнаго хорошаго человѣка тѣмъ, что согласится скорѣе тысячу разъ споткнуться по вновь пролагаемому пути, чѣмъ идти по дорогѣ, проложенной дѣдами. Идти по новому пути его заставитъ также жизненная энергія, которая всегда заставляла его все извѣдать, и своимъ трудомъ, и личнымъ опытомъ спрашивать самаго себя: „не легче ли будетъ вотъ такъ приносить другому счастье?“—„Какъ бы и мнѣ не думать только о своемъ чревѣ“. Правда, благородство характера, открытая, честная натура, въ большинствѣ случаевъ дѣлаютъ человѣка несчастнымъ, но за то эти добрыя качества ужъ навѣрно ведутъ къ благополучію его ближнихъ. Цѣль нравственнаго воспитанія—научить питомца всюду, гдѣ онъ будетъ, въ какой обстановкѣ ни придется ему жить, умѣть всегда понять общественный недугъ и всегда найтись хоть чѣмъ нибудь, хоть сколько нибудь облегчить страданія другаго. Если житейскія обстоятельства такой личности и будутъ плохи, то взамѣнъ этого онъ будетъ испытывать такое высокое нравственное наслажденіе, котораго онъ не промѣняетъ ни на какія сокровища въ мірѣ. Разумѣется, если бы каждый воспитатель задался такою нравственною задачей, если бы онъ съ такою же заботливостью, какъ и объ экзаменахъ, задавалъ себѣ вопросъ, насколько они за то, или другое время, ближе стали къ рѣшенію главной нравственной задачи, сообща разбиралъ свои отношенія къ людямъ, мѣру своего участія въ ихъ судьбѣ... О! тогда навѣрно многимъ бы на свѣтѣ стало легче жить.

Самою главною задачею нравственнаго воспитанія, которая имѣетъ громадное значеніе для всей послѣдующей жизни человѣка,—приготовить такихъ людей, для которыхъ бы жизнь, съ своими отрадными и печальными сторонами, имѣла живѣйшій интересъ и смыслъ. Поэтому, уже имѣя дѣло съ ребенкомъ, слѣдуетъ начинать съ того, что можетъ развить въ немъ теплое участіе и горячую привязанность къ близкимъ. Это должно выразиться у ребенка тѣмъ, что онъ начнетъ заботиться о спокойствіи этихъ близкихъ и, по мѣрѣ силъ, даже будетъ приносить имъ въ жертву свои собственныя удовольствія. Если въ тоже время мозгъ его не останется въ бездѣйствіи, то кругъ понятій и привязанностей постепенно расширяется, онъ болѣе серьезно начинаетъ вникать въ нужды окружающихъ и симпатизировать имъ. Тогда жизнь, въ полномъ смыслѣ слова, закипитъ въ немъ горячимъ ключемъ. „Если люди“—говоритъ Милль—„имѣющіе сколько нибудь сносную внѣшнюю обстановку, не видятъ въ жизни ничего, что давало бы ей цѣну въ ихъ глазахъ, то это происходитъ обыкновенно оттого, что они ни о чемъ иномъ никогда не думали, какъ только о самихъ себѣ. Для людей, которые не имѣютъ никакихъ привязанностей, ни общественныхъ, ни частныхъ, сумма жизненныхъ возбужденій значительно сокращается, и даже самая жизнь теряетъ для нихъ всякій интересъ, когда они видятъ, что смерть готовится уже положить конецъ всѣмъ ихъ эгоистическимъ интересамъ; для тѣхъ же людей, напротивъ, которые оставляютъ послѣ себя предметы личной привязанности, и въ особенности для тѣхъ, которые развили въ себѣ участіе къ коллективнымъ интересамъ человѣчества, жизнь, даже и на смертномъ одрѣ, не только не теряетъ своего интереса, но сохраняетъ его въ той же силѣ, въ какой имѣла для нихъ во время ихъ молодости и здоровья. Послѣ себялюбія, главная причина недовольства жизнью есть недостатокъ умственнаго развитія. Развитіе ума,—не говорю философское, но по крайней мѣрѣ такое, которое бы раскрывало человѣку источники знанія и дѣлало его способнымъ къ умственному труду,—такое развитіе превращаетъ въ неистощимый источникъ интереса все окружающее, и предметы природы, и произведенія искусства, и созданія поэзіи, и событія исторіи, и прошедшія, и настоящія, и будущія судьбы человѣчества." (Утилитаріанизмъ, стран. 32 и 33).

Въ раннемъ дѣтствѣ, дѣйствительно, проявляется множество животныхъ инстинктовъ, и пороки—суть ихъ слѣдствіе. Задача нравственнаго воспитанія и состоитъ въ томъ, чтобы не потакать этимъ дурнымъ инстинктамъ, развивать и укрѣплять волю, которая могла бы ихъ сдерживать. Тутъ, конечно, ничего не подѣлаешь сентенціями и правоученіями, какъ бы онѣ ни были краснорѣчивы. „Новорожденный — эгоистъ", говоритъ Эскиросъ въ своей книгѣ „Эмиль XIX вѣка", потому что онъ слабъ. Нужно освѣтить узкіе инстинкты, данные природою человѣку для самосохраненія, чувствами, связывающими его съ ближними. Эти чувства вполнѣ реальны, и корень ихъ, въ одно и тоже время,—и въ насъ самихъ, и внѣ насъ. Каждое изъ этихъ душевныхъ движеній вызывается рядомъ извѣстныхъ фактовъ. Состраданіе, напр., является при видѣ чужихъ страданій; благодарность связана съ извѣстными оказанными услугами. Всѣ великодушныя чувства существуютъ въ ребенкѣ, но только въ зародышномъ состояніи. И растительный міръ наполненъ сѣменами, изъ которыхъ многимъ никогда не суждено разцвѣсть. Что недостаетъ имъ? Луча солнца, хорошей почвы, капли воды. Такъ бываетъ и съ сѣменами нашихъ нравственныхъ способностей; для ихъ развитія тоже необходима благопріятная среда, толчекъ извѣ". Какая же среда болѣе благопріятна и какой нуженъ толчекъ?

„Въ духовномъ отношеніи", говоритъ Локкъ, „дѣти рано должны воспитываться, какъ разумныя, самостоятельныя существа. Главное, они должны видѣть, что съ ними обходятся не по произволу и прихоти старшихъ, но что во всѣхъ своихъ требованіяхъ старшіе руководствуются разумностью и доброжелательствомъ". „Въ домашнемъ управленіи", говоритъ Спенсеръ, „какъ и въ политическомъ, суровый деспотизмъ самъ порождаетъ большую часть преступленій, которыя потомъ приходится подавлять, тогда какъ мягкое и либеральное правленіе устраняетъ много случаевъ раздора и до того улучшаетъ складъ чувства, что уменьшаетъ побужденіе къ проступкамъ". Безнравственность ребенка, его первная раздражительность, лѣность и всѣ его дурныя наклонности, за исключеніемъ весьма немногихъ, и даже всѣ пороки позднѣйшаго возраста происходятъ отъ безсодержательной, недѣятельной жизни ребенка до 8 — 9-лѣтняго возраста. Какъ психологія, такъ и исторія человѣчества даютъ намъ безконечные примѣры того, что попираемая, угнетаемая человѣческая личность, права которой общество презираетъ, когда этой личности удавалось захватить въ свои руки силу,—становилась наклонной къ жестокому тиранству. За этими примѣрами намъ не нужно далеко ходить. вспомнимъ только, какъ варварски расправлялись съ крестьянами тѣ управители, которые сами были изъ крестьянъ. Вотъ почему лучшіе умы, писавшіе о воспитаніи, такъ настаиваютъ на добромъ, мягкомъ обращеніи съ дѣтьми, требуютъ такого полнаго вниманія къ природнымъ побужденіямъ дитяти, признанія уже за маленькимъ существомъ самостоятельности, самобытности его натуры. Между тѣмъ, наши матери, сколько бы не имѣли дѣтей, всѣхъ приведутъ къ одному знаменателю: изъ каждаго они воспитаютъ самую жалкую, самодовольную бездарность. Матери и воспитатели! Замѣтили ли вы, какая главная потребность у всѣхъ дѣтей, кромѣ физическихъ нуждъ организма? О чемъ чаще всего говоритъ ребенокъ? Чего больше всего проситъ? Когда онъ счастливѣе всего себя чувствуетъ? На чемъ, не принося вреда другимъ, онъ можетъ вполнѣ выразить свое личное я, выказать свои вкусы, наклонности, природныя дарованія, наблюдательность? Неужели не замѣтили? Дѣти, которыя съ пеленокъ не исковерканы до мозга костей, только и повторяютъ на разные лады: „дай мнѣ какую нибудь работу; дай мнѣ дѣлать что нибудь новенькое“. Какъ мнѣ скучно!“ твердятъ тѣ изъ нихъ, которые кромѣ куколъ съ наклеенными пышными нарядами ничего не брали въ руки. Вотъ что говоритъ объ этомъ Бенеке, извѣстнѣйшій нѣмецкій психологъ и педагогъ: „Всего лучше, если ребенокъ пріучается заглушать свое неудовольствіе погружаясь въ какое нибудь самостоятельное занятіе; это средство должно считаться самымъ дѣйствительнымъ и для взрослаго въ подобныхъ же случаяхъ, и потому должно быть усвоено ребенкомъ, какъ можно раньше, глубже и вѣрнѣе“.

Особеннаго вниманія заслуживаетъ стремленіе ребенка къ какому нибудь занятію. Этому во всякомъ случаѣ слѣдуетъ удовлетворять. Всякій, кто внимательно наблюдалъ надъ дѣтьми, долженъ знать, что большая часть ихъ шалостей происходитъ отъ скуки, или, выражаясь точнѣе, отъ скопленія многочисленныхъ силъ, нуждающихся въ употребленіи. Стремленія видѣть и слышать также нуждаются въ удовлетвореніи, какъ стремленіе желудка переваривать пищу. Если же эти стремленія не удовлетворены, то онѣ скопляются и наростаютъ, производятъ извѣстное безпокойство и ищутъ исхода. Взрослые рѣже подвергаются такому состоянію, потому что кругъ ихъ представленій, возникшій путемъ извѣстнаго рода правильной дѣятельности и ради ея, всегда можетъ представить исходъ вновь образующимся силамъ. Если же этого нѣтъ, то и у взрослаго мы замѣчаемъ тоже безпокойство, непостоянство, колебаніе туда и сюда; и это состояніе можетъ достигнуть такой силы, что человѣкъ безъ всякой видимой причины, только потому, что ему не куда дѣвать своихъ силъ, доходитъ до отчаянія и самоубійства.

И такъ, на воспитателѣ лежитъ обязанность, быть можетъ важнѣйшая изъ всѣхъ прочихъ обязанностей, доставлять занятія ребенку, покуда тотъ не можетъ доставить его себѣ самъ (все равно, занятіе ли въ видѣ чувственныхъ воспріятій, внѣшней ли дѣятельности, и т. д.). Эти занятія кладутъ начало всѣмъ хорошимъ привычкамъ. Но при этомъ слѣдуетъ остерегаться пріучать ребенка къ необходимости постояннаго возбужденія, постояннаго внѣшняго воздѣйствія. Строго говоря, уже во второй моментъ своей жизни ребенокъ долженъ, не ограничиваясь однимъ настоящимъ воспріятіемъ, начать самостоятельно перерабатывать воспринятое и удержанное имъ ранѣе. Эта внутренняя переработка важнѣе самого воспріятія, такъ что воспитатель долженъ на столько же предоставить ребенку время для нея, какъ и для внѣшняго воспріятія. Его вмѣшательство должно носить только вспомогательный характеръ, но въ тоже время имѣть мѣсто всюду, гдѣ оно необходимо или полезно. („Руководство къ воспитанію и ученію“ д-ра Бенеке, стр. 203 и 204). И такъ, уже въ самой природѣ ребенка лежитъ потребность къ разнообразному труду, который бы удовлетворялъ всѣмъ его наклонностямъ. Слѣдовательно, самымъ дѣйствительнымъ, самымъ воспитательнымъ средствомъ противъ всевозможныхъ дѣтскихъ пороковъ есть трудъ, доступный возрасту дитяти и его силамъ; наиболѣе благопріятная среда — семья небогатыхъ трудолюбивыхъ родителей. Тутъ съ первыхъ лѣтъ своей жизни ребенокъ узнаетъ, что все что у него есть, — плодъ трудовъ родителей, и самъ онъ привыкаетъ наслаждаться отдыхомъ только послѣ труда.

Конечно, и при самой благопріятной обстановкѣ все еще отъ времени до времени у ребенка будутъ проявляться капризы, животные инстинкты. Самое дѣйствительное средство противъ этихъ мелкихъ золъ, небходимое даже и при самой счастливой обстановкѣ, — горячая привязанность къ дѣтямъ, всю силу которой мать не найдетъ нужнымъ, ни для какихъ цѣлей, скрывать и передъ самимъ ребенкомъ.

Намъ часто приходилось въ обществѣ женщинъ слышать толки о воспитаніи. Насъ, конечно, не занимали лица, которыя, не воспитывая дѣтей, высказывали только свои взгляды на тѣ или другія новѣйшія теоріи; еще меньше насъ занимали матери, которыя всюду носили съ собою грузный коробъ геніальныхъ дѣяній своихъ даровитыхъ дѣтей. Имѣя много дѣла съ различными дѣтьми, иногда весьма способными, мы признали полную справедливость словъ Руссо: „Иногда, слушая ребенка“, говоритъ онъ, „вы мысленно называете его геніемъ, черезъ минуту—дуракомъ. Но то и другое будетъ ошибочно: это только ребенокъ, лучше сказать, это орленокъ, который на минуту поднимается къ воздухъ и тотчасъ же падаетъ въ гнѣздо“. Съ большимъ участіемъ мы слышали матерей, которыя имѣли много личнаго опыта, сами вели воспитаніе дѣтей съ самаго ихъ рожденія, откровенно высказывали свои удачи и неудачи.

— Я признаю, — говорила одна,—что теорія Руссо воспитывать дѣтей внѣ общества, чтобы сохранить ихъ естественную чистоту, въ примѣненіи къ практической жизни могла бы только повести къ самымъ плачевнымъ результатамъ. Но нѣкоторой правды нельзя не признать за этою мыслію. Я рѣшительно не могу допустить знакомства дѣтей со всѣмъ житейскимъ. Я уже не говорю о знакомствѣ съ предметами, которые непонятны для ихъ ума и засоряютъ ихъ воображеніе грязными, недостойными образами. Я не допускаю даже, чтобы при дѣтяхъ велись мелкіе, денежные разсчеты. Вмѣсто того, чтобы дать имъ понятіе о высоко-нравственныхъ личностяхъ, приносившихъ себя въ жертву на пользу общества, прежде всего окунуть его въ круговоротъ торгашества, взаимной эксплуатаціи... Ни за что!.. они у меня даже никогда не видятъ денегъ...

— Я думаю, это большой ущербъ для ихъ ариѳметическихъ знаній, сказала молоденькая учительница. Какъ вы думаете? обратилась она къ сосѣдкѣ.

— Право я не могу отвѣчать на это, сказала женщина среднихъ лѣтъ, внимательно слушавшая пренія, такъ какъ даже не могу себѣ и представить, что бы вышло изъ дѣтей, если бы на практикѣ къ нимъ стали примѣнять какую бы то ни было теорію отчужденія, удаленія; я живу такъ тѣсно съ дѣтьми, и въ переносномъ, и въ буквальномъ смыслѣ этого слова, что скрывать отъ нихъ что нибудь, что существуетъ въ дѣйствительной практической жизни, ужъ просто вышло бы у насъ очень комично.

— Однако, не все-же можно объяснить ребенку, сказала одна, нисколько не скрывая при этомъ двусмысленной улыбки.

— Очень многаго нельзя объяснить, отвѣчала та совершенно серьёзно, но вы, мнѣ кажется, намекаете на эмбріологическіе вопросы, которые дѣти часто задаютъ старшимъ. Мнѣ кажется, если бы педагоги такъ ретиво останавливались на томъ, какъ проще и удобнѣе выяснить дѣтямъ и другіе не менѣе сложные вопросы, которые еще болѣе эмбріологическихъ интересуютъ ихъ,—то наша воспитательная практика ушла бы далеко впередъ. Наконецъ, если мать умѣетъ дать какую нибудь полезную пищу для ума дѣтей, то эмбріологическіе вопросы вовсе не играютъ у нихъ такой важной роли.

— Однако, скажите, пожалуйста, что вы отвѣчаете дѣтямъ, когда они пристаютъ къ вамъ съ подобными вопросами?

— Говорю, что охотно объяснила бы имъ, но они ничего не поймутъ...

— И они довольствуются?

— Они знаютъ, что я не полѣнюсь объяснить все, что они меня спросятъ, а если отказываю имъ сдѣлать это въ данную минуту, — они привыкли вѣрить, что я дѣлаю это не изъ каприза.

Я изъявила желаніе поближе познакомиться съ методою воспитанія этой особы.

— Сдѣлайте одолженіе, заверните, когда время будетъ, только, если вы имѣете какія нибудь педагогическія цѣли, — напередъ предупреждаю, очень разочаруетесь. Подумайте, можемъ ли мы, вынужденныя зарабатывать усидчивымъ трудомъ свой хлѣбъ, воспитывать дѣтей по всѣмъ правиламъ педагогіи? Можемъ-ли всегда быть съ ними ровны, веселы, справедливы, когда сплошь и рядомъ, послѣ безсонной ночи, вы получаете пріятную вѣсть, что за работу предполагаютъ понизить плату: вотъ вамъ предстоитъ еще больше корпѣть надъ работой, еще меньше отдаваться дѣтямъ. А могутъ ли дѣти быть хорошо воспитаны, когда занимаешься съ ними урывками, когда не оказываешь имъ полной справедливости?

Мы скоро, однако, близко сошлись съ Лярской — такъ звали мою новую знакомую, — и я представлю на судъ читателей все то, что я видѣла у нея во время нѣсколькихъ моихъ посѣщеній, такъ какъ все это послужитъ къ болѣе или менѣе полному выясненію затронутаго въ обществѣ и въ педагогіи вопроса о нравственномъ воспитаніи.

Послѣ нашего знакомства съ Лярской — на другой день, въ 12 часовъ утра, я уже входила въ ея кабинетъ.

— Ну, слава Богу, сказала она, подавая мнѣ руку: сегодня удалось заняться съ ними во время. Ну, идите, дѣти, завтракать въ другую комнату, обратилась она къ нимъ.

— Ахъ, мама! завопили дѣти въ голосъ, какъ сегодня мало ты съ нами занималась...

— Ну, смотри, маленькій, сказала Лярская, вмѣсто отвѣта показывая младшему 6-ти-лѣтнему сыну часы.

— Ну что-жь? отвѣчалъ онъ: теперь только 12 часовъ и 13 минутъ, а ты начала заниматься въ 11 часовъ и 4 минуты... Только 9 минутъ больше обыкновеннаго.

— А, помнишь, третьяго дня, за тобою еще оставалось 17 минутъ, — подхватилъ 8-ми-лѣтній ребенокъ, а на той недѣлѣ было какъ-то четверть часа.

— Ну, хорошо, хорошо, завтра, — проговорила Лярская, смѣясь и цѣлуя ихъ: идите-ка ѣсть, а то все простынетъ!

Старшій убѣжалъ, но младшій сталъ въ дверяхъ и проговорилъ, надувши губки; „Ты вчера вечеромъ кончила срочную работу, а послѣ этого на другой день ты всегда съ нами 20-ю минутами больше сидишь, да еще не въ счетъ играешь съ нами... Это изъ-загостьи... ну, ужъ я не скажу, что хотѣлъ сказать...“ и мальчикъ расхохотался, быстро повернулся и убѣжалъ...

— Скажите, чѣмъ вы это такъ ихъ заинтересовали, что они считаютъ каждую секунду?

— Боже мой, сказала Лярская, неужели дѣти могутъ чѣмъ нибудь не интересоваться? Не только со своими, но и со всѣми дѣтьми, съ которыми мнѣ при-

2

ходилось заниматься, я никогда не встрѣчала, чтобы, послѣ назначеннаго часа, или получаса, дѣти не приставали съ просьбою еще позаняться. Работа заставляетъ меня меньше съ ними сидѣть, чѣмъ слѣдуетъ; не будь этого, по своей слабости я часто бы увлекалась вѣчнымъ ихъ увлеченіемъ, поддавалась бы на ихъ просьбы...

— Но младшему только 6 лѣтъ, не рано-ли вы начинаете его учить?

— Я его не учу въ томъ смыслѣ, какъ понимаютъ у насъ ученіе: онъ еще не знаетъ у меня ни читать, ни писать... Но оставить мальчика только бѣгать и бить баклуши до 10-ти лѣтъ, а потомъ сразу заставить зубрить три языка, посадить на 8 — 9 часовъ въ день склонять, спрягать, заучивать цѣлыя страницы опредѣленій, готовыхъ выводовъ и правилъ, прежде чѣмъ онъ сдѣлаетъ хоть одно самостоятельное наблюденіе, — нѣтъ, ужъ за это благодарю покорно! Какой прокъ въ школьномъ ученіи, когда вы напередъ не пробудили мысли, не остановили вниманія на тысячи окружающихъ близкихъ ребенку предметахъ, совершенно доступныхъ пониманію въ его возрастѣ, — и наконецъ, самое главное, возможно-ли требовать 8—9 часоваго постоянства въ трудѣ, когда передъ тѣмъ онъ шатается изъ угла въ уголъ, не привыкъ и полчаса поработать надъ однимъ и тѣмъ-же? При своей методѣ я убѣждена въ одномъ, — мнѣ не только не придется ихъ упрекать въ лѣни, но всегда нужно будетъ сдерживать ихъ рвеніе къ занятіямъ. Теперь къ необыкновенной усидчивости и успѣхамъ побуждаютъ ихъ не конфетка, не копейка, какою награждаютъ дѣтей за прилежаніе, а ихъ собственная любознательность... Точно также и послѣ причиною ихъ рвенія будетъ не желаніе добиться теплаго мѣстечка, а жажда знаній, горячая, искренняя любовь въ наукѣ.

На этомъ насъ прервала кухарка, которая прошла мимо насъ съ кострюлечкой въ рукахъ.

— Ахъ, Господи, да куда-же вы! — живо остановила ее Лярская, взявши изъ ея рукъ кастрюльку. — Вотъ, представьте хоть такой случай, обратилась она ко мнѣ. — Кажется, ну что значитъ поднести годовалому ребенку горячій бульонъ? — пустяки; между тѣмъ, сколько тутъ порчи характера! Ребенка кормятъ всегда въ одно и то же время, — слѣдовательно, теперь онъ уже проголодался. Видъ бульона еще сильнѣе возбуждаетъ его голодъ; онъ проситъ ѣсть, кричитъ, плачетъ. Обыкновенно нисколько не торопятся удовлетворить такому законному требованію; напротивъ, при немъ студятъ его кушанье, начинаются переливанья. Естественно, этимъ еще больше его поддразниваютъ. Ребенокъ синѣетъ отъ злости и крику. Матери при этомъ никогда и не думаютъ о послѣдствіяхъ. Ихъ только радуетъ, что у ребенка такой сильный аппетитъ. Между тѣмъ слезы и волненіе его утомили, и аппетитъ пропадаетъ. У другихъ-же дѣтей волненіе, напротивъ, вызвало усиленную дѣятельность мускуловъ; сразу пробудился, что называется, волчій голодъ: ребенокъ глотаетъ такъ, что давится отъ торопливости, не успѣвая смачивать пищу слюною. Какія-же послѣдствія? Пища дурно переваривается, и ребенокъ съ первыхъ лѣтъ становится раздражительнымъ. Спрашивается, зачѣмъ его пріучать реветь, злиться, настойчиво требовать, — когда всего такъ легко избѣгнуть!.. Я даже и дверь притворяю, чтобы стукъ ложечки не напомнилъ ему что тутъ дѣлается.

Когда Лярская остудила бульонъ, она поставила блюдечко на столъ и кликнула старшихъ дѣтей.

— Дѣтушки! — сказала она имъ, когда они вбѣжали, — ну-ка, скорѣе собирайте всѣ ваши игрушки изъ моего кабинета...

— А зачѣмъ это, мама? — спросилъ младшій.

— Развѣ ты забылъ? — перебилъ его старшій, подбирая игрушки и складывая все въ большой ящикъ, — мы сейчасъ ѣли, вотъ и Ваню будутъ кормить въ этой комнатѣ; такъ нужно, чтобы нашихъ игрушекъ здѣсь не валялось. Вотъ этими прутиками онъ глаза себѣ выколетъ, этимъ стеклышкомъ обрѣжется...

— А если слижетъ зеленую краску съ бочки — такъ отравится, умретъ... — подхватилъ младшій. — Ну, а вотъ это ему можно дать — это хорошая краска, впрочемъ, надо попробовать...

— Потомъ, потомъ, дѣти: уберите сначала игрушки.

Дѣти всѣ вмѣстѣ поволокли въ уголъ нагруженный игрушками ящикъ.

— Все-таки Ваня можетъ увидѣть, что здѣсь игрушки, — сказалъ 6-ти лѣтній Коля, — прикроемъ-ка ихъ газетой, а то, вѣдь, Ванѣ это тоже нехорошо; онъ будетъ тянуться, просить, чего нельзя дать, — болталъ ребенокъ: — онъ, вѣдь, у насъ еще маленькій, ничего не понимаетъ... Только, вотъ, прочти, не сегоднишняя-ли газета? — сказалъ Коля, подавая старшему брату, — а то мама, пожалуй, ее не читала, не догадается, что мы здѣсь ее положили, будетъ долго искать.

— Готово! — крикнули они въ голосъ, и Лярская взошла съ маленькимъ на рукахъ, стала его кормить. Коля началъ заигрывать съ маленькимъ братомъ. „Теперь не время, дружокъ, — сказала ему мать, — видишь, Ваня смотритъ на тебя, развлекается, вотъ и привыкнетъ шалить во время ѣды... вонъ, смотри“ — и она указала ему, какъ маленькій засмотрѣлся на брата, улыбнулся, и бульонъ вылился изо рта.

— Ахъ, какой ты еще маленькій глупышъ! — сказалъ Коля покровительственно, погрозивъ пальцемъ брату, схватилъ съ дивана большой фланелевый платокъ и началъ въ него закутываться.

— Это куда ты собираешься? — спросили мы.

— Мама кормитъ Ваню въ своей комнатѣ, такъ нужно, чтобы въ это время провѣтрили его дѣтскую... и посмотрю, отворили-ли въ его комнатѣ форточку; если нѣтъ, такъ напомню нянѣ это сдѣлать: она старенькая, все у насъ забываетъ...

— Да зачѣмъ-же форточку отворять? — спросили мы.

— Развѣ ты этого не знаешь? Провѣтрить надо, освѣжить комнату, дурной воздухъ вонъ выпустить, а хорошій впустить...

— Да можетъ быть она и этого не поняла — перебилъ его старшій братъ, Саша: вѣдь такъ трудно понять, какъ онъ толкуетъ, неправда-ли — спрашивалъ онъ, обращаясь ко мнѣ съ участіемъ, и, недожидаясь моего отвѣта, началъ останавливаясь на каждомъ словѣ, съ необыкновеннымъ усердіемъ мнѣ объяснить...

— Видите ли, тутъ спало ночью много людей, воздухъ очень испортился, потомъ тутъ вставали, мылись, убирались, летѣла пыль, — ну, все это больше и больше портило воздухъ... вотъ его и надо теперь прочистить... поняла?

— Еще-бы! — Но тутъ мальчикъ услышалъ голосъ брата въ залѣ и побѣжалъ къ нему.

— Однако, чему-же они у васъ учатся?.. Я понимаю: старшій читаетъ, пишетъ, рисуетъ; тутъ уже много дѣла и для рукъ, и для головы. А маленькій? Ему вѣдь только 6-ть лѣтъ?

— А маленькій учится думать, учится трудиться... пожалуй взгляните... — и Лярская отворила шкафъ, который полнехонько былъ набитъ всевозможными работами. Чего, чего тутъ не было: стулики, столы, вѣшалки, лѣстницы, ящички, сдѣланные на станкѣ; чашечки кубышки, — точеныя и сдѣланныя изъ глины; плетеныя и

2*

шитыя корзиночки, съ необыкновеннымъ вкусомъ и симметріей въ цвѣтахъ и расположеніи; геометрическія фигуры изъ разноцвѣтной бумаги, аккуратно склеенныя; цѣлые маленькіе ландшафтики сельскихъ и городскихъ видовъ, при чемъ деревья, животныя, люди, домики — очень аккуратно были вырѣзаны изъ папки и стоймя приклеены къ картонажу, нарисованные выпукло-выколотые контуры домашнихъ животныхъ, птицъ, предметовъ, находящихся въ комнатѣ и т. п. Я съ изумленіемъ всматривалась въ работы; такого разнообразія работъ я нигдѣ не видала; онѣ мало походили и на работы дѣтскаго сада, которыя я встрѣчала на различныхъ выставкахъ. Ничто не носило, такъ сказать, казеннаго, форменнаго характера, т. е. ничто не было подчищено, прикрашено. Вы сплошь и рядомъ встрѣчали пятнышко, переправленную ошибку, и т. д. Но сколько во всемъ этомъ вѣрной, тонкой наблюдательности, симметріи, вкуса, граціи...

— Неужели вы не поправляли всѣ эти работы?

— Эти нѣтъ, даже выборъ былъ ихъ собственный... а вотъ сюда загляните — и она указала на нижнія полки...

По этимъ работамъ я легко могла прослѣдить, какъ каждый изъ нихъ постепенно развивался. Въ этихъ тетрадяхъ часто не только трудно было разобрать какую-нибудь форму или фигуру, — это просто были испачканные, залитые клеемъ, куски мятой бумаги, налѣпленные на тетрадь.

— Видите-ли, сколько тутъ моей работы?—сказала Лярская, указывая на фигурки, аккуратно сдѣланныя, которыя среди этой начкотни рѣзко выдѣлялись. Вотъ старшій теперь уже все мастеритъ безъ всякихъ указаній, но Колѣ многое приходится поправить, на многое его навести. Да такъ ли бы они оба работали, если бы я могла тратить на нихъ много времени; а вѣдь все это дѣлается урывками. Вы не повѣрите, какъ я завидую другимъ матерямъ; мнѣ очень часто приходится слышать, что онѣ дадутъ дѣтямъ вотъ такой ящикъ матеріала, и дѣти сами до всего доходятъ. Пробовала тоже съ моими, что-же вы думаете? — всю коробку перервутъ, и только когда съ ними продѣлаешь много работъ вмѣстѣ, сама посидишь и покорпишь, придумывая разныя фигурки, они начинаютъ самостоятельно творить. Ужъ право не знаю, не достаетъ-ли въ нихъ даровитости, или другія матери говорятъ это только изъ мелкаго хвастовства.

— Однако, посмотрѣвши на такія работы, грѣшно жаловаться вамъ на недаровитость дѣтей.

— Да, они очень понятливы, только эту понятливость всегда нужно съ ними высидѣть. Впрочемъ, я увѣрена, что руки ихъ, тѣло и голова все-таки будутъ достаточно развиты; но меня мучитъ, что я не могу постоянно слѣдить за ними, внимательнѣе вслушиваться во всѣ ихъ сужденія о предметахъ, не могу довольно часто вызывать ихъ на разсужденія. Конечно, въ болѣе важныхъ случаяхъ они бѣгутъ ко мнѣ, и мы все рѣшаемъ сообща; каждый при этомъ высказываетъ все, какъ ему вздумается; но этого еще мало, и я очень часто должна затворять дверь, когда между ними идетъ прелюбопытная болтовня. Часто мнѣ кое-что въ ней и не нравится, да боишься отвлечься отъ дѣла, и еще крѣпче затворяешься...

Въ эту минуту, какъ нарочно, раздался изъ сосѣдней комнаты ужасный визгъ.

— Дерутся!—сказала Лярская, и бросилась на крики.

— Не правда-ли, примѣрные дѣти? — сказала она, растянувши ихъ въ разныя стороны.—Вѣдь настоящіе дикари!

— Мама, это онъ, онъ дерется! — закричалъ Коля, — я теперь съ нимъ ни за что не буду играть, цѣлый годъ ни за что не скажу съ нимъ ни слова! и на дворъ не пойду... ни за что на свѣтѣ!!

— Никогда я не повѣрю, что ты такой злой, — перебила мать, что цѣлый годъ будешь помнить... а вотъ каково вамъ было бы, если бы я за то, что вы теперь передрались, цѣлый годъ не стала бы съ вами заниматься и говорить.

Мальчика видимо сразилъ этотъ доводъ, но самолюбіе не дозволяло уступить брату, и Лярская терпѣть не могла въ такихъ случаяхъ тривіальныхъ, сентиментальныхъ комедій, которыя такъ унижаютъ человѣческое чувство въ первыхъ его проблескахъ. Она никогда не говорила въ подобныхъ случаяхъ: просите другъ у друга прощенья, поцѣлуйтесь; или, что еще пошлѣе: ты виноватъ, ты и поцѣлуй у брата ручку. Напротивъ, она больше всего старалась какъ можно скорѣе покончить дѣло...

— Посмотри-ка, Коля, какая толстая веревка, — вдругъ сказала она, поднимая съ полу веревку и подавая ее сыну. — Ну, попробуй-ка, обхватишь ли ты ее своими рученками? О, да ты, значитъ, можешь и кучеромъ быть! Ну-ка, Саша, становись лошадкой... И дѣти, которыя за минуту давали обѣтъ не играть вмѣстѣ, совсѣмъ забыли о ссорѣ, и еще съ незастывшими слезами на глазахъ, какъ ни въ чемъ не бывало, весело шумѣли и бѣгали по двору.

Лярская, какъ она сама выразилась, жила съ дѣтьми въ буквальномъ смыслѣ слова, одною, нераздѣльною, самою тѣсною жизнію. Обо всемъ, что она дѣлала, о всѣхъ своихъ печаляхъ, удачахъ и неудачахъ въ работахъ и хозяйствѣ, куда она шла, что думала предпринять, однимъ словомъ рѣшительно обо всемъ, что только мало-мальски было доступно дѣтскому пониманію, — Лярская сообщала своимъ дѣтямъ, какъ лучшимъ своимъ друзьямъ. Получала она какую нибудь работу, она говорила дѣтямъ, во сколько времени она думаетъ ее кончить, на сколько возможно толковала въ чемъ будетъ заключаться ея работа, какое вознагражденіе получитъ за нее. Тотчасъ сообща они дѣлали предположенія, какъ употребить эти деньги; при этомъ строго отличали болѣе необходимое отъ менѣе необходимаго, и послѣднее отодвигалось на второй планъ. У насъ матери ко всѣмъ мнѣніямъ дѣтей привыкли относиться съ снисходительной улыбкой, которая говоритъ: а, и ты туда же червякъ! Напротивъ, дѣти Лярской замѣняли ей часто общество взрослыхъ людей, въ которомъ потребность она такъ сильно чувствовала, хотя и не могла его себѣ доставить по многимъ обстоятельствамъ. Поэтому она такъ серьозно смотрѣла на дѣтей. Уважая въ каждомъ человѣческое достоинство, она тѣмъ болѣе уважала это достоинство и самостоятельное мнѣніе въ своихъ дѣтяхъ. Такое тѣсное сближеніе съ дѣтьми никогда не переходило у нея въ поклоненіе передъ ними, въ потаканіе ихъ слабостямъ и ненужнымъ прихотямъ; но эта общительность съ дѣтьми давала ей возможность глубже и глубже изучать ихъ умъ и природу. А кто такъ изучаетъ всѣ изгибы характера своего питомца, съумѣетъ во время предостеречь его отъ важныхъ житейскихъ ошибокъ.

Когда Лярская садилась за работу, она запирала комнату, упрашивая дѣтей не предпринимать въ это время очень шумныхъ игръ. Дѣти очень хорошо знали, что мать говоритъ это не изъ личнаго каприза, а для общаго блага семьи; они покорялись, насколько позволяла имъ ихъ живость.

— Только ужъ, пожалуйста, мама, — говорилъ одинъ изъ нихъ, — ты почаще объ этомъ напоминай... А то мы нѣтъ, нѣтъ, да и забудемъ, а ты подумаешь, что мы нарочно.

— Я этого никогда не думаю.

— Только когда устанешь работать, скажи, и, если можно, посиди съ нами.

Послѣднее говорилось съ такимъ страхомъ и съ такою мольбою, что тяжелый вздохъ вырывался изъ груди Лярской, которая никогда не забывала этихъ дѣтскихъ просьбъ. Она ни на минуту не сдерживала ихъ больше, чѣмъ этого требовала ея работа.— Ну, дѣтушки, шумите, бѣгайте, теперь мнѣ не помѣшаете... И подымалась же возня, въ которой, при первой возможности, сама Лярская принимала участіе.

Слѣдствіемъ заботъ о маленькомъ братѣ, которыя они раздѣляли съ матерью, была ихъ сильная привязанность къ малюткѣ: они охотно жертвовали для него своими вещами, забавляли его, устраивали ему игрушки. Разъ привыкши не на словахъ, а на дѣлѣ выражать свое участіе, они также обходились и со всѣми, хоть бы это были люди совершенно простые.

Нѣтъ нужды, что мы больше не владѣемъ и не торгуемъ ни живыми, ни мертвыми душами, но дѣти наши очень рано начинаютъ понимать всю свою власть надъ низшими. Къ прислугѣ они обращаются, только чтобы приказывать или покуражиться надъ нею: они знаютъ, да и родители напоминаютъ безпрестанно, что за свои рубли они могутъ продѣлывать все, что имъ угодно; что за бѣда, если ихъ обхожденіе не понравится: за деньги они найдутъ другихъ слугъ. Только развѣ юношами они неожиданно узнаютъ, что и у людей, во всемъ ниже ихъ поставленныхъ, есть душа, а голова и руки могутъ быть способнѣе ихъ собственныхъ, господскихъ. Совсѣмъ не то было у дѣтей Лярской. У своей няни они много перенимали работъ, игръ и пѣсенъ. Когда няня мыла бѣлье, они мели свою комнату, застилали свою постель и нянину. Они очень хорошо понимали, что не дѣлаютъ этого всегда только потому, что у нихъ есть возможность учиться, а у няни не было этой возможности. Вотъ они и учились; а за то, что няня давала имъ возможность не терять времени на грубыя работы, они ее жалѣли всѣмъ своимъ любящимъ дѣтскимъ сердцемъ. Это выражалось у нихъ тѣмъ, что всѣ свои свѣдѣнія, которыя они получали изъ книгъ или отъ матери, они немедленно сообщали нянѣ, обо всемъ спрашивая ея мнѣнія. Съ необыкновенною охотою, терпѣніемъ и радостію они учили читать всякую молоденькую горничную, которая изъявляла на это свое желаніе. Отходилъ ли, по болѣзни, отъ нихъ кто нибудь изъ служащихъ, какая нибудь прачка, поденщина, мать освѣдомлялась объ ея судьбѣ, и все это было при дѣтяхъ. При первомъ удобномъ случаѣ, Лярская, вмѣстѣ съ дѣтьми, шла на квартиру къ этой женщинѣ. Такъ какъ Лярская жила одною тѣсною жизнію съ дѣтьми, то и дальнѣйшія ея хлопоты о несчастной были не только извѣстны дѣтямъ, но они сами принимали въ нихъ дѣятельное участіе. Кто бы у нихъ ни былъ, гдѣ бы они ни были, Лярская обдумывала и спрашивала у другихъ, какъ бы пристроить ту или другую женщину, не знаетъ ли кто того или другаго мѣста.

— Вотъ видишь, мама! — вскрикиваетъ ребенокъ, похлопывая съ блестящими глазами въ ладоши. — Вотъ, Маша и не будетъ жить въ томъ грязномъ углу. Или: — А какъ ты думаешь, уплатитъ ли Александра Ивановна свои долги, получая жалованья 7 рублей въ мѣсяцъ? — И какъ это хорошо, разсуждали они, что ей именно досталась такая работа, какъ шитье: она, вѣдь, такая мастерица, и ей навѣрно прибавятъ жалованья. Пусти насъ скорѣе ей разсказать объ этомъ, и т. п.

Болѣлъ ли кто въ домѣ, или прислуга, или изъ семьи, Лярская одинаково усердно за всѣми ухаживала. Дѣти, конечно, не отставали отъ нея и всячески прислуживали, а мать объяснила имъ при этомъ, насколько они могли понимать, что она дѣлала и почему такъ, а не иначе поступала. Это, конечно, не были научныя знанія, но практическія свѣдѣнія, которыя необходимо имѣть очень рано каждому, и отъ незнанія которыхъ человѣкъ на каждомъ шагу, отъ самой ничтожной причины, можетъ погибнуть и погубить тысячи себѣ подобныхъ. Понятно, что если кто выздоравливалъ, какъ искренно радовалась этому вся семья. Эти случаи, какъ въ нравственномъ, такъ и въ умственномъ развитіи, приносили громадную пользу. Они заставляли каждаго изъ семьи выносить самую теплую вѣру въ знаніе и сильное стремленіе запастись имъ, какъ можно больше. Дѣти Лярской очень рано стали понимать суевѣрія людей необразованныхъ. Лярская всегда объясняла имъ, почему она требуетъ отъ нихъ того или другаго, отчего отказывала имъ въ томъ, чего имъ такъ хотѣлось. И это было у ней однимъ изъ главныхъ правилъ воспитанія, — рычагъ, которымъ она иногда производила чудеса. „При моемъ положеніи,“ говорила она. „мнѣ такъ часто приходится лишать ихъ желаемаго, заставлять ихъ дѣлать надъ собою довольно большія усилія. Я не хочу, чтобы дѣти думали, что я произвожу какіе нибудь эксперименты или по личному капризу, или потому, что ихъ недостаточно люблю. Я хочу, чтобы они во всемъ видѣли разумную причину и подчинялись мнѣ, лишь находя мое требованіе вполнѣ законнымъ“.

Іезуитскіе попы, съ ихъ догматомъ непогрѣшимости и слѣпого повиновенія, возбуждали должное презрѣніе и негодованіе всѣхъ здравомыслящихъ людей; но удивительно, что и лучшіе авторитеты, люди наиболѣе свободные отъ всякихъ предразсудковъ, вродѣ Руссо, требовали отъ ребенка полнаго подчиненія авторитету старшихъ. Лярская, какъ мы знаемъ, не слѣдовала этой системѣ, и авторитетъ ея отъ этого нисколько не страдалъ. Маленькихъ она избавляла отъ соблазна, удаляя отъ нихъ ту или другую вещь, но лишь только дѣти становились сознательнѣе, она объясняла имъ всякое свое требованіе, всякій отказъ. Конечно, ей помогало въ этомъ ея умѣнье все передавать дѣтямъ доступнымъ языкомъ и въ надлежащей формѣ. Часто ея дѣти, сознавая всю справедливость требованія, искренно заявляли ей о томъ, какъ имъ трудно было его выполнить. Тогда Лярская напрягала всѣ силы своего ума, чтобы облегчить трудъ. Она знала, что если обязанности очень тяжелы, то люди обыкновенно кончаютъ тѣмъ, что вовсе ихъ не выполняютъ.

Однажды мнѣ пришлось быть у Лярской, когда ея восьмилѣтній мальчикъ былъ боленъ. Весь въ жару, разметавшись, лежалъ ребенокъ въ кровати и жаловался на головную боль. Лярская подноситъ ему ложку касторового масла.

— Мама, но вѣдь какая противная эта касторка, нельзя ли что нибудь другое?

— Противная-то она — противная; только видишь ли, Саша, всякое другое слабительное дѣлаетъ рѣзь въ животѣ. Вѣдь это еще хуже. А это все въ минуту... Она продолжала бодрымъ, веселымъ голосомъ: я дамъ его тебѣ въ пивной пѣнѣ. Ты сразу хлебни, вотъ этой корочкой съ солью заѣшь, и такимъ молодцомъ будешь... скоро захочется и ѣсть, и пѣть, и прыгать, и работать.

Мысль обо всемъ этомъ тотчасъ оживляетъ ребенка. Онъ смотритъ въ сторону, слушаетъ, про себя улыбается. Но вотъ онъ мотнулъ курчавой головкой и сразу хлебнулъ противное лекарство.

— Хорошо, что я выпилъ, теперь буду здоровъ! — сказалъ онъ, и вдругъ ободрился и присѣлъ на кровать, весело заболталъ съ окружающими, а черезъ минуту попросилъ ножницы и началъ вырѣзывать разныя фигурки.

Большею частью, когда приходится ребенку давать лекарство, то дѣлаютъ это посредствомъ хитрости, обмана или грубаго насилія. Предлагая кислую микстуру, увѣряютъ, что она сладкая; а то безъ дальнихъ разсужденій, два большихъ набрасываются на ребенка, одинъ держитъ его за руки, другой за голову, и лекарство насильно вливаютъ въ ротъ. Такое насиліе надолго оставляетъ дурное впечатлѣніе. Мнѣ самой приходилось слышать, какъ при этомъ двое дѣтей совѣщались между собою, какъ провести мать, когда та станетъ давать лекарство: повалитъ меня я нарочно бацну объ полъ, посшибу ихъ всѣхъ съ ногъ и дамъ стречка.

Извѣстно, что ребенокъ гораздо нервнѣе большаго. Больной же онъ находится еще въ болѣе возбужденномъ состояніи. Насиліемъ еще увеличатъ его болѣзнь. Слабительное и при этомъ, разумѣется, будетъ имѣть свое дѣйствіе, но раздраженіе ослабляетъ нервы, которые, въ свою очередь, требуютъ леченія.

На это мнѣ могутъ замѣтить: неужели же передъ пріемомъ микстуры можно дѣлать ребенку долгія наставленія? Когда все воспитаніе шло безалаберно, конечно это и поздно, и комично.

За проступки Лярская никогда и ничѣмъ не наказывала своихъ дѣтей. Вѣчно въ обществѣ матери, всегда стремясь сообщить ей какъ можно скорѣе все, что только западало въ ихъ маленькую головку, они отлично знали все, что ей не нравилось и что могло ее огорчить. По нервности, живости и дѣтской забывчивости, они шалили, проказничали и иногда дѣлали дурное. Но лишь только проступокъ былъ совершенъ, прежде чѣмъ мать успѣвала высказать о немъ свое мнѣніе, даже если ея не было въ той комнатѣ, ребенокъ уже не могъ продолжать никакой игры; онъ бѣжалъ къ матери и старался какъ-нибудь спрятать свое личико у нея на колѣнахъ. Мать приподыметъ лицо и сейчасъ догадается, что онъ что-нибудь напроказилъ.

— Ну, что ты натворилъ?—говорила Лярская, улыбаясь.

— Да вотъ няня кроила, и мнѣ захотѣлось: она ушла, и я разрѣзалъ свои новые штанишки. — Ребенокъ горько плакалъ, мать молчала. — Мама, значитъ у меня не будетъ новыхъ штанишекъ?

— Нѣтъ, голубчикъ, я постараюсь достать денегъ; твои ужъ совсѣмъ разорвались, носить ужъ больше невозможно.

— Откуда же ты достанешь?

— Займу.

— А гдѣ же ты возьмешь расплатиться?

— Дольше поработаю.

— Мама, пусть я буду ходить въ драныхъ; я не могу этого видѣть: какъ проснусь ночью, гляжу—всѣ спятъ, а ты сидишь и одна не спишь... Мама, ты меня не любишь? Ты меня не будешь любить?

— Что ты, голубчикъ? Все также буду любить: будешь умнѣе, поймешь, что и выработать не всегда можно; тогда не станешь рѣзать!..

· Ребенку при этомъ обыкновенно было совѣстно даже поднять голову съ колѣнъ, и Лярская могла вывести его изъ этого положенія только обративъ вниманіе на какой-нибудь посторонній предметъ; она по опыту знала, что такого урока было достаточно: когда дурной поступокъ повторялся, что было весьма рѣдко, Лярская все-таки не наказывала ребенка. Это ее сильно смущало, и она не скрывала передъ дѣтьми своего огорченія. Съ тѣмъ изъ нихъ, кто такъ провинился, она дѣлалась сдержаннѣй, холоднѣй, и это страшно мучило ребенка. Ребенокъ ничего не лишался: ни пищи, ни удовольствія; мать, какъ и прежде, говорила съ нимъ, объясняла что онъ спрашивалъ, но по выраженію лица, по нѣкоторой сухости тона онъ уже зналъ, что мать имъ недовольна, помнилъ свою вину.

— Мама, не сердись на меня больше, — говорилъ однажды Саша, послѣ небольшой размолвки съ матерью; мальчикъ былъ уже въ кровати и всѣ думали, что онъ спалъ. Лярская подошла и поцѣловала его; но онъ быстро повернулся на другую сторону и зарыдалъ.

— Отчего же ты плачешь теперь?—спросила его мать.

— Ты еще не забыла, я это вижу; ты меня всегда такъ крѣпко цѣлуешь, а теперь такъ чуть-чуть... На другой день послѣ такихъ событій ребенокъ особенно засматривалъ въ глаза матери, всѣми средствами стараясь ее заставить забыть. Каждый изъ нихъ зналъ, что братъ, няня, — нѣтъ, нѣтъ да и вспомнятъ, пристыдятъ при случаѣ за прошедшее, хоть и обѣщали простить, но ужъ если скажетъ мать: „ну, полно, помиримся“, да еще крѣпко поцѣлуетъ, значитъ все забыто, какъ бы и не было сдѣлано той или другой глупости. Лярская находила и комичными, и вредными такія наказанія, какъ, напр., ставить въ уголъ то носомъ въ стѣну, то, для разнообразія, обращая лицомъ къ публикѣ, ставить на колѣна, дѣвочекъ въ наказаніе заставлять вязать чулки, мальчиковъ переписывать съ нѣмецкихъ прописей, и т. п. На наказанія подъ именемъ естественныхъ она смотрѣла съ такимъ же отвращеніемъ, какъ и на розги, какъ и на всѣ другія тѣлесныя и нравственныя истязанія. Причину этого мы увидимъ въ слѣдующей главѣ, въ которой постараемся кратко изложить сущность естественныхъ наказаній.

ГЛАВА III.

Сущность естественныхъ наказаній заключается въ томъ, что ребенокъ долженъ чувствовать и отвѣчать за всѣ послѣдствія своихъ дурныхъ поступковъ. Въ силу этого принципа воспитатель не придумываетъ наказанія, а беретъ слѣдствіе поступка и во всей простотѣ примѣняетъ его къ ребенку. Жанъ-Жакъ Руссо, рядомъ блистательныхъ аргументовъ, а иногда и софизмовъ, первый сталъ превозносить теорію естественнаго воспитанія и теорію естественнаго наказанія. Въ то время всѣ теоріи Руссо имѣли страстныхъ послѣдователей и поклонниковъ, и это понятно: „Emile ou de l'éducation" Руссо былъ первымъ лучемъ свѣта въ темномъ царствѣ педагогическихъ идей. Еще долго и наши потомки будутъ читать „Эмиля„ съ страстнымъ увлеченіемъ, съ удивленіемъ и должнымъ уваженіемъ ко многимъ идеямъ геніальнаго мыслителя. Не смотря однако на отдѣльныя геніальныя мысли, многія его теоріи ложны въ самомъ основаніи. На его теоріи естественнаго воспитанія, которая заключается въ томъ, чтобы воспитывать дитя вдали отъ человѣческаго общества, мы не будемъ останавливаться, такъ какъ несостоятельность такой теоріи была доказана даже и въ то время. Но его теорію естественнаго наказанія долго примѣняли лучшіе образованные люди. Въ послѣднее время значеніе ея стало замѣтно ослабѣвать, какъ вдругъ теперь она воскресла съ новою силой: причиною этому было то, что она нашла себѣ защитника въ лицѣ Спенсера. Вскорѣ послѣ выхода книги Спенсера о воспитаніи, теорію эту стали выдавать за нѣчто новое, опять стали увлекаться ею и примѣнять на практикѣ. Вотъ какъ понималъ Руссо теорію естественнаго наказанія: „il ne faut jamais infliger aux enfants le châtiment comme châtiment, mais il doit toujours leur arriver comme une suite naturelle de leur mauvaise action", т. е. никогда не слѣдуетъ наказывать дѣтей ради наказанія, но оно должно быть естественнымъ послѣдствіемъ ихъ дурнаго поступка.

Не думайте, чтобы Спенсеръ свою теорію естественнаго метода строилъ на какихъ нибудь научныхъ данныхъ, какъ это онъ всегда дѣлаетъ въ другихъ случаяхъ. Въ своей книгѣ „Умственное, нравственное и физическое воспитаніе" онъ по этому поводу просто представляетъ рядъ случаевъ, которыми желаетъ убѣдить въ законности своей системы. Вотъ что онъ говоритъ: „Если ребенокъ падаетъ или ударяется головою объ столъ, онъ ощущаетъ боль, воспоминаніе которой заставитъ его быть болѣе осторожнымъ. Если онъ дотронется до рѣшетки камина, сунетъ руку въ пламя свѣчи, прольетъ кипятокъ на какую-нибудь часть тѣла, обварка или обжогъ, происходящіе отъ этого, будутъ для него урокомъ, который онъ не скоро забудетъ. Впечатлѣніе, производимое однимъ или двумя происшествіями такого рода, такъ глубоко, что никто не уговоритъ потомъ ребенка пренебрегать законами своего организма"... „Это не искусственно и ненужно наложенная боль, а просто благотворное обуздываніе дѣйствій, нарушающихъ тѣлесное благосостояніе, обуздываніе, безъ котораго жизнь была бы скоро уничтожена вслѣдствіе поврежденій тѣла. Особенность этихъ наказаній, если мы уже должны называть ихъ такъ, лежитъ въ томъ, что они суть непремѣнныя послѣдствія дѣйствій, за которыми слѣдуютъ; они ничто иное, какъ неизбѣжныя реакціи дѣйствій ребенка".

Конечно, самое вѣрное и точное знаніе то, которое непосредственно добыто собственнымъ наблюденіемъ; но нѣтъ, да и нельзя дать такого воспитанія, гдѣ бы всѣ знанія были непосредственно добыты личнымъ опытомъ. Возьмемъ въ примѣръ хоть малаго ребенка: если вы захотите, чтобы онъ только по личному опыту узналъ, чего онъ можетъ просить и чего нѣтъ, почему не слѣдуетъ требовать того и другаго, то, прежде чѣмъ сдѣлать какой нибудь выводъ, ребенокъ получитъ весьма много опасныхъ поврежденій на своемъ тѣлѣ; наконецъ, такіе опыты часто вовсе отшибаютъ память. Однажды, знакомый намъ шестилѣтній ребенокъ хотѣлъ ближе подвинуть къ себѣ новый самоваръ, чтобы разсмотрѣть устройство еще невиданнаго имъ крана. Самоваръ упалъ на ребенка, обжогъ и обварилъ его съ головы до ногъ. Ребенка подняли безъ чувствъ. Черезъ нѣсколько минутъ у него сдѣлался бредъ и открылась нервная горячка. Когда черезъ два мѣсяца, еще увязаннаго и укутаннаго, его въ первый разъ послѣ болѣзни посадили съ братьями и сестрами за чайный столъ, — онъ съ удивленіемъ вскричалъ: „ахъ, у насъ новый самоваръ, какой странный кранъ, покажите-ка мнѣ его поскорѣе!"

Да и можетъ ли воспитатель остаться равнодушнымъ въ то время, когда ребенокъ по своей невинности будетъ совать палецъ въ пламя огня? Невольнымъ движеніемъ онъ непремѣнно вырветъ опасную вещь изъ рукъ дитяти, хотя бы въ другихъ случаяхъ и вѣровалъ въ теорію естественнаго метода. Можно ли назвать тотъ методъ естественнымъ, противъ котораго возстаетъ сама человѣческая природа? Конечно, можетъ случиться, что дитя, воспитанное по этой теоріи, не искалечитъ себя (вѣдь выживаютъ же люди при анти-гигіенической обстановкѣ); но мать, которая останется равнодушною и въ то время, когда опасный предметъ будетъ въ рукахъ дитяти, въ силу того убѣжденія, что оно на другой разъ пріобрѣтетъ себѣ опытъ, поступаетъ съ человѣкомъ какъ съ деревомъ, которое обжигаютъ. Правда, такое дерево никогда не сгніетъ, но никогда и не принесетъ оно ни сочныхъ плодовъ, ни освѣжительной зелени. Такая метода воспитанія можетъ загубить множество людей, но тотъ, кто ее вынесетъ, уже дѣйствительно обтерпится. Едва ли только онъ будетъ очень чувствителенъ къ страданію ближняго.

Изъ естественнаго метода воспитанія Спенсера вытекаетъ и теорія его естественныхъ наказаній. „Намъ часто случилось слышать", говоритъ Спенсеръ, „какъ бранили маленькую дѣвочку за то, что она никогда не была готова къ ежедневной прогулкѣ. Живаго характера и способная углубиться въ занятіе минуты, Констанція никогда не думала одѣваться, пока остальныя дѣти не были уже готовы... Если Констанція не готова во время, естественный результатъ тотъ, чтобъ ее оставили дома и лишили прогулки. А оставшись дома раза два-три, тогда

какъ остальныя дѣти наслаждались въ полѣ, и, замѣтивъ, что она лишилась лю-
бимаго удовольствія только вслѣдствіе неаккуратности, она вѣроятно исправилась
бы". Къ сожалѣнію мы не находимъ примѣровъ, какъ примѣнить къ ребенку
эту теорію въ других случаяхъ.—За обѣдомъ, не смотря на всѣ просьбы быть
чистоплотнымъ, ребенокъ, по забывчивости, прямо на скатерть кладетъ грязный
ножикъ, или вмѣсто того, чтобы ѣсть теплый супъ, онъ вертитъ въ немъ лож-
кой и наблюдаетъ это круженіе; во время холода, чтобы посмѣшить товарищей,
онъ надѣваетъ свою одежду шутовскимъ манеромъ. Какъ тутъ быть? По есте-
ственному методу, если питомецъ забываетъ ваше законное требованіе послѣ нѣ-
сколькихъ повтореній, вы должны лишить его ножа, ложки, скатерти, одежды,
или даже самой ѣды и прогулки на свѣжемъ воздухѣ. Но вѣдь въ свѣжемъ
воздухѣ, пищѣ такъ нуждается дѣтскій организмъ для своего роста и развитія.
Кромѣ того, забывчивость дѣтей, ихъ наклонность къ шалостямъ и къ игрѣ,
тамъ гдѣ надо серьезно отнестись къ дѣлу,—все это, по большей части происхо-
дитъ отъ недостатка опыта и умственнаго развитія. Живыя и забывчивыя дѣти
очень часто оказывались бы повинными въ подобныхъ маленькихъ преступленіяхъ,
и по этой теоріи ихъ безпрестанно пришлось бы лишать пищи, прогулки, и т. п.
Представьте, какъ бы это вредно отразилось на развитіи всего организма, а слѣдова-
тельно и мозга; значитъ, еще болѣе замедлило бы возможность скорѣе уразумѣть за-
конность вашихъ требованій. Наконецъ, сплошь и рядомъ вялыя дѣти не охотники
до прогулокъ, до того кушанья, котораго ихъ лишаютъ; тогда наказаніе пожалуй
заставитъ ихъ еще чаще прибѣгать къ тѣмъ же продѣлкамъ. Во всѣхъ подобныхъ
случаяхъ естественное слѣдствіе проступка не будетъ вовсе для ребенка наказаніемъ.
Волею или неволею тутъ ужъ придется изобрѣтать искусственныя средства.

Теперь посмотримъ, какъ иногда дѣйствуютъ эти наказанія, когда онѣ по-
падаютъ въ цѣль.

Одинъ мальчикъ далъ пощечину своему товарищу. Маленькое общество дол-
жно было черезъ нѣсколько минутъ ѣхать кататься по дачамъ. Прогулки ждали
уже дни недѣли, и много строилось плановъ: какъ самимъ править лошадью,
куда поѣхать. Въ эту минуту уже подъѣхалъ шарабанъ, и дѣти съ радостными
криками бросились на крыльцо.

— Ты съ товарищами дерешься, значитъ и не долженъ быть въ ихъ об-
ществѣ; дома оставайся,—сказала ему мать. И никакія мольбы и клятвы не по-
могли ребенку вымолить прощеніе. Въ истерическихъ рыданіяхъ онъ упалъ на
полъ; когда голоса его товарищей смолкли, ребенокъ вскочилъ и притаилъ дыха-
ніе, надѣясь что вотъ-вотъ его позовутъ ѣхать съ другими. Но никто его не
звалъ, и тишина была передъ бурей. У мальчика вдругъ глаза засверкали зло-
вѣщимъ огнемъ, губы исказились злобой; онъ то метался изъ угла въ уголъ,
какъ дикій звѣрь въ клѣткѣ, то бился головою объ стѣну, падалъ на землю, и
отрывисто кричалъ: скверная, злая мама, не люблю... тебя убью, всѣхъ убью!..
Ай, поѣду, поѣду, пустите меня! — Такъ бѣсился ребенокъ часа три, пока не
уснулъ на полу, избившись до крови. Когда мать на другой день подошла къ
нему, онъ замахнулся, чтобы ударить ее, но, замѣтивъ ея сдвинутыя брови, от-
вернулся и не пошелъ пить чай. Когда вбѣжали дѣти и стали между собою
вспоминать вчерашнюю прогулку, онъ не стерпѣлъ, вскочилъ, отвѣсилъ тому же
самому товарищу еще болѣе полновѣсную оплеуху, и съ нимъ повторился вчераш-
ній припадокъ, т. е. онъ сталъ бѣгать, бранить мать, биться головою о стѣну.

Стали подбѣгать товарищи, но онъ съ такою яростью поднялъ на нихъ кулакъ, что дѣти въ ужасѣ разбѣжались. Знакомые, видѣвшіе мальчика къ вечеру, когда онъ уже совершенно успокоился, и не знавшіе о происшествіи, думали, что онъ всталъ съ постели послѣ долгой, тяжелой болѣзни. Шестилѣтній мальчикъ, котораго мнѣ послѣ этого пришлось видѣть въ продолженіи двухъ мѣсяцевъ, дрался по прежнему, но получилъ серьезную ненависть къ ребенку, который, хотя невинно, но далъ поводъ такъ жестоко его наказать. Намъ кажется, что подобныя наказанія еще несравненно тяжелѣе и безнравственнѣе розогъ. По крайней мѣрѣ нравственная пытка болѣе продолжительна и гораздо сильнѣе озлобляетъ ребенка.

Всякій согласится съ тѣмъ, что наказанія, естественныя онѣ или искусственныя, придуманныя съ цѣлью вызвать страхъ, опасеніе вновь провиниться передъ родителями. Слѣдовательно, ребенокъ пойдетъ на прогулку, станетъ чистоплотнымъ, услужливымъ, послушнымъ, не потому, что онъ сознаетъ это полезнымъ, не потому, что вѣритъ старшимъ и знаетъ, что его ничего не заставятъ дѣлать изъ личнаго каприза, а только изъ страха, изъ боязни подвергнуться наказанію.

„Изъ всѣхъ стимуловъ вниманія и памяти, самый худшій—страхъ; возбужденіе интеллекта тутъ послѣдуетъ, только оно оплатится слишкомъ дорого. Поэтому страхъ очень полезенъ въ отдѣльныхъ случаяхъ, напримѣръ, чтобы заставить караульнаго смотрѣть на извѣстный пунктъ, но для жизни умственной страхъ рѣшительно не годится!!... Дурно также возбужденіе наградами; а хуже всего, какъ для счастья человѣка, такъ и для умственныхъ его успѣховъ, это огорченіе, какъ скоро оно вызывается страхомъ" (Бенъ. Объ изученіи характера).

Чѣмъ же естественный методъ лучше другихъ наказаній, когда дѣйствіе его тотъ же страхъ, равно унизительный для человѣческаго достоинства того, кто его вызываетъ, какъ и того, кто его чувствуетъ? Однажды возбужденный страхъ заставляетъ думать ребенка о своемъ воспитателѣ: онъ можетъ все со мной сдѣлать и казнить, и помиловать. И въ силу такого убѣжденія, онъ начинаетъ хитрить, лицемѣрить, трусить—является масса и другихъ презрѣнныхъ рабскихъ наклонностей.

Средство заставить ребенка сдерживать свои дурныя наклонности, научить отказываться отъ того, что ему нравится, когда послѣднее затруднительно для старшихъ, — это развить волю дитяти. Всякое наказаніе, какое бы оно не было, раздражаетъ ребенка. Если наказаніе не производитъ никакого дѣйствія, естественно, что воспитатель или замѣнитъ его другимъ, или вовсе оставитъ. То, что обыкновенно называютъ дѣйствіемъ наказанія, есть результатъ сильнѣйшаго раздраженія нервовъ. Что дѣти раздражительны болѣе старшихъ—это научно доказано; нервы, по числу составляющихъ ихъ волоконъ, представляются почти совершенно одинаковымъ у новорожденнаго и взрослаго. Слѣдовательно, у ребенка нервы распространены на меньшей поверхности, чѣмъ у взрослаго, изъ чего ясно, что у ребенка чувствительность должна быть болѣе значительна, чѣмъ у взрослаго, если только въ дѣтскомъ организмѣ не существуетъ какихъ либо причинъ, препятствующихъ развитію чувствительности.

Слѣдовательно, дѣйствуя посредствомъ наказаній на чувствительную нервную систему, мы еще болѣе усиливаемъ ея чувствительность. И такъ, наказанія могутъ только разслабить волю.

При правильномъ, умственномъ развитіи должно обратить серьезное вниманіе на эту чувствительность дѣтскихъ нервовъ. Мы много знаемъ впечатлительныхъ людей: они приходятъ въ ужасъ при видѣ раздавленной букашки; навзрыдъ рыдаютъ, читая романы Сю и Поль-де-Кока, и тутъ же съ неописаннымъ равнодушіемъ вычитаютъ всякую копѣйку за оборвавшуюся тесемку изъ жалованья прачки. Такая разслабленная, болѣзненно-пошлая впечатлительность прививается сентенціями, наказаніями и изученіемъ науки моднаго свѣта, закрывающей передъ людьми дѣйствительную жизнь и которая ведетъ къ лицемѣрію и всевозможнымъ порокамъ. Между тѣмъ, здоровую впечатлительность нервовъ необходимо поддерживать и развивать еще въ дѣтствѣ. Для этого вниманіе ребенка слѣдуетъ обращать на дѣйствительныя страданія людей, его окружающихъ. Только холодный эгоистъ, узкій и корыстолюбивый практикъ не съумѣетъ указать во всякой житейской обстановкѣ, въ какой бы онъ не находился, на массу случаевъ и людей, горе и несчастіе которыхъ должны заставить биться дѣтское сердце дѣятельнымъ состраданіемъ.

Наконецъ всякое наказаніе можетъ, пожалуй, заставить ребенка поудержаться отъ дурной привычки, но никогда не вырветъ съ корнемъ порока. Ребенокъ, конечно, будетъ бояться продѣлывать при старшихъ то, за что онъ можетъ пострадать, но лишь только онъ не чувствуетъ надъ собою этой узды, дурная страсть принимаетъ еще болѣе обширные размѣры, или является въ новой формѣ. Зло нельзя поправить зломъ и местью: исторія человѣчества говоритъ намъ, что грубые нравы смягчались только кротостью и образованіемъ. Всѣ лучшія психологи доказываютъ, что нравственность человѣка вполнѣ зависитъ отъ его умственнаго развитія. И такъ, самое раціональное средство укрѣпить волю – это хорошая среда и правильное умственное развитіе.

Вотъ что намъ разсказывала по этому поводу уже знакомая читателю Лярская. Она однажды познакомилась съ одною женщиной, семилѣтняя дочка которой стала вскорѣ ходить играть къ ея дѣтямъ. Когда Лярская входила въ дѣтскую, дѣвочка въ ея присутствіи оставляла игру и занятіе и старалась пробраться къ стулу. Напрасно она увѣряла ребенка, что въ игрѣ нѣтъ ничего дурнаго, напрасно своимъ участіемъ старалась она ее завлечь, но ничто не помогало, и дѣвочка оставалась дика въ ея присутствіи. Но лишь только затворялась за нею дверь, дѣвочка вскакивала и начинала играть, но больше она старалась подсѣсть къ игрушкамъ. Когда дѣти замѣчали ей: „тише вези: колеса этой телѣжки чуть держатся“, или „это нужно вотъ такъ заводить, иначе игрушка сломается“ — дѣвочка отталкивала подошедшихъ дѣтей, а иногда и била ихъ тѣмъ, что держала въ рукахъ. Иногда, сидя на колѣняхъ у коробки съ игрушками, она озиралась кругомъ, и если никто не глядѣлъ, опускала вещь въ карманъ. Однажды Лярская замѣтила, что дѣвочка вся была перепачкана чернилами, и спросила ее, какимъ образомъ это съ нею случилось...

— А утромъ, когда я уже сюда собиралась, мамаша нечаянно облила меня чернилами... у меня не было больше чистаго передника — такъ и послали...

— А отчего же пятна такія свѣжія: имъ отъ солнца да отъ твоего теплаго тѣла давно бы пора высохнуть... говорилъ старшій мальчикъ... Дѣвочка молчала.

„Не знаю.“ потомъ процѣдила она и опять стала копаться въ игрушкахъ. Но Лярская, не показывая и тѣни недовѣрія, прошла въ свою комнату: разбитая чернильница съ пролитыми чернилами лежала на полу.

— Дѣти! — позвала она дѣтей, — кто изъ васъ это сдѣлалъ?..

— Только не я, — сказали всѣ въ голосъ, и дѣвочка при этомъ нисколько не покраснѣла.

Вы думаете, читатель, что дѣвочка была дочь бѣдныхъ родителей, которые ничего не могли ей доставить, которая шлялась, какъ у насъ принято говорить, съ кѣмъ попало и гдѣ попало. Ничуть не бывало. Она была единственной дочкой совершенно достаточныхъ родителей, которые покупали ей множество игрушекъ и доставляли ей все, что только, по ихъ понятіямъ, не было вредно ребенку. Она даже чуть-ли не первый разъ начала играть съ дѣтьми безъ надзора старшихъ, и въ домѣ никто не могъ подмѣтить въ ней тѣхъ дурныхъ качествъ, которыя такъ рѣзко выступили въ семействѣ Лярской. Одного только не дали родители дѣвочкѣ — правильнаго умственнаго развитія, на сколько оно нужно было ей въ шесть лѣтъ. И дурное, и хорошее она дѣлала какъ придется, никогда не задавая себѣ вопроса: *зачѣмъ* и *почему*. Лгала она плоско, глупо, и такъ очевидно, что ее тутъ-же можно было уличить во лжи. Послѣднее ее не смущало, никогда не заставляло краснѣть. Крала она вовсе не оттого, что ей вещь эта нравилась, или потому что не было у ней дома; эту самую вещь она бросала гдѣ попало, въ другомъ мѣстѣ, тоже безъ всякой разумной причины, такъ, по глупости и неразвитости, или, лучше сказать, изъ побужденія чисто-внѣшняго, какъ это дѣлаютъ трехлѣтнія дѣти. Предметъ блеснулъ, и ребенокъ тянется къ нему, прошла минута—и онъ уже забылъ, что его только что такъ сильно обрадовало. Между тѣмъ, съ виду дѣвочка эта вовсе не казалась глупой. Она слушалась старшихъ, выполняла что ей приказывали, съ удовольствіемъ показывая гостямъ игрушки, отвѣчала на вопросы, правда, отрывочно, но изъ которыхъ однако всегда, можно было видѣть, что она все понимаетъ. Но, когда Лярская начала заниматься съ нею, она изумилась ея неразвитости и тупости. Мать этой дѣвочки постоянно мѣрила при ней матерію, между тѣмъ та не знала твердо, чѣмъ мѣряютъ. Она вытаращила съ удивленіемъ глазенки, когда Лярская заставила ее мѣрить аршиномъ столъ и другіе предметы. Когда безмѣномъ стали вѣсить книги, она отъ души расхохоталась; при ней только перевѣшивали говядину, чтобы повѣрить кухарку. Дѣвочка знала, что на ней надѣто зеленое платье, могла назвать даже нѣкоторые зеленые предметы въ комнатѣ, но ужъ никакъ не подозрѣвала, что зеленый цвѣтъ — преобладающій въ природѣ. О всѣхъ, тысячу разъ видѣнныхъ ею предметахъ, она знала только одно самое узкое, обыденное ихъ примѣненіе. Считать она знала сряду до 8; но наглядно или отвлеченно сдѣлать самую простенькую задачу изъ обыденной жизни не могла и до 3-хъ. Она понимала, что видѣла и слышала, но никогда не могла этого выразить въ полномъ предложеніи. Какой бы она ни вела разговоръ, она употребляла больше одни существительныя и глаголы. Она рѣшительно не была пріучена напрягать свое вниманіе и 5 минутъ кряду; голова ея вертѣлась то туда, то сюда, и много времени пришлось употребить, пока она была въ состояніи повторить простенькій въ 5, 6 строкъ разсказъ о какомъ-нибудь домашнемъ животномъ, которое въ тоже время было у нея передъ глазами, или въ цѣломъ предложеніи передать отцу порученіе матери. А когда Лярская заявила родителямъ, что, по ея наблюденію, всѣ недостатки дочки отъ ея крайней неразвитости, тѣ даже обидѣлись. — „Почему такъ вдругъ неразвитая? Ребенокъ какъ ребенокъ, и больше того пока ничего не надо; придетъ время учиться, будетъ не хуже другихъ“. —Лярская ясно доказала имъ, что дѣвочка не можетъ сдѣлать ни одного наблюденія надъ обыденными предметами, не имѣетъ ни одного самостоятельнаго сужденія, обыкновенно только повторяетъ послѣднія слова чужой фразы и что говор. ея мнимый. Между тѣмъ дѣвочка была не безъ способностей, и, странное дѣло, читатель: безъ всякихъ наказаній, безъ малѣйшихъ выговоровъ, она въ какіе-нибудь мѣсяцевъ шесть перестала красть, лгать, драться. Развитіе заставило ее понять, что ложь ея была глупа, очевидна, и почти всегда безцѣльна. Развитіе дало ей больше изобрѣтательности, а хорошее общество трудолюбивыхъ дѣтей помогло съ пользою употребить эту способность. Любящее сердце Лярской, которая во всякомъ дурномъ поступкѣ прежде всего видѣла свою вину и неумѣлость и которая принимала съ такою болью въ сердцѣ всѣ ея проступки, заставило наконецъ самаго ребенка стыдиться, когда прежніе дурные его инстинкты возвращались: въ такихъ случаяхъ она, какъ и дѣти Лярской, съ раскраснѣвшимися щечками старалась скрыться у нея на колѣняхъ.

Выставляя семью Лярской, мы далеко не представляемъ идеала воспитанія. И въ романахъ, и въ педагогическихъ трактатахъ много было выставлено идеальныхъ людей. Начиная съ „Эмиля“ Руссо и кончая героями Легувэ и Эскироса— всѣ эти личности, при всѣхъ хорошихъ качествахъ, которыя они пріобрѣли посредствомъ воспитанія, обладали средствами, добытыми не потомъ родительскихъ трудовъ и не своими руками. Для богатыхъ людей все это въ высшей степени нравственные, плодотворные примѣры, какъ производительно употребить матеріальныя и интеллектуальныя средства. Мы знаемъ, что у насъ такіе люди, готовые сорить деньгами для всякой своей прихоти, съ зубовнымъ скрежетомъ отдаютъ всякую копѣйку, идущую на воспитаніе ихъ дѣтей. Другое дѣло потомъ, когда юноша долженъ держать экзамены, которые могутъ служить ему вступленіемъ въ какую-нибудь карьеру. О! тогда дрожайшіе родители готовы бросить десятки тысячъ. Но смѣшно-же терзать себя прежде времени какимъ-то развитіемъ дѣтей, когда въ эту пору нужно знать un tout petit peu lire et écrire, что при нынѣшнихъ методахъ можно пріобрѣсть, какъ говорятъ, въ нѣсколько недѣль и на нѣсколько рублей. Они не знаютъ, что правильное умственное и нравственное развитіе до 9 лѣтъ, при самой небольшой затратѣ денегъ, сохранило бы имъ ихъ спокойствіе передъ экзаменами и ихъ тысячи не только въ это критическое время, но и во всю ихъ жизнь. Теперь юноши нашихъ богатыхъ родителей предпочитаютъ проводить свое время въ оргіяхъ, въ близкомъ знакомствѣ съ ростовщиками, тогда какъ правильное умственное и нравственное развитіе пробудило бы живой интересъ къ наукѣ, а слѣдовательно и удержало бы отъ преждевременной и ненужной траты силъ, здоровья и состоянія. Мало мальски порядочные люди выходятъ изъ средняго круга, гдѣ всѣ члены семьи на глазахъ у дѣтей въ потѣ лица зарабатываютъ свое пропитаніе и своимъ примѣромъ воспитываютъ и въ нихъ привычку къ труду. Только между работящимъ среднимъ сословіемъ и возбуждаются серьозно вопросы о воспитаніи. Вотъ почему я и взяла въ примѣръ недостаточную семью Лярской; я описала, не грѣша противъ дѣйствительности, то, что тамъ видѣла и слышала. Но меня могутъ спросить: что-же было особеннаго въ методѣ воспитанія Лярской, какіе она имѣла результаты?

Дѣти Лярской никогда не были безъ дѣла: одна работа смѣняла другую. Матеріалъ для этихъ работъ обходился ей весьма дешево, такъ вакъ ея дѣти умѣли воспользоваться всѣмъ, что было въ ея небогатой обстановкѣ: карандашемъ, бумагой, иголкой, кускомъ дерева, простой палочкой. Кроили имъ рубашечки, они изъ разноцвѣтныхъ обрѣзковъ дѣлали цвѣты: на всемъ работала мысль, совершенствовалась ловкость, фантазія, искусство; знаніе симметріи доведено было у старшаго до изящества. Они никогда не работали по принужденію. Мать рано пріучила ихъ бѣгать и играть только послѣ труда. Привычка сдѣлалась ихъ второй натурой, и теперь они не могли бы цѣлаго часа просидѣть безъ дѣла. Да имъ бы и совѣстно было болтаться изъ угла въ уголъ, такъ какъ мать постоянно трудилась. Кромѣ того, мать за обѣдомъ скажетъ, сколько она сработала, а что-же они покажутъ ей. Мать объясняла имъ, зачѣмъ ей приходится такъ много трудиться, и въ какомъ они бывали восторгѣ, когда въ свою очередь, не смотря на свои маленькія силенки, могли чѣмъ-нибудь помочь ей. То они сдѣлаютъ простенькія сани возить на рѣчку бѣлье, то починятъ въ домѣ какую-нибудь вещь, мебель, изъ глины сдѣлаютъ песочницу на рабочій столъ матери. „Мама! говорятъ они ей тогда,—а вѣдь ты должна была бы заплатить за это деньги? сколько бы тебѣ пришлось заплатить?" Мать говоритъ... „Ахъ! какъ какъ я радъ... дай еще что-нибудь тебѣ сдѣлать!.." — „Спасибо, родные, пока ничего не нужно".

Опасаясь, чтобы въ ея дѣтяхъ когда нибудь не шевельнулась мысль въ родѣ такой: „зачѣмъ, дескать, намъ выпала на долю такая горькая судьба вѣчнаго труда", — она водила ихъ на фабрики и заводы. Дѣти невольно сравнивали, и результатомъ было то, что считали себя очень счастливыми. Производства давали пищу уму, а самый видъ тяжелой работы наглядно училъ ихъ уважать силу воли и желѣзное терпѣніе простолюдина. При всякомъ удобномъ случаѣ они до смерти любили заговорить съ рабочимъ, узнать, на сколько это было возможно, простую и всегда немногосложную исторію его жизни. Такое сближеніе не проходило даромъ.

— Ахъ, мама, — разсуждалъ, однажды, по этому поводу старшій мальчикъ, какъ ужасно только трудиться!..

— Нѣтъ,—сказалъ услышавшій рабочій, — мы по воскресеньямъ отдыхаемъ.

— Что же вы дѣлаете тогда?

— А вотъ пойдемъ въ кабакъ, перепьемся, бранимся... Не хорошо, батюшка!..

— Какъ?—воскликнетъ читательница, въ порывѣ негодованія,—говорить о кабакѣ!

Да вѣдь вы сами, чтобы возбудить въ дѣтяхъ къ чему нибудь отвращеніе, напр. когда они громко болтаютъ, топочутъ ногами, и т. п., произносите c'est du cabak! И вѣрьте, ваши слова: c'est du cabak, навѣрно развращаютъ ихъ. Они произносятся тогда, когда дѣти живы, веселы, естественны и забываютъ дѣйствовать по правиламъ пошлаго, свѣтскаго приличія; кромѣ того, это говорится такъ, что скоро является въ дѣтяхъ отвращеніе и брезгливость ко всему, что стоитъ хоть градусомъ ниже закоренѣлыхъ предразсудковъ и бонтонной чистоплотности. Дѣти, всегда веденныя подъ хорошимъ руководствомъ, во всякомъ вновь пріобрѣтенномъ знаніи и опытѣ отыщутъ животворную струю. Поэтому и слова рабочаго о кабакѣ не будутъ имѣть на нихъ дурнаго дѣйствія.

— Мама! — говоритъ ребенокъ въ раздумьи отъ словъ рабочаго, — вѣдь пьянымъ быть такъ скверно: качаешься изъ стороны въ сторону, не понимаешь, что тебѣ говорятъ, всѣ вокругъ смѣются, могутъ даже побить... Зачѣмъ же тогда пьютъ?.. Вѣдь вотъ когда ты отдыхаешь, папа и всѣ наши знакомые, мы не пойдемъ въ кабакъ, отчего только рабочіе ходятъ въ кабакъ?

— Оттого, душа моя, что рабочіе не знаютъ никакихъ другихъ радостей... мы устали, читаемъ, говоримъ, — рабочій не знаетъ читать; ему не объ чемъ и много говорить съ товарищемъ. Работа вся на виду, и тутъ ли она, или за тысячу верстъ, — у раскаленнаго огня, или по поясъ въ грязи, вотъ и все тутъ — передать недолго!

Отъ такого разговора о кабакѣ, увѣряю васъ, читатель, у нихъ не явилось скабрезныхъ вопросовъ; правда, этимъ нельзя пробудить и брезгливости, которую воспитатели такъ тщательно развиваютъ ко всему, что выше ихъ пониманія...

Доброе дѣтское чувство всегда стыдливо, и поэтому, когда Лярская что-то разсматривала, ея сынъ подошелъ къ тому же рабочему и робко произнесъ: приходи ко мнѣ по воскресеньямъ учиться читать... Ты узнаешь такія любопытныя исторіи о разныхъ странахъ и тогда... его голосъ оборвался, пожалуйста, приходи! Это, конечно, было очень наивно, но когда въ дѣтствѣ такъ сильно охватываютъ добрыя мысли, легко будетъ и послѣ указать человѣку честный путь не только говорить, но и дѣйствовать.

Мы уже знаемъ, что дѣти Лярской знали цѣну деньгамъ. Она находила необходимымъ учить тому, что въ жизни многихъ служитъ камнемъ преткновенія, что совсѣмъ иногда губитъ людей. Мы ничему не придаемъ никакой цѣны и значенія, и, когда судьба заставляетъ насъ избрать самостоятельную дорогу, презрѣнный металлъ, на который мы смотрѣли вначалѣ свысока, выдѣлываетъ съ нами удивительныя превращенія; онъ переворачиваетъ вверхъ дномъ всѣ наши воззрѣнія, заставляетъ насъ дѣйствовать противъ нашихъ убѣжденій, которыя, какъ казалось намъ прежде, мы такъ твердо исповѣдуемъ. И все это только потому, что въ дѣтствѣ намъ все являлось готовое... Неужели же это такой пустой вопросъ, что не стоитъ вниманія? Или мы, какъ и въ тридцатыхъ годахъ, на вопросъ жизни и смерти будемъ смотрѣть съ высоты нашего идеализма?

Дѣти Лярской понимали значеніе денегъ, и не стали скаредными, потому что семейная жизнь давала другіе интересы и стремленія. У меня могутъ спросить, что значитъ понимать значеніе денегъ?

Дѣти очень рано уже должны понимать, во-первыхъ, что деньги не съ неба падаютъ, слѣдовательно, что ихъ можно добыть только тяжелымъ трудомъ; во-вторыхъ, что деньги прежде всего нужны для покупки вещей, безъ которыхъ нельзя жить. А когда приходилось сдѣлать что лишнее, не стыдиться и передъ дѣтьми называть это своимъ именемъ.

Пріучившись такъ смотрѣть на вещи, дѣти Лярской наивно относились къ роскоши. Однажды мать взяла ихъ на елку въ клубъ. Блескъ, освѣщеніе и богатство необыкновенно поразили ихъ, привыкшихъ къ простой домашней обстановкѣ. — Зачѣмъ это, мама, какъ ты называешь, люстры? Вѣдь и отъ свѣчей въ простыхъ подсвѣчникахъ былъ бы такой же свѣтъ? Ахъ, посмотри, какія она навѣсила на себя украшенія! Отчего это дѣти не затѣятъ между собой никакой игры, — а ходятъ точно куклы на пружинахъ? Скучно здѣсь, поѣдемъ къ себѣ, если у тебя есть время, ты лучше съ нами поиграй дома!

Дѣти должны знакомиться и съ дурными, и съ хорошими сторонами жизни: это даетъ поводъ многое что объяснить имъ и научить ихъ, какъ дѣйствовать въ затруднительномъ положеніи. Дѣти Лярской знали только то, что ихъ окружало каждый день, но тутъ они уже имѣли понятіе о всестороннемъ значеніи и примѣненіи каждаго окружающаго предмета. При этомъ все, что они видѣли, они не затруднялись разсказать. Рѣчь ихъ была проста, но, какъ говорится, они за словомъ въ карманъ не лѣзли.

Какая же была метода Лярской? Она ничего не заставляла дѣлать ни въ силу принужденія, ни угрозою какого бы то ни было наказанія, или лишенія. Дѣти не дѣлали, чего ей хотѣлось, — и она была съ ними только сдержаннѣе, холоднѣе. Они привыкли къ живому, полному сочувствія обращенію, и малѣйшая холодность тотчасъ подмѣчалась и была для нихъ величайшимъ наказаніемъ. Лярская пріобрѣла между ними авторитетъ, не вынуждая его; она не находила нужнымъ быть въ присутствіи дѣтей другою, чѣмъ она была въ самомъ дѣлѣ, и во имя своей власти никогда не оправдывала своихъ недостатковъ.

Однажды ребенокъ приставалъ къ ней, умоляя ее что нибудь разсказать. — Мнѣ некогда, очень нужно работать!.. — Нѣтъ, пожалуйста, и ребенокъ продолжалъ приставать. — Ахъ! поди отъ меня, чего ты лѣзешь, когда мнѣ такъ нужно работать! и мать прикрикнула, и рѣзкимъ движеніемъ оттолкнула уже протянутыя къ ней руки. Ребенокъ страшно расплакался, убѣжалъ изъ комнаты и бросился на кровать. Въ ту же минуту Лярская сидѣла уже подлѣ него и, цѣлуя у него руки, просила ее извинить.

Лярская глубоко вникала во всякую черту въ характерѣ своихъ дѣтей, въ каждый ихъ поступокъ, и это дало ей возможность хорошо изучить натуру каждаго изъ дѣтей. Дѣйствуя такъ или иначе съ дѣтьми, она знала, на кого изъ нихъ и какъ вліяютъ разныя внѣшнія причины, и она брала въ разсчетъ и погоду, ихъ здоровье, настроеніе во время игры, дѣтскую неудачу въ работѣ того дня, и т. п. Дѣти видѣли, что въ ихъ домашнемъ управленіи все дѣлается по разумнымъ причинамъ и это научило ихъ быть ко всему справедливыми. Они видѣли въ матери не карающее божество, но существо доброе, правдивое, всепрощающее. И какъ вѣрили они ей, какъ любили ее! Всегда въ обществѣ матери, они въ свою очередь хорошо знали ея привычки и умѣли къ нимъ примѣниться. Въ день ея имянинъ они не говорили ей французскихъ стиховъ, не подносили презентовъ; она даже не требовала, чтобы они подходили къ ея ручкѣ каждое утро и вечеръ. Они всегда были свободны въ своихъ чувствахъ и выражали ихъ, когда и какъ имъ это нравилось. Не презентовали же ничего потому, что безъ просьбъ и назначенныхъ дней только и изыскивали средства, гдѣ бы въ чемъ нибудь помочь. Вся сила ихъ привязанности вырывалась наружу, особенно тогда, когда при нихъ кто нибудь разсказывалъ, какъ у того или другаго изъ знакомыхъ умерла мать и остались дѣти. Они бросались къ матери на грудь, обнимали ее, и одна мысль о возможности вѣчной разлуки наводила на нихъ страшный ужасъ, ничѣмъ непобѣдимое волненіе. Когда Лярская бывала больна, они на цыпочкахъ ходили по комнатѣ; когда забывали и кто нибудь имъ напоминалъ о болѣзни матери, они начинали такъ себя стѣснять, что мать очень крѣпилась, лишь бы скрыть отъ нихъ свое нездоровье.

— Мама, говорили ей иногда дѣти, обнимая ее. — Ты такая хорошая.. ты вѣдь лучше всѣхъ на свѣтѣ?

— А ты забылъ какъ я часто закричу, разсержусь на тебя!..

— Ну, да вѣдь ты это дѣлаешь, когда у тебя много работы, или хлопотъ...

— А настоящіе хорошіе люди никогда и не прикрикнутъ; вѣдь вы еще маленькіе, за что же васъ бранить?

У дѣтей тоже бываютъ надежды, мечтанья, они, какъ и большіе строятъ планы о будущемъ, которые, конечно, очень наивны, непостоянны, но въ данное

3*

время все-таки бросаютъ нѣкоторый оттѣнокъ, если не на весь характеръ, то на извѣстное настроеніе дитяти.

— Я буду много читать для того, говорилъ старшій мальчикъ, — чтобы потомъ придумать такія машины, которыя бы не губили людей, не калѣчили ихъ, обрывая имъ руки и ноги.

— Машины не калѣчатъ, замѣчаетъ ему няня, — вѣдь это люди по неосторожности.

— А при моихъ машинахъ не нужно будетъ никакой осторожности!..

— А я, перебивалъ его младшій, — хочу всему научиться, что мама работаетъ... она скоро со всѣмъ старенькая будетъ, и глаза у неи такъ болятъ; я буду за нее работать, такъ она отдохнетъ.

Такъ жила эта семья, никогда не насилуя волю другаго, одинъ другому помогая усовершенствоваться, пріобрѣтать знаніе, закаляться въ житейскихъ невзгодахъ. Тутъ не только мать была наставницею дѣтей, но и дѣти были часто ея наставниками. Она объ этомъ имъ откровенно говорила, и какъ счастливы были они, когда могли подмѣтить что нибудь раньше матери и указать ей на это.

Въ заключеніе скажемъ, что весьма было бы желательно, чтобы каждый воспитатель могъ сказать про своего питомца знаменетельными словами Руссо: „Мое воспитаніе не сдѣлаетъ моего Эмиля ни чиновникомъ, ни солдатомъ, ни священникомъ, — онъ будетъ человѣкомъ. Онъ съумѣетъ быть всѣмъ, чѣмъ человѣкъ долженъ быть, — и, куда бы ни бросила его судьба, онъ всегда и вездѣ будетъ на своемъ мѣстѣ“.

ГЛАВА IV.

Мы здѣсь не будемъ долго останавливаться на умственномъ развитіи маленькихъ дѣтей, такъ какъ нѣкоторые взгляды по этому предмету мы уже высказали въ нашемъ очеркѣ нравственнаго развитія. Кромѣ того, объ наши книги: „Умственное развитіе дѣтей“ и „Разсказы изъ русской жизни и природы“ всецѣло посвящены этому развитію. Изъ нашихъ разсказовъ даже неопытный и неподготовленный воспитатель можетъ черпать матеріалъ, чтобы пробудить въ ребенкѣ мысль и дать первыя необходимыя знанія объ окружающемъ, а книга для воспитателей служитъ объясненіемъ того, какъ пользоваться этимъ матеріаломъ. Здѣсь же мы выскажемъ только нѣкоторые наши общіе взгляды для того, чтобы читатель могъ видѣть, какъ мы понимаемъ дѣло.

Умственное развитіе въ первые годы дѣтства у насъ представляетъ собой замѣчательное явленіе. Мы видимъ, какъ у насъ въ образованномъ классѣ матери заботятся о правильномъ физическомъ развитіи дитяти. Каждая мать знаетъ, что легкая молочная и мучная пища перваго періода, послѣ прорѣзыванія первыхъ зубовъ, замѣнится съ большей постепенностью — мясною, болѣе питательною пищею. Это извѣстно каждой матери, если она хоть что-нибудь читала по діэтетикѣ дѣтей. Не смотря на это, даже часто при совершенно здоровомъ состояніи ребенка, заботливая мать обыкновенно зоветъ опытно врача, который, наблюдая нѣкоторое время за дитятею опредѣляетъ, можно ему или нѣтъ въ данномъ случаѣ, не смотря на его прорѣзавшіеся зубки, употреблять мясную пищу. Что касается умственнаго развитія дѣтей въ первый ихъ возрастъ, то здѣсь не существуетъ никакой постепенности, никакой осторожности. До сихъ поръ еще не выработано въ педагогіи по этому предмету совершенно твердой системы; а у нашихъ матерей объ этомъ даже рѣшительно нѣтъ никакой заботы.

„Какая мать не съумѣетъ занять и утѣшить малютку“, — этимъ успокоиваетъ себя каждая. Но какъ занять, зачѣмъ успокоивать, когда здороваго ребенка именно и слѣдуетъ такъ вести, чтобы какъ можно рѣже приходилось успокоивать, — съ этимъ, конечно не связано никакого понятія.

У насъ съ ранняго дѣтства учатъ двумъ, тремъ языкамъ, по десяти разъ кряду заставляютъ трехлѣтнихъ дѣтей повторять одно и то же слово, чтобъ они картавили по парижскому акценту... При этомъ вовсе не боятся отяготить память и повредить еще слабымъ умственнымъ силамъ.

Теперь педагогика признаетъ однимъ изъ важнѣйшихъ правилъ предлагать уму дитяти то, что ему пріятно (этого по крайней мѣрѣ необходимо держаться въ началѣ) и къ чему онъ выказываетъ склонность. Можетъ ли быть ребенку пріятно задалбливанье словъ? Можетъ ли въ немъ пробудиться желаніе запоминать названія всѣхъ предметовъ на разныхъ языкахъ? Напротивъ, поддерживая его природную склонность наблюдать окружающую его жизнь и природу, мы доставляемъ ему величайшее счастье, дѣти тутъ никогда не отстанутъ отъ васъ и всегда будутъ предпочитать ваше общество всякому другому. Слѣдовательно, знать окружающее есть естественная необходимость, которую сильно ощущаетъ все его существо при первомъ пробужденіи его сознанія.

— Ахъ, какой онъ понятливый! Представьте, сегодня..., говоритъ мать каждому гостю, и при этомъ начинается исчисленіе всѣхъ премудростей дитяти. — Смотрите, не переучите, глубокомысленно замѣчаютъ ей, хоть она, по обыкновенію, и въ мысляхъ не имѣла такого дерзновеннаго намѣренія. И въ силу того, что дѣтей можно переучить, ихъ совсѣмъ не развиваютъ, хотя развитіе и переучиванье — двѣ вещи разныя. Вѣдь и перекормить можно, но всякій знаетъ, что поэтому только нельзя же ребенка вовсе не кормить; скажу болѣе: теперь уже извѣстно, что перекармливанье гораздо менѣе вредно, чѣмъ недокармливанье. Съѣвши лишнее (что обыкновенно бываетъ съ дѣтьми, которыхъ кормятъ по порціямъ: при малѣйшемъ недосмотрѣ, такія дѣти на все съ жадностью набрасываются), дѣти чувствуютъ несвареніе желудка, которое легко излечить; недокармливаніе-же дѣлаетъ дѣтей малокровными, что сопровождается весьма тяжкими послѣдствіями и весьма рѣдко излечивается. Не то ли же самое можетъ быть и при умственномъ воспитаніи? Дитя, мозгъ котораго не насиловали, но постоянно удовлетворяли его любознательности, если и попадется что нибудь для него преждевременное и непереваримое, прямо скажетъ: мы лучше пойдемъ бѣгать! Это также естественно, какъ и то, когда вы будете предлагать ребенку, котораго прежде не кормили по порціямъ, — лишнее, онъ вамъ скажетъ, что сытъ.

Почему умственное развитіе маленькихъ дѣтей заслуживаетъ со стороны воспитателей меньшаго вниманія чѣмъ физическій уходъ? Неужели поступки питомца, его отношеніе къ окружающему, смышленость, ловкость и постоянство въ трудѣ, умѣнье честно и умно справиться съ житейскими случайностями, его послѣдующая умственная дѣятельность, его жажда къ наслажденіямъ въ молодости — все это такіе пустяки, которые не требуютъ со стороны воспитателя никакого серьознаго знанія.

Но что же нужно подразумѣвать подъ умственнымъ развитіемъ дитяти до семилѣтняго его возраста? „Здоровый складъ умственныхъ способностей столько же обусловливается работою рукъ, какъ и головы", говоритъ Эскиросъ въ „Эмилѣ XIX ст." И такъ, умственно развитой человѣкъ не только будетъ вѣрно и тонко наблюдать разныя явленія въ природѣ, не только точно и полно опредѣлитъ видѣнное, но и его руки, при всякомъ житейскомъ затрудненіи, придутъ на помощь головѣ.

По новѣйшимъ требованіямъ педагогики, правила для воспитанія нельзя сочинить по личному усмотрѣнію; ихъ слѣдуетъ брать изъ природы дитяти, вникая какъ въ сущность каждой его способности, такъ и въ особенности его обстановки. Вникая въ природу дитяти, мы находимъ, что жизнь его проходитъ: 1) въ игрѣ, 2) въ занятіяхъ, гдѣ онъ подражаетъ старшимъ, взявъ для этого тотъ матеріалъ, который у него подъ руками, и въ 3) если можно такъ выразиться, въ постепенномъ пробужденіи внѣшнихъ чувствъ, во вниманіи къ окружающему. Безъ умражненія, дѣтская фантазія быстро скудѣетъ, и въ занятіяхъ, какъ и въ играхъ дѣтей, если вы имъ не дадите надлежащаго содержанія будетъ отражаться внѣшняя пустая сторона узкой семейной жизни, которая обыкновенно притупляетъ свѣжее дѣтское чувство. Давая дѣтямъ матеріалъ, нужно всегда имѣть въ виду пробудить ихъ творчество и дѣятельность мысли на столько, чтобы впослѣдствіи они пріучились обходиться безъ воспитателя, какъ въ играхъ, такъ и въ занятіяхъ. По закону природы, всѣ наши органы и способности совершенствуются упражненіемъ, а слѣдовательно и органы чувствъ.

„Если мы упустимъ воспитаніе внѣшнихъ чувствъ", говоритъ Песталоцци, „всякое дальнѣйшее воспитаніе станетъ вялымъ, сбивчивымъ, недостаточнымъ, а это ужъ невозможно исправить". Да и можетъ-ли школа съ строго опредѣленной программой, по которой требуютъ и столько предметовъ, и столько языковъ, развивать еще внѣшніе органы дитяти.

Въ пятой главѣ мы подробно разсмотримъ вопросъ о развитіи внѣшнихъ чувствъ дитяти, и также о томъ, какое давать содержаніе для игръ и матеріалъ для работъ; теперь же остановимся только на вопросѣ, какъ пробуждать мысль дитяти. Тутъ уже выработано въ педагогикѣ правило идти отъ болѣе близкаго къ болѣе отдаленному, отъ простаго къ сложному, отъ познанія осязаемыхъ предметовъ, т. е. отъ конкретнаго, къ отвлеченнымъ понятіямъ, или абстрактному. Сначала въ каждомъ предметѣ ребенокъ замѣчаетъ только самые выдающіеся признаки; но разъ воспитатель указалъ и на другія качества, менѣе замѣтныя при быстромъ обзорѣ, и ребенокъ уже внимательнѣе всматривается въ другіе предметы и мало-по-малу самостоятельно открываетъ признакъ за признакомъ. Лучше всего тутъ держаться правила—по возможности даже не указывать на тѣ или другіе признаки, а возбуждать дитя открывать ихъ. Одно изъ важныхъ условій при этомъ изучить, какую тутъ избрать послѣдовательность явленій или, проще сказать, когда и что предложить ребенку. Но еще раньше, чѣмъ обратить вниманіе на отдѣльные признаки, ребенокъ долженъ осязать, ощупать, осмотрѣть самый предметъ. Тутъ, конечно, можетъ родиться вопросъ, къ чему всѣ эти искусственныя мѣры, когда самъ ребенокъ такъ чутокъ ко всему? Не лучше ли, не насилуя его ума, предоставить его самому себѣ? О, въ такомъ случаѣ съ нимъ повторится то, что и со всѣми нами.

Всѣхъ насъ все поражало въ дѣтствѣ. Но въ насъ никогда не поддерживали естественной, дѣятельной любознательности; замѣченное нами безслѣдно исчезало изъ памяти, и нашъ восторгъ при видѣ явленій природы мы примѣняли сначала къ узкой рамкѣ будничной жизни съ ея тряпьемъ, а потомъ, мало-по-малу, доходили до равнодушія человѣка, котораго такъ поражаетъ внезапное яркое освѣщеніе, что скорѣе парализуетъ дѣятельность мозга, чѣмъ заставитъ его узнать причину такого явленія. Маленькими дѣтьми мы тоже протягивали руки къ лунѣ, желая схватить ее, съ большимъ вкусомъ плели изъ цвѣтовъ вѣнки; мы тоже порывались взлѣзть на дерево посмотрѣть, что дѣлается въ гнѣздѣ, прятались въ густой травѣ, чтобы наблюдать, какъ молодые парни и дѣвушки во время деревенскихъ праздниковъ хороводъ водили. Но наши родители не только не поддерживали такой любознательности, а преслѣдовали ее. На дерево лазить было неприлично, ходить въ деревню унизительно. И такъ, все обыкновенно было или смѣшно, или неприлично. Прилично было сидѣть чинно на стулѣ, и на двухъ языкахъ спрягать и склонять, чтобы скорѣе зазубрить иностранныя грамматики. Мы очень скоро поняли, что смѣшно же таращить на все глаза и всему удивляться, что такое занятіе прилично только крестьянскимъ ребятамъ, а мы— господскія дѣти, получаемъ образованіе и знаемъ, что въ природѣ все такъ и должно быть, какъ оно есть.

Намъ довелось однажды слышать, какъ звонко смѣялось на дачѣ маленькое общество дѣтей, когда около нихъ простой мальчикъ поймалъ большую муху и, долго разсматривая ее, сказалъ: эвано какія крылья...

— Ха... ха... ха... хохотали дѣти, — крыльямъ мухи удивляется? Мухи не видалъ! — Для такихъ дѣтей пора любознательности и пытливости прошла; но они еще малы и мозгъ еще не можетъ совсѣмъ остаться безъ дѣятельности... Что же у нихъ является вмѣсто любознательности? Любопытство безъ всякаго направленія. Вотъ они и подслушиваютъ старшихъ у двери, подсматриваютъ за интрижками прислуги, потихоньку читаютъ все, что попадется въ руки.

Если вы въ дѣтствѣ не развиваете въ ребенкѣ наблюдательности и привезете его въ 6, 7 лѣтъ въ деревню, а по окончаніи лѣта спросите у него, какъ онъ отличитъ утку отъ гуся? Онъ навѣрно ничего не отвѣтитъ, такъ какъ не умѣетъ ни подмѣтить, ни опредѣлить характерныхъ признаковъ предмета.

Развитіе маленькаго ребенка начинается съ чувственныхъ ощущеній. Напримѣръ, по отношенію къ цвѣтку ребенокъ не подозрѣваетъ, что растенія можно располагать по родамъ и видамъ, и что въ этомъ люди находятъ своего рода прелесть; мало онъ также интересуется и физіологіей растеній. Но тѣмъ не менѣе ему необыкновенно нравится большой яркій цвѣтокъ махроваго мака. Слѣдовательно, прежде всего его интересуетъ ф о р м а и ц в ѣ т ъ. Вотъ, и укажите на форму и цвѣтъ тѣхъ цвѣтовъ, которые онъ чаще всего встрѣчаетъ. Но при этомъ тоже нужно соображаться съ развитіемъ дитяти и его возрастомъ. Ребенку, который первый разъ начинаетъ разсматривать цвѣтокъ, можно указать только на главныя части цвѣтка: на корень, стебель, листики, и проч. Послѣ того, онъ сравниваетъ эти части въ самомъ общемъ ихъ очертаніи у различныхъ растеній и лишь понемногу переходитъ къ подробностямъ. Далѣе, онъ знакомится въ наиболѣе крупныхъ экземплярахъ съ чашечкою, тычинками, пестикомъ, и т. д. Подобно этому и во всѣхъ тѣлахъ слѣдуетъ лишь очень постепенно знакомить съ разными ихъ свойствами, начиная съ наиболѣе доступныхъ чувственному воспріятію.

Мы знаемъ, что дѣти всегда стараются одушевить всѣ предметы: они садятся въ кресло и воображаютъ себя въ тарантасѣ на большой дорогѣ. Сидя на палочкѣ, въ минуту увлеченія, они искренно вѣрятъ, что подъ ними горячая лошадь. Этой чертой мы можемъ воспользоваться и при занятіяхъ съ ними. Указывая ребенку на предметъ, воспитатель никогда не долженъ сухо излагать только его внѣшніе признаки, а привести его въ живую связь съ другими явленіями природы, и въ особенности съ жизнью человѣка.

Итакъ, съ перваго появленія сознанія въ дитяти, слѣдуетъ обращать вниманіе его на все, доступное пониманію, какъ въ жизни природы, такъ и въ жизни людей. Конечно, есть вещи, которыя ребенокъ не понимаетъ въ три-четыре года и которыя ему будутъ ясны въ шесть, семь лѣтъ; множество метеорологическихъ явленій онъ пойметъ только отчасти, или вовсе не пойметъ до восьми, девяти лѣтъ, а другія пойметъ еще позже.

Немногіе люди, признающіе необходимымъ раціональное элементарное образованіе, рано заботятся о томъ, чтобы ребенокъ научился наблюдать природу, но все-таки весьма мало обращаютъ его вниманіе на самое ему близкое—на человѣка. Не оттого ли у насъ давно уже есть хорошіе физики, ботаники, математики и такъ мало людей, занимающихся соціальными науками. Скажите, почему и тѣмъ матерямъ, которыя не внушали дѣтямъ особеннаго благоговѣнія къ чинамъ, орденамъ и богатству, приходится видѣть собственными глазами, что дѣти ихъ, въ своихъ забавахъ и играхъ съ дѣтьми ниже ихъ по положенію, не ставятъ себя въ тѣ простыя и дружескія отношенія, какія бываютъ у нихъ съ равными сверстниками? Отчего у насъ цѣлыми сотнями люди занимаются тѣмъ, что трактуютъ свысока о народномъ пьянствѣ, лѣни, апатіи и другихъ порокахъ, и съ такою свирѣпостью нападаютъ на всякую личность, которая выкажетъ хотя слабую попытку выбиться изъ гнетущаго положенія? Все это оттого, что насъ не научили съ дѣтства вникать, какъ тяжела проходится многимъ эта вѣчная борьба изъ-за куска насущнаго хлѣба, какъ много силы нужно тутъ имѣть, чтобы окончательно не погрязнуть въ житейскомъ омутѣ.

Въ дѣтствѣ намъ былъ близокъ только тѣсный семейный уголокъ и помимо его мы обращали вниманіе только на людей, почему нибудь нужныхъ намъ для нашихъ помыканій и игръ. Мы до мозга костей пропитаны эгоизмомъ и себялюбіемъ потому только, что съ дѣтства намъ не дали понять, сколько силы, умственнаго превосходства, желѣзной воли таится въ сердцахъ людей, придавленныхъ нищетою; сколько великодушныхъ порывовъ, великихъ жертвъ способны приносить во имя идеи люди, прошедшіе школу труда и лишеній. Намъ немыслимо было самое естественное и простое понятіе о томъ, что наше счастье прочно только въ тѣсной связи со счастьемъ этихъ отверженныхъ. Хорошо, если уже съ дѣтства у человѣка слагается хоть какое нибудь понятіе о той дѣятельной роли, которую онъ долженъ будетъ принять въ общей борьбѣ за существованіе. Довольно съ насъ дѣтей, мечтающихъ въ будущемъ улучшать породы заморскихъ шавокъ, плѣнять барышень хорошимъ французскимъ акцентомъ, будетъ съ насъ юношей, живыхъ собутыльниковъ и хорошихъ товарищей для полуночныхъ оргій!

Въ нашихъ образованныхъ кругахъ родители большей частію обращаютъ вниманіе дѣтей только на то, чѣмъ сами занимаются. Отецъ ботаникъ — онъ и собираетъ и показываетъ сыну множество растеній. Часто ребенокъ, не осмотрѣвъ внимательно кошки, съ которой онъ ежеминутно возится, знаетъ названія и форму такихъ цвѣтовъ, которые растутъ въ весьма отдаленныхъ отъ него мѣстностяхъ. Дѣти отдаются какой-нибудь спеціальности уже съ самаго ранняго возраста, и эта случайность иногда на вѣки опредѣляетъ ихъ карьеру, хотя, можетъ, они и не чувствуютъ къ ней природной склонности. Такъ какъ ихъ наблюдательность развиваютъ въ одномъ направленіи, они и не знаютъ, какъ приняться за другой предметъ, противъ котораго они невольно предубѣждены, потому что прежде не чувствовали къ нему живаго интереса.

Только тотъ можетъ быть полезнымъ спеціалистомъ, кто въ дѣтствѣ изучалъ и наблюдалъ все въ природѣ и въ жизни людей. Представляя факты по своей спеціальности, такой человѣкъ можетъ освѣтить и пояснить ихъ выводами изъ другой науки, а всѣмъ извѣстно, что только такое отношеніе къ наукѣ и можетъ ускорить ея плодотворное развитіе и привести къ богатымъ результатамъ. Только тотъ, кто въ дѣтствѣ останавливался надъ всѣми явленіями въ природѣ и жизни, дѣлалъ всестороннія наблюденія, можетъ дѣйствительно знать свое настоящее призваніе, съ твердостью и постоянствомъ преслѣдовать всегда одну и ту же цѣль.

При подобныхъ занятіяхъ, у ребенка разовьется тонкая наблюдательность. Такой путь развитія заставитъ его скоро понять, какъ неблагоразумно судить о предметѣ по наслышкѣ, болтать то, что вычитаешь въ первой книгѣ и услышишь отъ перваго встрѣчнаго... Онъ знаетъ уже по опыту, что до истины можно дойти только путемъ долгаго самостоятельнаго наблюденія. Но какъ упражнять въ этомъ всестороннемъ наблюденіи?

Спросите у хорошаго, опытнаго преподавателя, какой недостатокъ больше всего замѣчалъ онъ при занятіяхъ съ дѣтьми? Недостатокъ ли творчества, соображенія, памяти? Лѣнь думать, навѣрно отвѣтитъ вамъ каждый, и этимъ недостаткомъ страдаютъ у насъ даже очень талантливые люди. Если это такъ, то причину такого явленія нельзя приписывать только разсѣянности, вызванной будто бы разнообразіемъ удовольствій и житейской обстановки, которыми окружаютъ своихъ дѣтей достаточные люди.

Лѣнь ворочать мозгами—это преобладающая черта нашего юношества, къ какому бы классу общества оно ни принадлежало, — характеристическій фактъ въ умственной жизни русскаго человѣка, такъ тормозящій нашъ русскій прогрессъ. Явленія, которыя имѣютъ такія серьезныя послѣдствія, заставляютъ насъ и на причину, вызвавшую ихъ, взглянуть поглубже. При этомъ, намъ кажется, удобнѣе всего объяснить это историческимъ путемъ.

Вслѣдствіе вѣковаго преобладанія физическаго труда могли усовершенствоваться лишь низшія способности человѣческой природы, да развѣ еще однѣ внѣшнія чувства. До Петра Великаго у насъ вовсе не было научно-рабочаго мыслящаго класса, слѣдовательно условія развитія самостоятельнаго мышленія были весьма ничтожны. Не существовало ни обще-образовательныхъ заведеній, ни свѣтской литературы. „Требовали“, говоритъ Щаповъ въ своей книгѣ „Соціально-педагогическія условія умственнаго развитія русскаго народа“, „чтобы учители и наставители народа мыслей избѣгали, удалялись, а больше держались бы правоученія. Всю цѣну ума полагали въ добронравіи“.

Потомъ крѣпостничество и барство, при совершенной неразвитости разсудка, исключительное развитіе религіозно-нравственнаго чувства, отсутствіе естественно-научныхъ знаній — однѣ суевѣрія и, наконецъ, тяжелая борьба съ суровою природою изъ за куска насущнаго хлѣба, все это подавляло въ зародышѣ отъ времени до времени пробуждавшуюся русскую мысль. Понятно, что всѣ эти причины, изстари такъ пагубно дѣйствовавшія на развитіе мышленія, роковымъ образомъ отозвались и на способностяхъ нашихъ дѣтей. Вотъ почему они такъ мало воспріимчивы. Между тѣмъ, у насъ и до сихъ поръ родители только тогда начинаютъ думать о развитіи своихъ дѣтей, когда получаютъ программу того заведенія, куда они должны вступить. Но скороспѣлая подготовка къ заведенію развѣ только чисто внѣшнимъ образомъ можетъ развить мышленіе. И нужно еще нѣсколько поколѣній, чтобы эта умственная спячка, лѣнь мысли нашего юношества, на которую такъ жалуются педагоги, замѣнилась бы бодрою, энергическою дѣятельностью мышленія. Тутъ-то и предстоитъ широкое поле для дѣятельности воспитателей.

Вотъ потому-то мы и предлагаемъ обратить вниманіе на мысль ребенка тогда, когда она только начинаетъ у него пробуждаться. Чтобы мысль была болѣе дѣятельною, чтобы развить самостоятельное мышленіе и тонкій анализъ, мы пріучаемъ ребенка дѣлать наблюденія не столько по указанію учителя, сколько производя самостоятельные опыты надъ предметами. Пусть онъ самъ выроститъ цвѣтокъ, который потомъ опишетъ; самъ держитъ у себя какое-нибудь насѣкомое или другое животное, чтобы подмѣчать его свойства. Опыты часто не удаются; результаты добываешь весьма медленнымъ путемъ,—тутъ и вырабатывается усидчивость, постоянная дѣятельность мысли. „Заучиваніе правилъ осуждается теперь, какъ дающее чисто эмпирическое знаніе,—внѣшній видъ пониманія безъ его сущности. Сообщать продуктъ изслѣдованія, не продѣлывая изслѣдованія, ведущаго къ нему, признано теперь недостаточнымъ и разслабляющимъ. Общія истины могутъ быть дѣйствительно и постоянно полезными только тогда, когда онѣ пріобрѣтены трудомъ". (Спенсеръ, „Умств. нравств. и физ. восп." стр. 72).

Дѣти, веденныя по вышеуказанному способу, самостоятельно и совершенно естественно познакомились со множествомъ признаковъ каждаго предмета. Имъ не нужно будетъ въ школѣ задалбливать обобщенія правила, они сами сдѣлаютъ выводы изъ той массы частныхъ наблюденій, которыя они сдѣлали дома.

Но зачѣмъ это систематическое раннее развитіе? скажутъ многіе. Почему въ воспитаніи такихъ маленькихъ дѣтей не положиться вполнѣ на тактъ матерей, которыя своимъ материнскимъ чутьемъ всегда могутъ понять, если передъ ними талантъ, и ужъ разумѣется не подавятъ его въ зародышѣ. Наконецъ, какъ можно довѣряться всѣмъ этимъ педагогическимъ теоріямъ, ихъ такъ много развелось въ нынѣшнее время. Послѣднее совершенно вѣрно. Ни въ какой другой отрасли знанія не появлялось столько разныхъ теорій и нигдѣ практическое исполненіе не страдало такими противорѣчіями, какъ въ педагогикѣ. Причина этого, намъ кажется, лежитъ въ томъ, что въ дѣлѣ воспитанія черезъ-чуръ много возлагаютъ надеждъ на тактъ, на практическую опытность, на материнское чутье, которое, да простятъ мнѣ читатели, до сихъ поръ дало развѣ однихъ пустозвоновъ. О педагогическомъ тактѣ у насъ существуетъ самое смутное представленіе. Слѣдуя ему, одинъ получаетъ одни, другой — другіе, совершенно противоположныя результаты. Такой тактъ опирается обыкновенно не на что другое, какъ только на единичный опытъ. Множество примѣровъ доказываютъ намъ, что воспитатель, руководясь имъ, часто благотворно вліяетъ на одного воспитанника и тутъ же приноситъ огромный вредъ другому. Тоже видно и въ сочиненіяхъ, появляющихся каждый день и написанныхъ по поводу того или другаго метода. Вы тотчасъ чувствуете, предлагаютъ ли вамъ результатъ какого-нибудь ловкаго пріема, или доказательства, имѣющія научныя основанія. И какъ вы можете положиться на свой личный тактъ или на опытность вашего сосѣда, когда на вашего питомца каждый день помимо васъ вліяютъ еще безчисленныя, разнообразныя и постороннія обстоятельства: среда, его здоровье, новое знакомство съ товарищемъ, разсказъ няни, врожденные задатки и множество другихъ, самыхъ ничтожныхъ случайностей. Опредѣлить вліяніе каждаго изъ этихъ моментовъ, безъ помощи науки, возможно только въ самыхъ рѣдкихъ случаяхъ.

Слѣдовательно, какіе бы блестящіе результаты не давалъ простой тактъ, на него въ томъ или другомъ случаѣ нельзя положиться. Поэтому представляя публикѣ свою теорію умственнаго развитія маленькихъ дѣтей, мы все стараемся построить на научныхъ данныхъ, опираемся на мнѣнія и выводы психологовъ и людей, всю свою жизнь отдавшихъ на изученіе этихъ вопросовъ.

Въ заключеніе повторимъ сдѣланные нами выводы о нравственномъ и умственномъ развитіи дѣтей. а) Главную задачу воспитанія мы полагаемъ въ правильномъ и соотвѣтственномъ развитіи ума дитяти уже съ перваго проявленія его сознанія. b) Не смотря на это, мы считаемъ непоправимымъ вредомъ для всей будущей жизни ребенка ускорять это развитіе. Ускореніе развитія нарушаетъ правильный ходъ воспитанія, даетъ внѣшній блескъ безъ внутренняго содержанія. Мы не стараемся захватывать что-нибудь изъ той области знанія, которая должна быть усвоена юношею въ общественномъ заведеніи, даже не даемъ того, что долженъ знать ребенокъ въ элементарной школѣ; мы хотимъ только сознательно подготовить его къ этому обученію, къ серьезному, сухому, и даже, можно сказать, отвлеченному занятію, какимъ на первыхъ порахъ должно представляться ребенку обученіе грамотѣ.

Подготовительное развитіе дѣтей до школы должно заключаться, по нашему мнѣнію, въ усовершенствованіи его внѣшнихъ чувствъ, мускуловъ, и въ уясненіи окружающей ребенка жизни и природы. Для этого необходимо отыскать ребенку разумную дѣятельность, соотвѣтственную его возрасту, которая бы всесторонне развила его чувства. Для этого прежде всего необходимо: 1) пріучать дѣтей со вниманіемъ разсматривать окружающіе ихъ предметы, и притомъ заставлять съ точностью опредѣлять свои впечатлѣнія. То и другое имѣетъ весьма важное значеніе для развитія ребенка: вслѣдствіе собственнаго наблюденія и сравненія одного предмета съ другимъ, у него явится самостоятельное, а не на лету схваченное сужденіе о томъ или другомъ предметѣ, и ясное понятіе объ окружающемъ; передача же своихъ впечатлѣній поведетъ къ логическому мышленію и правильному говору. Передавая свои впечатлѣнія, ребенокъ дѣйствительно познакомится съ правильною русскою рѣчью; но этого еще весьма мало: вполнѣ основательно можно знать русскій языкъ только тогда, когда ознакомишься съ народною рѣчью.

2) Давать ребенку столько же словъ, сколько и идей. О всемъ чему ребенокъ даетъ имя, онъ долженъ имѣть правильное понятіе, и самое понятіе облекать въ надлежащую форму. „Безъ идеи онъ фразеръ; при однѣхъ идеяхъ онъ косноязычный, непризнанный философъ. Въ томъ и другомъ случаѣ—паразитъ, ненужный членъ общества“.

3) Пріучать дѣтей къ труду. Это должно быть чуть-ли не главною задачею воспитанія; для ея выполненія родители не только не должны тяготиться тѣмъ, что дѣти безпрестанно требуютъ у нихъ работы, а строго наблюдать, чтобы ребенокъ ни минуты не былъ безъ дѣла, и чтобы даже въ раннемъ дѣтствѣ наслаждался отдыхомъ только послѣ труда. Мы, конечно, разумѣемъ трудъ, соотвѣтственный силамъ ребенка, и притомъ такой, къ которому уже въ немъ самомъ лежитъ природная потребность. Что касается матеріала для занятій, весьма многое можно выбрать изъ дѣтскихъ игръ Фребеля, такъ какъ правильное ихъ примѣненіе ведетъ къ развитію всѣхъ внѣшнихъ чувствъ, хотя этимъ, какъ мы увидимъ ниже, далеко не можетъ ограничиться первоначальное воспитаніе.

Только при такомъ воспитаніи человѣкъ найдетъ множество способовъ, какъ самому удовлетворять своимъ потребностямъ, — обходиться безъ чужой помощи, однимъ словомъ пріучится къ независимости, основанной на самодѣятельности. Только такое воспитаніе можетъ плодотворно вліять на правильное развитіе характера, наблюдательности, эстетическаго пониманія, разсудка, остроумія, наконецъ тѣлесной силы и ловкости. Только въ такомъ случаѣ вы подготовляете почву, на которой наука принесетъ впослѣдствіи пользу человѣчеству въ самомъ широкомъ и гуманномъ смыслѣ этого слова.

ГЛАВА V.

Говорятъ, что дѣти, занимающіяся по методѣ Фребеля, неспособны ни одной минуты заняться безъ воспитателя, что въ творчествѣ первая мысль принадлежитъ ему же. Мнѣ часто также приходилось слышать отъ многихъ матерей, что не смотря на то, что они ввели въ своихъ дѣтскихъ полную систему игръ а занятій Фребеля, дѣти ихъ все-таки жалуются на скуку. Другія (и такихъ большинство) доказываютъ, что игры, данныя Фребелемъ, на половину не пригодны для русскихъ дѣтей, такъ какъ эти занятія требуютъ усидчивости и терпѣнія, несоотвѣтственныхъ первому возрасту: механизмъ ихъ до того напрягаетъ, и слѣдовательно и подавляетъ всѣ умственныя и физическія силы дѣтей, что послѣ такихъ упражненій дѣти устаютъ за цѣлый день, становятся вялыми, замѣтно менѣе сообразительными. И дѣйствительно, можно видѣть и у насъ, и въ очень многихъ садахъ за границею, даже въ самой Германіи, отечествѣ этой системы, что Фребелевскія работы очень часто мало развиваютъ дѣтей умственно даже и въ тѣхъ случаяхъ, когда дѣти сильно къ нимъ пріохочены. Многіе говорятъ, что результатомъ занятій дѣтей по Фребелевской системѣ бываетъ то, что дѣти привыкаютъ смотрѣть на физическій трудъ, какъ на безполезное и скучное времяпрепровожденіе, что дѣти, веденныя по такой системѣ, не умѣютъ взять въ руки самого простаго и обыкновеннаго инструмента, чтобы починить какую нибудь сломанную необразовательную вещь, или игрушку. Но развѣ Фребель, который беретъ для образованія все, что его окружаетъ, могъ отрицать инструментъ, сразу развивающій многія способности... Если инструментъ не названъ въ числѣ его образовательныхъ игрушекъ, то только потому, что дѣти, для которыхъ излагается его метода воспитанія, слишкомъ малы и не могутъ владѣть еще никакимъ инструментомъ. Однако, что же все это означаетъ? Не справедливы ли тѣ, которые вовсе отвергаютъ методу Фребеля, опираясь или на личныя наблюденія ея плохихъ результатовъ, или на томъ предположеніи, что дескать „метода Фребеля изобрѣтена нѣмцемъ для своихъ дѣтей, которыя находятся при другихъ условіяхъ, при другой житейской обстановкѣ". Во всемъ этомъ, безъ сомнѣнія, много правды. Механическія занятія, не сопровождаемыя занимательными бесѣдами изъ окружающей жизни, могутъ лишь односторонне развивать ребенка. Мало хорошо выполнить ручную работу, нужно показать ребенку и то значеніе, какое имѣетъ данный ему матеріалъ въ примѣненіи къ жизни. Вмѣстѣ съ развитіемъ мышцъ и органовъ дитяти, т. е. съ развитіемъ физическимъ — никогда не перевѣшивая одно другаго—должно идти и умственное развитіе ребенка, о которомъ мы выше говорили.

Скажемъ теперь нѣсколько словъ противъ слѣдующихъ возраженій: 1) что Фребель нѣмецкій педагогъ и слѣдовательно не годится заниматься по его методѣ съ русскими дѣтьми; 2) что онъ узкій систематизаторъ, занятія его или только механическія, или обращаются въ области чисто внѣшнихъ впечатлѣній, чисто внѣшняго развитія разныхъ мелкихъ чувствьицъ, сентиментальныхъ отношеній къ природѣ и къ людямъ. Въ опроверженіе укажемъ хоть на нѣкоторые факты. Дѣти, побывавшія въ дѣтскомъ саду Келлера въ Готѣ, оказываютъ въ школѣ несравненно больше успѣховъ въ наукахъ, гораздо болѣе развиты, чѣмъ ихъ сверстники. Методу Фребеля примѣняютъ съ большимъ успѣхомъ въ Швейцаріи при занятіяхъ съ кретинами и идіотами. У извѣстнаго доктора Георгенса съ этою цѣлью недалеко отъ Вѣны даже было устроено учебное заведеніе для идіотовъ и страдавшихъ разными нервными болѣзнями. Но замѣтимъ при этомъ, что всѣ люди, примѣнявшіе съ большимъ успѣхомъ методъ Фребеля, никогда не слѣдовали ему рабски, не подражали ему буквально, а творили свободно, держась только высказанныхъ имъ основаній.

Фребель въ своей системѣ руководствовался тѣми законами, какіе вообще представляетъ намъ рождающаяся дѣятельность ребенка, къ какой бы націи онъ ни принадлежалъ. Ребенокъ начинаетъ смотрѣть, протягивать руки, тащить къ себѣ всякую вещь, безъ умолку болтать, играть... Вотъ и является вопросъ—къ чему ведутъ всѣ эти движенія? куда ихъ направить? какъ въ нихъ высказывается человѣческая природа? Главная заслуга Фребеля въ томъ, что онъ учитъ пользоваться самымъ обыденнымъ матеріаломъ, который подъ руками у каждаго, и у бѣднаго, и у богатаго; что онъ указываетъ, какъ найтись при всякой обстановкѣ. Фребель, конечно, не могъ имѣть въ виду тѣхъ педагоговъ и садовницъ, которые главною обязанностью поставляютъ употреблять въ самыхъ занятіяхъ точь въ точь такіе кубики, какіе были у него самого, или спорятъ о томъ, крученою или некрученою шерстью шились мячики въ его первомъ дѣтскомъ саду, говорятъ его словами, поютъ непремѣнно его пѣсни.

Фребель указываетъ матеріалъ, при которомъ у ребенка работаетъ совершенно свободно творческая фантазія и вмѣстѣ съ этою работою идетъ всестороннее развитіе его органовъ; но это вовсе не обязываетъ васъ дѣлать точь въ точь то, что онъ дѣлалъ. Если въ самой Германіи лучшіе педагоги не все находятъ въ системѣ Фребеля пригоднымъ для развитія нѣмецкихъ дѣтей, то тѣмъ болѣе намъ необходимо быть разборчивыми въ этомъ отношеніи.

Матеріалъ для бесѣдъ и свои пѣсни Фребель бралъ изъ народнаго источника своей страны, но приспособлялъ его согласно дѣтскимъ понятіямъ, условіямъ и требованіямъ своей системы. Десять лѣтъ посвятилъ онъ исключительно на то, чтобы переѣзжать изъ села въ село, изъ одного крестьянскаго семейства въ другое, вездѣ сводилъ самое короткое знакомство, самую тѣсную дружбу съ крестьянскими дѣтьми, основательно изучая тотъ педагогическій матеріалъ, который испоконъ вѣка устно, по преданію, передается отъ одной женщины къ другой, съ помощью котораго цѣлыми поколѣніями вездѣ убаюкивается и воспитывается простой людъ. Конечно, ему приходилось много работать, чтобы разобрать эту смѣсь самыхъ нелѣпыхъ предразсудковъ и вѣрованій и тутъ же отыскать подчасъ самыя толковыя истины, которыя высказываются при воспитаніи дѣтей у самыхъ простыхъ матерей. Отсюда ясны педагогическія понятія Фребеля. Какъ бы удивился онъ, что русскія дѣти воспитываются на его народныхъ германскихъ пѣсняхъ, вдобавокъ переведенныхъ ломанымъ русскимъ языкомъ, въ тѣ года, когда такъ важно развитіе въ ребенкѣ правильнаго говора. Какъ бы посмѣялся онъ той ненаходчивости и невѣжеству нашихъ воспитателей, которые, если что и выбираютъ для своихъ бесѣдъ, то именно то, и точь въ точь въ томъ видѣ, какъ старикъ Фребель, 35 лѣтъ тому назадъ, говорилъ со своими дѣтьми, и въ томъ видѣ, въ какомъ для примѣра вошли эти разсказы при изложеніи его системы. Фребеля упрекаютъ въ педантизмѣ и главнымъ образомъ въ томъ, что занятія его системою приводятъ къ излишнему механизму; между тѣмъ онъ больше другихъ примѣнялъ еще новый тогда методъ нагляднаго обученія Песталоцци и приспособилъ его къ своимъ „садамъ“. Хотя, тридцать лѣтъ тому назадъ, педагогика была пробуждена къ новой жизни и новой дѣятельности принципами и новымъ методомъ Песталоцци, но на маленькихъ дѣтей до Фребеля вовсе не было обращено никакого вниманія. Исторія человѣчества говоритъ намъ, какъ медленно новыя идеи дѣлаются достояніемъ общественнаго сознанія.

Въ то время, о которомъ мы говоримъ, еще многіе лучшіе педагоги проводили мысль, что самое плодотворное занятіе для будущей дѣятельности юношества заключается въ философскомъ изученіи роднаго языка. Не только любовь къ ближнему и истину, но и самое знаніе старались почерпнуть изъ изученія религіи. Средніе, образованные классы въ Германіи, правда, съ одинаковымъ восторгомъ читали „Эмиля“ Руссо и „Лингардъ и Гертруду“ Песталоцци. При чтеніи Руссо, они искренно негодовали на предразсудки общества, Песталоцци вызывалъ ихъ ненависть къ притѣснителямъ простолюдина, горячую любовь къ несчастному люду, вѣру въ дѣло нравственнаго воспитанія. Они точно неудомѣвали, что выбрать для своихъ питомцевъ: отчужденіе ли отъ развращеннаго общества или — среди него и за него — жизнь, полную борьбы и дѣятельной любви. Но, пока вдохновеніе свыше не разрѣшало ихъ недоумѣнія, они продолжали посредствомъ легкихъ оплеухъ и розогъ, вбивать съ ранняго дѣтства буржуазныя меркантильныя понятія и знанія.

Направленіе германскихъ педагоговъ было преимущественно классическое: естествоиспытатели и ученые мало снисходили съ своей высоты до дѣтской литературы, до дѣтскаго пониманія. Фребель больше другихъ бралъ матеріалъ изъ природы; вмѣсто сентенцій и нравоученій, онъ уже даетъ дѣтямъ понятіе о трудѣ простолюдина и ставитъ первымъ условіемъ своихъ занятій трудъ, — хотя для дѣтскаго возраста легкій и пріятный, но который съ необыкновенною постепенностью пріучаетъ дѣтей къ терпѣнію и приготовляетъ къ тому, чтобы впослѣдствіи управиться съ трудомъ болѣе серьознымъ и тяжелымъ. Что касается до формализма и педантства, въ которыхъ упрекаютъ Фребеля, то на практикѣ, сколько извѣстно, онъ былъ ихъ врагъ и тогда, когда еще не вполнѣ опредѣлились его педагогическія наклонности, когда еще не была выработана его новая система первоначальнаго воспитанія. Еще въ 1816 г. Фребель основалъ сиротскій институтъ. Очевидцы разсказываютъ, что дѣятельность института, какъ первая попытка Фребеля, не представляетъ ничего особеннаго; — то была хорошая школа въ духѣ Песталоцци; но нравственная сторона заведенія поражала съ перваго раза отсутствіемъ всякой формальности и казарменной жизни. Воспитатели и воспитанники составляли въ полномъ смыслѣ слова счастливое семейство, въ каждомъ изъ его членовъ свѣтилась горячая любовь къ наукѣ и искренняя вѣра въ лучшую, болѣе человѣчную жизнь будущихъ поколѣній. Всё согласно, дружно работали. Между тѣмъ главные труды Фребеля относятся къ гораздо болѣе позднему періоду его жизни. Только 20 лѣтъ спустя послѣ этого является его новая система и его первый дѣтскій садъ. Извѣстный педагогъ Дистервегъ, на безпристрастное сужденіе котораго можно вполнѣ положиться, съ необыкновенною теплотою и любовью описываетъ дѣтскій садъ Фребеля, который удалось ему посѣтить. „Въ Фребелѣ“, говоритъ онъ между прочимъ, „я впервые увидѣлъ осуществленіе идеала истиннаго педагога“. Но, повторяю, всѣ эти описанія относятся дѣйствительно только къ практической дѣятельности Фребеля. Что до его системы первоначальнаго воспитанія, философіи и нѣкоторыхъ его взглядовъ, изложенныхъ въ его сочиненіяхъ, — то они въ самомъ дѣлѣ не чужды нѣкоторой искусственности и мистицизма. Противъ принциповъ его спорить нельзя; но частности, какъ напр. приторная сентиментальность, съ какой онъ заставляетъ дѣтей съ самой колыбели воспѣвать геометрическія фигуры и математическія истины, сладость труда и слезливое отношеніе къ природѣ, разумѣется, нелѣпы и смѣшны. Всѣ эти мелочи сразу и бросаются въ глаза всякому, кто въ первый разъ знакомится съ методою Фребеля. Но если выхватывать однѣ странности, слабыя и смѣшныя стороны и указывать только на нихъ, — у насъ совсѣмъ не будетъ геніальныхъ людей. Робертъ Оуэнъ, одинъ изъ величайшихъ умовъ Европы, сторонникъ множества усовершенствованій въ экономическомъ быту рабочихъ, который такъ блистательно приложилъ на практикѣ многія изъ своихъ экономическихъ положеній, который первый создалъ въ Англіи школу для малолѣтнихъ дѣтей и столько способствовалъ распространенію просвѣщенія въ средѣ рабочаго класса, горячо отстаивавшій вѣротерпимость, —подъ конецъ жизни этотъ самый человѣкъ обратился въ спирита и проповѣдывалъ, что тайны загробной жизни узнаются выстукиваніемъ духовъ и вѣрилъ въ прочія спиритическія продѣлки. Другой, тоже гуманнѣйшій изъ людей XVIII вѣка, — Генрихъ Песталоцци: то былъ педагогъ реформаторъ, который первый ввелъ методъ нагляднаго обученія и всю жизнь свою посвятилъ на служеніе роду человѣческому на самой низкой ступени его общественнаго развитія; его мысли и дѣла, изустное и печатное слово, горячая любовь къ человѣчеству, съ которою онъ постоянно жертвовалъ и своимъ семейнымъ счастіемъ, и личнымъ покоемъ, комфортомъ, необходимымъ для его разстроеннаго здоровья, его постоянная, упорная борьба за идею, которую онъ велъ до глубокой старости, — все это принесло величайшую пользу семьѣ, школѣ и всѣмъ цивилизованнымъ народамъ Европы. А между тѣмъ этотъ самый человѣкъ подчасъ защищалъ розги и оплеухи. Эти два примѣра я привожу, чтобъ показать, что ни одинъ человѣкъ, на какой-бы степени развитія онъ ни стоялъ, не избѣжитъ вліянія духа времени: чѣмъ выше, чѣмъ геніальнѣе личность, тѣмъ рѣзче выражаются ея слабости, и какъ было-бы нелѣпо, изъ-за больныхъ сторонъ вѣка, не признавать той громадной пользы, которую намъ приносятъ эти люди. Общихъ человѣческихъ слабостей не избѣжалъ и Фребель. Многіе однако не признаютъ за нимъ никакой заслуги. Мысль о томъ, что дѣтей слѣдуетъ развивать сообразно ихъ возрасту, прежде чѣмъ давать имъ отвлеченное школьное знаніе, эту мысль сознавали и раньше Фребеля. У Песталоцци даже устроенъ былъ классъ, куда принимали дѣтей отъ 6 до 8 лѣтняго возраста, который назывался Kinder-klasse и гдѣ не было еще полнаго обученія, но введены были хоровое пѣніе, гимнастическія упражненія и нѣкоторыя работы, напр. плетеніе корзинокъ и работы изъ глины. Все это не только не уменьшаетъ заслугъ Фребеля, но еще увеличиваетъ ихъ. „Основныя начала воспитанія“, говоритъ Дистервегъ, „должно не сочинять, но отыскивать: они лежатъ въ самой природѣ человѣка“. Понятно, что и прежде Фребеля были любящія матери и отцы, умные воспитатели, которыхъ должна была мучить мысль, что до 7-лѣтняго возраста дѣти ихъ скучаютъ, болтаются безъ всякаго дѣла, привыкаютъ къ праздности и порокамъ. И прежде Фребеля занимали дѣтей играми и ручными работами. Возьмемъ въ примѣръ игру, которою всѣхъ насъ занимала въ дѣтствѣ: постройка изъ картъ домиковъ и разныхъ зданій, нанизываніе рябины и бисеру, сгибаніе изъ бумаги пѣтушковъ и корабликовъ, — все это, конечно, имѣло свою хорошую сторону, — служило къ развитію нѣкоторыхъ органовъ. Но дѣло-то въ томъ, что всего этого было весьма и весьма недостаточно. Хватитъ занять ребенка на полчаса, на часъ, ему уже наскучила работа; онъ проситъ перемѣнить ее, между тѣмъ, воспитательница уже истощила весь свой запасъ, и при этомъ много, много если развивается какая-нибудь одна способность. Одни вѣчныя вышиванья, игра съ куклами, строеніе домиковъ, да бѣганье въ запуски не много дадутъ пищи дѣтскому уму: остается успокоивать его пряниками да сластями, читать ему правоученія о томъ, что есть такой умный мальчикъ, который всегда спокойно сидитъ на мѣстѣ и всѣхъ слушается...

Вотъ въ томъ-то и громадная заслуга Фребеля, что онъ собралъ этотъ въ безпорядкѣ разбросанный воспитательный матеріалъ, самъ придумалъ множество занятій и игръ, — и его серьозное знакомство съ дѣтской природой и народною жизнію, его громадныя знанія многихъ наукъ и пониманіе тогдашнихъ педагогическихъ требованій, помогли ему свести все это въ стройную, цѣльную педагогическую систему. Кромѣ того, что очень важно, Фребель подобралъ все такой матеріалъ, который даетъ возможность безконечно разнообразить работы. Отодвинуть на задній планъ ту массу игрушекъ, которою окружали нашихъ дѣтей, — это такая заслуга, которая, еще вовсе не была оцѣнена по достоинству. Особенно дѣти-первенцы страдали тѣмъ, что имъ преподносили массу игрушекъ. Даже небогатыя матери скорѣе откажутъ себѣ во всемъ, но ребенка ужъ непремѣнно, какъ можно чаще, стараются порадовать новой бездѣлушкой. Между тѣмъ, частая перемѣна игрушекъ порождаетъ въ дѣтяхъ одну прихотливость, сильную наклонность къ новизнѣ, къ излишеству. Тутъ впервые развивается потребность сильныхъ ощущеній, страстное желаніе быть богатымъ, чтобы больше накупить блестящихъ побрякушекъ. Въ обществѣ сверстниковъ дѣти только и дѣлаютъ, что хвастаютъ у кого больше игрушекъ, у кого онѣ богаче. Тутъ-же пробуждаются зависть, тщеславіе, высокомѣріе. При Фребелевскихъ игрушкахъ маленькое общество дѣтей будетъ стараться превзойти товарища не богатсвомъ, а силою творчества своего ума, усидчивостью, сообразительностью.

И такъ, хотя и раньше Фребеля являлась мысль о первоначальномъ воспитаніи ребенка, но его дѣтскій садъ будетъ эпохою въ исторіи педагогіи. Повторяемъ, онъ первый обратилъ серьозное вниманіе на тотъ матеріалъ, который подъ руками у каждаго даже у самаго бѣднаго человѣка, и, что еще важнѣе, выяснилъ громадное образовательное значеніе этого простаго матеріала.

Противъ началъ, положенныхъ Фребелемъ, не станетъ спорить ни одинъ воспитатель, если только онъ добросовѣстно въ нихъ вникнетъ. Но для этого слишкомъ мало видѣть выставку работъ дѣтскаго сада, или даже посѣщать дѣт-скіе сады во время самыхъ занятій. Необходимо серьозно изучить систему Фре-беля, ознакомиться съ его взглядомъ на воспитаніе *), затѣмъ, вовсе нельзя пре-небрегать и механической стороной дѣла. Мы должны помнить, что эта механическая сторона ведетъ къ развитію всѣхъ внѣшнихъ чувствъ дитяти. Воспитателю необхо-димо прежде всего самому продѣлать всѣ работы, чтобы развить собственную фан-тазію, вкусъ, ловкость и навыкъ въ этихъ работахъ, — это важно, чтобъ не быть слѣпымъ подражателемъ разныхъ рисуночковъ, а самое главное: опытность, которую вы пріобрѣтаете, изучивъ серьезно механическую сторону дѣла, въ высшей степени облегчитъ трудъ вашимъ дѣтямъ. Вы имъ укажете такіе пріемы, при которыхъ въ непродолжительномъ времени всякая работа, безъ особенныхъ усилій, будетъ выхо-дить красивою и отчетливою. Иначе ребенокъ или дѣйствительно дѣлаетъ сверхъ-естественныя усилія и тупѣетъ подъ бременемъ механизма, или видя, какъ долго ему не удается что-нибудь сдѣлать и какъ плохо все выходитъ изъ подъ его рукъ, вовсе бросаетъ эти работы и скоро начинаетъ чувствовать къ нимъ неопреодолимое отвращеніе. Однако и знать вполнѣ методу Фребеля еще недостаточно; нужно умѣть и самостоятельно ее примѣнить къ дѣлу. Тутъ ужъ намъ никакъ нельзя быть по-дражателями нѣмцевъ, по давно всѣмъ извѣстной, избитой педагогической истинѣ, что ребенка слѣдуетъ сначала знакомить съ ближайшими предметами, заставлять его вникать въ знакомую ему жизнь природы и людей, чтобы мало-по-малу пе-рейти къ болѣе широкому кругу знаній. Между тѣмъ, эта-то живая сторона дѣла или вовсе не примѣняется на практикѣ, или примѣняется весьма слабо. Наши педа-гогическіе журналы считаютъ вопросъ о дѣтскихъ садахъ поконченнымъ, между тѣмъ, какъ только была изложена одна внѣшняя сторона дѣла, а умственное разви-тіе, безъ котораго не имѣетъ смысла вся система Фребеля, представляетъ совершенно непочатый уголъ.

Въ слѣдующихъ главахъ я дамъ примѣры, какими бесѣдами, разговорами, раз-сказами, пѣснями, поговорками, загадками, ариѳметическими задачами можемъ мы, русскіе воспитатели, сопровождать занятія съ маленькими дѣтьми по системѣ Фре-беля. Хоть мы и будемъ на занятія, указанныя Фребелемъ, давать самостоятельныя упражненія, но никакъ не остановимся на этомъ, а будемъ придумывать и свои меха-ническія работы. Если русская жизнь, современныя требованія и наша природа пред-ставляютъ уму ребенка другую пищу (чѣмъ въ Германіи, да еще во времена Фре-беля), то это-же самое даетъ и рукамъ ребенка другое дѣло. Всѣ упражненія, ко-торыя я дамъ для образца, я взяла изъ русской жизни и природы и старалась нѣко-торымъ механическимъ занятіямъ подыскать соотвѣтственный разсказъ, или какое нибудь умственное упражненіе, которое могло-бы отчасти оживить механическій трудъ, отчасти развить тѣ стороны ума и сердца, которыхъ не можетъ развить въ русскихъ дѣтяхъ нѣмецкій педагогъ. При этомъ я буду имѣть въ виду людей са-

---

*) Вотъ лучшія сочиненія о Фребелѣ и его системѣ первоначальнаго воспитанія:

Friedr. Fröbels Entwickelnd-erziehende Menschenbildung als System. Eine umfassende, wortgetreue Zusammenstellung von H. Pösche. 3 Theile. Hamburg, 1859—1862.

Friedrich Fröbels Gesammelte pädagogische Schriften, herausgegeben von Dr. Wichard Lange Theil II; Aus Froebels Leben und erstem Streben. Berlin, 1862.

Bedeutung und philosophische Grundlage von Fröbels Pädagogik. Von Dr. P. Lautier. Berlin, 1870.

мыхъ неподготовленныхъ къ дѣлу первоначальнаго воспитанія и мнѣ часто придется излагать самыя элементарныя истины.

Подобный планъ очень обширенъ: при бѣдности хорошо примѣненныхъ къ нашимъ нуждамъ руководствъ и элементарныхъ книгъ по предметамъ естествознанія и въ особенности при полнѣйшей скудости матеріала для знакомства съ народною жизнію, я одна не беру на себя, конечно, смѣлости выполнить подобную программу, — для этого нужны общія усилія педагоговъ. Но я буду рада, если дамъ хотя нѣкоторыя указанія, какъ взяться за ея выполненіе.

ГЛАВА VI.

Воспитаніе ребенка Фребель начинаетъ съ его рожденія, пользуясь при этомъ его потребностью двигаться и его внѣшними чувствами. Потребность движенія у него ведетъ къ физическому развитію, а упражненіе внѣшнихъ чувствъ — къ умственному *).

Въ предъидущей главѣ мы упоминали, что свою педагогическую дѣятельность Фребель началъ основаніемъ сиротскаго института. Видя дѣтей испорченныхъ, тупыхъ и часто совершенно развращенныхъ съ самаго ранняго возраста, онъ пришелъ къ мысли, что воспитаніе дитяти должно начинаться гораздо раньше школьнаго обученія, и именно упражненіемъ его внѣшнихъ чувствъ и его способности къ движенію. Въ этомъ лежитъ глубокое основаніе. Человѣкъ съ тонкими внѣшними чувствами имѣетъ громадныя преимущества въ сравненіи съ тѣмъ, у котораго эти чувства не развиты. Онъ несравненно проницательнѣе и находчивѣе, глубже вникаетъ во все, а потому и работаетъ впослѣдствіи гораздо основательнѣе, изо всего извлекаетъ большую пользу, находитъ интересъ и принимаетъ живое участіе тамъ, гдѣ другой остается совершенно равнодушнымъ. Возьмемъ въ примѣръ глухонѣмаго. Какъ бы ни научили его по вновь изобрѣтеннымъ способамъ читать и говорить (я разумѣю тутъ мимическій способъ разговора и азбуку, изобрѣтенную исключительно для глухонѣмыхъ),—все-таки многія понятія останутся ему недоступными во всю его жизнь. Никогда не слышавши ни человѣческой рѣчи и даже ни одного звука, такой человѣкъ не въ состояніи подражать звукамъ; значитъ, не можетъ ни пѣть, ни говорить—не можетъ такъ свободно обмѣниваться мыслями и пріобрѣтать мысли черезъ органъ слуха. Слѣпой не имѣетъ понятія объ измѣненіяхъ свѣта, о краскахъ, цвѣтахъ и т. п. У здороваго ребенка, который обладаетъ всѣми органами, ихъ можно и притупить, и изощрить. А что это дѣйствительно такъ, видно изъ того, что, смотря по образу жизни и необходимости, одни органы у человѣка развиваются лучше другихъ. Напримѣръ, степные жители различаютъ предметы на разстояніи нѣсколькихъ верстъ, тогда какъ мы считаемъ свое зрѣніе отличнымъ, если видимъ на полверсты; лѣсные жители не только услышатъ, но и различатъ крикъ каждаго животнаго, на такомъ разстояніи, на которомъ вы не будете слышать ни малѣйшаго звука, не замѣтите ни малѣйшаго измѣненія въ природѣ. Нѣкоторые слѣпые доводили упраж-

---

*)*Хотя мы и не намѣрены заниматься критикою методы Фребеля, но такъ какъ намъ придется указывать, что въ ней пригодно нашимъ дѣтямъ, то, при краткомъ ея изложеніи, въ нѣкоторыхъ случаяхъ мы будемъ касаться и слабыхъ ея сторонъ.

неніемъ чувство осязанія до такой тонкости, что могли съ помощію его различать яр-
кіе цвѣта на одеждѣ, а слухъ ихъ достигалъ иногда до такого совершенства, что по
жужжанію и легкому шуму мухи, которые она дѣлала крыльями, они узнавали ея
величину. У хорошихъ охотниковъ слухъ и зрѣніе всегда больше изощряются, чѣмъ
у человѣка занятаго домашними дѣлами или письмомъ. На этомъ основаніи Фребель
старается развивать равномѣрно всѣ органы дитяти.

Употребляя въ дѣло всѣ данныя природою чувства и способности, воспитаніе
такимъ образомъ вліяетъ не только на правильное развитіе характера, но и на весь
складъ его умственной дѣятельности въ будущемъ. Однако, мы должны здѣсь огово-
риться. Имѣя въ виду гармоническое развитіе способностей, мы все-таки даемъ пре-
имущество высшимъ духовнымъ способностямъ человѣка. Развивая его, если можно
такъ выразиться, низшую животную сторону, воспитатель долженъ тутъ заботиться
на столько, чтобъ дать обществу вполнѣ здороваго члена съ крѣпкими нервами и не
дряблыми мускулами. Онъ прежде всего долженъ помнить, что имѣетъ дѣло съ чело-
вѣкомъ. Слѣдовательно, по отношенію къ ребенку уже съ дѣтства не слѣдуетъ осо-
бенно возбуждать и поощрять его низшія стороны, т. е. не должно переполнять его же-
лудка утонченными и изысканными яствами, не только не слѣдуетъ потакать пріят-
нымъ ощущеніямъ вкуса, но и не давать ему много распространяться о тѣхъ удоволь-
ствіяхъ, которыя онъ получилъ отъ того или другаго лакомства. Однимъ словомъ,
пусть ребенокъ ѣстъ, сколько говоритъ ему объ этомъ его естественная потребность,
но вовсе не до пресыщенія, не ради удовольствія ѣды. Послабленія съ этой стороны
могутъ даже и при наилучшихъ природныхъ задаткахъ убить въ зародышѣ всѣ ду-
ховныя стороны ребенка. Отличнѣйшій примѣръ этому намъ далъ Фонъ-Визинъ въ
своемъ Митрофанушкѣ. Если промышленный, дѣятельный современный вѣкъ уже не
можетъ представлять намъ такихъ образцовъ, то мы видимъ другіе не менѣе печаль-
ные примѣры. Англійскіе романисты представляютъ намъ мѣткіе, живые и характер-
ные типы Англичанъ, выраждающихся въ умственномъ отношеніи, но за то одарен-
ныхъ атлетической силой. Результатъ развитія мускульной системы въ ущербъ си-
стемѣ нервной—огрубѣніе общественныхъ нравовъ подъ вліяніемъ страсти къ физи-
ческимъ упражненіямъ. Но возвратимся къ Фребелю.

Съ первыхъ мѣсяцевъ жизни ребенокъ проявляетъ въ движеніяхъ свое стремле-
ніе къ дѣятельности, опять и эту черту принимаетъ Фребель къ соображенію. Но
многіе могутъ замѣтить: когда ребенокъ подростетъ, ему пожалуй, и можно будетъ
указать поле, на которомъ бы онъ могъ изощрять свои чувства, но оставьте его въ
покоѣ хоть на то время, когда онъ въ колыбели. Орелъ не изобрѣтаетъ искусствен-
ныхъ средствъ, чтобъ еще въ гнѣздѣ изощрять зрѣніе и ловкость своихъ птенцовъ,
между тѣмъ онъ съ необыкновенной высоты, на разстояніи совершенно недоступномъ
человѣческому глазу, видитъ крошечнаго цыпленка и съ быстротою стрѣлы падаетъ
на свою добычу. Все это совершенно вѣрно; но при этомъ вы, читатель, упускаете
изъ виду только одно. Многія животныя и преимущественно низшія, видятъ, слы-
шатъ, ощущаютъ и двигаются при первомъ своемъ появленіи на свѣтъ также хорошо,
какъ и въ зрѣломъ возрастѣ. Между тѣмъ человѣкъ является на свѣтъ божій совер-
шенно безпомощнымъ существомъ. Причину такого различія легко объяснить. У тѣхъ
животныхъ, у которыхъ съ появленіемъ на свѣтъ уже дѣйствуютъ различныя чув-
ства, мы находимъ органы этихъ чувствъ въ соотвѣтственномъ развитіи; между тѣмъ
человѣкъ, у котораго при рожденіи чувства такъ не совершенны, и самые органы въ
неразвитомъ, или несовершенномъ состояніи. Слѣдовательно, всѣ чувства дитяти

только тогда пріобрѣтаютъ способность дѣйствовать вполнѣ правильно, когда упражняютъ надлежащимъ образомъ соотвѣтственные имъ органы. Итакъ, имѣя въ виду это упражненіе, Фребель прежде всего вѣшаетъ у колыбели двухмѣсячнаго младенца шерстяной одноцвѣтный мячикъ. У Фребеля во всемъ находимъ строгое, научно-философское основаніе; такъ и въ этомъ случаѣ. Мячикъ, какъ мы знаемъ, имѣетъ видъ шара, а шаромъ завершаются всѣ очертанія въ неорганической природѣ: самыя огромныя тѣла небесныя представляютъ эту форму; шаромъ же начинаются всѣ очертанія въ органической природѣ: вся органическая жизнь зарождается въ видѣ органической круглой ячейки. Вотъ почему Фребель первой своей игрушкѣ даетъ видъ шара. Мысль давать маленькимъ дѣтямъ круглыя тѣла основательна, но конечно, вовсе не потому, какъ мы увидимъ ниже, что небесныя тѣла и органическія ячейки круглы.

Наравнѣ съ формою ребенокъ замѣчаетъ и ц в ѣ т ъ, и такъ какъ въ природѣ, напр. въ радугѣ, мы видимъ 7 цвѣтовъ (к р а с н ы й, о р а н ж е в ы й, ж е л т ы й, з е л е н ы й, г о л у б о й, с и н і й и ф і о л е т о в ы й), то и Фребель даетъ 7 мячиковъ этихъ цвѣтовъ, что и составляетъ его такъ называемый: П е р в ы й д а р ъ. Въ радугѣ замѣчается 7 главныхъ цвѣтовъ, но во Фребелевскихъ ящикахъ *) мы находимъ обыкновенно 6 мячиковъ, такъ какъ с и н і й и г о л у б о й цвѣтъ только различные оттѣнки одного и того же цвѣта. Но покупать ихъ стоитъ весьма дорого, между тѣмъ не только каждая мать, а даже 6 — 7 лѣтнія дѣти могутъ приготовлять ихъ сами безъ всякихъ рисунковъ. Для старшихъ дѣтей, если они есть въ семьѣ, это работа чрезвычайно занимательна и полезна тѣмъ, что возбуждаетъ въ нихъ доброе чувство трудиться для маленькаго, безпомощнаго брата или сестры. Чтобы сдѣлать такой мячикъ, нужно взять старыхъ тряпочекъ или ваты и обматывать нитками, какъ клубочекъ, стараясь дѣлать его какъ можно круглѣе. Когда такой клубочекъ будетъ уже на столько великъ, что маленькій ребенокъ можетъ обхватить и удержать его своими рученками, тогда слѣдуетъ закрѣпить конецъ и начать обматывать уже шерстью, при этомъ шерсть слѣдуетъ закрѣплять въ клубочкѣ со многихъ сторонъ, чтобы она не сваливалась. Затѣмъ канвовой иголкой, тою же шерстью вышить мячикъ петлями, — прибавляя къ срединѣ число петель, а къ концу захватывая двѣ, три и четыре петли вмѣстѣ. Нѣкоторые не обшиваютъ въ петлю мячики, а обвязываютъ тамбурной иголкой. Въ послѣднемъ случаѣ мячикъ выхо-

---

*) Считаю нужнымъ упомянуть, что наиболѣе добросовѣстное и дешевое изданіе матеріала по Фребелю и др. принадлежитъ „Обществу Дамъ“ въ С.-Петербургѣ, въ бывшемъ Соляномъ городкѣ, близь Цѣпнаго Моста, противъ Лѣтняго Сада. Много также матеріала для работъ этого рода и образовательныхъ игрушекъ можно найти въ книжн. м. Колесова и Михина, въ Гостинномъ Дворѣ.

1) Мячики по . . . . 50 к.
2) Кубъ, дѣленный на 8 кубиковъ . 40 „
3) Кубъ, дѣленный на 8 кирпичиковъ 40 „
4) Выкладываніе и наклеиваніе
   палочекъ . . . . 30 „
5) Лучины. . . . . 40 „
6) Плетеніе № 1 . . . . . . 80 „
7) Плетеніе № 2 . . . . . . 80 „
8) Кубъ, дѣленный на 27 кубиковъ . 75 „
9) Кубъ, дѣленный на 27 кирпичиковъ . . . . 75 „

10) Спички и пробки . . . . . 60 к.
11) Лѣпка изъ глины . . . . . . 35 „
12) Выкалываніе . . . . 70 „
13) Вышиваніе . . . . 65 „
14) Рисованіе и печатаніе красками 80 „
15) Работа изъ искусственныхъ ко-
    ралловъ . . . . 85 „
16) Складываніе и вырѣзаніе бумаги 80 „
17) Выкладываніе колецъ . . . . 75 „
18) Плотникъ . . . . 1 р. 25 „

Общество издало и еще нѣкоторыя полезныя игры, но мы называемъ самое необходимое при занятіяхъ съ дѣтьми.

дить плотнѣй и изящнѣй, но 6 — 7 л. дѣтей слѣдуетъ заставлять дѣлать первымъ способомъ, такъ какъ онъ для нихъ гораздо легче. Никогда не слѣдуетъ набивать мячикъ чѣмъ нибудь плотнымъ, тяжелымъ, такъ какъ онъ можетъ ушибить ребенка, стружками не слѣдуетъ набивать — мячикъ легко можетъ прорваться и засорить глаза дитяти.

Сначала берутъ мячикъ одного какого нибудь цвѣта и на снуркѣ того же цвѣта вѣшаютъ у колыбели спящаго 6-ти недѣльнаго ребенка. Конечно, нельзя назначить времени, когда вѣшать мячикъ, но я тутъ взяла среднюю норму. До 3-хъ — 4-хъ недѣль поднесите къ глазамъ ребенка вашъ палецъ, и онъ не моргнетъ; вечеромъ перенесите съ одного стола на другой свѣчку—онъ не сдѣлаетъ никакого движенія глазами: знакъ, что его зрѣніе еще слишкомъ слабо и нужно до времени оставить его въ покоѣ, какъ можно болѣе оберегая отъ слишкомъ яркаго свѣта. Но вотъ онъ пристальнѣе глядитъ на ваше лицо; улыбается, нѣсколько моргаетъ, движенія руками и ногами дѣлаются быстрѣе, хотя совершенно неопредѣленны. Повѣсьте во время сна такому младенцу одноцвѣтный мячикъ и наблюдайте. Вотъ, онъ просыпается, долго глаза его блуждаютъ неопредѣленно, вдругъ останавливаются на мячикѣ и долго, долго малютка весь серьозно сосредоточивается на немъ, не отводитъ отъ него своихъ глазъ. Вдругъ встрепенулся ножками и ручками, какъ-то подвинулся впередъ всѣмъ своимъ маленькимъ тѣльцемъ, улыбнулся даже съ нѣкоторымъ взвизгомъ и пошелъ гулить. На первый разъ малютка повеселился 5 — 6 минутъ, завтра уже около десяти, и вы замѣчаете, какъ необыкновенно быстро увеличивается у него время игры, какъ и другіе члены при этомъ приходятъ ему на помощь. Онъ мало по малу начинаетъ хватать мячикъ, но сначала очень неискусно; встрепенувшись, онъ только случайно толкнетъ его ручками, приведетъ въ движеніе; мячикъ раскачивается во всѣ стороны, ребенокъ при этомъ смотритъ уже не на одну точку, а учится слѣдить за разными движеніями и измѣненіями въ положеніи мячика. Въ 2 — 3 мѣсяца онъ уже умѣетъ хватать мячикъ обѣими рученками и научился играть съ нимъ, толкать его во всѣ стороны и ловить. Кто видѣлъ удовольствіе, которое даетъ малюткамъ эта первая игра въ мячикъ, тотъ совершенно согласится съ Фребелемъ, что она вполнѣ соотвѣтствуетъ способностямъ этого возраста и помогаетъ развитію, а именно: осмысливаетъ движенія ребенка, устанавливаетъ и сосредоточиваетъ его зрѣніе. Лучше всего сначала повѣсить голубой мячикъ, такъ какъ извѣстно, что при слабомъ зрѣніи голубой цвѣтъ пріятнѣе всѣхъ другихъ, почему взрослые носятъ голубые очки; красный же цвѣтъ слишкомъ рѣзокъ для дитяти, и такой мячикъ слѣдуетъ вѣшать, когда малютка привыкъ уже къ другимъ цвѣтамъ. При этомъ мячикъ оставляютъ не по извѣстному, предписанному сроку, а до тѣхъ поръ, пока самъ ребенокъ занимается имъ. Когда ребенокъ научился хватать, можно вѣшать два, три мячика разомъ. Но вотъ онъ уже можетъ сидѣть на рукахъ, по желанію матери протягивать къ ней ручки. Тутъ Фребель начинаетъ съ мячикомъ продѣлывать передъ 5 — 6 мѣсячнымъ ребенкомъ разныя упражненія; кромѣ того заботится о развитіи мышечныхъ движеній и объ изощреніи слуха, т. е. заставляетъ матерей пѣть ему пѣсни. Эти игры и пѣсни онъ далъ въ своемъ сочиненіи: Mutter-Spiel und Koselieder. Во всемъ, что Фребель даетъ для этого возраста, у него много ошибокъ: несоотвѣтственныя упражненія, форсированное развитіе, излишняя систематизація, хотя и тутъ въ основаніи опять таки лежитъ глубокая мысль.

Скажемъ прежде объ его упражненіяхъ съ мячикомъ: Фребель даетъ множество игръ, въ которыхъ съ необыкновенною постепенностью знакомитъ со все-возможными движеніями мячика по смыслу словъ: взадъ, впередъ, вверхъ, внизъ, кругомъ, тутъ, тамъ, ближе, дальше и проч. Потомъ берутъ ящикъ и указываютъ, какъ можетъ двигаться мячикъ по отношенію къ этому ящику. Катаютъ его сверху, отъ себя, къ себѣ; „скокъ на ящикъ, скокъ черезъ ящикъ, скокъ въ ящикъ"; словомъ, исчерпываютъ здѣсь всевозможныя нарѣчія и предлоги. Каждое изъ этихъ движеній сопровождается особой пѣсенкой, имѣю-щей цѣлью именно познакомить съ этими нарѣчіями и предлогами и дать понятіе о разныхъ направленіяхъ движенія: горизонтальномъ, вертикаль-номъ и проч. Дать ребенку въ это время на снуркѣ самому покачать мячикъ, показать ему, какъ его можно покатать по столу, даже разнообразить эти дви-женія — не дурно, но дѣлать изъ этого цѣлую школу, сначала принуждая ре-бенка усвоивать движенія только вверхъ, потомъ только внизъ, потомъ вбокъ и т. д. положительно нелѣпо. Вспомнимъ, что всему этому хотятъ научить ре-бенка, начиная съ 5-ти мѣсяцевъ; правда, упражненія эти продолжаются до 3-хъ лѣтъ, но все-же такой ребенокъ едва еще начинаетъ понимать вашъ го-воръ. Отвлеченныя понятія о движеніи, которыя Фребель сводитъ здѣсь въ си-стему, очень важны, но упражнять въ нихъ можно гораздо позже, когда дитя владѣетъ языкомъ и умѣетъ уже опредѣлять многія впечатлѣнія. При этомъ мы полагаемъ, что естественнѣе сначала дать ему усвоить понятія объ относитель-номъ положеніи предметовъ, какіе онъ видитъ вокругъ себя, спрашивая его кстати, что подъ его ногами, что надъ головой, кто стоитъ сзади, что впереди? и проч. По немногу ему даются понятія о томъ или другомъ направленіи движе-нія, но опять-таки незамѣтно, во время прогулки, въ бесѣдахъ о живыхъ пред-метахъ. Фребель, напротивъ, начинаетъ по старинному нѣмецкому обычаю чисто дог-матически, заставляя ребенка чуть не со дня рожденія воспринимать впечатлѣнія не свободно, а по предписаннымъ правиламъ. Этимъ онъ ставитъ и воспитательницу въ какое-то странное положеніе. Какъ забавно думать, что, стараясь повеселить, успокоить годовалаго ребенка, она въ тоже время высчитываетъ, какому движенію научить его сперва, съ какимъ грамматическимъ терминомъ познакомить потомъ, и восхищается этой схоластикой, припѣвая сентиментальныя пѣсни.

Чѣмъ-же занимать ребенка въ этотъ первый возрастъ?

Во-первыхъ, онъ и самъ достаточно занятъ тѣми впечатлѣніями, которыя производятъ всѣ окружающіе предметы на его только что пробужденные органы. Всякая вещь, которую онъ видитъ или можетъ схватить въ руки, приводитъ его въ восторгъ. Кромѣ того тутъ сильно развиваются мышцы: ребенокъ сначала ползаетъ, потомъ начинаетъ ходить, и Фребель, вмѣстѣ съ упражненіями въ мя-чики, даетъ игры, служащія къ развитію мышцъ. Игры въ мячъ мы оставимъ, какъ уже сказали, для послѣдующаго возраста. Онѣ здѣсь и потому неудобны, что у ребенка прорѣзываются зубы, чешутся десны и онъ все несетъ въ ротъ, а шерстяные мячики (резиновые и кожанные не менѣе вредны) оставляютъ во рту волокна шерсти, которыя производятъ рвоту. Итакъ мы займемся мышечными играми.

Мышечными движеніями Фребель начинаетъ упражнять тоже съ 3-хъ, 4-хъ мѣсяцевъ. Онъ напр., заставляетъ класть своего ребенка на подушку, брать его за руки и нѣсколько приподнимать верхнюю часть туловища, потомъ дѣлаетъ тоже самое съ ножками. Это игра для укрѣпленія спиннаго хребта. Онъ ко-лотитъ въ тактъ подъ удары мельницы и ножками, и ручками. Это тоже служить къ развитію нѣкоторыхъ ручныхъ и ножныхъ мышцъ, и всѣ такія упражненія Фребель сопровождаетъ пѣснями, воспѣвая при этомъ разные предметы: то добрую маменьку, то мельницу, которая выбиваетъ масло. Тутъ, конечно, все равно, что ни пой — ребенокъ ничего не понимаетъ, — между тѣмъ всѣ эти мышечныя движенія дѣйствительно очень полезны для физическаго развитія дитяти. Еще разнообразнѣе, еще болѣе глубокое значеніе имѣютъ у Фребеля тѣ мышечныя игры, которыми онъ упражняетъ дѣтей, когда они уже начинаютъ сидѣть. У него для этого не только особенныя игры для рукъ и ногъ, но и отдѣльныя упражненія на всѣ чувства. Но такъ какъ тутъ ребенокъ мало-по-малу вслушивается уже въ вашъ говоръ и начинаетъ понимать его, то матери не должны брать Фребелевскихъ пѣсенъ, такъ какъ въ нихъ такія нѣмецкія тонкости и философскія воззрѣнія, которыхъ ребенокъ не пойметъ и въ 12, 13 лѣтъ. Кромѣ того приторная сентиментальность, какою всѣ онѣ приправлены, совсѣмъ противорѣчитъ всему складу русскаго характера и русской жизни. Назовемъ здѣсь нѣкоторыя изъ Фребелевскихъ игръ этого рода:

Флюгеръ. Дѣлаютъ то одной, то другой рукой движенія, напоминающія флюгеръ. У нѣмцевъ эта игра дѣйствительно имѣетъ значеніе: чуть не на каждомъ домѣ у нихъ флюгера, такъ что ребенокъ, котораго еще никуда не выносятъ, уже видитъ флюгеръ изъ окошка. У насъ въ этомъ случаѣ надобно прибрать что-нибудь другое.

Тикъ-такъ. Двигаютъ то одной, то другой рукой, какъ маятникъ.

Игра на пальцахъ, какъ на фортепіано.

Голубки. Манятъ голубковъ и разныхъ птицъ.

Игра на всѣ пальцы. Тутъ пальцы представляютъ все семейство: ихъ перебираютъ, пересчитываютъ и т. п.

Игра въ свѣтъ, знакомство съ тѣнями, въ птичье гнѣздо и много, много другихъ. Мы остановимся на нѣкоторыхъ и покажемъ, какъ по русски ихъ оживить.

Для упражненія ручныхъ мышцъ у насъ есть извѣстная народная игра „въ ладошки“. Мать бьетъ ручками ребенка и поетъ:

Ладошки, ладошки!	Кашку поѣли,
Гдѣ были? — у бабушки.	Бражку попили,
Что ѣли? — кашку.	Сами улетѣли
Что пили? — бражку.	И на головку сѣли!

При этомъ мать поднимаетъ обѣ ручки малютки кверху и кладетъ ихъ ему на голову.

Далѣе у Фребеля есть такая игра. Мать проводитъ пальцемъ на ручкѣ дитяти линію и поетъ: „Положу вдоль палочку, потомъ другую накрестъ, просверлю дырочку и воткну иголочку“. Этимъ она изображаетъ работника.

Такую игру у насъ можно замѣнить нашею народною игрою въ „Кашку“: она гораздо проще и ближе къ понятіямъ ребенка. Она представляетъ приготовленіе знакомаго ему кушанья и кромѣ того даетъ случай къ упражненію пальцевъ.

Сорока, сорока,	И этому дала,	Вотъ тебѣ маленьку
Кашу варила,	И этому дала и пр.	И нѣтъ ничего!
На порогъ скакала	Ты малъ маленекъ,	А вы сороки—вороны
Гостей созывала	За водицей не ходилъ,	Летите, летите—
Гости на дворъ,—	Дровъ не сосилъ,	Шу! полетѣли,
Каша на столъ.	Кашки не варилъ:	На головку сѣли!!

При этомъ берутъ у дитяти ручку, водятъ по ладони пальцемъ — значитъ, сорока кашу варитъ; сварила, подаетъ дѣтямъ — каждому особенно, перебираютъ всѣ пальцы, подымаютъ вверхъ руки.

Птичье гнѣздо. Тутъ складываютъ ручку дитяти въ кулачекъ; большой палецъ, скрытый въ кулачкѣ, означаетъ яичко; ребенка учатъ вдругъ вынимать пилецъ изъ кулачка и показывать рукою, какъ летитъ птичка — значитъ, изъ личка вышелъ птенчикъ и вылетѣлъ изъ гнѣзда. Въ пѣсни, которая сопровождаетъ эту игру у Фребеля, воспѣвается премудрость Божія, которая учитъ и такое маленькое твореніе, какъ птичка, строить себѣ домикъ, — говорится о томъ что все въ жизни природы и людей движется по мудрымъ законамъ. — Игра эта можетъ очень понравиться дѣтямъ, а такъ какъ мы не нашли въ народныхъ играхъ ей соотвѣтственной пѣсни, то прибрали къ ней свою пѣсенку въ народномъ духѣ:

Чирикъ чикъ — птичка	Глядь — поглядь: ужъ птенчикъ
Гнѣздышко вьетъ,	Въ гнѣздышкѣ сидѣлъ,
Чирикъ чикъ — яичко	Пью, — пью, пищитъ онъ, —
Въ гнѣздышко кладетъ.	Порхъ, улетѣлъ!

Игра въ свѣтъ. Когда солнце ярко играетъ въ комнатѣ, наводятъ зеркало, заставляя свѣтъ играть на потолкѣ, на полу, на стѣнахъ.

У Фребеля и здѣсь глубокомысленное измышленіе. Въ пѣсни поется, что дитя хочетъ схватить птичку, а мать говоритъ ему на это: „Эта птичка — только ясный свѣтъ, ты не можешь схватить его руками, схватишь только глазами и обрадуешь этимъ твое сердце; такъ и въ жизни бываетъ при многихъ образахъ, которыхъ невозможно удержать въ рукахъ, но легко ихъ словить нѣжнымъ чувствомъ, а это весьма полезно для души".

Между тѣмъ игра эта чрезвычайно забавляетъ дѣтей всѣхъ возрастовъ, но, вмѣсто подобнаго изложенія для ребенка гегелевской философіи, по русски можно напр. придумать такой припѣвъ:

Скокъ да скокъ	Гуленька ты мой!
Бѣлый голубокъ.	Цѣтъ! порхастъ, вьется,
Вонъ на стѣнкѣ пляшетъ	Въ руки не дается.
Крылышками машетъ.	Скокъ да скокъ
Гуль, гуль — постой,	Съ полу въ потолокъ.

Для разныхъ игръ съ пальцами и руками мы можемъ воспользоваться многими народными припѣвами, напр., „Я коза рогатая, я коза богатая".

Или кладутъ руку на руку и говорятъ:

„Гуси летѣли, лебеди летѣли"... При этомъ ребенокъ долженъ подымать головку и ручки вверхъ и разводить ими.

Игра въ тѣни. Рукою дѣлаютъ зайчика, чтобы вышла тѣнь его на стѣнѣ. Для этого прибрана нами такая пѣсенка:

Сѣрый зайка ушками прядетъ,	Вотъ глядика ушки навострилъ
Сѣрый зайка листики жуетъ	Вотъ прыгнулъ и слѣдъ его простылъ!

Между народными припѣвами и прибаутками, кромѣ указанныхъ нами, есть много и другихъ, къ которымъ самъ народъ прибралъ разныя укрѣпляющія движенія.

Вспомнимъ лучшія изъ нихъ: когда проснувшееся дитя потягивается, его легонько гладятъ по животу и всѣмъ членамъ (это очень нравится малюткамъ и въ то же время весьма полезно: возбуждаетъ дѣятельность крови, а слѣдовательно и помогаетъ пищеваренію), приговаривая:

Потягунушки,
Порастунушки,
А въ ножки ходунюшки,

А въ ротокъ говорокъ,
А въ головку разумокъ!

Выкупавши дитя, обдаютъ его водою, приговаривая:

Вода текучая,
Дитя растущее,
Съ гуся вода,

Съ тебя худоба,
Вода къ низу,
А дитя къ верху.

Когда дитя начинаетъ уже становиться на ножки, мать поддерживая его подъ мышки, припѣваетъ:

Дыбокъ, дыбокъ,
Завтра годокъ!

Дыбокъ, дыбокъ,
Цѣлый годокъ!

Всѣ эти мышечныя игры не только укрѣпляютъ мускулы, но доставляютъ ребенку необыкновенную радость. Ребенокъ, котораго занимаютъ такимъ образомъ, еще не умѣетъ произнести ни слова, а уже со смѣхомъ и блестящими отъ удовольствія глазками хватаетъ и свои и ваши руки, перебираетъ пальцы, хлопаетъ въ ладоши, показываетъ на стѣну ручкой, чтобы вы ему навели зеркало. Такія дѣти бываютъ всегда игривы и веселы, а слѣдовательно здоровѣе и счастливѣе тѣхъ, матери которыхъ хоть и выполняютъ всѣ свои обязанности, но угрюмо молчатъ и уже съ ранняго дѣтства подготовляютъ меланхолическихъ субъектовъ. Мы уже упомянули о томъ, что въ это самое время развивается и дѣтскій говоръ. Правильное развитіе рѣчи такъ важно, что мы считаемъ необходимымъ сказать по этому поводу хоть нѣсколько словъ. Самыя первыя буквы, которыя мы слышимъ въ плачѣ новорожденнаго младенца это—гласныя: у, а... ихъ онъ обыкновенно произноситъ вмѣстѣ, когда кричитъ: уа, уа... но вотъ ребенокъ подростаетъ, впервые останавливаетъ свое вниманіе на предметѣ, начинаетъ улыбаться и ворковать; тутъ онъ произноситъ тѣ же буквы, только отдѣльно другъ отъ друга: у... у... а... а... Мало-по-малу къ нимъ присоединяются и согласныя и изъ нихъ прежде всего губныя: б... м... когда вы слышите м, голосовыя мышцы ребенка обыкновенно уже достаточно окрѣпли, такъ какъ для произношенія этой буквы ему приходится съ нѣкоторой силой при сжатыхъ губахъ вытолкнуть воздухъ. Послѣ этого скоро ребенокъ произноситъ и цѣлое слово мама... папа. За этими первыми словами еще не тотчасъ развивается говоръ; тутъ слѣдуетъ еще довольно большой промежутокъ, во время котораго ребенокъ пробуетъ свои силы надъ болѣе трудными гласными и согласными. Впрочемъ согласныя: к, которую дѣти замѣняютъ буквою т, р — буквою л, а также буквы: ш, ф такъ трудны для произношенія дитяти, что онъ часто научившись уже нѣсколько болтать совсѣмъ игнорируетъ ихъ въ словахъ, или замѣняетъ ихъ произвольно болѣе легкими для выговора. Конечно, во всемъ этомъ у дѣтей мы находимъ большое разнообразіе, тѣмъ не менѣе тутъ есть нѣкоторые общіе законы. Младенецъ, котораго мнѣ приходилось воспитывать, проговорившій на всѣ лады а и у прямо перешелъ къ отчетливому произношенію буквы к. Эти первыя буквы долго служили ему для выраженія самыхъ разнообразныхъ чувствъ. Только около полутора года онъ впервые произнесъ мама и папа и послѣ этого сразу, въ одинъ какой-нибудь мѣсяцъ, сталъ ясно и отчетливо называть множество предметовъ и при этомъ въ каждомъ словѣ произносилъ всѣ буквы, никогда не замѣняя ихъ другими; пусть же не безпокоятся тѣ родители, дѣти которыхъ начинаютъ говорить очень поздно. Между прочимъ это можетъ зависѣть оттого, что ребенку трудно связать каждое слово съ яснымъ представленіемъ предмета,—въ немъ и происходитъ медленная и необыкновенно затруднительная переработка запасеннаго матеріала. Но это ничуть не означаетъ ни его медленнаго развитія, ни его медленнаго соображенія. При этомъ мы совѣтуемъ предоставить ребенка самому себѣ, ни подъ какимъ видомъ не принуждая его ни искренними нѣжными ласками, ни угрозами лишить конфетки произносить слова, или даже повторить сказанное, если онъ не дѣлаетъ этого самъ, вполнѣ самостоятельно. Желаемъ мы этого опять во имя того педагогическаго принципа, что ускорять какое-бы то ни было развитіе — всегда вредно. Педагоги, слѣдившіе за развитіемъ въ ребенкѣ рѣчи, утверждаютъ, что медленное ея развитіе скорѣе обѣщаетъ въ будущемъ серьезнаго мыслителя. И такъ, слѣдуетъ не только не нарушать правильный ходъ этого процесса, но употреблять всѣ средства, чтобы няньки не слишкомъ разсѣевали ребенка. Пусть вытаращитъ онъ свои глазенки и долго смотритъ, уставившись на одну какую-нибудь точку. Онъ только такимъ образомъ и можетъ серьозно изучать предметъ,—не мѣшайте же ему въ это время своимъ несмолкаемымъ говоромъ, а тѣмъ болѣе не трогайте съ мѣста ту вещь, въ которую онъ такъ пристально углубился: этимъ вы только сбиваете его съ толку и перепутываете нить его соображеній. Пусть, говорятъ лучшіе педагоги, самостоятельное внутреннее развитіе идетъ всегда впереди развитія языка, пусть прежде овладѣетъ ребенкомъ мысль, а потомъ уже явится и ея словесное выраженіе.

Съ словами ребенокъ непремѣнно долженъ связывать и живыя представленія предметовъ. Поэтому матери и нянюшки должны какъ можно менѣе говорить съ ребенкомъ о томъ, на что онъ сейчасъ же не можетъ имъ указать своей ручонкой. Сначала однимъ или нѣсколькими словами ребенокъ обозначаетъ цѣлую группу самыхъ разнообразныхъ понятій, постепенно онъ пріобрѣтаетъ все большій запасъ словъ, а вмѣстѣ съ тѣмъ и расширяетъ кругъ своихъ представленій. Такъ напprim. въ большинствѣ случаевъ каждаго взрослаго мужчину ребенокъ называетъ дядя,—женщину—тетя, всѣхъ птицъ—цыпа или танъ-танъ, всякую ѣду и питье нямъ-нямъ и т. п. до безконечности. Было бы огромнымъ вредомъ со стороны воспитателя сразу желать расширить этотъ кругъ понятій и непремѣнно настаивать на томъ, чтобы ребенокъ не давалъ знакомому предмету своеобразной клички. Когда вы указываете ребенку на предметъ, вы сами не должны, разумѣется, поддѣлываться подъ дѣтскій лепетъ, не картавить, не шепелявить, а назвать предметъ такъ какъ вы это дѣлаете, когда разговариваете со взрослыми. Что же до ребенка, то пусть его изобрѣтаетъ свой языкъ; понемногу прислушиваясь къ рѣчи взрослыхъ, онъ самъ собою его броситъ.

ГЛАВА VII.

Когда ребенокъ начинаетъ ходить и порядочно болтать, не надо пренебрегать и обыкновенными игрушками, только умѣть выбрать ихъ и ими воспользоваться. Мнѣ приходилось имѣть дѣло съ разными дѣтьми и для очень многихъ изъ нихъ доставляютъ величайшее удовольствіе игрушки, напоминающія тѣхъ животныхъ, которыхъ они видѣли въ комнатѣ или на дворѣ; имъ пріятно и поиграть съ простой куколкой, одѣть, раздѣть, уложить ее въ постельку и проч. Укажите имъ тутъ нѣсколько игръ, они тотчасъ переймутъ ихъ, сперва станутъ измѣнять ихъ на разные лады, потомъ придумывать и свои игры. Но игрушки эти должны быть совсѣмъ простыя, съ которыми ребенокъ могъ-бы дѣлать, что ему вздумается. Тутъ для 2-хъ или 3-хъ лѣтняго ребенка найдется много поучительнаго. Возьмемъ въ примѣръ хоть игру съ куклой. Ребенокъ раздѣлъ ее, уложилъ спать, а вы, какъ и надъ нимъ, запоете надъ его лежащей на подушкѣ куколкой, русскую пѣсенку:

Баю, баюшки, баю,	Садились на малютку,
Баю милую дитю,	Они стали гурковать
Ты спи почивай	Мою куколку качать,
Глазъ своихъ не раскрывай.	Прибаюкивать:
Сонъ да дрема	Спи, куколка, засни,
Вдоль по улицѣ прошла,	Угомонъ тебя возьми!
Къ моей куколкѣ зашла,	Лучше выспишься,
Подъ головку спать легла	Не куражишься,
Баюшки баю,	Пойдешь въ садъ—разгуляешься
Баю дѣточку мою,	Да и съ нанюшками,
Прилетѣли гулюшки,	Да и съ мамушками.

Или:

Гулюшки, гули,	Моя куколка бай спитъ.
Сѣли на ворота,	Баю, баиньки, баю,
Воротушки скрыпъ, скрыпъ,	Баю милую дитю.

Серьезнѣе, чѣмъ когда вы пѣли надъ нимъ, онъ начинаетъ вслушиваться въ слова и въ голосъ, подражать пѣснѣ. Ему такъ нравится пѣть надъ куколкой, укладывая ее, что онъ станетъ васъ просить спѣть ему, когда и самъ будетъ ложиться спать. Это не капризъ, ему просто хочется тверже заучить пѣсню, но заставлять ее заучивать, повторяя за вами слова, не слѣдуетъ: если ребенокъ не вымуштрованъ, то никогда не станетъ этого дѣлать, какъ не любитъ дѣлать что-нибудь искусственное. Ему нужно поставить себя въ то положеніе, при которомъ въ дѣйствительности поется пѣсня, тогда онъ не устанетъ учить ее. — Мысль Фребеля напѣвать дѣтямъ пѣсни съ колыбели и заставлять ихъ самихъ пѣть— въ высшей степени прекрасная и разумная. Отъ этого не только развивается слухъ, но пѣніе много способствуетъ и развитію языка. Мы ужъ не говоримъ о томъ, что для дѣтей великое удовольствіе сопровождать какое-нибудь дѣло пѣснею. Ребенокъ чутко прислушивается ко всѣмъ мотивамъ, которые напѣваютъ большіе, и тотчасъ ихъ подхватываетъ. При этомъ, конечно, слѣдуетъ быть разборчивымъ, напр. не пѣть передъ ребенкомъ сентиментальныхъ романсовъ, которые могутъ совершенно испортить его вкусъ и слухъ. Кромѣ того это дурно дѣйствуетъ на нервную систему ребенка. Дѣтскія пѣсни, особенно для перваго возраста нужно стараться не заимствовать у Фребеля, а по возможности выбирать свои народныя, или написанныя въ народномъ духѣ правильнымъ русскимъ языкомъ, на какой-нибудь обыденный предметъ, на извѣстное явленіе изъ дѣтской жизни. Однако и это дѣтское пѣніе можно довести до крайности. Мнѣ приводилось встрѣчать воспитателей, которые все поютъ и ко всякому слову стараются прибрать рифму. Тогда и этимъ прекраснымъ воспитательнымъ средствомъ можно притупить ребенка. Изъ народныхъ припѣвовъ и пѣсенъ слѣдуетъ выбирать для дѣтей этого возраста только такія, которыя совершенно соотвѣтствуютъ обстановкѣ ребенка. Говорить 2-хъ, 3-хъ лѣтнему ребенку о сохѣ, мельницѣ, о цѣпахъ, если онъ ихъ никогда не видѣлъ и не можетъ понять еще ихъ назначенія, значитъ дѣлать его фразеромъ. Въ этомъ возрастѣ строже, чѣмъ когда либо, слѣдуетъ придерживаться правила: не давать ни одного знанія о предметѣ, котораго нѣтъ передъ глазами. Я тоже не допускаю такихъ народныхъ припѣвовъ, въ которыхъ только одна пустая игра словъ. Напр.

Гуси-лебеди летѣли
Въ полѣ банюшку доспѣли,
Коростель полки мостилъ,
Таракавъ дрова рубилъ,
Комаръ по воду ходилъ,
Въ грязи ноги увязилъ,

Онъ не вытащилъ,
Глаза вытаращилъ,
Блоха поднимала
Животъ надорвала,
Муха банюшку топила...
и т. подобное.

Нужно замѣтить, что дѣтямъ стоитъ только проговорить или пропѣть что нибудь подобное, они тотчасъ переймутъ; имъ чрезвычайно нравятся такія смѣшныя представленія о животныхъ; но изъ этого еще не слѣдуетъ, что имъ хорошо давать подобную пѣсню. Ребенокъ начинаетъ подражать этому набору словъ, соединяетъ ихъ съ представленіями, не свойственными предмету, называемому въ пѣсни, и пріучается болтать слова, придавая имъ самый нелѣпый смыслъ. Мы не должны казнить, конечно, ребенка за всякое сказанное имъ безсодержательное слово, но не должны и поощрять его говорить безтолочь.

Однако вотъ нашему ребенку уже наскучило смирно сидѣть передъ куколкой, убаюкивать ее, да напѣвать ей пѣсни... Легко прибрать и много другихъ подобныхъ игръ. Не одно вѣдь укладыванье въ постель, да спанье въ жизни; притомъ въ два, три года ребенокъ самъ замѣтилъ многое и у себя въ комнатѣ, и на дворѣ; навѣрно бывалъ и въ деревнѣ, или хоть на дачѣ. Пользуйтесь этимъ и въ веселой, живой бесѣдѣ съ пѣснями и прибаутками, въ стихахъ и прозѣ болтайте съ нимъ только о томъ, что онъ видитъ предъ собой въ данную минуту, но никакъ не больше, и изъ его обыденной обстановки, изъ его несложной жизни, старайтесь выбирать ему игрушки, которыя для дѣтей этого возраста имѣютъ свое воспитательное значеніе: эти бумажныя и деревянныя собачки, кошечки, пѣтушки должны напоминать ребенку знакомыхъ ему живыхъ звѣрей и птицъ изъ того маленькаго міра, надъ которымъ онъ уже успѣлъ сдѣлать нѣсколько наблюденій (ясно, что не слѣдуетъ давать ему такихъ животныхъ и предметовъ, которые онъ еще не видалъ или значеніе которыхъ онъ не можетъ понять, какъ напр. замки, солдатики, львы, тигры и т. д.); ему нравятся подобныя игрушки и потому, что онъ можетъ играть съ ними такъ, какъ не всегда удобно съ живыми предметами. Итакъ буду продолжать мой разсказъ о его занятіяхъ.—Вотъ, онъ уложилъ куколку. Черезъ минуту онъ ее выхватилъ изъ кровати. Ну, будемъ поить ее теперь молокомъ. Ребенокъ при этомъ вспоминаетъ все до малѣйшихъ подробностей, и, по первому вашему приглашенію бѣжитъ подогрѣвать молоко, какъ это дѣлаютъ для него, самъ пьетъ и потомъ подноситъ куклѣ.—„Куколка попила, а все столько же молока осталось“, говорите вы между прочимъ, „а дай Машѣ, или Колѣ, даже коту Васькѣ пожалуй, и этого бы не хватило!“—„И Мимишка бы все поѣлъ!“—подхватываетъ ребенокъ послѣ легкаго раздумья, указывая на собаку. „Да, куколка умница“, продолжаетъ онъ „она свою Машу любитъ (пусть это играетъ съ куколкой дѣвочка Маша), все ей оставляетъ“.—Игра для ребенка не теряетъ своей прелести, хоть онъ скоро начинаетъ ясно понимать разницу между одушевленнымъ и неодушевленнымъ предметомъ. Разница эта покамѣстъ только въ томъ, что человѣкъ ѣстъ, а куколка ѣсть не можетъ, но на первый разъ совершенно достаточно дать усвоить и это несложное понятіе.

— Ну, Машуточка, говорите вы дѣвочкѣ;—бери куклу за одну ручку, а я за другую, пойдемъ бѣгать. Пройдемся съ ней тихонько, теперь скорѣй, еще и еще скорѣй! О, да мы и рысью бѣжимъ, какъ лошадки: гоп, гоп, гоп... Ну, а теперь въ галопъ... Опять тихо, опять скоро; бѣги-ка, одна, а мы съ куклой будемъ тебя догонять... а, догнали! ты теперь куклу догоняй... устали!... теперь отдохнемъ... какая ты красная, лобъ въ поту, а куколка все ничего!

— Нѣтъ, и у куколки тоже потъ, она красная... тутъ ребенокъ очень хорошо понимаетъ, что съ куклой не произошло никакой перемѣны, даже дѣлаетъ вамъ лукавые глазенки, чтобъ вы ему не противорѣчили, и вытираетъ лицо куклы тоже платкомъ.

— Посмотри, говорите вы,—а вотъ пѣтушокъ-то на насъ смотритъ! Вы ставите игрушку на столъ.

Пѣтушокъ, пѣтушокъ!	Что ты рано встаешь,
Золотой гребешокъ,	Что ты громко поешь,
Маслина головушка,	Машѣ спать не даешь?
Шелкова бородушка!	

Ребенокъ повторяетъ за вами, и самъ распѣваетъ пѣсенку на разные лады. Тутъ онъ все больше оживляется, его собственная фантазія все больше разыгрывается.

— Мы еще,—говоритъ онъ вамъ,—не все съ куколкой переиграли.—Ну, придумывай сама.—Пойдемъ къ ней въ гости и пѣтушка возьмемъ...—Пѣтушокъ въ гости не ходитъ, вотъ развѣ къ пѣтушкамъ, да къ курамъ... а мы куколку пригласимъ къ себѣ и вмѣстѣ съ ней будемъ пѣтушка кормить.—Ахъ! какъ хорошо, хорошо, пойдемъ ее звать.

Ты куколка, я куколка,	Ты не бойся, прихода,
Ты маленька, я маленька,	Какъ залаетъ гамъ, гамъ, гамъ,
Приди ко мнѣ въ гости!	Я собачкѣ хлѣбца дамъ...
Я бъ радешенька пришла,	
Да твоя собачка зла...	
Загрызетъ, того и жди.	

Эта пѣсня тоже народная, только тутъ она совершенно измѣнена. Тамъ сказано:

Да боюся тивуна.	Тивунъ тебѣ не судья,
Ты не бойся тивуна.	Судья намъ Владыко...

Для 3-хъ лѣтняго ребенка все это слова непонятныя.

— Вотъ, куколка и пришла... цыпъ, цыпъ, цыпъ... ну, Петя, пѣтушокъ, иди къ намъ... ужъ позовемъ и коровушку... ну, коровушка, буренушка, иди и ты къ намъ... Ребенокъ вдругъ выбѣгаетъ изъ комнаты и черезъ минуту вноситъ чашку съ молокомъ.

— Вотъ, мы ихъ всѣхъ и накормимъ!

— Ахъ, Машутка, Машутка! Вѣдь пѣтушокъ то зернышки клюетъ, червячковъ въ землѣ откапываетъ. Вотъ развѣ хлѣбца ему можно покрошить...

— Хорошо, будемъ крошить, и коровка хлѣба поклюетъ...

— И, нѣтъ, нѣтъ! смотри коровушка-то ходитъ, да травку рветъ; вонъ какъ она ее долго жуетъ. Уши у ней въ сторону смотрятъ, а рожищи-то какіе большіе! Не нужно дразнить коровушку, она этими рожищами такъ толкнетъ... ишь, какъ она хвостомъ отмахиваетъ, мухъ отгоняетъ! Ну, замычала, заревѣла, — вѣдь это она хозяйку зоветъ, пить проситъ, доить себя велитъ. Вонъ, хозяюшка въ корытѣ и пойло несетъ.

— Кошечка лучше коровы, — чистенькая... — говоритъ дѣвочка, всматриваясь въ корову, — у нея вонъ хвостъ грязный и на бокахъ комки грязи...

— Не красива, правда, да за то она молоко намъ даетъ, а ты вѣдь то и дѣло попиваешь молоко.

— Такъ я ее за это любить буду... мнѣ хочется ее покормить... чѣмъ бы мнѣ ее покормить?

— А вотъ мы пообѣдаемъ, посуду вымоютъ и принесемъ ей помои...

— Нѣтъ, я хочу теперь непремѣнно, сейчасъ...

— Ну, принеси большой ломоть хлѣба и посоли его солью. Видишь, какъ корова славно его изъ рукъ взяла, и какъ черезъ это она привыкнетъ къ тебѣ, станетъ каждый разъ къ крыльцу подходить, мычать, хлѣба просить.

Ребенокъ бьетъ въ ладоши, такъ этому радъ. — У меня остался маленькій кусочекъ, я отдамъ его коровѣ.

— Будетъ ей, скормимъ этотъ хлѣбъ на куръ. Смотри, ишь какъ онѣ по двору расхаживаютъ, каждая съ своими дѣтками, маленькими цыплятами. Вонъ какъ курица ножками землю разгребаетъ, закудахтала — это она червячка нашла и дѣтушекъ сбираетъ. Цыпъ, цыпъ... подбирайте крошечки... вонъ какъ славно поклевываютъ... кышь, прочь отсюда пѣтухъ... ты большой, самъ можешь найти, пусть цыплятки досыта поѣдятъ. А! галка! это она подсмотрѣла, что тутъ есть, чѣмъ поживиться!... нѣтъ!... кышь... кышь... пусть одни цыплятки!... И уточки идутъ съ утятками, поѣсть захотѣли, съ озера возвращаются, съ ноги на ногу переваливаются... ну, и тутъ лужу нашли, плаваютъ, широкіе носики въ воду опускаютъ.

— А въ другой лужѣ свинья плаваетъ, — замѣчаетъ уже само дитя, когда мало по малу вы на все обращаете его вниманіе. Нѣтъ, она повалятся въ лужѣ любитъ, вонъ встала, ухъ, батюшки, какая грязная! объ углы стала чесаться. Ребенокъ звонко хохочетъ.

Поводъ къ подобнымъ играмъ и бесѣдамъ могутъ подать и другіе предметы, животныя, маленькіе братья и сестры. И для всего этого, хотя не безъ труда, можно найти хорошіе припѣвы, прибаутки, присказки въ народныхъ пѣсняхъ и играхъ разныхъ губерній.

Вотъ еще примѣръ пѣсенки или присказки на тотъ случай, когда ребенокъ будетъ играть со своею собачкой:

Собачка, собачка,	Въ гору ушли.
Гдѣ ты была?	А гдѣ гора?
Коней стерегла.	Черви выточили.
А гдѣ кони?	А гдѣ черви?
Они въ лѣсъ ушли.	Гуси выклевали.
А гдѣ тотъ лѣсъ?	А гуси гдѣ?
Огнемъ сгорѣлъ.	Въ тростникъ ушли.
А гдѣ огонь?	А гдѣ тростникъ?
Водой залили.	Люди выломали.
А гдѣ вода?	А люди гдѣ?
Быки выпили.	Всѣ примерли.
А гдѣ быки?	

Тутъ мы перемѣняемъ въ народной пѣснѣ только нѣкоторыя слова и вмѣсто козы обращаемся къ собакѣ, такъ какъ ребенку естественнѣе представить, что лошадей стережетъ собака, а не коза.

Изъ народныхъ игръ съ маленькимъ ребенкомъ можно выбирать хоть подобныя: Ребенка легонько постукиваютъ по спинѣ и спрашиваютъ:

Горбъ, горбокъ!	Кто наклалъ?	Ковшикомъ.
Что въ горбу?	Дѣдушка.	Какимъ?
Денежки.	Чѣмъ наклалъ?	Золотенькимъ.

Такими бесѣдами и играми вы занимали ребенка въ комнатѣ; опять запросился онъ у васъ на скотный дворъ или на улицу, разскажите ему о козѣ, о теленкѣ, о пастухѣ, о собакѣ и т. п. Въ моей книгѣ: „Разсказы для дѣтей изъ русской жизни и природы", которая предназначена для дѣтей 7-ми, 8-ми лѣтняго возраста, можно найти довольно матеріала для бесѣдъ и съ самыми маленькими дѣтьми; но тутъ, конечно, необходимо выбирать отдѣльные, небольшіе эпизоды. Какъ это дѣлать, мы указываемъ въ концѣ настоящей главы. По приведеннымъ нами примѣрамъ и руководствуясь указанною книжкою, и воспитатели, мало подготовленные къ дѣлу, съумѣли бы занять своихъ питомцевъ. Въ возрастѣ 6-ти и даже 5-ти лѣтъ нѣкоторые изъ болѣе короткихъ разсказовъ могутъ быть прочитаны цѣликомъ.

Конечно, могутъ встрѣтиться и другіе предметы, съ которыми слѣдуетъ познакомить маленькаго ребенка и которыхъ воспитатели не найдутъ въ нашей книгѣ. Для своихъ разсказовъ мы брали болѣе или менѣе обыденную жизнь среднихъ и простыхъ классовъ общества, но данныхъ нами разсказовъ и бесѣдъ, намъ кажется, совершенно достаточно, чтобы указать воспитателямъ, на что въ каждомъ предметѣ должно обратить вниманіе маленькихъ дѣтей.

Чѣмъ больше вы будете обращаться къ ребенку, указывая ему на разныя живыя, характерныя стороны предмета, тѣмъ болѣе съ каждымъ днемъ будетъ онъ самъ спрашивать васъ о различныхъ предметахъ, которые вы, съ своей стороны, должны будете освѣтить передъ нимъ, искусно закрывая въ тоже время то, что понять ему не подъ силу. Было бы огромной ошибкой со стороны воспитателя указывать 2-хъ, 3-хъ лѣтнему ребенку на болѣе тонкія особенности, разсказывать ему хоть что нибудь изъ жизни животныхъ и птицъ, чего нѣтъ у него передъ глазами въ данную минуту. Курица бѣгаетъ передъ ребенкомъ и разрываетъ кучи, отыскивая въ нихъ себѣ пищу, а вы пропускаете это и сообщаете ему о томъ, что она несетъ яйца, изъ которыхъ высиживаетъ цыплятъ... вотъ вы и даете ему знаніе факта, котораго онъ еще не могъ провѣрить своими глазами. Что изъ того, что онъ увидитъ это потомъ, хоть завтра-же? До тѣхъ поръ пока не увидитъ, вы не съумѣли воспользоваться характерной чертой въ предметѣ, который передъ нимъ въ настоящую минуту; онъ будетъ повторять ваши фразы, не оставляющія въ его головкѣ никакого живаго образа. Легко такимъ образомъ дать много неопредѣленныхъ представленій, а, привыкнувъ вѣрить вамъ на слово, ребенокъ скоро станетъ этимъ удовлетворяться, вѣчно будетъ приставать, чтобъ вы ему что нибудь разсказали, и ему останется чуждою та жизнь природы, при наблюденіи которой мало по малу развивались бы въ немъ умъ, находчивость, сочувствіе къ окружающему его міру. Вамъ, напротивъ, слѣдуетъ сначала все показать ему въ той живой занимательной картинѣ, какую представляетъ дѣйствительность, чтобы потомъ онъ на самомъ дѣлѣ пріобрѣлъ основательныя знанія.

Страшный сумбуръ также можно произвести въ головѣ ребенка употребленіемъ словъ, мало-мальски чуждыхъ дѣтскому говору и пониманію, напр.: у коровы и барана рога п о л ы е въ срединѣ; одни животныя отрыгаютъ жвачку, а другія просто ее пережевываютъ. Все это онъ пойметъ черезъ 2 — 3 года совершенно ясно, — теперь же это можетъ сбить его съ толку.

Мы оставили нашу дѣвочку, когда она уже довольно утомлена тѣми незамысловатыми, но для такого ребенка совершенно серьезными наблюденіями, на которыя вы ее навели.

— Ну-ка, Маша, отдохнемъ теперь. — Сядемъ на крылечко и пѣсню споемъ, — проситъ васъ ребенокъ. Вы начинаете, она вамъ подтягиваетъ.

Куплю моей Машенькѣ
Всякой скотинушки;
Будутъ у Машеньки
Телушка, свинушка,
Да барашекъ маленькій
Съ козынькой удаленькой.
На дворѣ индюшка,
Кура-погребушка.
Гусынька гуляетъ,
Уточка ныряетъ,
Ей охота въ прудъ...
Машу увидали,

Всѣ къ ней побѣжали,
Голосятъ, зовутъ:
Телушка му-му, му-му,
Козынька ме-ке, ке-ке,
Барашекъ бя-бя, бя-бя,
Свинушка рю-хи, рю-хи,
Индюшка шулды-булды,
Гусынька га-га, га-га,
Уточка уть-уть-уть,
Курочка по сѣнюшкамъ
Тю-у-къ, тю-рю-рюкъ!

Это взято изъ очень длинной народной пѣсни; мы тутъ выбрали только послѣднюю строфу, гдѣ находимъ подражаніе звукамъ всѣхъ животныхъ. Звуки эти напоминаютъ ребенку животныхъ, которыя у него теперь передъ глазами. Въ началѣ же этой пѣсни: „Станемъ мы, мужинушка, домикъ наживать," выставлены сложныя для ребенка отношенія, и мы его выпустили, замѣнивъ болѣе подходящимъ содержаніемъ. Дѣти, какъ извѣстно, очень любятъ подражать звукамъ всѣхъ животныхъ; они съ восторгомъ повторяютъ подобную пѣсенку.

„Еще споемъ, еще про коровку, или про кого нибудь," не отстаетъ отъ васъ ребенокъ.

„Ужъ, какъ я-ль мою коровушку люблю!
Сытна пойла я коровушкѣ налью;
Чтобъ сыта была коровушка моя,
Чтобы сливочекъ буренушка дала".

— Да, — скажутъ мнѣ наши Петербургскіе дачники, — все это разсказывать и распѣвать можно только въ деревнѣ, а не гдѣ-нибудь въ Лѣсномъ, да на Черной рѣчкѣ; ребенокъ когда-когда увидитъ развѣ только корову да курицу. Правда, наша Петербургская обстановка очень искуственна, и, мнѣ кажется, для пользы дѣтей, хорошо бы пожить гдѣ нибудь подальше, хоть въ Парголовѣ, гдѣ все-таки больше настоящей природы. Но дѣлать нечего. Если этому нельзя помочь, то будемъ находчивы при всякихъ житейскихъ условіяхъ. И въ Лѣсномъ, и на Черной рѣчкѣ живутъ кой-какія птички, копошатся мошки, червяки, порхаютъ бабочки и мотыльки, иногда кой-гдѣ выглянетъ и зелень, и кривая березка. Тутъ наконецъ снуютъ и не однѣ только женщины, желающія другъ друга перещеголять своимъ нарядомъ. Слѣдовательно и тутъ найдется свой міръ для наблюденій.

— Гляди, Машутка, какую большущую бочку везетъ водовозъ. Булды, булды... это вода у него. Вонъ остановился у одного крыльца, подставилъ желѣзное ведро, теперь другое наливаетъ...

— Къ чему-же онъ не взялъ бочку въ руки, да сразу не налилъ; ему-бы такъ скорѣе было... — Ты же посмотри, какая большая эта бочка, съ водой ее нельзя поднять одному человѣку. Вонъ, онъ и ведры-то носитъ, такъ и то ему такъ трудно нести, что онъ перегибается на другую сторону. — А что это подъ нашей крышею? — спрашиваетъ ребенокъ. — Чу! стой тихонько, смотри, не шевелясь, все узнаешь. Все одна и таже птичка прилетитъ, пощебечетъ, повертится на одномъ мѣстѣ и опять улетитъ. Что это? птичка гнѣздо вьетъ, вонъ тоненькій прутикъ въ ножкахъ потащила, теперь двѣ маленькихъ соломенки... улетѣла, теперь сѣла въ ту ямку подъ окномъ твоей спальни, что ты вчера сама вырыла; вылетѣла и оттуда что-то во рту понесла. — „Да что-же это у ней въ носикѣ было? говоритъ Маша, я разглядѣть не могла“.

— Пойдемъ къ ямѣ, посмотришь. А вотъ что: перья и пухъ. Это Варя курицу щипала, такъ все выбросила сюда, а птичкѣ и это пригодилось... Какъ близко опять она около насъ, вонъ сѣла на дерево, прыгаетъ съ вѣтки на вѣтку, щебечетъ... Ба, пухъ-то ей видно очень понравился, она опять сюда летитъ, да насъ боится. Прочь тихонько отсюда.

— Побѣжимъ немного дальше отъ дачи, туда; тамъ за этимъ лѣскомъ незастроенное, свободное мѣсто.

Я пройдусь по лѣсамъ;
Много птичекъ есть тамъ
Всѣ порхаютъ поютъ,
Гнѣзда теплыя вьютъ.

Я пройдусь по лугамъ,
Мотылечки есть тамъ;
Какъ красивы они
Въ эти свѣтлые дни!

Еще подальше пойдемъ, теперь крикни: ау, ау... Эхо повторяетъ крикъ дѣвочки.

— Что-же это, Мама, кто кричитъ? — Ты сама. Вотъ, попробуй, крикни что-нибудь.

— Мама! Мама! опять кричитъ дѣвочка. — Вотъ всегда такъ, что ты только скажешь, въ лѣсу раздается, какъ будто кто-нибудь откликается на твои слова.

Лѣтомъ все еще есть кой что для наблюденій, а наступятъ дожди, слякоть, нужно буквально запереть ребенка въ комнатѣ; выпускать на воздухъ, когда онъ еще не окрѣпъ, въ это время положительно невозможно. Что-же? заприте. Но вѣдь комната не пустая, и въ ней есть свое движеніе, своя жизнь. А гдѣ есть жизнь, тамъ есть дѣятельность для рукъ и головы и свои пѣсни.

5*

Дома осенью и зимою можно занимать ребенка беседами о нѣкоторыхъ предметахъ, встрѣчающихся въ хозяйствѣ: о посудѣ, объ одеждѣ, о кушаньяхъ, о мебели и проч. Кромѣ того и въ комнатѣ полезно-бы держать для ребенка двухъ, трехъ животныхъ, какъ кошку, собаку, морскихъ свинокъ поперемѣнно то ту, то другую рыбу, ежа, черепаху. При этомъ вамъ представится случай подмѣтить въ ребенкѣ нѣкоторыя дикія, эгоистическія черты его характера, которыя во время слѣдуетъ остановить или направить. Ребенокъ начинаетъ теребить, мучить кошку, показывать ей мясо и потомъ прятать. Многіе воспитатели думаютъ: искоренить эти недостатки, дѣлая съ ребенкомъ тоже самое, т. е. не пускаютъ его въ ту комнату, куда ему захотѣлось, соблазняютъ сластями и не даютъ ихъ. Мнѣ кажется выбивать клинъ клиномъ плохо. Довольно, если вы каждый разъ, въ минуту необузданнаго увлеченія его еще животной натуры, будете его останавливать, или въ крайнемъ случаѣ брать у него животное.

— И не жалко тебѣ бить кошку?.. Вонъ она все и забыла, ласкается, выгибается, хвостикомъ виляетъ, глазки закрываетъ, пѣсенку поетъ. И шубка какая на ней славная, мягкая, да и теплая; не прозябнетъ зимой, хоть и на дворъ побѣжитъ. Лапки тоже мягкія; только смотри, Машута, когти у ней преострые. Такимъ образомъ вы незамѣтно полезною бесѣдой можете отвлечь ребенка отъ глупой шалости.

А если ребенку уже можно зимою выходить на улицу, какое множество новыхъ предметовъ ему представится. И снѣгъ, который запорошилъ деревья и крыши домовъ, и мальчики катаются на конькахъ по льду, извощики отъ холода бьютъ рукавицей объ рукавицу. Нѣтъ такого уголка въ мірѣ, гдѣ-бъ ничего не было! Кругомъ жизнь и для жизни-же пользуйтесь ею.

— Удивительная жизнь!—говорилъ мнѣ одинъ отецъ: вотъ я жилъ съ сыномъ въ такой трущобѣ, гдѣ только видѣлъ: клоповъ, пруссаковъ и мышей. Вмѣсто пѣнія птицы наслаждался кваканьемъ лягушекъ, вмѣсто растительности, я ничего не видѣлъ, кромѣ песку и кой гдѣ убогой ели. — А развѣ это не такой-же богатый воспитательный матеріалъ? Развѣ это не заслуживаетъ такого-же наблюденія и вниманія, какъ и все въ природѣ?

Нужно помнить и то, что хотя природа и оказываетъ довольно сильное и постоянное вліяніе, но тамъ, гдѣ она дѣйствуетъ непосредственно и только она одна, она не только не способствуетъ умственному развитію человѣка, но даже служитъ ему помѣхою. „Привлекая и приковывая къ себѣ человѣка“, говоритъ Бенеке, „именно тѣми изъ своихъ впечатлѣній, образовательная сила конхъ истощилась, она вмѣстѣ съ тѣмъ отвлекаетъ его отъ внутренней переработки того, что имъ уже пріобрѣтено. Такъ, азіатскіе народы, которыхъ роскошное небо ранѣе другихъ народовъ привело къ культурѣ, въ теченіе тысячелѣтій остаются на одной и той же степени развитія, равнымъ образомъ нѣкоторые дикіе народы до тѣхъ поръ покоятся въ опьяняющихъ чувственныхъ наслажденіяхъ, пока могучій призывъ извнѣ не выведетъ ихъ изъ этого покоя“.

Наконецъ не одна природа воспитываетъ человѣка; обстоятельства дѣйствуютъ на него съ гораздо большею силою. Очень часто извѣстное стеченіе обстоятельствъ въ дѣлахъ семейныхъ или общественныхъ можетъ создать изъ человѣка, который до тѣхъ поръ ничѣмъ себя не выказывалъ, — героя, который будетъ имѣть огромное вліяніе на умственное и нравственное развитіе своего времени. Но если сила обстоятельствъ иногда однимъ ударомъ создаетъ героевъ, то гораздо чаще эти обстоятества губятъ и подавляютъ людей, чѣмъ вызываютъ ихъ къ жизни и къ дѣятельности.

Кромѣ воспитанія посредствомъ природы и житейскихъ обстоятельствъ бываетъ и воспитаніе посредствомъ другихъ людей. Если это послѣднее воспитаніе осмысленно, основано не только на педагогическомъ тактѣ, а и на серьозныхъ научныхъ данныхъ, то оно даетъ гораздо болѣе плодотворные, вѣрные и прочные результаты, чѣмъ то воспитаніе, которое даетъ человѣку природа и обстоятельства.

При развитіи ребенка въ первомъ возрастѣ мы больше всего останавливаемъ его вниманіе на животныхъ, такъ какъ въ это время его особенно занимаетъ все живое и движущееся. Разсказы о тѣхъ же предметахъ займутъ мѣсто и при упражненіяхъ въ послѣдующемъ возрастѣ, только тогда кругозоръ ребенка будетъ шире, наблюденія болѣе точны. Въ 5 и 6 лѣтъ онъ разсмотритъ мохнатыя ножки мухи, поймѣтъ, отчего она держится на стеклѣ, откуда паукъ беретъ свою паутину. Тогда вы все что можете сообщить о жизни и нравахъ этихъ животныхъ. Ребенка же до 3 лѣтъ, какъ мы замѣтили, можно знакомить только съ существованіемъ факта и съ немногими характерными его чертами. Мы указали тотъ живой міръ, который не усыпитъ, не забьетъ ребенка, а сдѣлаетъ его живымъ и чуткимъ: а вмѣсто этого Фребель даетъ упражненія съ мячиками, гдѣ ребенокъ только можетъ заучить на память слова, имѣющія чисто отвлеченное значеніе. При нашихъ разсказахъ ребенокъ незамѣтно знакомится не только съ какими-нибудь нарѣчіями, но усвоиваетъ самый богатый запасъ словъ и выраженій, узнаетъ своеобразную народную рѣчь и съ самаго дѣтства научается мыслить по русски.

Когда ребенку исполнится 3 года, уже имѣютъ свое значеніе и игры въ мячикъ. До того времени ихъ можно давать развѣ изрѣдка, заставляя напримѣръ ребенка гоняться за мячикомъ, когда онъ ползаетъ, заставляя доставать его ручкой, когда онъ поднимается на ноги и проч. Теперь же мячикъ, кромѣ того, что доставляетъ очень много разнообразныхъ игръ, можетъ служить и къ тому, чтобы привести въ связь уже отчасти усвоенныя ребенкомъ понятія объ относительномъ положеніи предметовъ и объ различномъ направленіи движенія. Кромѣ того онъ даетъ случай къ знакомству съ цвѣтами. Дитя сидитъ за небольшимъ четыреугольнымъ столомъ *). Мать заставляетъ ребенка бросить мячикъ на снуркѣ за столъ... Ай, куда это пропалъ онъ? Мячикъ упалъ за столъ, онъ позади стола. А вотъ пускай онъ къ намъ придетъ отсюда. Мать двигаетъ снурокъ вправо. Какой ручкой ты теперь можешь достать его? Правою ручкой. Мячикъ сбоку стола, вправо отъ стола. А что еще отъ тебя вправо? Комодъ, этотъ стулъ и проч. Вотъ, мячикъ у насъ. Гдѣ онъ? позади стола? Нѣтъ передъ столомъ и т. д. Мы его поведемъ кругомъ стола—теперь куда? Влѣво. Вотъ мячикъ объѣхалъ весь столъ кругомъ, а гдѣ онъ еще не былъ? Надо, чтобы онъ вездѣ побывалъ, вездѣ посмотрѣлъ, каковъ нашъ столикъ. Онъ не былъ еще подъ столомъ. Ну, подъ столомъ темно, скучно. Повѣсимъ его надъ столомъ, тутъ ему веселѣе... вишь, какой онъ яркій красненькій... гдѣ онъ виситъ? Надъ столомъ, сверху стола. Ну, довольно ему все думать, гдѣ онъ, да гдѣ онъ; пусть онъ попрыгаетъ на столѣ.

---

*) Упражнять этимъ можно дѣтей, когда они не могутъ быть на дворѣ, т. е. зимою или лѣтомъ въ дурную погоду.

Мячикъ маленькій   Попляши-ка, порѣзвись
Да удаленькій   Попляшика, поскачи,
Скокъ да скокъ вверхъ да внизъ.   Машу прыгать научи.

Мать беретъ ребенка, который ужъ довольно посидѣлъ, и начинаетъ съ нимъ прыгать и пѣть туже пѣсенку. Мать бросаетъ мячикъ и ловитъ, бросаетъ снова и заставляетъ ловить ребенка. Вотъ, я бросила мячикъ вверхъ, онъ полетѣлъ вверхъ; а потомъ куда? тамъ и остался вверху? Нѣтъ, онъ полетѣлъ внизъ. Ну, будемъ теперь качать мячикъ — вотъ такъ: взадъ, впередъ — это будто раскачиваютъ языкъ у колокола. Будемъ мы звонить, вотъ какъ звонятъ въ церкви.

Тили бомъ, тили бомъ   Звонъ идетъ
Взадъ, впередъ   На весь домъ.

А видала, Маша, какъ летаютъ птицы — все кругомъ, кругомъ? Расправимъ мы крылья и будемъ съ тобой летать кругомъ, какъ птицы. Вѣдь птицы машутъ крыльями, и мы будемъ махать руками. Теперь пусть нашъ мячикъ на снуркѣ летаетъ, кружится какъ птица.

Пошелъ кружиться   Летитъ какъ птица
Нашъ мячъ кольцомъ,   Кругомъ, кругомъ.

Подожди, вотъ у насъ есть еще игра. Повѣсимъ мячикъ и сядемъ: вѣдь мы устали. Видѣла ты, какъ твоя няня вертитъ веретено, сучитъ нитки, изъ нитокъ ткутъ полотно; помнишь, въ деревнѣ мы видѣли у Прокофьевны. Если ребенокъ не видѣлъ, то ему не трудно и показать, какъ это дѣлаютъ. Вотъ, смотри, я закручу снурокъ, а какъ онъ будетъ раскручиваться, то мячикъ и завертится, точно веретено, когда сучатъ нитки. Вотъ смотри, какъ онъ замелькалъ, — чуть видно.

Вѣю, вѣю, вѣю, вью,
Ты крутись веретено! и т. д.

Такія упражненія, соединенныя съ игрою, безъ большаго принужденія даютъ ребенку возможность привести въ порядокъ и усвоить себѣ общія понятія о мѣстѣ и движеніи. А хорошо усвоить эти понятія необходимо: безъ нихъ невозможно дѣлать и правильныхъ наблюденій. Кромѣ этого игры въ мячъ могутъ быть чрезвычайно разнообразны. Въ этомъ возрастѣ уже можно начинать упражненія глазъ и руки: ловить, бить въ цѣль, напр: сшибая со стола другіе мячики, или на полу кегли. Что касается до того, чтобы по разноцвѣтнымъ мячикамъ знакомить съ цвѣтами, то для этой цѣли можно прибрать очень много разнообразныхъ упражненій. Сначала вы знакомите съ основными цвѣтами: съ к р а с н ы м ъ, ж е л т ы м ъ и с и н и м ъ, потомъ съ другими цвѣтами радуги. Послѣ можно дать мячикъ, уже вышитый сразу нѣсколькими цвѣтами. „Какой тутъ цвѣтъ „к р а с н ы й“. Покажи, на комъ изъ насъ красное платье? А что тутъ въ комнатѣ еще краснаго? когда уколете палецъ, что тогда бываетъ? Кровь идетъ. „Какого она цвѣта? А ваши губы какого цвѣта? Покажи на тѣхъ изъ насъ, у кого одѣто что-нибудь красное. Принеси мнѣ красный цвѣтокъ. Не знаетъ-ли кто названіе какого-нибудь краснаго цвѣтка?“ Махровый красный макъ, красный розанъ. „Не знаетъ-ли кто краснаго насѣкомаго?“ Божья коровка. „Пойдемъ ее поищемъ. На Божьей коровкѣ развѣ такое же ярко-красное платьице, какъ твоя красная кумачовая рубашка?" Нѣтъ, она темно-красная и по ней все черныя точки. А головка и ножки ея тоже темно-красныя? "Нѣтъ, онѣ совсѣмъ черныя, блестящія — точно мои лакированные сапожки. "Какого цвѣта ея крылышки? Смотри, какъ она медленно ползетъ... Ну, порхъ, полетѣла!"

"Что у насъ въ комнатѣ зеленаго? Отыщи зеленое на нашихъ платьяхъ, шарфахъ, шляпахъ. Что ты видишь зеленаго на улицѣ, на дворѣ, въ полѣ. Какой цвѣтъ ты чаще встрѣчаешь, когда гуляешь?"

Тѣ же вопросы можно задать и по поводу голубаго цвѣта. Отыщи голубой цвѣтъ въ домѣ, на насъ, въ саду, въ полѣ, въ цвѣтахъ. Постепенно наводите ребенка на мысль, что во время хорошей погоды небо бываетъ голубое.

Желтый цвѣтъ. Послѣ того, когда ребенокъ назвалъ все, что на другихъ одѣто желтаго, что онъ видитъ и знаетъ кругомъ себя, въ цвѣтахъ, птицахъ, насѣкомыхъ, можно всегда придумать еще что нибудь, только разумѣется, чтобъ это было кстати. — „Что мы ѣли сегодня?" Утромъ съ чаемъ мы ѣли булку съ масломъ, а масло желтаго цвѣта. „Кто изъ васъ знаетъ хорошенькую, желтую птичку?" Я... я знаю... у меня была канарейка. Это совсѣмъ желтенькая птичка. Какъ она славно пѣла! Начнетъ тикъ... тикъ... такъ и зальется. Особенно, когда заговорятъ, она точно хочетъ всѣхъ перебить и такъ часто зачирикаетъ... такъ звонко, звонко запоетъ. Я все сыпала ей гладенькія, блестящія льняныя сѣмячки, каждый день мѣняла свѣжую воду въ ея крошечной чашечкѣ и непремѣнно всегда клала кусочекъ сахару, она такъ любила сахаръ!" А кто мнѣ назоветъ какой нибудь желтый цвѣтокъ? „Лютикъ, курослѣпъ, одуванчикъ, желтая лилія... А я знаю, когда больше всего бываетъ желтыхъ листьевъ... Осенью, когда становится гораздо холоднѣе, часто дуетъ такой вѣтеръ, что пронизываетъ точно насквозь, то и дѣло идетъ дождь, на дворѣ стоитъ слякоть и грязь, иногда всѣ листики на деревьяхъ желтѣютъ, падаютъ и покрываютъ землю... Трава тоже вянетъ и желтѣетъ... Ахъ, какъ тогда много желтаго цвѣта!„

Объяснивъ такимъ образомъ одинъ цвѣтъ за другимъ, вы заставляете ребенка прибирать сходныя цвѣта и въ другихъ предметахъ. Ребенокъ нарѣзываетъ кусочки разной бумаги и раскладываетъ ее по кучкамъ, каждую кучку къ мячику того же цвѣта. Тоже дѣлаетъ съ крупнымъ бисеромъ, моточками шерсти, катушками. Приношу ему съ поля цвѣтовъ и зелени. Вотъ это незабудка, къ какому мячику, къ какой кучкѣ ты ее положишь? А василекъ куда? Розу, махровый макъ? Фіалку, лютикъ куда? Пойдетъ-ли куда нибудь эта травка? листикъ, крапива? Георгинъ? Лилія? Какого цвѣта на мнѣ платье? Какого на тебѣ? Какихъ цвѣтовъ стѣны, потолокъ? Какой цвѣтъ ты всего чаще встрѣчаешь въ саду? Какая крыша, домъ? Теперь побѣжимъ въ садъ, сама отыщи и нарви всѣхъ этихъ цвѣтковъ.

Что же ты никакъ не можешь найти незабудки?.. Забыла, какая она?

„Я видѣла въ полѣ цвѣточекъ весной:
Зеленая ножка, глазокъ голубой..."

А... помню, помню... вотъ этотъ цвѣточекъ... незабудкой его называютъ... да?

Въ саду, на дворѣ, при случаѣ мы можемъ увидѣть и радугу. Ребенокъ тутъ опять подмѣтитъ всѣ знакомые цвѣта. Пойдемъ домой: я тебѣ склею такую радугу изъ разноцвѣтной бумаги. Спросятъ: если для этихъ упражненій нужны цвѣты и радуга, то какъ сдѣлать, чтобы они во всякое время явились къ услугамъ? Но читатели поймутъ, что я только указываю на матеріалъ и пріемъ объясненій; одной и той же цѣли можно достигнуть разными средствами. Радугу, напримѣръ, можно произвести и искуственно въ солнечный день съ помощію призмы; наконецъ всякая обстановка даетъ свой особый матеріалъ.

Механическими занятіями дѣтей въ этомъ періодѣ должны быть такія, гдѣ больше всего можно сдѣлать перемѣщенія въ предметахъ и при которыхъ ребенокъ оставался бы на одномъ и томъ же мѣстѣ не болѣе 15-ти минутъ. Такой совѣтъ не вымыселъ личной фантазіи, а вытекаетъ изъ нашего долгаго наблюденія надъ очень многими дѣтьми. Приблизительно съ 2-хъ и до 4-хъ лѣтняго возраста всѣ дѣти стараются все сдвинуть съ мѣста. Если стулья разставлены у стѣнъ, они непремѣнно сдвинутъ ихъ на средину и наоборотъ. Всѣ свои игрушки они безпрестанно перекладываютъ изъ одного угла въ другой, прячутъ все въ мѣшки, таскаютъ по полу и т. п. Мѣшки и игрушки каждую секунду перевязываютъ, такъ какъ при ихъ неумѣніи дѣлать узлы, хорошо затянуть концы веревки или тесемки, все безпрестанно развязывается и падаетъ. Ребенокъ ежеминутно сердится, что ему ничего неудается и бросаетъ вовсе играть. Между тѣмъ эта первая попытка примѣнить свои жизненныя силы и стремленія — очень важна. Нужно покупать маленькія простенькія тележки, въ которыхъ бы дѣти перевозили игрушки, тачки и совочки для песку и т. п. На тесемкахъ, веревкахъ и тряпочкахъ учите ихъ завязывать и развязывать вещи: сшивать крупными стежками мѣшки, чтобы таскать въ нихъ камешки и палочки. Объясните, зачѣмъ въ началѣ такой работы нужно дѣлать узелокъ и какъ его дѣлать. Когда ребенокъ начинаетъ сдвигать съ мѣста стулья, укажите какъ удобнѣе ему устроить изъ нихъ кибитку, съ какой стороны слѣдуетъ впречь лошадь, гдѣ лучше вообразить себѣ козлы Надоѣло играть въ «дорогу», покажите, какъ еще ему можно было бы разнообразить игру съ тѣми же предметами. Изъ табуретокъ можно устроить желѣзную дорогу; накройте сверху чѣмъ нибудь нѣсколько сдвинутыхъ стульевъ — выйдетъ лавка: ребенокъ воображаетъ себя продавцемъ. Стоитъ раза два, три указать это, и фантазія ребенка быстро разовьется: онъ самъ начнетъ многое придумывать. Онъ безъ умолку болтаетъ, куда ѣдетъ, къ кому, какъ будетъ тамъ проводить время. А мы уже прежде указывали на то, какъ благодѣтельно дѣйствуетъ на ребенка его веселое расположеніе. Но еще разъ повторяю: всѣ удовольствія только тогда приносятъ пользу для его физическаго и умственнаго развитія, когда онѣ непосредственно вытекаютъ изъ простыхъ игръ и занятій, къ которымъ самъ ребенокъ выказываетъ стремленіе въ извѣстный возрастъ.

Тутъ еще не слѣдуетъ учить ни вырѣзанію, ни рисованію, ни другимъ Фребелевскимъ работамъ, но подготовка къ нимъ можетъ начаться уже въ этотъ возрастъ. Когда ребенку около трехъ лѣтъ, вы можете показать ему, какъ обводить карандашемъ или грифелемъ на асидной доскѣ различные предметы. Дайте ему коробочку, стаканъ, листикъ, копѣйку, круглое кольцо, кубъ, цилиндръ, линейку и т. п. предметы положивъ ихъ на листъ бѣлой бумаги и, придерживая рукой, заставьте ребенка обвести ихъ, то-есть сдѣлать контуръ то одного, то другаго предмета. Это необыкновенно занимаетъ маленькихъ дѣтей, и каждый изъ нихъ послѣ этого начинаетъ обводить свои и ваши руки, разумѣется, старается сдѣлать контуръ своихъ ногъ. Помните, что если вы сами принимаете участіе въ какомъ нибудь дѣтскомъ занятіи, оно и въ этомъ возрастѣ должно быть исполнено по возможности чисто и аккуратно. Мы не стоимъ за педантическую, нѣмецкую систему, при которой одними и тѣми же занятіями и мелочной придирчивостію можно опротивѣть дѣтямъ, но извѣстная аккуратность въ самыхъ первыхъ работахъ имѣетъ такое важное значеніе, что, намъ кажется, начинать это дѣло непремѣнно слѣдуетъ самой матери. Извѣстно, что переучить чему нибудь гораздо труднѣе, чѣмъ выучить, и пріучиться къ чему бы то ни было несравненно естественнѣе, тѣмъ отучиться, отстать отъ разъ сдѣланной привычки. Поэтому мы совѣтуемъ матерямъ, когда дѣтки начнутъ вышеназванныя работы, сдѣлать имъ тетради и смотрѣть за чистотою и порядкомъ въ работахъ. Это необходимо и во всѣхъ послѣдующихъ занятіяхъ, но послѣ дѣло пойдетъ само собою и безъ вашихъ напоминаній. Когда черезъ нѣсколько времени вы даете дѣтямъ просмотрѣть ихъ тетради, они обыкновенно приходятъ въ восторгъ и потому, что у нихъ такъ много тутъ срисовано предметовъ, и потому, что могутъ припоминать до мельчайшихъ подробностей, при какихъ обстоятельствахъ происходила работа, могутъ вести по этому случаю разговоръ, вспоминая самый предметъ, надъ которымъ они трудились. При этомъ ловко, нисколько не оскорбляя дѣтскаго самолюбія, безъ всякой придирчивости, вы указываете на дурныя стороны работы.—Маша, ты это свою разбитую куколку срисовала?—Нѣтъ, это моя рука...—Ну, это мало похоже на твою руку.—А здѣсь то какъ хорошо, такъ аккуратно!... Ребенокъ совершенно доволенъ, улыбается и мало по малу начинаетъ понимать, что въ его работѣ вы считаете хорошимъ, что дурнымъ. Такъ какъ тетрадка его работъ даетъ ему много пріятныхъ ощущеній, въ слѣдующій разъ онъ уже самъ будетъ сохранять свои работы.

Кромѣ срисовыванія, можно складывать изъ бумаги, только не фигурки и предметы, а самыя простыя формы. «Сдѣлаемъ изъ бумаги косынку, только не такую большую, какъ у бабушки, а маленькую, какую, будь она вырѣзана изъ тряпочки, можно было бы повязать твоей куколкѣ». Ребенокъ начинаетъ прямо выкраивать косынку; у него, конечно, выходитъ и криво, и неправильно, да онъ и ножницы плохо держитъ. Вы объясните ему, что, прежде чѣмъ сдѣлать косынку, нужно сложить ровный платокъ (квадратъ) и потомъ перегнуть такъ, чтобы уголокъ приходился въ уголокъ. Заставьте его нарвать изъ цѣлаго листа ровныхъ длинныхъ бумажекъ. Согнувши нѣсколько разъ такую бумажную тесемку, онъ можетъ обмотать края цвѣтной шерстью, бумагой или шелкомъ,—у него выйдетъ закладка въ книгу съ краснымъ или синимъ ободкомъ.—Нельзя ли еще чѣмъ-нибудь украсить эту закладку,—такъ-что-бы и тебѣ она годилась въ книгу? спрашиваетъ ребенокъ. Карандашемъ сдѣлай въ серединѣ вдоль и поперегъ столько точекъ сряду, сколько ты умѣешь считать, и вышивай ихъ стежками хоть черной шерстью. Вотъ и крестикъ! (Фребелевское выкалываніе и вышиваніе должны начаться гораздо позже).

Дайте ребенку низать на нитку рябину, крупный бисеръ, горохъ, одной величины нарѣзанныя соломинки... Пусть изъ этого дѣлаетъ онъ цѣпочки, колечки, бусы на шею. Наберите остатковъ лоскутиковъ, тесемки (при этомъ старайтесь, чтобы они были опредѣленныхъ и знакомыхъ ему цвѣтовъ) и научите плести ихъ въ три, четыре конца.

Фребель начинаетъ учить дѣтей счету съ упражненія надъ большимъ кубомъ, который дѣлитъ на 8 частей (въ 3-мъ дарѣ). Намъ кажется, что для ребенка черезчуръ обременительно сразу научиться столькимъ числамъ; кромѣ того нужно много времени, чтобы онъ хорошо усвоилъ первыя три, четыре единицы. Конечно, очень хорошо упражнять ребенка надъ осязаемыми предметами, въ томъ числѣ надъ кубомъ; но на этомъ никакъ нельзя исключительно останавливаться, и всѣ окружающіе предметы поперемѣнно должны входить въ его ариѳметическія упражненія. Такія занятія не только должны вести къ тому, чтобы научить его считать сряду, но и къ тому, чтобы пробудить его мысль, соображеніе, развить его говоръ,—однимъ словомъ, чтобы дать ему еще нагляднѣе представить себѣ каждый предметъ. Для этого необходимо соблюдать слѣдующія условія: предлагая дитяти какую-нибудь задачу, необходимо заставить его разсказать ея содержаніе. Сначала вамъ придется, конечно, дѣлать ему вопросы. Но такъ какъ эти занятія мы предлагаемъ для дѣтей отъ 3-хъ до 4-хъ лѣтъ, то въ нихъ не должно быть ничего класснаго или казеннаго; слѣдовательно не должно предлагать и вопросовъ въ родѣ слѣдующихъ: «Учитель, подымая палецъ, спрашиваетъ: что это такое?—Это палецъ. Сколько тутъ пальцевъ? Тутъ одинъ палецъ.—(Показывая затѣмъ два, три и болѣе). Ну, а теперь тутъ также одинъ только палецъ? Нѣтъ, теперь тутъ болѣе одного пальца. А теперь еще болѣе одного? Теперь тутъ нѣсколько пальцевъ.—Если на вопросъ: «сколько?» ученики въ началѣ не отвѣтятъ, то учитель самъ долженъ дать отвѣтъ и заставить учениковъ повторить его. Этотъ маневръ продолжается до тѣхъ поръ, пока ученики не поймутъ, въ чемъ дѣло. Если-же наоборотъ, нѣкоторые ученики, умѣющіе немного считать, отвѣтятъ, вмѣсто «нѣсколько» опредѣленнымъ числомъ, то это ничего не значитъ; учитель, въ такомъ случаѣ, можетъ замѣтить, что онъ такого отвѣта не требуетъ, а хочетъ только чтобы ему сказали одинъ ли предметъ показывается, или болѣе одного... «Это что такое? Это окно. На сколько оконъ показываю я?» и т. п. (Аривметика по способу Грубе, составл. Паульсономъ, изданіе пятое, стр. 19).

Мы нарочно сдѣлали довольно большую выписку, чтобы высказать слѣдующее. Всѣ эти маневры, при которыхъ учащійся точь въ точь и по стрункѣ долженъ отвѣчать только то, что хочетъ учитель, гдѣ его такъ педантически спрашиваютъ о томъ, что онъ уже знаетъ съ первымъ лепетомъ,—все это, можетъ быть, и не выйдетъ комично при занятіяхъ въ классѣ съ 8-ью, 9-ью лѣтними учениками, когда ими руководитъ способный учитель. Но для того возраста, о которомъ мы теперь говоримъ, это вовсе непригодно. Тутъ аривметическія занятія, какъ и другія, можно допустить только при случаѣ, въ живой, естественной формѣ. При этомъ воспитателю часто придется останавливаться на мелочахъ, неимѣющихъ близкаго отношенія къ предлагаемому вопросу. Но онъ долженъ помнить, какихъ разнообразныхъ цѣлей можно достичь при первоначальномъ воспитаніи, если только разумно вести занятія по аривметикѣ. Одно изъ главныхъ условій, чтобы вести дѣло хорошо,—останавливаться на всемъ, что затрудняетъ и удивляетъ ребенка.

Пересказывая содержаніе задачи сначала по вопросамъ, ребенокъ незамѣтно для васъ привыкаетъ передавать все въ видѣ связнаго разсказа.

При аривметическихъ упражненіяхъ, какъ и при другихъ занятіяхъ съ маленькими дѣтьми, хорошо было-бы подражать методѣ Гертруды («Лингардъ и Гертруда» Песталоцци). Она никогда не говорила съ своими дѣтьми тономъ нѣмецкихъ преподавателей: Это что? Голова. Нѣтъ, говори: моя голова. Или: гдѣ у тебя носъ, уши, волосы? Покажи окно, дверь, глазъ? Она не спрашивала: «гдѣ твои руки?», а говорила, когда была въ этомъ надобность: «твои рученки грязны, приди — я ихъ вымою». Не спрашивала: «гдѣ находятся волосы?» а звала дѣтей причесаться, когда они были растрепаны. На свои вопросы она не требовала также полныхъ отвѣтовъ, которыми переполнены первыя страницы каждаго учебника,—въ родѣ слѣдующаго: моя голова находится на плечахъ; дверь находится въ стѣнѣ влѣво отъ дивана, напротивъ окна, и т. п. Пустой болтовней, да еще въ сухой формѣ, не научишь ни языку, ни счету. Каждое слово, сказанное Гертрудою ея дѣтямъ, было въ тѣсной связи съ дѣйствительными, житейскими нуждами.

Маленькимъ дѣтямъ не слѣдуетъ давать ни отвлеченныхъ знаковъ, ни чиселъ, и ни теперь, ни послѣ они не должны зубрить таблицу умноженія, знаніе которой явится само собой, не насилуя и не засоряя памяти, а только лишь какъ результатъ яснаго пониманія отношенія между собой всѣхъ чиселъ. Сперва удобнѣе познакомить дѣтей со счетомъ до 4-хъ, потомъ постепенно до 7-ми, до 8-ми, по возможности на всѣ четыре дѣйствія, но не соединяя еще съ этимъ понятія о цѣломъ и о части.

Упражненія, которыя мы даемъ для 3-хъ, 4-хъ лѣтнихъ дѣтей, могутъ для нѣкоторыхъ дѣтей быть несвоевременными. Въ такихъ случаяхъ нужно всегда обождать мѣсяца два, три и потомъ, при первомъ удобномъ случаѣ, опять позаняться съ ребенкомъ. Если ребенокъ заявляетъ вамъ о своемъ утомленіи при первыхъ задачахъ, разумѣется, вы должны тотчасъ прекратить съ нимъ это занятіе.

По даннымъ образцамъ всякій воспитатель съумѣетъ подобрать и другіе примѣры; въ крайнемъ-же случаѣ въ этихъ самыхъ задачахъ можно перемѣнять цифры.

Наложимъ-ко на нашъ столикъ разныхъ вещей, только непремѣнно всего по одному, и поставимъ въ порядкѣ одинъ рядъ за другимъ. Ребенокъ приноситъ нѣсколько тряпочекъ, перьевъ, бумажекъ, коробокъ, книгъ. «Нѣтъ мы поставимъ только по одной вещи, ну, разставляй. Видишь, чего, чего только у насъ нѣтъ... весь домъ собрали, все хозяйство. Стула нѣтъ, стола... Мы ихъ не поставили, потому что вещи то очень большія! Чтобы поставить на этотъ столъ одинъ столъ, да еще одинъ стулъ, намъ съ тобою пришлось бы звать кого нибудь на помощь, да и трудно было бы тогда умѣстить всѣ эти вещи. (Если ребенокъ самъ не выскажетъ этого, вы можете навести его на подобный разговоръ). Много у насъ вещей, но мы еще чего-то не принесли сюда изъ кухни. А со двора у насъ еще и ничего нѣтъ. Мама принесла нѣсколько камешковъ, цвѣточковъ, листиковъ, а песку, такъ и цѣлую горсть. — Помнишь, по скольку всего я просила тебя подать мнѣ? Теперь посмотри, какихъ вещей въ этой комнатѣ по одной? — Одно окно, потолокъ, полъ, диванъ, кресло, лампа. — А у тебя чего по одному? — Голова, лобъ, ротъ, носъ, языкъ, шея. На небѣ одно солнышко, одна луна.—Задачка должна представлять богатый матеріалъ для любимыхъ ребенкомъ бесѣдъ и потому въ одинъ разъ не слѣдуетъ давать ихъ болѣе двухъ: это должно дѣлать и для того, чтобы долго не напрягать ума дитяти. Нѣтъ нужды также строго слѣдовать методѣ, которая предлагаетъ дѣтямъ числа въ строгомъ порядкѣ. Иначе ребенокъ очень рано подмѣчаетъ, что сегодня у него въ результатѣ было три, вчера два, и потому мало по малу догадывается, что будетъ завтра. Но нѣкоторая послѣдовательность въ знакомствѣ съ числами всетаки необходима. Сосчитаемъ, сколько въ этой комнатѣ оконъ, стѣнъ? Сосчитай, сколько у тебя глазъ? А у кошки сколько? Назови всѣхъ тебѣ знакомыхъ животныхъ, у которыхъ было бы два глаза? Какихъ частей еще у тебя по двѣ? Двѣ ноги, двѣ руки, двѣ щеки, двѣ брови, двѣ ноздри, два уха. Сколько же всего этого у кошки, собаки и коровы? Посмотри, какихъ частей еще у коровы двѣ? Гляди-ка двѣ коровы бодаются,—ну, одна другой переломила рогъ. Считай, сколько теперь у нея роговъ. А у другой сколько роговъ? У другой два: она роговъ себѣ не ломала, значитъ оба цѣлы... Принеси мнѣ два листика, два подсвѣчника, два стакана: Ну-ка вымѣряемъ шагами полъ—вотъ отъ этого дивана до двери. У тебя много шаговъ, а у меня меньше! Почему? Возьми аршинъ и вымѣряемъ столъ со всѣхъ сторонъ. Чѣ можно смѣрять еще аршиномъ? Возьми аршинъ и смѣрь эту тесемку, скатерть. Бери одинъ мячикъ, а я другой къ тебѣ покачу, лови... сколько у тебя теперь мячиковъ Ну, ты теперь кати ко мнѣ. Сколько же у тебя осталось? Кати и этотъ ко мнѣ Теперь сколько у тебя? Кати ко мнѣ обоими шарами, которые лежатъ въ томъ углу Сколько у тебя сейчасъ было шаровъ? Принеси одинъ стручекъ, два клубка шерсти три орѣха, четыре зерна, пять горошинъ. Сколько стакановъ воды въ этой бутылкѣ А вотъ это — сажень... Саженью мѣряютъ дрова, землю, зданія... Вымѣри саженью нашу бесѣдку. Сколько сажень будетъ отъ нашего крыльца до самой улицы? Мѣрь саженью и аршиномъ всѣ предметы, находящіеся въ комнатѣ, необыкновенно по лезно. Это рано пріучаетъ опредѣлять по глазомѣру ширину, длину, высоту и раз стояніе предметовъ. Но, конечно, на аршинѣ не должно быть никакихъ дѣленій означающихъ его части.

Въ возрастѣ отъ 3-хъ до 4-хъ лѣтъ нельзя задать даже самой легкой от влеченной задачи. Напримѣръ, не катая передъ глазами ребенка шариками, вы не должны давать ему рѣшать задачу въ родѣ слѣдующей: „Еслибы я сначала покатила къ тебѣ два шара, а потомъ еще одинъ, сколько бы было у тебя тогда шаровъ? Сложеніе и вычитаніе онъ можетъ очень часто дѣлать уже и въ три года; умноженіе и дѣленіе позднѣе, но все не иначе какъ на вещахъ, къ ко торымъ онъ самъ что нибудь прибавляетъ, которыя онъ раскладываетъ, отъ ко торыхъ беретъ т. е. убавляетъ, которыя дѣлитъ и т. п.

Сосчитай, сколько тутъ стульевъ? Вынеси-ка одинъ въ сосѣднюю комнату теперь опять считай. Почему стало меньше? Сколькихъ стульевъ не достаетъ? Еще одинъ вынеси!.. теперь ни одного стула не осталось. Возьми три орѣха, — одинъ дай нянѣ, другой мнѣ... Сколько у тебя осталось? А сколько у тебя было, прежде чѣмъ ты стала раздавать орѣхи? А сколько орѣховъ раздала? Нарисуй три кре стика. Сосчитай, ну еще прибавь, т. е. нарисуй крестикъ. Считай, сколько у тебя теперь всѣхъ крестиковъ, сколько было прежде? Нарисуй двѣ черточки. Те перь возьми резинку и вытри одну, — сколько осталось и сколько было прежде?

У тебя двѣ ноги; у курицы, гуся, утки и у всѣхъ птицъ по двѣ ноги, а не знаешь ли ты животнаго съ тремя ногами? Если нѣтъ съ тремя ногами, то назови знакомыхъ тебѣ животныхъ съ четырьмя ногами. У животныхъ четыре ноги, у человѣка и птицъ по двѣ: у кого больше, у кого меньше! У всѣхъ ли одна голова, носъ, лобъ? По ровну ли у всѣхъ ушей, глазъ?

Но чѣмъ больше или во сколько разъ больше — такіе вопросы еще преждевременны. Сколько у насъ съ тобою вмѣстѣ глазъ? Чего у насъ боль ше, — рукъ или глазъ?

У меня и въ правой, и въ лѣвой рукѣ по карандашу, подыми съ полу ка рандашъ и положи ко мнѣ на колѣни. Считай, сколько теперь у меня всего ка рандашей? Сколько было прежде? Сколько прибавила? Откуда взяла ты тотъ ка рандашъ, который положила ко мнѣ на колѣни? У твоего дяди три сына: Миша Вася и Коля, да еще маленькая дочка, Надя; сколько же у дяди всѣхъ дѣтей? Сосчитай, сколько цыплятъ у этой курицы? Но замѣтила ли ты, что двое изъ нихъ хромаютъ? Сколько же изъ нихъ здоровыхъ?

Предъ окнами нашей дачи съ одной стороны три березы, а съ другой двѣ липы, — сколько всѣхъ деревьевъ? Вотъ тебѣ пять леденцовъ, раздай ихъ пяти ребятамъ по ровну? Считай пальцы правой и лѣвой руки, правой и лѣвой ноги.

Попробуй попрыгать на лѣвой ножкѣ, возьми мячикъ въ лѣвую руку, а теперь въ правую.

На столѣ сколько книгъ? Прибавь столько же, сколько теперь лежитъ? Когда я купила тебѣ эту книжку, въ ней было семь картинокъ. Считай, сколько теперь? Если теперь въ ней 6, а было 7,—сколько картинокъ вырвано? Ты не понимаешь, что значитъ столько же? На столѣ сколько книгъ лежитъ? Одна. Принеси столько же, сколько лежитъ на столѣ, значитъ, принеси сюда еще одну книгу.—На столѣ двѣ чашки,—принести еще столько же. Я тебѣ купила на платьице одинъ аршинъ ситцу; оказалось, что нужно еще столько, сколько я уже купила. Сколько же мнѣ нужно было купить и сколько у меня не доставало?... (Намъ приходилось заниматься съ разными дѣтьми и обыкновенно оказывалось, что даже и большія дѣти, развѣ одинъ изъ десяти, сознательно понимали практическое значеніе самыхъ простыхъ нарѣчій, предлоговъ, союзовъ).

Считай, сколько горстей гороху я буду класть тебѣ въ передникъ. Четыре горсти... А сколько тутъ гороху? Здѣсь такъ много гороху, что ты и не сосчитаешь.. А ты разложи весь этотъ горохъ по кучкамъ и кучки ставь въ рядъ, одну за другой. Пусть будетъ 8 рядовъ, въ каждомъ ряду по 8-ми кучекъ; но въ кучкахъ перваго ряда положи по одной горошинѣ, во второй рядъ во всѣ кучки по двѣ и т. д. горошинокъ. Сколько же будетъ горошинъ въ кучкахъ послѣдняго ряда? Какая же кучка больше, какая меньше, которая самая большая, которая самая маленькая? Теперь тоже по кучкамъ разложи бусы, бисеръ, камешки. Въ этой кучкѣ сколько листиковъ? Покажи, въ которой кучкѣ будетъ 8-мь камешковъ, 8-мь листиковъ. Эти двѣ кучки одинаковыя, какъ въ одной четыре бумажки, такъ и въ другой. Гдѣ еще одинаковыя кучки? Считай сряду всѣ ряды. Въ какомъ ряду больше кучекъ? Въ какомъ меньше?

Положи въ рядъ 5 маковыхъ головокъ, брось вонъ двѣ изъ нихъ? Къ шести горошинамъ прибавь еще одну, теперь сколько гороху на столѣ? Еще прибавь. Теперь сколько? Чего въ комнатѣ по 8-ми вещей. Выглянь въ окошко, чего тамъ по 8-ми? — Восемь телѣгъ, 8-мь лошадей, 8-мь коровъ... Къ тремъ горошинамъ прибавь еще одну, — теперь сколько?

У тебя четыре горошины, убавь изъ нихъ двѣ. Сколько осталось? Еще двѣ убавь. Теперь что? Вотъ тебѣ четыре орѣха, раздѣли ихъ по ровну между двумя братьями. Поровну—значитъ сколько дашь одному, столько дай другому. Одному дала два, такъ и другому два готовъ. Вотъ какъ ты справедливо раздѣлила орѣхи: никому ни больше ни меньше, никто не обиженъ. У тебя по ровну пальцевъ: 5-ть на правой и 5-ть на лѣвой рукѣ, какъ на правой и лѣвой ногѣ. Въ этой комнатѣ у одной стѣны 4 стула и у другой. Съ обѣихъ сторонъ по ровну стульевъ. У звѣрей по ровну ногъ: у кошки четыре ноги, а у собаки сколько? А пальцевъ у всѣхъ ли по ровну? Разсмотри ноги у кошки? Сколько у нея пальцевъ? А сколько ногъ? На каждой ли ногѣ одинаковое число пальцевъ? Что у насъ на пальцахъ, что у кошки? Вездѣ ли одинакое число ногтей? На переднихъ или на заднихъ ногахъ меньше когтей?

Вонъ у бабушки на правой рукѣ одинъ палецъ завязанъ. Сколько же у нея здоровыхъ пальцевъ? У разнощика съ одной стороны лотка четыре корзины съ ягодами и съ другой столько же. Сколько у него всего корзинъ? Ты, вѣроятно, помнишь, что я вчера тебѣ дала три апельсина, а сегодня бери четыре. Сколько-же ты получилъ отъ меня апельсиновъ? Сколько дней я даю тебѣ апельсины и по скольку? Утромъ ты скушала три маленькихъ кренделя; а за вечернимъ чаемъ четыре; сколько всего кренделей ты съѣла за сегодняшній день и сколько ихъ было прежде въ сухарницѣ, когда теперь тамъ еще лежитъ одинъ крендель? Вотъ три стула; посади на нихъ твои двѣ куклы. Ты каждую посадила на одинъ стулъ, сколько осталось стульевъ пустыхъ? Вотъ тебѣ 8-мь пряниковъ, отдай изъ нихъ семь нянѣ, сколько у тебя останется? Насъ за завтракомъ сидитъ четыре человѣка, а яицъ подано 8-мь штукъ; какъ ты раздѣлишь ихъ между нами, чтобы никого не обидѣть? Что значитъ раздать, чтобы никого не обидѣть?

Для 3-хъ, 4-хъ лѣтнихъ дѣтей Фребель даетъ второй даръ. Онъ состоитъ изъ шара, куба и цилиндра. Фребель беретъ именно эти три тѣла, такъ какъ они представляютъ самыя простѣйшія формы, т. е. такія, которыя лежатъ въ основѣ всего окружающаго. На 3-мъ—4-мъ году ребенокъ уже больше останавливается на разныхъ явленіяхъ, можетъ кое-что и сравнить. Вотъ Фребель ему показываетъ два совершенно противоположныхъ тѣла: шаръ и кубъ, а для сравненія цилиндръ, какъ тѣло, занимающее средину между кубомъ и шаромъ. На эти формы въ руководствахъ по системѣ Фребеля приведены такія упражненія. Во-первыхъ нѣкоторыя игры съ мячикомъ переносятъ и на деревянный шаръ; заставляютъ ребенка найти разницу и сходство между мячикомъ и деревяннымъ шаромъ, а далѣе сравниваютъ шаръ съ кубомъ и цилиндромъ, указывая въ нихъ стороны, углы, ребра. Послѣ того поочередно вертятъ на снуркѣ всѣ три тѣла: тутъ ребенокъ еще болѣе утверждается въ мысли, что шаръ тѣло неизмѣняемое, между тѣмъ какъ кубъ и цилиндръ при разныхъ родахъ движенія принимаютъ совсѣмъ другую форму. Если, напримѣръ, вертѣть кубъ, прикрѣпивъ снурокъ къ самой срединѣ одной изъ его плоскостей, то при быстрыхъ оборотахъ ребра сглаживаются и является цилиндръ. При этомъ указываютъ и на нѣкоторые физическіе законы въ названныхъ тѣлахъ: на ихъ устойчивость, непроницаемость, и по этому случаю поютъ, заставляя ребенка брать шаръ и кубъ въ руки:

Если въ ручки шаръ возьмешь,	Если-жъ кубикъ въ руки взять,
Кубу мѣста не найдешь,	Вмѣстѣ шаръ нельзя держать.

Чтобы ребенокъ лучше запомнилъ, сколько плоскостей въ каждомъ изъ этихъ тѣлъ, назначаютъ такія пѣсенки:

Только видно одну часть,	Пока буду я держать,
Куда-жъ кубикъ могъ пропасть?	Ты тихонько ихъ погладь!
Отъ кубика моего	—
Видно только часть всего!	Смотрятъ на тебя
—	Двѣ стороики твои,
Одну часть ты могъ видать,	А въ рукахъ у меня
Спрятала рукой я пять!	Четыре мои!

(„Руководство къ дѣтскимъ садамъ“ Анны Дараганъ)

Теперь двѣ уже видать	На уголочкѣ я верчусь,
Гдѣ-жъ четыре приискать?	Когда въ пальчикъ упрусь.

Поставивши кубъ на одну изъ плоскостей:

Я какъ стану — упрусь,
Стою твердо, не качусь.

(„Практическій руководитель къ употребленію игръ Фребеля дома и въ школѣ.“ Я. Фоссъ)

Мы уже не говоримъ о неправильности и безграмотности стиховъ, какими у насъ вообще угощаютъ дѣтей; но по нашему мнѣнію и вообще нелѣпо воспѣвать математическія истины и геометрическія фигуры; объяснять же ребенку непроницаемость и тому подобные физическіе законы еще слишкомъ рано. Однако мысль дать ему понятіе о трехъ простѣйшихъ тѣлахъ очень хорошая и совершенно исполнима съ 3, 4 лѣтними дѣтьми. Только упражненія, приводимыя во Фребелевскихъ руководствахъ, нѣсколько вялы и отвлеченны; тутъ нужно болѣе всего обратить вниманіе на сравненіе этихъ правильныхъ формъ съ формами окружающихъ предметовъ. Представлю нѣсколько образцовъ своихъ упражненій; только напередъ замѣчу, во-1-хъ, что подобными упражненіями сряду можно занимать 3-хъ, 4-хъ лѣтняго ребенка 5 и ужъ никакъ неболѣе 10-ти минутъ, потому что онѣ довольно сильно напрягаютъ мозгъ дитяти. во 2-хъ, стараясь какъ можно болѣе оживить эти бесѣды, я все таки не даю ни пѣсней, ни стиховъ: цифра и форма какъ то не укладываются въ рифму. Кромѣ того скажу во избѣжаніе какихъ нибудь недоразумѣній: если мы вводимъ эти новыя занятія, это не значитъ, что на 4-мъ году жизни ребенка все живое, движущееся и прекрасное въ природѣ — должно сдѣлаться ему чуждымъ. Напротивъ. Прежнія наблюденія надъ природой и окружающей жизнію продолжаются въ томъ видѣ, какъ мы ихъ указали. Послѣ того ребенокъ сталъ старше лишь нѣсколькими мѣсяцами; кругозоръ его наблюденій такъ незначительно расширился, что измѣнять приведенныя нами бесѣды придется развѣ очень немного: это съумѣетъ сдѣлать и неособенно опытная наставница.

Приступаю къ своимъ упражненіямъ. Раскладываю на столѣ передъ ребенкомъ шаръ, кубъ и цилиндръ.

— Ну-ка, Машутка, считай, сколько у насъ игрушекъ выпало изъ ящика? Такія-же онѣ, какъ наши мячики? — Нѣтъ.

— А мячики совсѣмъ одинакіе? — Они разныхъ цвѣтовъ: вонъ синій, красный. — Цвѣта ихъ разные; а сходны они чѣмъ-нибудь или нѣтъ? Они мягки, круглы, равно легки, всѣ сдѣланы изъ шерсти; когда бросишь ихъ на полъ, падаютъ не слышно, тихо. Всѣ они одной величины: и этотъ, и тотъ, и другой, и третій можешь обхватить своей ручкой; всѣми можно катать, всѣ можно бросать. Теперь взгляни-ка на эти вещи; хоть одна изъ нихъ похожа-ли на мячикъ? — Шаръ похожъ.

— Чѣмъ-же? — Тотъ круглый и этотъ; тотъ можно покатить и этотъ, тотъ бросить на полъ и не разобьется и этотъ. — Ну не всегда: будешь шаръ много бросать на землю, да еще, какъ ты это дѣлаешь, изо всей силы, онъ, пожалуй скоро треснетъ и разломится.

— Подумай теперь, какая разница между ними! Брось сначала мячикъ на полъ, а потомъ шарикъ. Ну что? Этотъ стукнулъ такъ громко и покатился по полу, а тотъ и ударилъ чуть слышно, и отпрыгнулъ опять мнѣ въ руки. — А отчего-бы это могло быть? — Не знаю. Возьми въ руки, пощупай. Шарикъ твердый, а мячъ мягкій. Отчего это? Да мячикъ изъ шерсти, и ты видѣла, какъ его дѣлаютъ: въ средину набиваютъ тряпки, обматываютъ шерстью — вотъ онъ и мягкій, легкій, а шарикъ изъ дерева. — А у него въ срединѣ что? — перебиваетъ вдругъ ребенокъ. — Тоже самое дерево; я вѣдь сказала тебѣ, онъ весь изъ дерева сдѣланъ. Вотъ взяли отакой-же кусокъ и стали его кругомъ сбстручивать и обтачивать. — А кубикъ изъ чего? — Сколько лѣтомъ показывала я тебѣ деревьевъ, вспомни? — показывала березу и еще такое дерево, что вмѣсто листиковъ колючки, зеленыя иголочки... Ахъ... да, ель. — Ну, а чѣмъ дерево покрыто сверху? — Корою. — Вотъ срубятъ хоть ель, сосну, орѣшникъ, обдерутъ кору, а тамъ и будетъ дерево бѣлое или желтоватое. Вдоль ты его разрубишь, или поперегъ, все одно и тоже. Такъ и въ шарикѣ въ срединѣ тоже, что и снаружи.

То, что я здѣсь сказала о различіи и сходствѣ шара съ мячикомъ, можно передать ребенку въ 2, 3 раза. Теперь припрячемъ мячики и займемся вотъ этими вещами. На что здѣсь въ комнатѣ похожъ этотъ шаръ? Ребенокъ обводитъ глазами кругомъ комнату и безпрестанно озирается на шаръ. Сначала по вопросамъ, а потомъ и безъ вопросовъ, онъ начинаетъ дѣлать сравненія. — Шаръ вотъ на ламповое стекло похожъ: оно тоже круглое, только стеклянное и совсѣмъ бѣлаго цвѣта, а нашъ шарикъ деревянный и желтоватый. Шаръ похожъ на самоваръ, если только обломать его сверху и снизу. Но опять самоваръ красный, въ немъ горячіе угли, да онъ не загорается; а шарикъ изъ дерева, дерево горитъ. — А вотъ еще нашъ шарикъ похожъ на котелъ, въ которомъ Варя грѣетъ воду, на чайникъ, даже на графинъ, если отбить въ немъ горлышко. Яблоки, картофель, орѣхи тоже шарики. А еще на что?

— На голову, только у людей еще на головѣ волоса... Ты двигаешь головой. У тебя спереди лобъ, глаза, ротъ, носъ, но бокамъ уши. Да много, много чего нѣтъ у шарика.

А вотъ остальныя вещи. Сколько ихъ будетъ безъ шарика? — Вы не должны сначала давать ни геометрическихъ названій, ни слишкомъ хлопотать, чтобы объясненія ребенка были научно-точными. Тутъ самая главная цѣль заставить его самого найти всѣ особенности тѣлъ и различіе ихъ между собою.

— Изъ этихъ двухъ вещей, которая больше похожа на шаръ? Дитя затрудняется. Брось всѣ три вещи на полъ и будь внимательна. А, вотъ эта! — она указываетъ на цилиндръ. Онъ покатился и шаръ катится. — Теперь которая менѣе похожа на шаръ? Указываетъ на кубъ. Чѣмъ? — Онъ стоитъ. — Да вѣдь вотъ и эта стоитъ (цилиндръ). Но та за то стоитъ и катится, а та только стоитъ. Такъ вотъ эти двѣ вещицы (шаръ и цилиндръ) похожи между собой. Осмотри-же хорошенько, чѣмъ онѣ еще сходны и различны. По-немногу ребенокъ отвѣчаетъ: обѣ деревянныя; обѣ стучатъ, когда уронишь, обѣ гладкія. А чѣмъ различны? Ощупай-ка. — Вотъ у этой (у цилиндра) есть острый край. — Сколько ихъ? — Два: одинъ съ верху, другой снизу. — Этотъ край называютъ ребромъ; обведи его кругомъ пальчикомъ! какое оно? — Оно круглое. — Значитъ, два круглыхъ ребра — а попробуй рукой, сколько сторонъ? — Двѣ плоскихъ и между ними одна круглая. Ребенка наводятъ на этотъ отвѣтъ, заставляя прикладывать руки къ цилиндру. — А въ шарѣ реберъ нѣтъ, и одна лишь круглая поверхность. И такъ вотъ эту вещь называютъ цилиндромъ. Нутка, что похоже на цилиндръ? смотри, все въ комнатѣ огляди... Спичечная коробка, шляпа, свѣчка, стаканъ, баночка... — А на улицѣ? — Тумба... и т. д. Подобно этому объясняютъ сходство и разницу между цилиндромъ и кубомъ. — У куба нѣтъ круглыхъ сторонъ, а всѣ плоскія, одна противъ другой, все одинакія стороны; у цилиндра ихъ только двѣ съ круглыми ребрами, а у куба и сверху и снизу, и сзади и спереди и съ обоихъ боковъ (3 раза по 2 = 6) и все съ прямыми одинаковыми ребрами; у куба четыре острыхъ угла сверху и четыре снизу, и проч.

Возьми-ка эту бумажку и сверни ее такъ, чтобы сколько-нибудь похоже было на цилиндръ. Ты свернула, а что-же сверху и снизу? Надо прикрыть круглыми бумажками; дай я тебѣ ихъ сдѣлаю. А попробуемъ сдѣлать кубъ. Сколько намъ нужно четыреугольныхъ бумажекъ? Шесть. Вотъ мы ихъ и поставимъ другъ противъ друга. Ну, а въ комнатѣ есть-ли что нибудь похожее на кубъ? А этотъ ящикъ? Ящикъ гораздо больше. Ничего не значитъ, только бы всѣ стороны и всѣ ребра были такія же, какъ и здѣсь. Вотъ этотъ другой ящикъ такъ подлиннѣе. — Вонъ эти стороны и ребра у него гораздо короче, эти длиннѣе; въ длину онъ больше, чѣмъ въ ширину и въ высоту, а все-же похожъ скорѣе на кубъ, чѣмъ на шаръ или на цилиндръ. Что еще въ комнатѣ сходно съ кубомъ? Сама комната, сахарница, комодъ, коробка съ табакомъ. Вонъ жестянка для сахару похожа на цилиндръ. Шея безъ головы, — вѣдь тоже цилиндръ. Ну, а этотъ шкафъ? Нѣтъ, не цилиндръ, а больше похожъ на кубъ. — А чѣмъ отличенъ отъ куба? Въ ширину онъ больше, чѣмъ въ толщину, а въ высоту еще больше. Покажи въ комнатѣ вездѣ, гдѣ есть углы, ребра, плоскости.

Въ три-четыре года дѣтей посылаютъ уже въ дѣтскій садъ. У насъ въ педагогическихъ журналахъ много было говорено о пользѣ для ребенка товарищества, о необходимости воспитать его въ обществѣ, и т. п., Все это совершенно справедливо. Скажу болѣе: когда сближаешься съ другими людьми, то невольно близко знакомишься съ ихъ наблюденіями, мыслями, опытомъ. Все это, разумѣется, шире и глубже заставляетъ понимать окружающій міръ, и въ тоже время, возбуждаемый примѣромъ своихъ товарищей, ребенокъ гораздо дѣятельнѣе къ нему относится. Если домашнее воспитаніе развиваетъ преимущественно индивидуальный характеръ питомца, — воспитаніе общественное болѣе подготовляетъ его къ будущей общественной дѣятельности. Эгоизмъ, который такъ свойственъ каждому ребенку, излишняя привязанность къ своей собственности и въ тоже время самое ограниченное пониманіе чужихъ интересовъ и множество другихъ недостатковъ — все это незамѣтно сглаживается въ товариществѣ. Только въ обществѣ себѣ подобныхъ научается ребенокъ дѣятельно сочувствовать горю другаго, пріучается помогать и искренно заботиться объ интересахъ ближняго. Кромѣ того въ большомъ дѣтскомъ обществѣ можетъ быть съ немалою пользою употреблено въ дѣло и какъ слѣдуетъ направлено соревнованіе и честолюбіе: онѣ могутъ быть могучимъ рычагомъ для искорененія лѣности, небрежности, неповоротливости, неряшливости и множества другихъ мелкихъ и крупныхъ недостатковъ, которые тѣмъ чувствительнѣе въ большомъ обществѣ, что отъ нихъ болѣе или менѣе страдаютъ всѣ товарищи. Однимъ словомъ при общественномъ воспитаніи гораздо скорѣе, чѣмъ въ семьѣ можетъ выработаться болѣе глубокій, основательный общественный характеръ. Изъ сказаннаго ясно, что лишать ребенка общественнаго воспитанія такое зло, которое болѣе или менѣе тяжело отразиться на немъ въ будущемъ. Не смотря на все это въ настоящее время, по отношенію къ нашимъ маленькимъ дѣтямъ, мы предпочитаемъ домашнее воспитаніе, такъ какъ наши дѣтскіе сады, кромѣ развѣ рѣдкихъ исключеній, представляютъ самое плачевное зрѣлище.

Искренно желая развитія у насъ дѣтскихъ садовъ, пріятно надѣяться, что со временемъ мы не будемъ въ нихъ только рабски подражать заграничнымъ образцамъ. Если дѣтскій садъ устроенъ совершенно въ нѣмецкомъ духѣ, то пусть въ немъ и занимаются на одномъ нѣмецкомъ языкѣ.

На дѣлѣ однако бываетъ не то: мы много разъ присутствовали во время занятій въ дѣтскихъ садахъ, которые считались въ обществѣ лучшими и наиболѣе извѣстными, въ нихъ съ дѣтьми разговаривали на двухъ языкахъ. Воспитательницы

6

объясняли это тѣмъ, что къ нимъ собираются какъ русскія такъ и нѣмецкія дѣти. Родители нѣмцы требуютъ, чтобы ихъ дѣтей выучили говорить по русски, русскіе по нѣмецки. Приводили онѣ въ свое оправданіе и то, что, если избрать одинъ какой-нибудь языкъ, то половина дѣтей навѣрно не пойметъ никакихъ объясненій. Тутъ, намъ кажется, слѣдуетъ принять во вниманіе взглядъ на этотъ предметъ швейцарскихъ дѣтскихъ садовъ. Тамъ въ каждой мѣстности, иногда въ нѣсколькихъ шагахъ другъ отъ друга, обыкновенно устраиваютъ два дѣтскихъ сада: въ одномъ изъ нихъ занятія идутъ исключительно на нѣмецкомъ языкѣ, въ другомъ исключительно на французскомъ. И это понятно: элементарная школа, кромѣ роднаго языка, должна мало по малу вводить у себя занятія иностранными языками; дѣтскій же садъ долженъ преслѣдовать совсѣмъ другія цѣли. Кромѣ того то время, когда объясненія идутъ на нѣмецкомъ языкѣ, пропадаетъ совершенно даромъ для тѣхъ дѣтей, которыя не понимаютъ этого языка или только начинаютъ на немъ говорить. Не наши родители должны указывать воспитательницамъ какъ вести свое дѣло, а онѣ должны своимъ примѣромъ проводить здравыя педагогическія идеи въ общество. Выполняя требованіе родителей, ничего не понимающихъ въ дѣлѣ воспитанія, воспитательницы грѣшатъ противъ элементарныхъ педагогическихъ правилъ. Въ дѣлѣ первоначальнаго обученія нельзя спѣшить; мы этимъ дѣлаемъ великое зло нашимъ дѣтямъ. Что касается методы Фребеля, то нашимъ матерямъ приходится разработывать ее самостоятельно уже потому, что большую часть года, мы принуждены держать дѣтей своихъ дома; но и при домашнихъ занятіяхъ, столько же сколько и въ дѣтскихъ садахъ, она будетъ способствовать развитію въ дѣтяхъ самодѣятельности, усидчивости въ трудѣ и наблюдательности.

Бесѣды и разсказы для дѣтей 4-хъ, 5-ти, и 6-ти-лѣтняго возраста.

Прежде чѣмъ давать примѣръ такихъ разсказовъ, мы скажемъ нѣсколько словъ о ихъ значеніи. Воспитательницы могутъ разсказывать дѣтямъ и не въ такой формѣ, какъ мы предлагаемъ: иногда разсказы должны быть длиннѣе и болѣе сложны, другой разъ, смотря по дѣтямъ, короче и проще. Мы стоимъ только за то, чтобы по пятому году воспитатели уже начинали мало по малу давать коротенькіе разсказы. Какъ и съ чего слѣдуетъ начинать ихъ, мы довольно наглядно указали въ VI и VII главахъ нашей книги. На что же эти разсказы дѣтямъ?

Когда ихъ передаютъ живо, занимательно, бодрымъ и веселымъ голосомъ, когда даютъ ребенку при этомъ возможность высказывать свои впечатлѣнія, они развиваютъ наблюдательность, даръ слова, воображеніе, вкусъ и наконецъ память. Всякое другое воспитаніе памяти не имѣетъ никакого значенія какъ въ тотъ возрастъ, о которомъ мы говоримъ, такъ и при послѣдующемъ развитіи ребенка. Еще въ XVII ст. Амосъ Коменскій, а за нимъ Базедовъ и особенно Песталоцци весьма наглядно доказали, что заучиваніе словъ, фразъ, именъ только препятствуетъ правильному развитію высшихъ способностей. Удержанное въ памяти только тогда имѣетъ дѣйствительную цѣну, когда оно поясняетъ какое нибудь явленіе жизни или природы. Мы говоримъ по опыту, что знаемъ множество дѣтей, которымъ никогда не давали заучивать и двухъ строкъ кряду и которыя между тѣмъ обладаютъ прекрасною памятью. Изъ вашего разсказа они удержатъ все, что есть самаго характернаго, и все это остается въ его головѣ не на четверть часа, какъ это бываетъ при зазубриваніи, а до тѣхъ поръ пока ребенокъ не употребитъ усвоенное имъ для какого нибудь новаго соображенія, мѣткаго, характернаго сравненія или наблюденія.

Давать дѣтямъ маленькіе разсказы необыкновенно полезно также потому, что они развиваютъ и вниманіе. Впрочемъ не одни разсказы, но и весь матеріалъ, который мы даемъ въ этой книгѣ, указанныя нами наблюденія надъ природою и людьми, — все это служитъ для той же цѣли. Что касается вниманія, то правильное его развитіе служитъ рычагомъ для будущей умственной дѣятельности ребенка. Очень часто, желая, чтобы ребенокъ непремѣнно удержалъ въ памяти то или другое, воспитатели съ мольбою просятъ его быть внимательнымъ хоть четверть часа. При этомъ обѣщаютъ конфекты, сласти, а буде просьба не уважена, грозятъ строгимъ наказаніемъ. Разумѣется, если ребенокъ бываетъ внимателенъ только въ ожиданіи лакомства или изъ страха наказанія, то все, что онъ при этомъ узнаетъ, никогда не оставитъ въ немъ глубокаго слѣда. Наконецъ обѣщанія наградъ и угрозы совсѣмъ убиваютъ, если можно такъ выразится, нравственную силу вниманія, которая у нормально развитаго дѣйствуетъ сама собой, потому что онъ заинтересованъ, увлеченъ тѣмъ, что ему излагаетъ воспитатель. Поэтому мы совѣтуемъ, вмѣсто того, чтобы вызывать вниманіе ребенка ласками или угрозами, усилить, сдѣлать болѣе нагляднымъ и менѣе сложнымъ представленіе того, о чемъ идетъ рѣчь. Онъ слушаетъ невнимательно вашъ разсказъ о какомъ нибудь домашнемъ животномъ или птицѣ. Между тѣмъ вы знаете, что тотъ же коротенькій и несложный разсказъ и въ томъ самомъ видѣ съ удовольствіемъ и пониманіемъ выслушанъ былъ другими дѣтьми. Тогда вы совсѣмъ прекращаете на нѣсколько времени эти занятія съ ребенкомъ. Если же онъ обнаруживаетъ невниманіе къ этому разсказу уже въ продолженіи нѣсколькихъ дней, подите съ нимъ съ ломтемъ хлѣба, вызовите изъ корзинки насѣдку съ ея маленькими цыплятками, пусть ребенокъ накрошитъ имъ хлѣба, а вы, незамѣтно для него, обращайте его вниманіе, какъ птички клюютъ его крошки, какъ при этомъ стучатъ ихъ носики о доску, на которой разсыпанъ хлѣбъ, какъ при этомъ мать дробитъ имъ большіе кусочки и, не дотрогиваясь до пищи, клокчетъ и сзываетъ своихъ дѣтокъ. Все это, разумѣется, займетъ самаго невнимательнаго ребенка. Не слѣдуетъ также требовать и особенно настаивать, чтобы ребенокъ тотчасъ обратилъ вниманіе на то, что вы хотите ему сообщить. Если передъ этимъ онъ былъ чѣмъ нибудь особенно развлеченъ, хоть, напримѣръ, встрѣчею съ товарищемъ, изобрѣтеніемъ новой игрушки, удачею при уженьѣ рыбы и т. п., — лучше оставить его на нѣсколько времени совсѣмъ въ покоѣ. Заставляя его насильно обратить вниманіе на то, что вы хотите, вы только безъ пользы разстроите его нервы, во время занятій онъ будетъ вялъ, разсѣянъ и все кончится или слезами, или сильной головною болью, при которой вашъ разсказъ не оставитъ, разумѣется, никакого слѣда.

Теперь мы дадимъ примѣръ того, что и какъ можно выбрать для такихъ устныхъ бесѣдъ изъ нашей книги „Разсказы изъ русской жизни и природы?“ („Изъ Русской жизни и природы“ Разсказы для дѣтей. Съ 15 рисунками художника Панова. Ц. 1 р. 50 к. Продаются во всѣхъ книжныхъ магазинахъ).

Бабушка Аксинья.

Бабушка Аксинья — старая, престарая, совсѣмъ сѣдая старушка. Никто никогда не видалъ ее безъ дѣла. Она подымается вмѣстѣ съ солнышкомъ и тотчасъ же начинаетъ хлопотать около своихъ птицъ. Однѣхъ птицъ она накормитъ, потомъ прогонитъ ихъ къ озеру, другихъ кормитъ, или заготовляетъ кормъ, и такъ проходитъ цѣлый день до поздняго вечера. — Чуть принялась она сѣчкой рубить яйца, изъ подъ лавки начали показываться разныя птичьи головы и послышалось ш и п ѣ н ь е гусынь, к л о х т а н ь е курицы, цыканье цыплятъ, кряканье утятъ.

Вотъ, старушка мелко нарубила яйца; разсыпала ихъ на нѣсколько досокъ, поставила корыто съ водой и поманила утятъ и гусятъ. Гусыни и утки сами выскочили изъ корзинъ; Аксинья вынимала дѣтенышей и пускала ихъ поочередно на землю. Нѣкоторые изъ нихъ тотчасъ принялись клевать яйца, — другіе какъ-то вяло посматривали. Слабаго цыпленочка бабушка брала въ руки, поправляла и приглаживала ему крылышки, осматривала ножки и съ лаской, приговаривая разныя добрыя слова, поила его изъ своего рта. — „Ну, теперь учись самъ клевать, вотъ такъ... вотъ такъ..." и бабушка долбила палочкой по доскѣ... Послѣ этого всѣ птенчики начинали клевать. —

Гнѣздо гусятъ и цыплятъ.

Въ крестьянской избѣ подъ лавкою нѣсколько корзинъ: внутри онѣ устланы соломою и пухомъ. Въ одной корзинѣ сидитъ гусыня съ маленькими гусенятами и крошечныя ихъ головки, покрытыя желтовато-сѣрымъ пухомъ, торчатъ изъ подъ ея крыльевъ. Гусята еще очень малы и потому ночью сидятъ они подъ крыльями матери въ тепломъ гнѣздѣ и въ той самой избѣ, гдѣ спитъ старушка, которая за ними ухаживаетъ.

Въ другой корзинѣ насѣдка съ цыплятами. Крошечные, красивые, коричневые, черные и желтенькіе цыплятки, покрытые мягкимъ, нѣжнымъ пушкомъ, ворошились подъ крыльями матери, пищали и высовывали свои головки; при этомъ мать клохтала и подбирала ихъ подъ свои крылья.

Ястребъ.

Знойно, душно и какъ тихо! На деревьяхъ не шелохнетъ ни одинъ листокъ. Люди работали съ ранняго утра и теперь спятъ въ своихъ избахъ. Домашній скотъ тоже отдыхаетъ въ хлѣвахъ. Курица и та покойно сидитъ въ пескѣ, напередъ выкопавши въ немъ себѣ ямку и подобравъ птенчиковъ подъ свои крылья.

Вдругъ на дворѣ поднялась страшная суматоха. Гуси заготали во все горло, били крыльями, и шипѣли; куры суетливо бѣгали и клохтали, а Петя-пѣтушокъ на плетень взлетѣлъ, голову поднялъ и что было мочи кричалъ „кукуреку."

Въ ту же минуту въ прозрачныхъ серебристыхъ облачкахъ, надъ самымъ тѣмъ мѣстомъ, гдѣ гуляли домашнія птицы, показалась черная точка. Нѣсколько минутъ она была неподвижна, потомъ стала то тихэнько опускаться, то опять поднималась и кружилась въ воздухѣ.

— „Ястребъ!“ закричали въ одинъ голосъ выбѣжавшія изъ избы старая птичница съ своей маленькой внучкой и стали махать вверхъ руками и кричать: „шушь, шушь, шагу“...

Ястребъ поднялся выше, но долго еще держался въ высотѣ и высматривалъ не уйдутъ-ли люди и гдѣ удобнѣе будетъ ему напасть; но люди все еще стояли, и ястребъ скрылся въ облакахъ. Однако, лишь только старушка съ внучкой повернули на крылечко, ястребъ, какъ стрѣла, упалъ на цыпленка, крѣпко сжалъ его въ своихъ острыхъ когтяхъ и также быстро поднялся съ нимъ къ верху. На минуту шумъ усилился, но скоро все успокоилось; только мать похищеннаго цыпленка совсѣмъ потеряла голову отъ горя. Она громко и жалостно кричала, останавливалась на минуту съ распущенными крыльями и опять бѣгала вокругъ того мѣста, гдѣ ястребъ оставилъ пушокъ отъ ея птенчика, — спотыкалась, билась объ землю.

Но вотъ она наконецъ услышала жалобное цыканье своихъ дѣтей, остановилась, заклохтала и стала подбирать подъ свои крылья остальныхъ цыплятъ.

Гуси и утки.

Гуси-гусятки идутъ, бѣгутъ, крыльями машутъ, „га... га... га...“ кричатъ, длинныя шеи вытягиваютъ, въ стороны посматриваютъ, нѣтъ-ли врага... А уточки не любятъ торопиться, по сторонамъ не осматриваются, прежде всего думаютъ, какъ бы побольше брюшко набить; такъ плотно покушали, что зобки у нихъ стали совсѣмъ тугіе.—„Кря... кря...“ покрякиваетъ уточка и съ ноги на ногу переваливается. А вонъ она заковыляла и упала на грудь.

И утки, и гуси, какъ пришли къ озеру, такъ и стали плавать, плескаться. А какъ странно они ныряютъ! опустятъ головы въ воду, — это они себѣ кормъ отыскиваютъ на днѣ; а поверхъ озера тамъ и сямъ только и торчатъ утиные, да гусиные хвостики.

Щенокъ.

Когда однажды вечеромъ я возвратился домой, то увидѣлъ посреди комнаты брошечнаго щенка. Я тотчасъ догадался, что это та самая собачка, которую наканунѣ мнѣ обѣщалъ подарить нашъ сосѣдъ.

Собачка неуклюже двигалась по полу, боязливо обнюхивала углы, полаивала и попискивала тоненькимъ голоскомъ. Я палилъ на блюдечко молочка, прибавилъ теплой воды, размочилъ булку и сунулъ морду собачки въ блюдечко: она долго не понимала, что ее заставляютъ дѣлать, отползала назадъ, жалобно лаяла; но я упорно училъ ее ѣсть, и она наконецъ стала съ жадностью лакать молоко. Скоро этотъ маленькій щенокъ выросъ на зависть всѣмъ моимъ товарищамъ и на заглядѣнье нашимъ сосѣдямъ, — необыкновенно красивой собакой. Про него никто не могъ сказать, что у него голова слишкомъ велика, ноги тонки, или слишкомъ длинны... Все въ немъ было въ мѣру; онъ былъ не слишкомъ высокъ, но и не низокъ, и не слишкомъ длиненъ, да и не коротокъ. Красивая голова, статное тѣло и стройныя ноги были покрыты длинной, густой, косматой, черной, шелковистой шерстью, которая мѣстами вилась колечками.

Какъ съ моей собакой я въ рынокъ ходила.

Съ ранняго утра, лишь только я просыпалась, мой пудель былъ уже у моихъ ногъ, радостно визжалъ, билъ хвостомъ объ полъ, подавалъ мнѣ башмаки, чулки, то или другое изъ одежды. Но вотъ я уже отпила чай и готова идти со двора. Пудель бѣгаетъ вокругъ, засматриваетъ мнѣ въ глаза.—Въ рынокъ... говорила я, указывая ему на гвоздь. При этомъ онъ тотчасъ вскакиваетъ на табуретку, что стояла у насъ у той стѣны гдѣ вбитъ гвоздь, передними лапами и мордой снимаетъ корзинку и подаетъ мнѣ.

Онъ помнилъ каждую лавку, гдѣ я забирала, и когда мы съ нимъ шли, обыкновенно обнюхивалъ каждую, останавливался и ждалъ меня, пока я закупала, что мнѣ было нужно, и выходила къ нему. Но вотъ корзинка наполнена говядиной и другими припасами, между тѣмъ мнѣ нужно еще кой-куда зайдти, я прикрываю провизію листомъ бумаги и подаю корзинку пуделю. „Домой" говорила я ему, и онъ послушно и бережно беретъ ручку въ зубы и съ необыкновенною важностью отправляется назадъ. Дверь нашей квартиры затворена: онъ визжитъ; если это не помогаетъ, онъ ставитъ на полъ корзинку и барабанитъ лапами по двери, пока ему не отворятъ. Когда я возвращалась домой, онъ тащилъ меня за платье къ тому стулу, на которомъ поставилъ корзину.

Бесѣда о собакѣ.

— Посмотри-ка, Маша, въ окошко, какая бѣжитъ славная, большая собака!

— Чѣмъ же славная, она мнѣ совсѣмъ не нравится!... Шерсть такая косматая, рыжая, морда не красивая. Нѣтъ, я люблю больше маленькихъ собачекъ...

— Да что въ нихъ толку? онѣ только и умѣютъ, что ѣсть, спать, да ворчатъ на кого придется...

— А эта что умѣетъ?

— Очень много. Она стережетъ дворъ,—коровъ, овецъ, лошадей и другую скотинку, которая водится у хозяевъ.

— Оттого, мама ее вѣрно и назвали дворняшкой.

— Да...

— Такъ значитъ дворняшка умнѣй маленькихъ собакъ?—Но за то тѣ такія забавныя: помнишь, я такую собачку разъ посадила въ свою сумку...

— За то онѣ болѣе ни на что не годны. Ты посадишь ее къ себѣ въ карманъ, другой сдѣлаетъ тоже и она все также, какъ и прежде, ворчитъ себѣ подъ носъ, а оставишь ее на улицѣ, она не найдетъ своего дома.

— Это правда, мама, я помню, какъ у бабушки одна за другою пропали двѣ такихъ маленькихъ собачки.—Ну а эта не пропадетъ; посмотри, ужъ который разъ она бѣгаетъ мимо нашихъ оконъ то взадъ, то впередъ.

Когда вы такимъ образомъ обратили вниманіе ребенка на собаку, онъ ужъ самостоятельно дѣлаетъ надъ ней дальнѣйшія наблюденія и говоритъ... (а если не скажетъ, вы можете навести на характерные признаки собаки, которые и 4-хъ л. ребенку могутъ уже быть извѣстны).

— Вонъ она бѣжитъ теперь съ опущенной головой... Останавливается, точно что припоминаетъ, обнюхиваетъ слѣды, возвращается, опять обнюхиваетъ... ну! вѣрно догадалась, куда скрылся ея хозяинъ, трихнула головой и побѣжала къ другому дому.

Лошадь.

Замѣтили-ли, вы, лѣтушки, какія худыя лошади у рабочихъ? Бока у нихъ какъ-то ввалились, мѣстами шерсть вылѣзла клочьями; видъ такой унылый, да и ходятъ онѣ большею частью, понуривъ голову.

— А вотъ верховая лошадь. Какое красивое, стройное животное! Чудная, черная, густая грива и длинный, пушистый хвостъ такъ и развѣваются по воздуху, когда она, гордо поднявъ голову, во весь опоръ несетъ сѣдока.

Рабочая лошадь такое же животное, какъ и верховая, а отчего это между ними такая разница? — Рабочая лошадка много работаетъ. Когда солнышко ярко свѣтитъ, деревья, поля и луга бываютъ въ зелени и разноцвѣтныхъ цвѣткахъ, т. е. лѣтомъ, рабочая лошадка занята съ утра до поздняго вечера: вывозить навозъ въ поле, свозить всякій хлѣбъ въ скирды и изъ скирдъ на гумно; сѣно высохло, — и его отвезетъ въ сарай.

Зимою (назовите примѣты зимы) она тоже не безъ дѣла: возить дрова изъ лѣсу, хлѣбъ на мельницу; покончены и эти домашнія работы, и крестьянинъ вмѣстѣ съ ней нанимается въ городъ воду возить, или перетаскивать какія нибудь тяжести. Такъ вотъ, рабочая лошадь круглый годъ вмѣстѣ съ крестьяниномъ въ постоянной работѣ. А верховая лошадь цѣлый день стоитъ въ чистомъ стойлѣ: ее чистятъ, моютъ, кормятъ въ волю овсомъ и еще прогуливаютъ передъ ѣдой, чтобы аппетитъ былъ лучше. Работы ей нѣтъ никакой: развѣ два, три раза въ недѣлю промчится съ хозяиномъ, да ей самой любо на свѣтъ посмотрѣть и свою прыть показать.

Настя.

Сегодня я разскажу вамъ, какъ я познакомилась съ Настею, которую вы теперь такъ любите.

Однажды въ полдень лѣтняго дня я пробиралась къ избамъ. Вездѣ было тихо, такъ какъ люди послѣ работы отдыхали по избамъ. Лишь только я дошла до небольшаго пролѣска, что былъ въ нѣсколькихъ шагахъ отъ избъ, я услышала легкій шумъ. Я повернула голову, и вотъ что увидѣла. Подъ вѣтвями большаго дерева сидѣла дѣвочка лѣтъ десяти и вся была окружена птицами и животными. На ея плечѣ ворковалъ и кружился голубь; цыпленокъ просовывалъ голову изъ подъ одной руки; подъ фартукомъ копошилась еще какая-то птица, у ногъ, свернувшись клубкомъ, лежала большая, черная собака, а на сосѣдней березѣ чирикалъ воробей. Ему, какъ видно, тоже хотѣлось взлетѣть на любимую хозяйку, да на ней нѣтъ мѣста. Въ эту минуту она подняла руку на голубя: „у тебя есть съ кѣмъ голубиться и ворковать"; тотъ вспорхнулъ и улетѣлъ. Воробушекъ, миленькій, родненькій!.. она протянула къ нему руки. Но онъ все перелеталъ съ вѣтки на вѣтку и чирикалъ. Вотъ однако сѣлъ на голову, теребитъ волосы, перескочилъ на плечо, долбитъ носикомъ сережки.

Послѣ я узнала отъ самой Насти, почему она была окружена животными и отчего всѣмъ имъ предпочитала воробья. Вотъ, что она мнѣ разсказала. Съ тѣхъ поръ, какъ она стала кое что понимать, такъ съ 4-хъ, или пяти лѣтъ, самымъ любимымъ ея занятіемъ было кормить воробьевъ, голубей, куръ, сабакъ, и другихъ домашнихъ птицъ и животныхъ и пріучать ихъ къ себѣ. И дѣйствительно, всѣ онѣ ее любили.

Разъ она нашла вывалившагося изъ гнѣзда воробья, который еще не оперился, воспитала его въ старой избѣ, гдѣ она держала и другихъ птицъ и также очень много кроликовъ. Воробей такъ привыкъ къ маленькой Настѣ и такъ ее любилъ, что она выпускала его вонъ изъ избы и онъ каждый разъ возвращался на ночь домой.

ГЛАВА VIII.

Въ послѣдней главѣ я довела воспитаніе ребенка до 4-хъ, 4½ лѣтъ его жизни; мы видѣли, что матеріалъ, данный Фребелемъ, для умственнаго и нравственнаго развитія въ эти лѣта чрезвычайно бѣденъ и мало соотвѣтствуетъ возрасту, для котораго назначенъ. Намъ пришлось ввести не только свои упражненія и разсказы, но игры и даже множество механическихъ работъ. Совсѣмъ другое надо сказать про Фребелевскія занятія, назначенныя для послѣдующихъ годовъ. Тутъ мы находимъ такое богатство и разнообразіе матеріала, что является опасность, какъ бы не заучить ребенка, и мы ставимъ себѣ главнымъ правиломъ: не насиловать дѣтскаго ума, не забывать ни на минуту о самостоятельномъ развитіи ребенка, объ особенностяхъ въ характерѣ каждаго и объ свойствахъ дѣтской природы вообще. Въ большинствѣ случаевъ воспитатели стремятся только къ тому, чтобы ребенокъ во что бы то ни стало до 7-ми лѣтъ ознакомился со всѣми дарами Фребеля и переработалъ въ послѣдовательности всѣ его ручныя работы, точно въ этомъ лежитъ залогъ его будущаго развитія и счастія. Неужели садовница должна болѣе всего опасаться того, что скажутъ родители, если ребенокъ, кончивъ у нея свои занятія, не съумѣетъ вышить на портфель со всѣмъ изяществомъ какую нибудь „petite bagatelle“? Начну дальнѣйшій очеркъ системы Фребеля, какъ она изложена въ руководствахъ и при этомъ буду указывать, какъ слѣдуетъ пользоваться матерьяломъ, который намъ представляется. Въ послѣдній разъ мы разсмотрѣли первый и второй даръ Фребеля, теперь познакомимся со слѣдующими его дарами.

Третій даръ Фребеля состоитъ изъ куба, раздѣленнаго на 8 кубиковъ. Четвертый даръ — изъ куба, раздѣленнаго на 8 плитокъ или кирпичиковъ. Тотъ и другой даръ служатъ ребенку строительнымъ матерьяломъ для воспроизведенія во 1) жизненныхъ формъ, взятыхъ изъ предметовъ окружающей жизни, во 2) для воспроизведенія изящныхъ формъ и наконецъ въ 3) для усвоенія математическихъ формъ. Съ этою цѣлью дѣтей заставляютъ изъ этихъ кубиковъ строить все, что у нихъ есть предъ глазами и то, чего нѣтъ: диванъ, скамейку, колонну, памятникъ, замокъ, ворота съ башнею, монументъ и т. д. При этомъ строго наблюдаютъ два правила: 1) чтобы въ постройку каждаго предмета непремѣнно входилъ весь матеріалъ, т. е. всѣ 8 кубиковъ, 2) чтобы ни одинъ изъ построенныхъ предметовъ не былъ совершенно уничтоженъ, а превращенъ въ другой предметъ чрезъ незначительное перемѣщеніе нѣкоторыхъ частей матеріала. По этому правилу складываютъ, напримѣръ 8 кубиковъ такъ, что они составляютъ одинъ большой кубъ. Вы снимаете съ краю одинъ кубикъ, ставите его на противоположный край — вотъ у васъ и кресло: еще съ боку сняли кубикъ и положили подлѣ перваго снятаго — диванъ, который, если вы только раздвинете кубики на срединѣ, превратится въ два стула. И такъ одну изъ другой, не уничтожая прежней, вы складываете множество разнообразныхъ фигуръ. Лишь только кончаетъ ребенокъ свою постройку, его спрашиваютъ къ чему служитъ сдѣланный имъ предметъ, и разсказываютъ что нибудь подходящее къ этому.

При занятіяхъ изящными формами слѣдуютъ тѣмъ же правиламъ, т. е. не разрушаютъ прежней фигуры, для того чтобы построить новую, а только ее преобразовываютъ, развивая одну форму изъ другой. Отличаются эти изящныя формы тѣмъ, что фигуры, которыя при этомъ дѣлаетъ ребенокъ, не напоминаютъ ничего изъ жизни; тутъ главная цѣль дать понятіе ребенку о законѣ симметріи. Напримѣръ передвигаютъ изъ кубиковъ, положенныхъ четыреугольникомъ, только крайніе, и у васъ выходятъ все новыя и новыя формы; при этомъ цѣльность фигуры нисколько не страдаетъ, а остается все таже изящная форма.

Тутъ между прочимъ дѣтей наводятъ на мысль, что у каждаго изъ нихъ одни и тѣже части: одна голова, одинъ носъ, одинъ ротъ, руки, ноги и все-таки каждый изъ нихъ не похожъ на другаго, хоть и въ своемъ родѣ каждый представляетъ нѣчто цѣлое, совершенное. — Наконецъ при упражненіи въ математическихъ формахъ наставница учитъ счету по кубикамъ, припѣвая и такія математическія пѣсенки:

Вотъ на ручкѣ пальцы есть,
Намъ ихъ надо перечесть:
Разъ, два, три, четыре, пять
Всего можно сосчитать.
Два ушли, осталось? три
А теперь сколько? смотри —

(три пальца спрятать, два поднять)

Чтобъ получить вамъ снова пять,
Сколько нужно къ нимъ придать? „Три"
Ручка съ пальцами на ней,
Вотъ забава для дѣтей!"

(«Руководство къ дѣтскимъ садамъ» Драганъ, стр. 33-я).

Четвертый даръ. Занятія плитками даютъ дитяти позже кубиковъ. Прежде всего ребенокъ начинаетъ сравнивать ихъ съ кубиками, находитъ сходство и разницу. Постройки изъ этихъ кирпичиковъ или плитокъ можно еще болѣе разнообразить, такъ какъ ихъ форма ближе напоминаетъ ребенку дѣйствительный предметъ. Условія построекъ и при этомъ разговоры съ дѣтьми тѣже самыя. Тутъ также заставляютъ ребенка выдѣлывать трехъ родовъ формы: жизненныя, изящныя, математическія. Въ послѣднихъ гораздо дальше идутъ со счетомъ. Такъ въ порядкѣ одинъ за другимъ въ учебникахъ изложены всѣ дары Фребеля и его ручныя работы; къ нимъ приложено множество рисунковъ для выполненія работъ. Вы можете занимать ребенка два мѣсяца кубиками, потомъ столько же кирпичиками, или плитками 4-го дара, потомъ изучать съ нимъ слѣдующіе дары, или приняться за плетеніе, или совершенствовать дитя въ одномъ и томъ же направленіи одною работою. Вамъ сданъ на руки богатый матеріалъ для занятій; распоряжайтесь имъ по вашему усмотрѣнію. Вотъ тутъ-то и представляется опасность или впасть въ чистѣйшій механизмъ, или наполнить голову дѣтей одними отрывочными безсвязными свѣдѣніями. Ребенка заставляютъ выстроить сперва ящикъ, а потомъ какую нибудь римскую тріумфальную арку. Зачѣмъ выбираютъ тѣ или другіе предметы? Другой цѣли, кромѣ ознакомленія съ частями куба, тутъ невидно. Ребенокъ строитъ водопроводы, тунели, арки, которые рѣдко кто изъ нихъ видѣлъ, слѣдовательно, онъ не знакомится даже съ простѣйшими формами окружающихъ тѣлъ. Между тѣмъ сравнивать и различать простѣйшія формы тѣлъ очень полезно; тутъ изощряется наблюдательность ребенка, развивается его творческая способность. Но вѣдь съ формою нераздѣльно связано и извѣстное содержаніе. Является вопросъ, чѣмъ вы наполните вашу бесѣду при указаніи той или другой формы. Ребенокъ по своему сдѣлалъ кресло, будку, постель. Чтожъ, на какую мысль навели его эти предметы? Фребелевскія руководства предлагаютъ въ образецъ подобную бесѣду: Ты, Коля, что сдѣлалъ? Кресло. — Для чего? — Я посажу въ него бабушку. Зачѣмъ? — Она старенькая, ей нужна мягкая, покойная мебель. А теперь? — Будка. Для кого? — Для солдата. Зачѣмъ ему будка? — Укрыться отъ дождя. Ты хочешь быть солдатомъ? — Да... нѣтъ. Ну, дальше дѣлай постель.. Что у тебя вышло? — Что вы приказали. — Назови. — Постель. — Всегда долженъ давать полный отвѣтъ: Я сдѣлалъ постель, и т. д. Могутъ-ли быть занимательны подобные разговоры, и много ли послужитъ къ умственному развитію дѣтей, если они узнаютъ, что въ креслѣ сидитъ бабушка, а въ будкѣ стоитъ солдатъ. Противъ катехетики, — того способа занятій, при которомъ задаютъ соотвѣтственные дѣтскому возрасту вопросы, чтобы вызвать ни нихъ правильные отвѣты, конечно, сказать нечего; но съ маленькими дѣтьми этимъ способомъ нужно пользоваться очень осторожно. Такихъ дѣтей чаще приходится ставить въ ту обстановку, при которой у нихъ сами собой, непринужденно, рождались бы вопросы и отвѣты; и дѣло воспитательницы лишь помогать природѣ. Но если она, слѣдуя своему плану, вздумаетъ примѣнять вполнѣ катехетическій способъ занятій и каждый разъ будетъ добиваться, чтобы дѣти изучили до тонкости данный предметъ, постоянно утомляя ихъ неокрѣпшій умъ вопросами, на которые должно дать именно тотъ, а не другой отвѣтъ, — дѣти почувствуютъ отвращеніе къ подобному сухому способу занятій, гдѣ явно насилуютъ ихъ природу.

Отъ учебниковъ, пожалуй, нельзя и требовать, чтобы они указывали всѣ пріемы, какъ вести дѣло. Чувствуя, что недостаточно ознакомиться съ системою Фребеля по учебнику, наши воспитательницы ѣдутъ учиться за границу. Въ швейцарскихъ дѣтскихъ садахъ онѣ, напримѣръ, видятъ, какъ дѣти маршируютъ, напѣвая воинственную пѣсенку. Не разбирая, какое значеніе можетъ имѣть эта пѣснь или игра, какъ выраженіе швейцарскаго національнаго чувства, онѣ цѣликомъ переносятъ ее въ свой дѣтскій садъ, устроенный въ Россіи, и внушаютъ дѣтямъ одинъ дикій, воинственный азартъ. — Въ Германіи женщина имѣетъ значеніе только какъ мать, хотя и нужно замѣтить, что она тамъ лучше, чѣмъ гдѣ нибудь, выполняетъ свою материнскую обязанность; но, инстинктивно сознавая, что она не совсѣмъ достигаетъ своего назначенія, принося въ жертву материнскому чувству другіе не менѣе священныя обязанности, она невольно требуетъ отъ дѣтей особенной признательности, полнаго подчиненія и поклоненія своему патріархальному, семейному авторитету. И это направленіе, какъ и первое, отражается въ бесѣдахъ съ дѣтьми. Перенимая все безъ разбора, наши воспитательницы угощаютъ и русскихъ дѣтей приторными описаніями семейныхъ чувствъ, только и толкуютъ, что о благости доброй мамаши и о заботливости милаго папаши. Любопытно знать, какъ подѣйствуетъ это на тѣхъ изъ нашихъ дѣтей, которыя совершенно сданы въ руки гувернанткѣ и нянѣ, видятъ, что мать занята только гостями, портнихами и выѣздами, едва услышатъ отъ нея нѣсколько словъ, когда утромъ приходятъ здороваться или получить приказаніе, какое одѣть платье? Но будь мать и постоянно нѣжна съ дѣтьми, развѣ можно кстати и не кстати болтать объ этомъ прекрасномъ чувствѣ дѣтской любви, которое чѣмъ искреннѣе, тѣмъ стыдливѣе. По крайней мѣрѣ эта болтливость о нѣжныхъ чувствахъ совсѣмъ не въ русскомъ духѣ.

Вмѣсто сентиментальныхъ изліяній, которыми сопровождаются механическія занятія по системѣ Фребеля, лучше бы указывать на предметы, которые сами собой возбуждаютъ извѣстное чувство. Бесѣды, которыя ведутъ при этомъ, должны быть связны: т. е. въ нихъ строго слѣдуетъ держаться правила—избѣгать скачковъ отъ кресла къ аркѣ, отъ бабушки къ будочнику.

Въ настоящей главѣ мы укажемъ, какъ съ ребенкомъ послѣ 4-хъ лѣтъ могли бы идти эти занятія впродолженіе цѣлаго дня.

Нашей дѣвочкѣ Машѣ идетъ уже 5-й годъ. Зима. 10-ть часовъ утра.

— Вотъ тебѣ коробка съ новыми игрушками,—сколько игръ можно съ ними переиграть! Сколько вещей изъ нихъ сдѣлать! Каждый день можно придумывать все новыя!—А, да это кубики! кричитъ она, когда мать выложила передъ ней все то, что было въ ящикѣ.—Гдѣ же ты ихъ прежде видала?—А такой же кубикъ, только больше, лежитъ въ длинномъ ящикѣ вмѣстѣ съ шаромъ и цилиндромъ. Такъ какъ вы до сихъ поръ своими вопросами и бесѣдами наводили вашего ребенка на разныя наблюденія, заставляли его находить сходство и различіе въ разныхъ предметахъ, то и теперь онъ каждый разъ, при встрѣчѣ съ новымъ предметомъ, самъ это дѣлаетъ безъ вашихъ вопросовъ. Если ребенокъ прежде былъ въ другихъ рукахъ, и вы только послѣ 4-хъ лѣтъ начинаете съ нимъ заниматься, вы должны навести его на тѣ разсужденія, которыя теперь сами собой приходятъ въ голову нашей дѣвочкѣ.

Маша открываетъ и закрываетъ ящикъ. — Вотъ этотъ ящикъ такъ настоящій кубъ: и въ длину, и въ ширину, и въ высоту — ровенъ, и ребра, и углы есть... и всѣ одной величины. Да, только вотъ что въ ящикѣ... кубъ уже совсѣмъ ровный, а здѣсь вонъ какая впадина, вѣдь это для того, чтобъ крышкой его закрывать; потомъ въ ящикъ можно прятать и наперстокъ, и леденецъ, и маленькую куколку,—а въ кубикъ ничего не положишь... Выходитъ, ящикъ гораздо занимательнѣе... Кубикъ что? Поставилъ одинъ на одинъ и все тутъ! — Тебѣ такъ кажется, потому что ты не умѣешь еще съ нимъ играть, а вотъ я тебѣ покажу, какъ изъ кубиковъ строютъ все, что есть въ комнатѣ, на дворѣ, на улицѣ... тогда ты скажешь, что нѣтъ лучше игрушки.—А отчего же ты тогда мнѣ этого не сказала, когда я въ первый разъ увидала кубъ? — Этотъ ящикъ я только недавно купила, а тогда что же можно было сдѣлать изъ одного кубика?..

— Ну, хорошо, а я знаю такую игрушку, съ которой можно придумать много, много игръ... перемѣняй себѣ игру сколько хочешь, а игрушка только одна... Ну, догадайся, что это? спрашиваетъ ребенокъ...—Мячикъ!—Отгадала; видишь — мячикъ, значитъ, лучше. — Да, славная игрушка, только въ мячикъ иной разъ много не наиграешь. Какъ устанешь сидѣть и строить, и тебѣ захочется попрыгать, побѣгать — тогда играй въ мячикъ, — бываетъ же, что напрыгаешься, устанешь и сама просишь работы. А вотъ еще въ теперешнее зимнее время, вечеръ начнется рано, ты ставишь свѣчку на одинъ столъ, — начни играть въ мячикъ, — закатился и поднять не видно, нужно нести свѣчку, всѣмъ вставать съ мѣстъ. То-ли дѣло кубики, преспокойно раскладывай ихъ себѣ въ это время на столѣ...

— Ну, хорошо, покажи какъ сдѣлать стулъ. — Посмотри сама на стулъ и строй, какъ знаешь. На стулѣ что дѣлаютъ?—Сидятъ. — Вотъ, значитъ, нужно мѣсто для сидѣнья. Ну и нельзя всегда сидѣть на вытяжку, спина устаетъ, захочешь прислониться, — нужна спинка.

Ребенокъ долго смотритъ на стоящій стулъ и наконецъ начинаетъ ставить кубикъ на кубикъ, конечно, сначала очень неловко, но вы помогаете, и онъ оканчиваетъ начатую работу. Самое главное условіе при этомъ, чтобы ребенокъ самъ доходилъ до всего.

— Ахъ, мама! какой хорошій стулъ! какъ похожъ на нашъ.

— Будто ужъ и точно такой? Ну посмотри — какая между ними разница? Мало-по-малу ребенокъ находитъ, что въ немъ нѣтъ ни переплета, ни ножекъ, — что вы заимствуете изъ дѣйствительнаго предмета только самое главное, т. е. сидѣнье и спинку. Сначала ребенокъ удивленъ, какъ онъ самъ этого не замѣтилъ; но потомъ успокоивается, особенно если вы разскажете, что въ деревняхъ, гдѣ нѣтъ хорошихъ столяровъ, приходится довольствоваться и такою работой, что когда вы съ ней уѣдете въ деревню, ей, вѣроятно, придется сидѣть на такихъ стульяхъ.

Ребенокъ скоро начинаетъ понимать, что воспроизводить на кубикахъ жизненныя формы онъ можетъ не иначе, какъ заимствуя изъ нихъ самое главное. Вотъ уже вы даете тутъ двоякаго рода упражненія: во 1-хъ, прежде, чѣмъ сдѣлать вещь, которая у него передъ глазами, онъ долженъ подумать о ея назначеніи, — во 2-хъ, уже сдѣлавши какой нибудь предметъ, онъ сравниваетъ его съ дѣйствительнымъ, находитъ сходство и разницу.

— Что-же мы теперь сдѣлаемъ изъ кубиковъ? — спрашиваетъ у васъ дѣвочка. — А вотъ сначала все, что есть самаго главнаго въ комнатѣ. Подумай, что мы дѣлаемъ съ утра до вечера и потомъ ночью? Прежде всего нужно поработать, потомъ поѣсть, — вотъ для этого служитъ столъ. Стоя нельзя ни работать, ни ѣсть: нуженъ, значитъ, и стулъ, — а когда поѣдимъ, поработаемъ, поиграемъ, и такъ пройдетъ день, — что мы дѣлаемъ? Ложимся спать. Безъ сна человѣкъ жить не можетъ: ему нужно отдохнуть послѣ цѣлаго дня хлопотъ и трудовъ. А спать ложатся въ постель. Значитъ, намъ стула и стола еще недовольно—нужна постелька. Ребенокъ дѣлаетъ столъ, потомъ постель. Да можешь ли ты, Маша, лечь въ такую постель? Подумай, какая у тебя. Въ твоей кроваткѣ есть съ обѣихъ сторонъ перегородки; иначе ты, пожалуй, выпадешь и больно расшибешься.

— Такъ зачѣмъ же это такъ? Я хочу сдѣлать для себя настоящую кроватку. Какъ же быть? Кубиковъ больше не хватаетъ. Нѣтъ, я хочу, дай еще... сейчасъ дай (ребенокъ надуваетъ губки и готовъ тутъ же удариться въ слезы). Послушай, Маша, ты капельку, капельку погоди плакать... говорите вы шутливо. Ну, что изъ того, что у тебя было бы еще нѣсколько кубиковъ, и ты бы даже сдѣлала сюда сторонки, вѣдь и тогда кроватка была бы не совсѣмъ такая, какъ у тебя. — Что-же? только меньше, это еще лучше для меня...

— Нѣтъ, все не совсѣмъ была бы похожа. — Ахъ, да, — вспоминаетъ ребенокъ не было бы ножекъ, какъ у кроватки, не могло бы быть вотъ тутъ переплета, на который кладутъ мой тюфячекъ; да и стѣнки тутъ гораздо толще, чѣмъ въ моей кроваткѣ... такъ пусть это будетъ кроватка для деревни, и я, когда выросту, буду въ ней спать. И такимъ образомъ ребенокъ совершенно успокоивается.

Въ другой разъ вы наведете его на мысль, что человѣкъ, который постоянно живетъ въ одной и той-же комнатѣ, имѣетъ для жизни и разныя вещи, и что эти вещи нужно же куда-нибудь убирать. Слѣдовательно, нужна различная мебель. Вотъ ребенокъ мало-по-малу и строитъ всѣ предметы, которые находятся въ комнатѣ. Тутъ же онъ скоро начинаетъ понимать, какъ отличать предметы, необходимые въ жизни, отъ тѣхъ, которые служатъ человѣку украшеніемъ или прихотью. Такимъ образомъ онъ строитъ изъ кубиковъ: шкафъ, коммоды различной величины, сундуки, этажерки, диванъ, кресла, софу, плиту, стѣны комнаты и т. д.

Необходимымъ условіемъ этихъ работъ должно быть, чтобъ постройка была сдѣлана совершенно ровно и аккуратно. Позвольте ребенку въ началѣ мало-мальски небрежно исполнить работу, и онъ все привыкнетъ дѣлать кое-какъ, а о постройкахъ, слѣдовательно и о формахъ, получитъ совершенно неточное понятіе. Безъ всякихъ строгихъ выговоровъ, вы просто не даете ребенку дальше строить, а замѣчаете ему: нѣтъ, погоди, поправь этотъ кубикъ, онъ прямешенько долженъ стоять сверху этого, а то криво выйдетъ и ужъ совсѣмъ тогда не будетъ похоже на стулъ, и т. д. Если вы, такимъ образомъ, не допустите ни одной неправильности, вамъ послѣ трехъ-четырехъ такихъ занятій уже никогда не придется напоминать объ этомъ ребенку; онъ самъ усвоитъ себѣ понятіе, что эта работа требуетъ самой строгой правильности. Лишь только онъ ставитъ одинъ кубикъ на другой, онъ уже осматриваетъ ихъ со всѣхъ сторонъ и поправляетъ.

При постройкахъ изъ кубиковъ, Фребель ставитъ непремѣннымъ условіемъ, чтобы одна вещь непосредственно вытекала изъ другой. Это правило, дѣйствительно, очень полезно, особенно для тѣхъ дѣтей, которыя слишкомъ рѣзвы и нетерпѣливы и воспитаніе которыхъ вы ведете только съ извѣстнаго возраста. Съ этою цѣлью мы и даемъ нѣсколько рисунковъ, которые отчасти составили сами, отчасти заимствовали у Лины Моргенштернъ въ ея книгѣ: „Paradis der Kindheit". Но если вы ведете воспитаніе ребенка съ его первыхъ лѣтъ, лучше прежде привести въ сознаніе всѣ близкіе ему предметы, только отъ времени до времени указывая ему фигурки, которыя могутъ непосредственно вытекать одна изъ другой.

Прежними бесѣдами и наблюденіями мы заставляли ребенка вникать во все живое, во все, что передъ нимъ двигалось. Мы продолжаемъ эти наблюденія и бесѣды, и кромѣ того знакомимъ его и съ другими близкими ему предметами; но теперь онъ наблюдаетъ уже въ нихъ то, что прежде менѣе бросалось ему въ глаза съ перваго раза. — это форма предметовъ, отношеніе въ нихъ частей между собой. Такимъ образомъ, мы мало-по-малу разовьемъ всесторонне его наблюдательность, дадимъ ему полное понятіе о томъ маленькомъ мірѣ, въ которомъ онъ ежедневно вращается. Но и при постройкахъ, помимо сравненій съ дѣйствительными формами, необходимы также живыя бесѣды. Впрочемъ ребенокъ, хорошо веденный, всегда самъ наведетъ васъ на бесѣду съ нимъ.

— Ты сказала, что за столомъ работаютъ и ѣдятъ, а я вспомнила и еще кое-что, что сидя за нимъ дѣлаютъ.

— Ну что же?

— Когда большіе сидятъ одни за столомъ, они разныя книги вслухъ читаютъ, а когда съ ними и дѣти, они съ ними загадки загадываютъ или сказку имъ разсказываютъ. Позови еще папу, и Коля чтобъ пришелъ, и будемъ загадывать.

Если до 4-хъ лѣтъ поговорки и загадки были преждевременны, то теперь онѣ обыкновенно помогаютъ развитію ребенка, нисколько не насилуя его ума. Для каждаго возраста своя игра, и дѣти бываютъ вялы и скучны, когда игрой, соотвѣтственной ихъ возрасту, не занята ихъ фантазія.

Стоитъ только посмотрѣть, какая радость на личикахъ дѣтей, когда они, сидя у стола, задаютъ другъ другу загадки; какою гордостью блещутъ глазки того, кто отгадалъ, или хоть вспомнилъ прежнюю загадку. Тутъ ребенокъ знакомится съ характерными народными выраженіями, привыкаетъ сводить вмѣстѣ повидимому самые несходные предметы и отыскивать въ нихъ сходство.

— Ну-ка, отгадайте,—говоритъ мать усѣвшимся вокругъ стола дѣтямъ,—что значитъ: „подъ одной шляпой четыре брата стоятъ?“

— Ахъ, что это такое?.. Вотъ, понимаю, а сказать какъ-то не умѣю, — говоритъ дѣвочка.

— Ну, если догадалась, такъ сказать это очень просто... Ты посмотри, — совсѣмъ близко, и такихъ вещей въ этой комнатѣ еще двѣ.

— А я знаю, знаю!.. — мальчикъ бьетъ въ ладоши,—столъ!

— „Никто не таковъ, какъ Иванъ Пятаковъ; сѣлъ на конь, и поѣхалъ въ огонь". Дѣти смѣются.—Ой какая смѣшная... повтори-ка ее намъ. Ну ужъ эту не разгадать.

— А вѣдь тоже вещь, которую вы часто видите, — помаленьку наводитъ ихъ мать. Когда Варя разводитъ русскую печку, эта самая вещь тутъ-какъ тутъ. И вѣдь ставятъ ее тоже на столъ, только не на этотъ, который Маша состроила, а что у насъ въ кухнѣ стоитъ. Ну, и теперь не можете отгадать?.. Да горшокъ, когда его на ухватъ въ печку сажаютъ, сѣлъ на конь — это ухватъ, и поѣхалъ въ огонь — въ печку.—Ну а это что: „У двухъ матерей по пяти сыновей?" — Пальцы на рукахъ. — А отчего, Маша, говорится: „у двухъ матерей?" — Потому, что двѣ руки. — „Два братца только черезъ дорогу живутъ, а никогда другъ друга не видятъ". — Глаза. — „Собой не птица, пѣть не поетъ, а кто къ хозяину идетъ, она знать даетъ". — Собака. — „Семьдесятъ одежекъ — всѣ безъ стежекъ". — Кочанъ капусты. — „Мать толста, дочь красна, а сынъ подъ небеса ходитъ". — Печка, огонь и дымъ.

Ребенка слѣдуетъ по немногу наводить на разгадку, и стараться, чтобъ онъ самъ угадалъ; а когда вы ему говорите, что загадка означаетъ, то объясните предметъ какъ слѣдуетъ.—Дѣти, что значитъ: «Вотъ такъ грабли!—гору свернули».—Кѣмъ все дѣлается на свѣтѣ? — Людьми. — А люди-то все чѣмъ работаютъ? — Руками. — На рукахъ пальцы, словно грабли, да этими граблями что угодно возьмешь и зацѣпишь. Нужно строить дорогу, а на пути крутая горка; вотъ соберется народъ, примутся работать лопатами, — глядь полгоры и снимутъ. И самый большой домъ человѣкъ дѣлаетъ руками. — Что значитъ: „Жили въ четверомъ на побѣгушкахъ: двое отошли, всѣмъ на свѣтѣ стали владѣть". — Когда ты была маленькая, ты ползала на четверенькахъ на рукахъ и ногахъ, и въ то время также мало смыслила, какъ всякій звѣрекъ, ну вотъ хоть какъ собачка. Своими передними лапками она только роетъ землю, да развѣ держитъ кость. Вотъ такъ и ты въ то время только умѣла держать колечко, да еще стукнуть имъ о столъ. А стала ты ходить, твердо держаться на ногахъ, руки-то у тебя и свободны; ими тебѣ ужъ не нужно опираться объ полъ, какъ собачкѣ, когда она бѣгаетъ на четырехъ лапахъ. Ты можешь многое руками дѣлать, — брать что хочешь. Еще поживешь, больше будешь умѣть, больше будетъ силъ въ рукахъ.

Такихъ загадокъ можно прибрать множество... Выбирать слѣдуетъ такія, въ которыхъ говорится о совершенно знакомыхъ для ребенка предметахъ, въ которыхъ заключаются сравненія характерныя и доступныя дѣтскому уму.

Въ концѣ главы мы даемъ еще нѣсколько примѣровъ загадокъ съ объясненіями. Когда и это окажется недостаточнымъ, то по даннымъ образцамъ искусная воспитательница сама съумѣетъ воспользоваться сборникомъ пословицъ Даля, гдѣ есть много загадокъ. — Постройка изъ кубиковъ, бесѣды, ее сопровождающія, загадки должны были у васъ занять не больше часу. Ну, — теперь бѣгать кругомъ комнаты, смотри только, чтобы головка не закружилась, бѣгай то въ одну сторону, то въ другую. Ребенокъ бѣгаетъ... — А ну-ка я посмотрю, умѣешь ты скакать на правой ножкѣ... Зачѣмъ обѣими?.. Нѣтъ, только на одной... Ну теперь на лѣвой. — Теперь поди тихо, шагомъ, только ровно, а правой ручкой показывай, какъ кофе мелютъ. (Наблюдайте, при этомъ, чтобъ ребенокъ не просто болталъ руками, а дѣлалъ полные круги, которые помогаютъ развитію плечевыхъ мышцъ). Теперь дѣлай тоже самое лѣвой. — Опусти руки, ну бѣгай. — Теперь ручки въ бокъ, вотъ такъ хорошенько округли локоть, ну присядь на корточки, представь, какъ лягушка въ полѣ прыгаетъ. Ну еще кругомъ комнаты разочекъ. Теперь встань, а руки-то зачѣмъ опустила? Нѣтъ, руки держи по прежнему и стоймя скачи, — это такъ воробушекъ съ вѣтки на вѣтку прыгаетъ; а теперь дѣлай побольше прыжки, — вотъ и настоящая сорока. Опусти руки и тихонько пройдись по комнатѣ. Ну теперь побѣгай на цыпочкахъ, нѣтъ на самыхъ кончикахъ пальцевъ, на самыхъ носочкахъ... Ну, опять на всей ступнѣ. (Дѣвочка начинаетъ стараться пройтись на пяткѣ). Это ты на пяткѣ ходишь, вотъ ступня, которой ты ступаешь (вы ей показываете). Вотъ теперь такъ; на цыпочкахъ ходятъ, когда боятся кого нибудь разбудить. Теперь летай, какъ птичка. — Пусть ребенокъ вытянетъ руки впередъ и не много ими помахиваетъ, какъ крыльями. — А поднять вверхъ руки, будешь коршуномъ, когда онъ хочетъ налетѣть на птицу и схватить ее. Тихо ходи, какъ лошадка, потомъ рысью, голопомъ, опять совсѣмъ тихо и показывай, какъ шьютъ. Развѣ лѣвой шьютъ? Какъ чулки вяжутъ? Какъ пишутъ? Какъ книгу въ рукахъ держатъ и про себя въ ней читаютъ? Какъ нитки мотаютъ? Какъ мотки держатъ? — Э! да руки въ это время не могутъ оставаться совсѣмъ спокойно, онѣ не много опускаются и поднимаются, потому что нитками притягиваютъ. Вотъ такъ. Поживѣй ходи, и обѣими руками показывай, какъ у мельницы колесо вертится. Опять обѣими ручками: какъ ножницами полотно рѣжутъ? Да что же ты стала? нужно ходить и показывать. — Да я устала. — Ну, это другое дѣло: тогда отдыхай, и играй теперь, какъ хочешь.

Не смотря на то, что такія упражненія (каждый можетъ подобрать ихъ сообразно своему образу жизни) въ высшей степени полезны во всѣхъ отношеніяхъ, воспитатель не долженъ забывать, что это все-таки не настоящая игра, — что при этихъ упражненіяхъ у ребенка въ 15 минутъ болѣе напрягаются и мускулы и умъ, чѣмъ при свободной игрѣ въ продолженіе 2 — 3 часовъ. Итакъ, на нихъ довольно $\frac{1}{4}$ часа, а если усталъ, такъ и раньше отпустите его совсѣмъ на свободу. Онъ началъ занятія въ 10 часовъ вмѣстѣ съ физическими упражненіями или подвижною игрою (о подвижныхъ играхъ, которыя можно устраивать въ дѣтскихъ садахъ или дома при большомъ числѣ дѣтей, рѣчь будетъ послѣ), — все должно кончиться непремѣнно раньше 12 часовъ. Если ребенку даютъ около этого времени завтракать, то послѣ завтрака онъ долженъ оставаться на свободѣ, т. е. безъ вашего вмѣшательства въ его игру, по крайней мѣрѣ до 2 часовъ пополудни. Если день ясный, пусть онъ на полъ-часа идетъ гулять на улицу; въ это время такъ свѣтло и холодъ менѣе чувствителенъ. Это случается или послѣ ѣды, или предъ нею, время требующее моціона для равномѣрнаго обращенія крови. „Посмотри-ка, Машутка, поете или говорите вы между прочимъ, —какъ снѣгомъ занесло окошки!..“

Въ ночку воетъ и гудитъ
На дворѣ мятелица
Утромъ солнышко блеститъ,
Снѣгъ подъ ножками хрустить,
Бѣлымъ пухомъ стелется (См. въ нотахъ).

— Ахъ, славно! Какъ солнышко въ окнѣ играетъ! — Значитъ, намъ съ тобой, сегодня и погулять на улицѣ можно. Хорошо, пойдемъ. Помнишь лѣтомъ, —говорите вы уже на улицѣ: солнышко ярко, ярко свѣтило; тогда было такъ тепло, иногда даже жарко и мы гуляли въ однихъ платьяхъ... — И въ шляпахъ, перебиваетъ ребенокъ, знаю, знаю, это было на дачѣ. Помню также, болтаетъ ребенокъ, какъ тогда птички сидѣли въ гнѣздышкахъ на яичкахъ. Тогда въ кустахъ и нашла одно гнѣздышко, и мы съ Колей часто ходили туда, никогда не дотрогивались до него, чтобы птичка не бросила своихъ дѣтокъ; но разучили пѣсенку и часто пѣвали:

Чирикъ чирикъ—птичка
Гнѣздышко вьетъ,
Чирикъ чирикъ—яичко
Въ гнѣздышко кладетъ

Глядь —поглядь: ужъ птенчикъ
Въ гнѣздышкѣ сидѣлъ,
Пью, — пью, пищитъ онъ, —
Порхъ, улетѣлъ!

— Такъ-ли было тогда, какъ теперь, или нѣтъ?—Тогда тепло было, а теперь холодно, повторяетъ дѣвочка. — Нѣтъ — ты подумай: что еще было?.. Ну, что ты видѣла на землѣ? — Зеленую травку, между травкой, кой-гдѣ цвѣточки, помогаете вы ей. Ну, а на деревьяхъ листики и цвѣточки. А еще птички прыгали и пѣли. — А помнишь какъ мы часто катались на лодкѣ, удили рыбу, а теперь нельзя этого сдѣлать; теперь ледъ и снѣгъ на рѣкахъ и мальчики катаются на конькахъ. Куда-же все дѣвалось? — Птички улетѣли въ тѣ страны, гдѣ и теперь тепло; рыба вся въ глубь ушла, ей и въ водѣ теперь тепло вотъ подъ этой ледяной корой, что ты сверху видишь. А какой крѣпкій, толстый и твердый долженъ быть этотъ ледъ, когда по немъ можно тройками въ саняхъ катаься. А гдѣ теперь коровки, барашки? Они, бывало, похаживаютъ, да травку рвутъ. Гдѣ они теперь, что ѣдятъ? Что пьютъ? — Въ теплыхъ стойлахъ, въ хлѣвахъ, ѣдятъ сѣно. —Посмотри вонъ санки покатили... Видно, на горы смотрѣть. Ухъ, какъ скоро летятъ!.. Только снѣгъ подъ ногами хрустить... А видишь паръ-то отъ лошади какой валитъ? Вонъ и у тебя изо рта паръ! Отчего это? Замѣчала ты когда нибудь это лѣтомъ? Бываетъ-ли это въ комнатѣ? И когда бываетъ? Обратите вниманіе ребенка на трескъ въ деревьяхъ. Наведите его и на другіе типическіе признаки зимы, но бесѣдуйте только о томъ, что онъ тутъ же можетъ самъ наблюдать. — Такъ вотъ что надѣлала зима!.. А вѣдь, знаешь, не все ей удалось заморозить, или совсѣмъ прогнать отъ насъ. Посмотри, вотъ эти два дерева... Съ перваго разу кажется, что и съ ними тоже, что съ другими. Вѣтви ихъ тоже завалены снѣгомъ и покрыты ледяными сосульками, такъ что онѣ отъ этой тяжести совсѣмъ наклонились къ землѣ. Чтожъ? И съ нихъ, какъ съ другихъ деревьевъ, вѣтеръ посорвалъ листья, разметалъ ихъ по полямъ, а сн[…] занесъ ихъ своимъ пушистымъ, бѣлымъ одѣяльцемъ… Оторвемъ-ка вѣтку, ну отр[…] ни… Э! да это ель! Посмотри, какая чудесная на ней зелень, даже и въ такой х[…] лодъ иголочки совсѣмъ свѣжія! Вотъ, значитъ, съ этимъ деревцомъ ничего не м[…] подѣлать зима! Снесемъ эту вѣточку домой. Понюхай ее: она, какъ полежала у на[…] въ комнатѣ, и стала такъ пахнуть. Оттого-то торговки, когда продаютъ на дач[…] дичь, всегда втыкаютъ зеленыя иголочки ели въ клювъ тетерькамъ и рябчикамъ[…] Если дичь и начнетъ портиться, ель немного можетъ заглушить этотъ запахъ. [?] занешь ли ты, Маша, сама что нибудь про ель? У насъ объ Рождествѣ бываетъ ел[…] Разскажи.

Очень важно въ этомъ возрастѣ заставлять самихъ дѣтей разсказывать небол[…] шіе связные разсказы. Послѣ этихъ бесѣдъ и прогулокъ ребенка опять слѣдуетъ пр[…] доставить себѣ по крайней мѣрѣ на цѣлый часъ. Уже три часа. Будемъ вырѣза[…] Вы берете разноцвѣтную бумагу и заставляете дѣтей вырѣзать съ руки. Вотъ ч[…] значитъ вырѣзать съ руки. Берутъ листъ и сгибаютъ косынкой, оставшуюся поло[…] обрѣзаютъ. Въ этой косынкѣ потомъ опять складываютъ вмѣстѣ оба противуп[…] ложные угла; это самое повторяютъ одинъ, а иногда и два раза. Такъ бум[…] выходитъ въ 4, въ 8, или въ 16 разъ сложенною, но въ послѣднемъ случаѣ о[…] тыйдетъ слишкомъ толстою и для начинающаго трудно будетъ рѣзать; луч[…] складывать только въ 4, или въ 8 разъ. Когда бумага сложена, ребенокъ д[…] житъ ее рукой за уголокъ, который соотвѣтствуетъ срединѣ бумаги и обрѣза[…] ее по краямъ разнообразными фестонами, а внутри дѣлаетъ круглыя и продол[…] ватыя дырочки. Дѣти очень скоро и легко научатся вырѣзать очень красив[…] узоры. Всѣ вырѣзанныя фигурки они могутъ наклеить въ особой для этой ц[…] приготовленной тетради. Такимъ образомъ заниматься можно съ полчаса. Это[…] особенно утомительная работа, но послѣ ней все-таки долженъ быть отдыхъ [?] 1/4 часа. Нѣкоторыя фигуры изъ разноцвѣтной бумаги ребенокъ не наклеиваетъ[…] нанизываетъ на нитку; только при этомъ между фигурами должно нанизовать м[…] ленькія соломенки, и у него выходитъ очень красивая гирлянда: ею онъ убира[…] свою кроватку, вашъ столикъ, ёлку въ праздникъ Рождества. Послѣ завтрака р[…] бенокъ занялся у васъ только 3/4 часа, но теперь онъ скорѣе устаетъ, чѣмъ утро[…] и вы должны дать ему отдохнуть неменѣе 1 1/2 часа. Сколько мнѣ извѣстно, ко[…] такимъ образомъ занимаютъ дѣтей, они съ величайшей неохотой прекращаютъ зан[…] тія. Еще въ подвижныхъ играхъ они иногда чувствуетъ усталость; тутъ же в[…] механическихъ работахъ, сопровождаемыхъ живыми бесѣдами, они донельзя не[…] томимы. Понятно, что при этомъ ребенокъ очень рано почувствуетъ къ вамъ с[…] мую сильную привязанность; ему кажется тяжело разлучаться съ вами и на од[…] часъ. Онъ согласенъ перемѣнить игру, приняться за свои куклы, но съ условіе[…] чтобы вы въ этомъ принимали участіе. Если гдѣ и можно сдѣлать ему уступку, [?] никакъ не въ этомъ. Занятія его съ воспитательницей тоже должны имѣть свои гр[…] ницы. Онъ каждый разъ по крайней мѣрѣ по часу долженъ быть предоставленъ с[…] мому себѣ (конечно не въ опасномъ для него мѣстѣ). Иначе впослѣдствіи онъ н[…] когда не будетъ самостоятельнымъ человѣкомъ, вѣчно будетъ ходить на помочахъ[…]

Послѣ самостоятельной игры вы говорите: „Смотри, обрѣзковъ-то все ещ[…] много осталось: собери-ка ихъ съ полу и разложи каждый цвѣтъ въ отдѣльну[…] кучку, а для каждаго изъ нихъ мы склеимъ мѣшокъ". Вы показываете ребенку, ка[…] клеить разные мѣшечки: продолговатые, четырехъ-угольные, и проч. Когда тем[…]

то вы менѣе обращаете вниманіе ребенка на цвѣтъ бумаги, а указываете ему на форму предметовъ. Лишь только онъ надѣлаетъ нѣсколько мѣшковъ, пусть онъ вамъ скажетъ, который изъ нихъ длиннѣе, шире, уже, и т. под. Кромѣ того пусть воспитательница помнитъ, что ребенокъ очень утомленъ послѣ цѣлаго дня умственнаго и физическаго напряженія, поэтому теперь долженъ идти совсѣмъ легкій разговоръ, не требующій съ его стороны большой сообразительности. Лишь только онъ выразитъ желаніе заняться по своему усмотрѣнію, пустите его съ готовностію. Но если вы въ цѣлый вечеръ предоставите ребенка себѣ, онъ непремѣнно соскучится и все равно будетъ приставать къ вамъ съ просьбой выдумать ему ту или другую игру. Что же съ нимъ дѣлать теперь, когда ужъ не слѣдуетъ слишкомъ упражнять ни умственныхъ, ни физическихъ его силъ? А вотъ что: отъ времени до времени принимайте участіе въ его игрѣ; иногда придите къ нему на помощь; когда у него что нибудь неладится, покажите, какъ разнообразить имъ же затѣянную игру; но старайтесь, какъ можно менѣе подчинять его своей фантазіи. Для этого необходимо замѣчать направленіе игръ и характеръ, который въ нихъ обнаруживаютъ дѣти приблизительно къ 5 лѣтамъ. У большинства дѣтей этого возраста, которыхъ не забивали приличіями и муштровкою, является стремленіе испытывать свои силы: переносить на плечахъ и на головѣ игрушки, закидывать за плечи корзинки; всѣмъ этимъ можно пользоваться, не утомляя ребенка. Вы въ сторонѣ наблюдаете, что онъ дѣлаетъ и приходите къ нему на помощь, когда онъ находится ужъ въ очень затруднительномъ положеніи. Вотъ, онъ связалъ охапку лучинокъ и палочекъ, которыя у него должны представлять дрова; онѣ разлетаются въ разныя стороны, онъ готовъ плакать...

— Ты хотѣла въ дворника играть, ну попробуемъ-ка вмѣстѣ, бери одну вязанку, а я другую. — Вы развязываете, дрова посыпались. — Ухъ тяжело!... Вы съ точностію подражаете тѣмъ движеніямъ и тому положенію тѣла, какія бываютъ у человѣка при большой тяжести на спинѣ; вы указываете ребенку, какъ съ этой тяжестью онъ можетъ идти по ровному мѣсту, какъ приходится ему подыматься на лѣстницу. Вы ставите самую легкую корзину себѣ и ему на голову, продаете апельсины, ягоды, разные фрукты.

Такъ какъ въ одинъ день нельзя занять ребенка многими работами и умственными бесѣдами, которыя ему доступны въ этомъ возрастѣ, то покажемъ наши занятія съ ребенкомъ и на другой день. — „Мы будемъ строить, да?“ спрашиваетъ у васъ ребенокъ, когда увидалъ, что вы вынимаете знакомый ему ящикъ съ кубиками. „Посчитаемъ прежде, а потомъ ты будешь дѣлать, что хочешь“. Ребенокъ считаетъ сряду и назадъ, то отнимая по одному, по два, по три кубика, то столько же прибавляя, однимъ словомъ повторяетъ уже прежде пройденное. Ариѳметическія упражненія, по системѣ Фребеля, которыя мы находимъ въ учебникахъ и которыя производятъ только надъ кубиками, какъ мы уже замѣтили, черезчуръ однообразны и совсѣмъ не принаровлены къ маленькимъ дѣтямъ. Между четырьмя и пятью годами обыкновенно даютъ четвертый даръ. Дѣлая математическія формы съ помощью куба, раздѣленнаго въ длину на 8 кирпичиковъ, ребенка уже знакомятъ съ геометрическими терминами и сложными задачами надъ дробами. Безъ всякаго предварительнаго объясненія заставляютъ его раздѣлить кубъ „горизонтальнымъ и вертикальнымъ разрѣзомъ на двѣ равныя части, дать прямоугольникамъ различныя положенія“ и т. под.

Въ предыдущей главѣ мы высказали, какихъ правилъ вообще слѣдуетъ держаться при первыхъ ариѳметическихъ упражненіяхъ; теперь дадимъ примѣръ, какъ заниматься этимъ съ пятилѣтними дѣтьми. Тамъ мы представляли только задачи надъ осязательными предметами.

Ребенокъ вычиталъ только тогда, когда отъ видимыхъ имъ предметовъ могъ взять вещь и вынести ее вонъ, такимъ же образомъ онъ дѣлилъ и слагалъ. Мы не спрашивали его: тутъ два стула; сколько будетъ если одинъ изъ нихъ вынести? не просили его сначала сосчитать, сколько стояло стульевъ, потомъ вынести одинъ въ другую комнату, послѣ этого онъ опять считалъ, сколько было предъ нимъ стульевъ, и тогда уже отвѣчалъ намъ: „тутъ стояло 2 стула; одинъ я вынесъ въ другую комнату и потому тутъ теперь стоитъ одинъ стулъ“. Послѣ 4 лѣтъ ребенокъ по прежнему упражняется въ тѣхъ же восьми числахъ, и еще не слѣдуетъ ему давать ничего отвлеченнаго, но теперь онъ можетъ рѣшать задачи надъ всѣми дѣйствіями и всѣ его упражненія могутъ уже быть нѣсколько болѣе сложными. Время занятій можетъ увеличиться тоже на нѣсколько минутъ.

1) Разложи всѣ 8 кубиковъ на двѣ равныя кучки. По скольку же кубиковъ въ той и другой? Теперь разложи на четыре, на восемь равныхъ частей или кучекъ. Почему эти части равны между собою? Разложи на нѣсколько неравныхъ кучекъ. Ты мнѣ кубики раскладывала, теперь поставь въ столбики; ну сначала хоть 8 кубиковъ въ два столбика, потомъ въ четыре. Эти столбики равны ли между собой? Возьми кубикъ съ этого столбика и поставь на другой, — сколько же у насъ столбиковъ в ы ш е? сколько н и ж е? Придвинь высокій столбикъ къ низкому. Сними кубики, отъ которыхъ одинъ столбикъ выше другаго. Сколько же кубиковъ ты сняла? Сколькими кубиками одинъ столбикъ былъ выше другаго? А ниже? Сравни всѣ столбики. Теперь поставь такъ, чтобы столбики были лѣстницей, каждый на одинъ кубикъ ниже другаго? Считай, сколько кубиковъ въ первомъ столбикѣ, во второмъ, въ третьемъ? Такъ въ цѣломъ восемь кубиковъ; въ половинѣ четыре; въ четверти два; въ осьмушкѣ одинъ кубикъ. Возьми бумажку; согни ее на двѣ половины; другую такой же величины согни на четыре четверти, еще бумажку на 8-мь. Вотъ двѣ бумажки одинаковой величины: одну ты согнула на двѣ половины, другую на 4: какъ тебѣ кажется,—четверти больше или меньше половины? А осьмая еще меньше? Отчего? Посмотри, какое въ кровати самое высокое мѣсто? Спинка, у которой кладутся подушки. Сколько на матрасѣ подушекъ? А еслибы изъ трехъ подушекъ одну отдать мамѣ, другую нянѣ, сколько бы еще подушекъ осталось?

Вотъ еслибы эти 8 кубиковъ сдѣлались клѣточками для птичекъ и въ каждую мы посадили бы по птичкѣ, то сколько бы у насъ было птичекъ? Къ одному мальчику пришло въ гости четыре человѣка. Онъ каждому далъ по два яблока. Сколько же роздалъ онъ гостямъ яблоковъ? Вотъ тебѣ складной аршинъ. Согни его на двѣ половины, на четыре четверти. Покажи пальчикомъ, гдѣ будетъ полъ аршина, гдѣ четверть? Отмѣрь мнѣ $\frac{1}{4}$ ар., $\frac{1}{2}$ ар. тесемки. Раздѣли по ровну этотъ яблокъ между мною и тобой. Сколько же каждому изъ насъ придется?

2) Кромѣ Фребелевскихъ даровъ, давая которые ребенку вы придерживаетесь извѣстнаго порядка, у дѣтей долженъ быть ящикъ съ кубиками, купленный въ игрушечной лавкѣ за 40, 50 коп. Ребенокъ перетаскиваетъ эти кубики съ мѣста на мѣсто, играетъ или по своему усмотрѣнію во время отдыха, а теперь ихъ можно употреблять и для ариѳметическихъ упражненій. Разложи всѣ кубики на 8 рядовъ, да такъ, чтобъ каждый рядъ былъ ровный, точно по линеечкѣ сдѣланъ; только кубики пусть будутъ въ нѣкоторомъ разстояніи другъ отъ друга. Кубики втораго ряда тоже ровнехонько стояли бы подъ первымъ.

1-й рядъ. □□□□□□
2-й „ □□□□□
3-й „ □□□□
4-й „ □□□
5-й „ □□□
6-й „ □□
7-й „ □□
8-й „ □

Считай первый рядъ, второй, третій и т. д. Теперь назадъ: восьмой, седьмой, шестой и т. д. Въ первомъ ряду тутъ сколько кубиковъ? Поставь мнѣ теперь эти кубики такъ, чтобы въ первомъ ряду былъ одинъ кубикъ и каждый слѣдующій рядъ былъ бы однимъ кубикомъ больше. Какъ ты думаешь, сколько кубиковъ будетъ въ 8-мъ ряду? Какой-же изъ этихъ рядовъ больше? Первый рядъ длиннѣе всѣхъ. А почему онъ длиннѣе? Сколькими кубиками второй рядъ короче перваго, третій — втораго, и проч. А тѣ сколькими длиннѣе? Какой-же рядъ долженъ быть больше? Который рядъ первый по величинѣ, самый большой? Который второй? Гдѣ кубиковъ меньше всего?

Одинъ человѣкъ поймалъ на удочку 2 щуки и 6 окуней. Но когда онъ снималъ послѣдняго окуня, тотъ оборвался съ крючка и уплылъ въ рѣку. Сколько этотъ человѣкъ наудилъ рыбы и сколько онъ могъ принести домой? Чтобы ѣсть ягоды, подано 7 тарелокъ, а всѣхъ насъ сидитъ только пять человѣкъ. Если каждый возьметъ по тарелкѣ, то сколько останется еще тарелокъ?

3) На дворѣ двѣ лошадки, сосчитай сколько ногъ у обѣихъ? А сколько ногъ у одной? Нашъ пудель одиажды занозилъ ногу, сколько было у него здоровыхъ ногъ? Возьми изъ этой кучки 6-ть кубиковъ; одинъ изъ нихъ положи на столъ, другой на стулъ, три на коммодъ; ну сколько же у тебя осталось въ рукахъ кубиковъ? А сколько ты разложила? Теперь возьми всѣ восемь кубиковъ, раскладывай ихъ по стульямъ, точно гостей усаживаешь, на каждый стулъ по одному и каждый разъ сказывай, сколько остается у тебя въ рукахъ. На сколькихъ стульяхъ помѣстились 8-мь кубиковъ? Къ намъ вчера пришло въ гости 6 человѣкъ. Каждый садится на одинъ стулъ. Сколько же 6-ть человѣкъ гостей должны занять стульевъ? Сосчитай, сколько стеколъ въ одномъ окнѣ? На той недѣлѣ въ этомъ окнѣ было 3 разбитыхъ стекла, сколько оставалось цѣлыхъ? Сколько оконъ во всей нашей квартирѣ? Сколько ножекъ у двухъ стульевъ? А если бы у одного стула были сломаны переднія ножки, сколько бы всего ножекъ осталось тогда у обоихъ стульевъ? На кругломъ столѣ въ кабинетѣ лежитъ 1 книга, а на рабочемъ 6; сколько же всего книгъ? Считай, сколько гладкихъ сторонъ у кубика, сколько реберъ, угловъ вверху, внизу, — сколько угловъ въ нашей комнатѣ?

4) Пять одинаковыхъ вещей называются пяткомъ. Мать купила старшей дочкѣ пятокъ яблоковъ: дѣвочка съѣла 4-ре яблока одинъ за другимъ, а одинъ отдала младшей сестрѣ; сколько же яблоковъ у нея оставалось? Сосчитай сколько насъ сѣло за столъ! А если отсюда уйдетъ 6, 5, 4, 3, 2 человѣка, сколько тогда будетъ за столомъ? Смотри: насъ 7 человѣкъ, а огурцовъ подали 5; сколькимъ не хватитъ огурцовъ, если каждый возьметъ по одному огурцу? Былъ такой мальчикъ растериха. Мать взяла его въ рынокъ, купила ему пятокъ яблоковъ

и послала его одного домой. Увидалъ онъ на дорогѣ собачку, побѣжалъ за ней, и потерялъ одинъ яблокъ; потомъ встрѣтилъ товарища, заговорился и потерялъ еще два яблока, а когда онъ подымался по лѣстницѣ домой выронилъ и еще одинъ... Сколько же онъ растерялъ и сколько домой принесъ? Въ нашемъ саду росли 3 орѣшника, 2 липы и 3 дуба. Сколько было у насъ деревьевъ? Такъ помни же, что у насъ было 8 деревьевъ, а какія это были деревья? Однажды во время сильной бури съ корнемъ вывернуло 2 орѣшника и переломило сучья одной липы. Сколько же деревьевъ было повреждено, сколько изъ нихъ уцѣлѣло и какія устояли противъ бури? А отчего буря не тронула ни одного дуба? Кухарка купила въ рынкѣ 4 рябчика и 3 тетерки, — сколько всей дичи купила она?

5) Сколько дней въ недѣлѣ? Первый день понедѣльникъ, считай всѣ дни сряду. Теперь скажи: пятница будетъ который день въ недѣлѣ, а вторникъ, суббота? и т. д. Двѣ одинаковыя вещи составляютъ пару. Напримѣръ: Вчера я купила пару иголокъ и одну уже успѣла сломать; сколько я купила иголокъ и сколько уже сломала? Про нѣкоторыя вещи можно также сказать: 2, 4, 6 иголокъ, тарелокъ, бутылокъ и т. п. Другія вещи считаются только парами. Не говорятъ два сапога, два чулка, а пара сапогъ, пара чулокъ. Сапоги, чулки, носки, перчатки можно купить только парами, а въ одиночку ты ихъ не добудешь. Какъ ты думаешь, почему эти вещи покупаются парами? Не можешь ли ты разомъ купить 2, 3 пары сапогъ, чулокъ? — Но вдругъ бы я нечаянно одинъ сапогъ пробилъ на гвоздь, а другой былъ бы крѣпкій, — отчего же не прикупить къ нему? — Одинъ не продадутъ: ты долженъ заплатить одно и тоже, что за пару, что за одинъ.

Я купила три пары чулокъ, сколько же чуловъ я купила? По большой дорогѣ ѣхало четыре экипажа; въ каждый была впряжена пара лошадей, сколько же было всѣхъ лошадей? А сколько паръ? Мы съ тобой одѣнемъ завтра по парѣ перчатокъ, сколько же перчатокъ будетъ на насъ обѣихъ одѣто, а сколько башмаковъ, чулокъ на обѣихъ? Изъ 4-хъ паръ носковъ я затеряла одинъ носокъ, сколько носковъ и сколько паръ уцѣлѣли? Сколько паръ роговъ у двухъ коровъ? Четыре быка бодались между собою и одинъ другому переломилъ одинъ рогъ; сколько роговъ уцѣлѣло? Слѣдовательно, сколько паръ уцѣлѣло? Однажды мимо насъ летѣло 4 птицы; сколько паръ крыльевъ промелькнуло передъ нами? Сколько паръ ногъ? А сколько у 4-хъ птицъ всего ногъ, крыльевъ? Поймаемъ муху. Смотри, я взяла ее за оба крыла; сколько же паръ крыльевъ у меня въ рукахъ? Сосчитаемъ ноги мухи? Если у нея три пары ногъ, сколько же всего ногъ? Вонъ по стеклу бѣгаютъ двѣ мухи, сколько паръ ногъ у обѣихъ? Ужъ заодно ты стоишь у окна, нагнись къ правому углу. Замѣчаешь-ли, что паукъ раскинулъ тамъ свои тенета? Слови его; ну, сколько же у него ногъ? Если у него 4-ре пары ногъ, а въ его тенетахъ сидитъ муха, сколько паръ ногъ будетъ у нихъ у обѣихъ? Сапожникъ шьетъ первый сапогъ четвертой пары. Сколько паръ онъ уже сшилъ и который сапогъ шьетъ? По двору бѣгутъ двѣ кошки; у одной изъ нихъ подбиты двѣ ноги, сколько же у нихъ у обѣихъ здоровыхъ ногъ, сколько подбитыхъ; сколько всего паръ ногъ у обѣихъ кошекъ?

6) Передъ тобою три кренделя; а если бы я тебѣ дала еще столько, да пяти одинъ, — сколько бы было у тебя тогда кренделей? Вчера въ меду увязла одна муха; когда ее вытягивали, то нечаянно оторвали одну ногу. Сколько ногъ

осталось, — слѣдовательно сколько паръ? Бабушка вяжетъ 8-й чулокъ; которую пару она вяжетъ и сколько чулковъ уже связала? Сколько въ дрожкахъ паръ колесъ, а въ каретѣ, коляскѣ? Ну, а сколько паръ колесъ въ саняхъ? Если въ саняхъ нѣтъ колесъ, то какъ же на нихъ можно ѣздить? почему и когда можно употреблять экипажи на полозьяхъ? ѣхали мы на дрожкахъ, вдругъ отскочило одно колесо; сколько же колесъ осталось и сколько паръ? У ласточки было въ гнѣздѣ четыре птенчика. Разъ вылетѣла она изъ гнѣзда и принесла два червячка, во второй же разъ принесла только одного. Сколько всего червячковъ принесла она дѣтямъ, во сколько разъ принесла она ихъ въ гнѣздо и всѣмъ ли малюткамъ достанетъ, если каждому она дастъ по червячку. На обѣихъ рукахъ сколько паръ пальцевъ? Вотъ сидятъ братъ и сестра: сколько у нихъ паръ ушей, ногъ, глазъ, рукъ? и т. п. Маша принесла изъ гостей три пряника, — сколько у нея не достаетъ до 8-ми. Вася купилъ 6 леденцовъ, 2 роздалъ братьямъ, и одинъ самъ съѣлъ; сколько же у него осталось? На площадкѣ передъ вашимъ домомъ стояли два дерева: на одномъ изъ нихъ птички свили 3 гнѣзда, а на другомъ 2; одинъ мальчикъ взлѣзъ на дерево и снялъ гнѣздо; сколько всего было гнѣздъ на деревьяхъ и сколько ихъ осталось? Пять мальчиковъ играли въ мячикъ; къ нимъ прибѣжали еще три дѣвочки; но тогда одинъ изъ мальчиковъ не захотѣлъ играть и ушелъ изъ комнаты. Сколько дѣтей играло послѣ того, какъ къ нимъ пришли дѣвочки и одинъ изъ мальчиковъ вышелъ? А если бы онъ не выходилъ, сколько бы тогда играло дѣтей въ мячикъ? Зимою однажды мы собрались большею компаніей ѣхать въ 2 экипажахъ кататься для этого мы наняли двѣ тройки. Но впрягли только по парѣ; сколько всего лошадей мы взяли и сколько изъ нихъ остались ненанятыми?

7) Семейство состоитъ изъ отца, матери, старой бабушки, 2-хъ сыновей, 2-хъ дочерей и маленькаго внучка; сколько же всего человѣкъ? Чтобы сшить 2-мъ мальчикамъ по рубашкѣ, обыкновенно покупали 8 аршинъ матеріи. Сколько каждому шло на рубашку? Вотъ семь огурцевъ, подѣлись съ сестрой по ровну, сначала и себѣ и сестрѣ положи по три огурца, и у тебя все таки остается еще одинъ огурецъ… Какъ же его раздѣлить? Его можно разрѣзать пополамъ. Теперь что же дѣлать? Одну половину огурца дать сестрѣ, а другую взять себѣ. Итакъ, каждый изъ васъ сколько же получитъ? По три съ половиною. Въ одномъ карманѣ у ребенка 1 конфетка, въ другомъ — столько же, да еще столько же, да въ его маленькомъ столикѣ нашлось 4 конфекты. Сколько было всего конфектъ? Мальчикъ въ школѣ рисуетъ каждый день по страницѣ; сколько страницъ онъ нарисуетъ въ недѣлю, если только по воскресеньямъ не будетъ ходить въ школу? Въ передней 6 калошинъ, сколько людей пришло? Варя щипала птицъ и бросала крылья; мы потомъ насчитали 8 крыльевъ; сколько было птицъ. Мы купили въ мясной 8 телячьихъ ножекъ; отъ сколькихъ телятъ были эти ножки? Я разъ нашла въ лѣсу 4 головки синички, 2 воробьиныхъ; по головкамъ судя, сколько должно было умереть птичекъ?

Я проживаю въ день по одному рублю: у меня въ карманѣ 8 рублей: сколько же изъ этихъ денегъ я проживу въ недѣлю и на сколько дней ихъ еще хватитъ для другой недѣли? Одинъ фунтъ гречневой крупы стоитъ 4 коп., сколько фунтовъ я могу купить на 8 копѣекъ? а на 6? Одинъ фунтъ хлѣба стоитъ двѣ копѣйки, на восемь коп. сколько фунтовъ хлѣба можно купить? Вотъ тебѣ вѣсы, отвѣсь полъ-фунта песку, полъ-фунта орѣховъ, пряниковъ, гороху, зеренъ. Мальчикъ два раза покупалъ по три мячика,—сколько мячиковъ будетъ у него, если одинъ изъ нихъ онъ подарилъ товарищу?

8) Не знаю, сколько дали мальчику денегъ на гостинцы; только онъ тотъ часъ купилъ подсолнечниковъ на двѣ копѣйки, маковниковъ на три копѣйки и въ одну копѣйку леденецъ. Сколько долженъ былъ онъ имѣть денегъ на эти покупки? Французская булка стоитъ три копѣйки. Мальчику дали восемь копѣекъ и просили купить двѣ булки. Сколько должны были дать ему сдачи? Что значитъ давать сдачи? А вотъ до этого мы сейчасъ доберемся. Одна булка стоитъ три коп., а нужно было купить двѣ булки; сколько же нужно было заплатить? Если нужно было 6 коп., а у него 8, значитъ двѣ коп. онъ принесъ лишнихъ, которыя торговецъ отдаетъ, потому что товару даетъ на 6, вотъ эти-то лишнія, непринадлежащія торговцу деньги, и называются сдачей.

Когда ребенокъ составилъ себѣ хорошее понятіе о томъ, что такое пара, тройка, пятокъ, вполнѣ усвоилъ восемь цѣлыхъ чиселъ, мы можемъ нѣсколько серьознѣе остановиться и на первыхъ элементарныхъ понятіяхъ о частяхъ единицы. До сихъ поръ онъ только разрѣзалъ яблоко на двѣ половины, раздвигалъ въ разныя стороны восьмыя части кубика; теперь не сложную задачку можно его заставить рѣшить и въ умѣ. Но разумѣется, при малѣйшемъ затрудненіи онъ беретъ въ руки самые предметы и по нимъ уже отвѣчаетъ на ваши вопросы. Когда вашъ ребенокъ понимаетъ части цѣлаго, никогда не слѣдуетъ сразу оставлять упражненія въ дѣйствіяхъ на простыя, цѣлыя числа. Наши примѣры лучше всего поясняютъ, какъ мы понимаемъ это дѣло.

9) Вотъ тебѣ листъ писчей бумаги, сложи его пополамъ и разорви. Считай, на сколько частей разорванъ листъ бумаги? Эти обѣ части листа какъ называются? А вотъ еще тебѣ цѣлый листъ бумаги, разорви его тоже на двѣ равныя половины, но въ другую сторону. Если ты сложишь обѣ половины листа вмѣстѣ, сколько цѣлыхъ листовъ у тебя будетъ? Вотъ тебѣ одинъ фунтъ пастилы; подѣлись пополамъ съ братомъ. Разрѣжь на половины и вывѣсь: будетъ ли каждому аккуратно по полуфунту? Сколько же пришлось тебѣ, сколько брату? А вотъ арбузъ: онъ такой большой, что на нашу семью можетъ хватить его на два дня. Такъ какъ же ты его раздѣлишь, чтобы сегодня мы съѣли совершенно столько, сколько и завтра? И сколько мы съѣдимъ сегодня и сколько завтра? За одинъ фунтъ пшеничной муки я заплатила 6 коп. Сколько стоитъ полъ-фунта? За полъ-аршина тесемки я заплатила 4 коп., сколько же стоитъ цѣлый аршинъ? Пять копѣекъ называется также пятакомъ. Двое рабочихъ, получивъ отъ хозяина заработанныя деньги, попросили еще на чаекъ; имъ дали пятакъ. Сколько же копѣекъ они получили? А не можешь-ли сказать, сколько досталось каждому? Ну, этого не можешь, такъ неси пятокъ яблоковъ. Дѣлись со мной поровну. Я получила цѣлыхъ два и ты столько. А что же мы сдѣлаемъ съ этимъ яблокомъ, какъ его раздѣлимъ? По поламъ раздѣлимъ. Сколько же каждый изъ насъ получилъ? По два и по одной половинѣ или, короче сказать, по два съ половиной. Неси 5 листовъ бумаги, дѣлись опять со мной. Какъ же ты поступишь съ пятымъ листомъ? Его можно разорвать по поламъ. Сколько получилъ каждый изъ насъ бумаги? Отвѣсь пять фунтовъ песку и раздѣли ихъ на двѣ равныя части. Сколько въ каждой части? Ну, а какъ ты раздѣлишь пополамъ между мною и тобою пять копѣекъ? Что ты сдѣлаешь съ пятой копѣйкой? Какъ ею намъ съ тобою подѣлиться? Если ее разрубить на двѣ части, то она будетъ испорчена.

такъ что никакой купецъ ея не приметъ, слѣдовательно и ничего нельзя будетъ на нее купить. Вотъ поэтому деньги мѣняютъ. Вмѣсто одной коп. намъ дадутъ двѣ полукопейки и каждый изъ насъ получитъ тогда по двѣ съ половиною копѣйки. Повторить прежнюю задачу съ рабочихъ. Такъ сколько же на чай получилъ каждый изъ рабочихъ? У насъ 6 комнатъ; сколько же комнатъ составляютъ половину нашей квартиры? Какъ намъ подѣлиться пополамъ, когда мнѣ дано 8, 6, 4, 2, 1 пряникъ. Мама купила себѣ на кофту 4 аршина матеріи, но оказалось, что нужно было прикупить еще половину уже купленнаго. Сколько же ей не хватало матеріи и сколько нужно было на кофту? А гдѣ будетъ половина или средина этой комнаты? Какъ это ты узналъ? На глазомѣръ ты опредѣлилъ довольно вѣрно, но что нужно сдѣлать, чтобы точно узнать? Вѣдь комнату не согнешь какъ листъ, не разрѣжешь какъ яблокъ... Комнату можно вымѣрить аршиномъ. Первые четыре дня въ недѣлѣ мать давала дочкѣ по два леденца, сколько дочка получила всѣхъ леденцовъ? Собака съѣдала въ день по 2 фунта хлѣба; сколько съѣстъ она въ 2, въ 3, въ 4 дня? Мать покупала каждую недѣлю своимъ дѣтямъ по полъ-фунта конфектъ; сколько фунтовъ конфектъ купитъ она имъ въ четыре недѣли? 4 половины сколько цѣлыхъ? Я купилъ 4 арш. ситцу на платье, сколько полу-аршинъ было у меня?

10) Если одинъ человѣкъ помѣщается въ одной комнатѣ, во сколько комнатъ нужно имѣть квартиру, чтобы помѣстить въ ней 7, 8, 6 человѣкъ? Во сколько дней сгорятъ 4, 6, 8 свѣчей, если въ день сгораетъ пара свѣчей? У меня было четыре игрушки, а у брата 8, сколькими игрушками у брата больше? Одинъ съ половиною называютъ также полтора Сегодня я купила полтора фунта ситнаго хлѣба, а вчера только полъ-фунта, сколько фунтовъ хлѣба всего я купила и во сколько дней? Мальчикъ долженъ былъ ходить въ школу каждый день; но по воскресеньямъ школа закрыта, да кромѣ этого онъ самъ всегда прогуливалъ ужъ непремѣнно два дня. Сколько-же дней мальчику приходилось бывать въ школѣ? Сколько нужно паръ подковъ, чтобы подковать пару лошадей въ гололедицу, когда лошадей подковываютъ на всѣ ноги? Аршинъ тесемки стоитъ двѣ съ половиною коп., сколько будутъ стоить три аршина? купила я ситцу три аршина, но съ одного конца полъ-аршина оказалось гнилымъ, а съ другой стороны столько же пришлось оторвать по негодности, на сколько же обманулъ меня купецъ и сколько изъ купленной матеріи я могла употребить въ дѣло? Мнѣ нужно было купить три селедки. За селедку запросили двѣ съ половиною копѣйки, между тѣмъ со мной было всего 6 коп., сколько же не хватало у меня денегъ? Куриное яйцо стоитъ полторы коп., сколько мнѣ нужно имѣть денегъ на покупку 4 лицъ? Утка сидѣла на 8 яйцахъ, но была очень безпокойна, неусидчива: то и дѣло вскакивала съ мѣста то пить, то ѣсть. Наконецъ вышло то, что половина изъ яицъ, да еще одна четверть оказались болтунами. Сколько-же яицъ пришлось выкинуть и сколько она могла вывести птенчиковъ? Гдѣ четверть аршина? Отмѣрь мнѣ четверть аршина каленкору, тесемки; оторви четверть листа? Дай мнѣ двѣ четвертушки листа, положи ихъ на полъ листа, ну что больше? Я купила маленькому на блузу одинъ аршинъ фланели, но мнѣ недостало четверти аршина. Сколько же нужно было мнѣ всего купить четвертей? Одна дѣвушка купила три фунта винныхъ ягодъ; но лишь только она возвратилась домой, какъ замѣтила много гнилыхъ, тотчасъ выбросила дурныя и когда потомъ взвѣсила, потянуло два фунта и три четверти. Сколько же она выкинула ягодъ?

Одна женщина купила 4 фунта малины: но ягоды были сорныя, съ прутиками, съ листиками и другою зеленью. Когда она очистила самый крупный соръ и взвѣсила ягоды въ первый разъ то онѣ потянули три фунта съ четвертью, а во второй три фунта. Сколько первый разъ было сору, сколько второй, сколько вѣсилъ весь соръ?

Одинъ фунтъ манной крупы стоитъ 8 коп.; прихожу въ лавку купить четверть фунта, а у самой въ карманѣ три копѣйки. Сколько должна получить я сдачи? А сколько копѣекъ стоитъ три четверти манной крупы, сколько полфунта? Дѣтушки, васъ шесть человѣкъ, а у меня для васъ только три апельсина; сколько каждому изъ васъ придется, если апельсины раздѣлить по ровну? Въ одной изъ комнатъ больницы, посрединѣ въ рядъ стояло пять кроватей, а у стѣны только три; но одна кровать не была занята. Сколько же человѣкъ, значитъ, спало въ комнатѣ? Почему семь, когда было восемь кроватей? Одинъ фунтъ крупной соли стоитъ двѣ съ половиною копѣйки; мнѣ нужно взять три фунта, а денегъ 8 коп. Сколько продавецъ дастъ мнѣ сдачи? Докторъ прописалъ больному по полторы ложки микстуры утромъ и вечеромъ, а въ полдень двѣ ложки. Сколько ложекъ микстуры придется выпить въ день больному? Няня получаетъ жалованья въ мѣсяцъ восемь рублей. За четверть этого мѣсяца она уже получила, — сколько же мнѣ придется заплатить въ концѣ мѣсяца и сколько она отъ меня уже взяла? Одна женщина въ день съѣдала три фунта хлѣба, сколько ей нужно хлѣба въ полтора дня? Вотъ сажень. Вымѣ-ряемъ ее аршиномъ. Сколько-же въ сажени аршинъ? Если въ сажени три аршина, то въ полсажени—сколько аршинъ? Саженью мѣряютъ дрова, землю, зданія. Вымѣ-ряемъ, сколько сажень въ длину и ширину имѣетъ земля, на которой стоитъ наша дача. Мѣрь величину и высоту комнатъ. У дяди комнаты въ полторы сажени высоты; во сколько значитъ аршинъ? Машѣ дали 8 леденцовъ, а ея малень-кому брату— 2: у котораго больше, у котораго меньше? Многими-ли леденцами у Маши больше, чѣмъ у ея брата? Многими-ли леденцами у брата меньше чѣмъ у сестры? У меня всего муки два фунта съ четвертью, а чтобы спечь пирогъ на нашу семью нужно три фунта. Сколько у меня не хватаетъ муки на пирогъ? Дѣвочкѣ во время болѣзни первые два дня недѣли давали два раза въ день по двѣ капли одного лекарства; послѣ дѣвочка выздоровѣла; сколько разъ пришлось ей принимать ле-карство, назови дни, въ которые она его принимала, сколько всего капель приняла она? У меня пять дынь: во сколько разъ я ихъ раздамъ, если каждый разъ буду давать по одной дыни? А если бы одну изъ нихъ себѣ оставила, а остальныя стала раздавать по двѣ? Во сколько бы тогда разъ я раздала всѣ дыни? Въ лѣвой рукѣ у меня 8 зеренъ, въ правой два; гдѣ больше? сколькими зернами больше въ лѣвой, сколькими меньше въ правой? Надѣ семь лѣтъ, а Мишѣ три; сколькими лѣтами сестра старше брата; а братъ моложе сестры? Дѣвочка давала больному солдату деньги четыре раза и каждый разъ по двѣ копѣйки, кромѣ перваго, когда она могла дать только одну копѣйку. Сколько копѣекъ дѣвочка дала солдату? Когда я разъ купила дрова, сажень куда-то затерялась и мнѣ пришлось мѣрить аршиномъ. Дрова имѣли четыре съ половиною аршина. Сколько значитъ въ нихъ было сажень? Года два тому назадъ, я была въ дорогѣ цѣлыхъ восемь дней. Сколько недѣль и дней я была въ дорогѣ? Рыбакъ поймалъ 8 рыбъ. Четвертая часть пойманной рыбы выскользнула изъ рукъ, изъ другой четверти пойманной рыбы онъ наварилъ ухи, а остальное продалъ. Сколько рыбы пришлось ему продать, сколько опустить въ воду и изъ сколькихъ рыбъ могъ онъ сварить себѣ уху?

Мы съ товарищемъ жили въ одной мѣстности, но въ двухъ различныхъ деревняхъ, на разстоянiи другъ отъ друга въ 8 верстахъ. Отправился я къ нему и когда прошелъ восьмую часть дороги, встрѣтилъ его самого. Сколько же я верстъ прошелъ и сколько мнѣ оставалось идти до деревни товарища? Надя три раза въ день пьетъ молоко, каждый разъ по четверти бутылки. Сколько бутылокъ молока выпьетъ она въ два дня? Одна дѣвочка мнѣ говорила: еслибъ мнѣ сшили еще три платья, тогда у меня было бы восемь. Сколько значитъ у нея было платьевъ?

Здѣсь мы даемъ въ руки ребенку вѣсы, чтобы онъ вѣшалъ всѣ предметы, но, на первый разъ, знакомимъ только съ гирьками, означающими фунтъ, полфунта, четверть и осьмую часть.

Картофель, горохъ, зерновые хлѣба: овесъ, рожь, ячмень, пшеница—все это мѣрается четвертями, четвериками, гарнцами. Разумѣется, объ этихъ мѣрахъ только тогда можно говорить съ ребенкомъ, когда вы тотчасъ же и наглядно съ ними познакомите. Вотъ въ этомъ четверикѣ 8 гарнцевъ. Повѣрь, точно ли это такъ. Баба несла за плечами два мѣшка; въ каждомъ было по четыре гарнца ржи. Сколько четвериковъ ржи было у нея въ двухъ мѣшкахъ? И какая часть четверика была въ каждомъ мѣшкѣ? Когда осенью крестьянинъ выкопалъ изъ огорода картофель и смѣрилъ его, у него оказался цѣлый четверикъ. Между тѣмъ онъ сажалъ только одинъ гарнецъ. Какъ великъ у него урожай и какую часть четверика онъ сажалъ? У крестьянина Петра весною оставался еще четверикъ ржи, въ то время, когда кругомъ его уже бѣдствовали сосѣди. Одинъ изъ нихъ сталъ просить помочь, и Петръ далъ четвертую часть того, что самъ имѣлъ; потомъ пришло къ нему еще двое сосѣдей, и онъ каждому изъ нихъ далъ по одному гарнцу. Сколькимъ людямъ помогъ Петръ, сколько роздалъ ржи и сколько осталось у него самого? Отвѣсь мнѣ на вѣсахъ осьмушку, четверку и полъ фунта: песку, гороху, стружекъ, зеренъ, крупъ. Четверть фунта соли самому купцу стоила четверть копейки, а продаетъ онъ ее за полъ копейки. Сколько купецъ наживаетъ прибыли на каждомъ фунтѣ соли? А во сколько фунтъ соли обошелся купцу; покупателямъ почемъ онъ продавалъ?

Когда такимъ образомъ дѣти сознательно усвоятъ 8 чиселъ и ихъ части, тогда уже можно перейти къ собранію ариѳметическихъ задачъ И. Томаса, взявъ изъ этой книги: задачи для умственнаго исчисленія надъ числами отъ 1-го до 10-ти, а затѣмъ къ этимъ же числамъ изъ новаго, прекрасно составленнаго сборника ариѳметическихъ задачъ для приготовительнаго и систематическаго курса В. Евтушевскаго. Рѣшивъ съ ребенкомъ двѣ, три задачи по указанному нами примѣру, вы предпринимаете съ нимъ какое-нибудь подвижное занятіе. — Пойдемъ-ка мы съ тобой въ мячикъ играть. Вы одинъ мячикъ берете себѣ, другой даете ребенку. Правой рукой будемъ бросать: разъ, два, — разъ, два; теперь разъ, два, три (каждое движеніе вы повторяете по нѣскольку разъ). Теперь лѣвой; теперь будемъ обѣими руками бросать вверхъ: лови на лету; правой рукой бросъ, а лѣвой поймай; теперь лѣвой бросъ, а правой лови. Въ стѣну бросай, лови обѣими руками; теперь то одной, то другой рукой. Брось мячикъ объ-полъ и не лови его, а только отбивай ладонью. Положимъ на столъ нѣсколько мячиковъ, а въ рукахъ у себя оставимъ одинъ и будемъ сбивать со стола мячики. Поиграемъ въ кегли; или будемъ сбивать деревяшки.

А теперь вотъ тебѣ коловертъ, провертывай дырки. Это вѣроятно, всѣмъ извѣстный, очень несложный инструментъ. На скамеечку кладутъ доску, выдвинувъ ее нѣсколько впередъ, чтобы не просверлить скамейку; къ доскѣ приставляютъ особаго рода широкій буравъ, или вилочку, которую вертятъ рукояткой, прикрѣплен- ной къ ней винтомъ. Укажите только ребенку, какъ держать этотъ инструментъ въ рукахъ, и онъ будетъ сверлить ровныя дырки, что доставитъ ему большую радость и полезно для развитія его ручныхъ мускуловъ. Эту работу однако возможно давать лишь крѣпкимъ дѣтямъ.

— Ну, теперь бѣгай, пляши, скачи или сиди, сложа руки,—я пойду работать.

Послѣ отдыха, вы принимаетесь на этотъ разъ опять за кубики. Вы сегодня только считали съ ребенкомъ, а еще ничего не строили. Такъ какъ вчера была по- стройка для изображенія жизненныхъ формъ, то сегодня пусть онъ знакомится съ изящными формами. Дѣленіе формъ у Фребеля на жизненныя, изящныя и математи- ческія мы признаемъ вполнѣ, и вносимъ ихъ при своихъ упражненіяхъ. Какъ полезно упражнять въ подражаніи жизненнымъ формамъ, было ясно уже изъ нашихъ примѣ- ровъ. Но важно еще наглядно показать ребенку законъ симметріи: это удобнѣе и проще всего сдѣлать можно на тѣхъ же кубикахъ и плиткахъ. Занимаясь воспроиз- веденіемъ однѣхъ жизненныхъ формъ, вы научите лишь дѣлать предметъ, напоминаю- щій дѣйствительность; но не дадите какъ слѣдуетъ усвоить, въ чемъ состоитъ пра- вильность и соотвѣтствіе частей. Для этого служатъ изящныя формы. Тутъ раскла- дываютъ кубики четвероугольникомъ и потомъ передвигаютъ только крайніе: такимъ образомъ выходитъ все новая хорошенькая фигурка. Разумѣется, нѣтъ надобности, чтобы ребенокъ непремѣнно передѣлалъ всѣ многочисленныя формы, указанныя у Фребеля. Однообразіе работы можетъ утомить его: онъ останавливается на болѣе кра- сивыхъ, напоминающихъ что нибудь дѣйствительное, напримѣръ, разнаго рода кре- стики, звѣздочки и проч. Объ этомъ можно вести и бесѣду.

Математически-правильное строеніе — одна изъ самыхъ полезныхъ, всесто- ронне развивающихъ игръ во всей Фребелевской системѣ; почему мы и назначаемъ занятіе строеніемъ каждый день, примѣняя его къ ознакомленію съ формами всѣхъ трехъ родовъ. указанныхъ Фребелемъ. Постепенно ребенокъ пріучается самостоя- тельно творить предметы изъ жизни, которые онъ видѣлъ, строя разные домики, сараи и тому под.; безъ научныхъ объясненій, практически онъ узнаетъ примѣ- неніе нѣкоторыхъ физическихъ законовъ; тяжести, равновѣсія тѣлъ и передачи движенія—(если поставить, напримѣръ, хоть пластинки вертикально не очень да- леко другъ отъ друга и толкнуть одну изъ нихъ, то всѣ другъ за другомъ упа- дутъ). Кубики служатъ также для ознакомленія дѣтей съ поверхностями, линіями, углами и различными ихъ положеніями.

Итакъ одинъ день мы строимъ, другой — дѣлаемъ по кубикамъ математиче- скія упражненія, на третій складываемъ изящныя формы, на четвертый объясняемъ болѣе положеніе тѣлъ (вверху, внизу, сбоку, сзади, спереди) и ихъ различное на- правленіе и проч., какъ это прежде дѣлали съ мячиками. Мы, напримѣръ, обста- вимъ столикъ стульями и говоримъ: этотъ стулъ спереди стола, эти два сбоку, этотъ позади и т. далѣе.

— Однако сегодня такой морозъ, что на дворъ и носу нельзя показать, — говорите вы ребенку послѣ часоваго отдыху.

— Носъ нельзя показать, — подсмѣивается надъ вами ребенокъ, — а глаза можно. — Да, носу-то больше всего достается, такая и поговорка есть: „береги носъ въ большой морозъ.“ — Ты сказала, что мы не пойдемъ гулять, такъ ты или со мной теперь играй, или разскажи хоть сказку.

По пятому году не только возможно, но, мнѣ кажется, необходимо разсказывать ребенку сказки, только нужно умѣть ихъ выбирать и растолковать.

Напрасно доказываютъ многіе педагоги, что сказки даютъ дѣтямъ самыя превратныя понятія о природѣ. Этого не можетъ случиться уже потому съ нашимъ ребенкомъ, что природу и ея жизнь, онъ наблюдалъ подъ вашимъ руководствомъ во всѣхъ ея дѣйствительныхъ свойствахъ. Справедливо, что сказка принесетъ болѣе вреда, чѣмъ пользы, когда не умѣютъ объяснить ее; тогда дѣти останавливаютъ свое вниманіе только на внѣшней ея фантастической формѣ. Конечно, ни подъ какимъ видомъ не слѣдуетъ давать сказокъ, которыя только стращаютъ или забавляютъ однимъ чудовищнымъ, фантастическимъ вымысломъ. Но вѣдь есть и дѣльныя народныя сказки, гдѣ фантазія служитъ покровомъ, подъ которымъ скрывается прекрасная житейская истина, разумная мысль, или живое, поэтическое изображеніе природы. Конечно, все это должно быть хорошо понято дѣтьми, чтобъ они не увлекались одной игрой воображенія. Сказки, и прекрасныя по идеѣ, иногда могутъ быть имъ еще не доступны. Сюда принадлежатъ такія, въ которыхъ изображены слишкомъ сложныя человѣческія отношенія, или выражается утонченная сатира надъ общественными недостатками. Слѣдуетъ начинать съ совершенно понятныхъ сказокъ, гдѣ главную роль играютъ знакомыя дѣтямъ животныя, гдѣ находимъ вѣрное описаніе природы, или гдѣ описываются простыя, понятныя дѣтямъ, семейныя отношенія. Знакомство съ такими сказками не будетъ отчуждать ребенка отъ дальнѣйшаго наблюденія надъ природой, а напротивъ — поддержитъ любовь къ ней. Послѣ естественно-исторической бесѣды, сказочный вымыслъ только оживитъ предметъ и не дастъ превратныхъ понятій о природѣ. Фантастической аллегоріи также нечего много бояться. Это самая простая и самая доступная для ребенка форма, въ которой можно провести идею о правдѣ, о милосердіи, состраданіи и любви къ ближнему. Когда желаютъ внушить ребенку хорошія чувства въ формѣ обыкновеннаго разсказа, то по большей части впадаютъ въ ошибку: разсказъ выходитъ или сухъ по причинѣ его дидактическаго характера, или такъ бѣденъ содержаніемъ, что не производитъ никакого впечатлѣнія. Наконецъ фантазію слѣдуетъ развивать уже потому, что она служитъ основаніемъ творчества. Безъ нея человѣкъ былъ бы лишь мелкимъ изслѣдователемъ явленій, не способнымъ возвыситься до идеи, понимать жизнь въ ея общности и цѣлости. Тутъ фантазія дѣйствуетъ заодно съ разсудкомъ и ихъ правильное гармоническое развитіе составляетъ идеалъ воспитанія.

Въ раннемъ возрастѣ воспитаніе своего ребенка, какъ помнятъ читатели, мы начали съ наблюденія природы, слѣдовательно нечего и говорить — какое громадное воспитательное значеніе я придаю этому. Но если мы будемъ дѣлать одни наблюденія надъ природой и давать исключительно разныя знанія о ней мы разовьемъ умъ и разсудокъ на счетъ сердца. Нужно давать ребенку и такія понятія, которыя бы образовывали и направляли, какъ слѣдуетъ, его чувство. Мы оттого распространились о сказкахъ, что ихъ положительно опускаютъ при занятіяхъ по методѣ Фребеля; — повѣстей же и нравственныхъ разсказовъ безъ искусственно-правоучительной закваски у насъ чрезвычайно мало, — вотъ наши дѣти и получаютъ одностороннее развитіе.

Приведу въ примѣръ сказку, и покажу, какъ ее должно объяснять дѣтямъ. У насъ зима и морозъ; я беру подходящую сказку.

Въ скобкахъ отмѣчены наши объясненія, которыя мы находимъ нужнымъ дѣлать, когда станемъ разсказывать эту сказку.

Морозко.

„Жили-были старикъ да старуха, а у нихъ двѣ дочери. Старшую, свою падче-рицу (значитъ не родная была, не ея дочь, а старика), старуха не любила, все ее жу-рила (бранила): экая лѣнивица! экая неряха! (будто та ничего хорошенько не умѣла дѣлать все начала, бросала). А Надя была золото дѣвушка: и скотинку поила, кор-мила, и дрова да воду въ избу таскала, и все вымететъ, приберетъ еще до свѣтъ (Значитъ, всѣ еще спятъ въ домѣ, а она ужъ работаетъ). Вотъ злая мачиха и гово-ритъ: пора, старикъ, выдавать дочерей замужъ. (Это она нарочно такъ придумала, чтобъ обмануть старика). Снаряжай-ко Надю, да вези ее въ боръ (въ лѣсъ), къ большой соснѣ: я посватала ее за Морозко.—Что ты? Въ умѣ ли?—крикнулъ ста-рикъ. — А что? Чѣмъ не женихъ?—Вишь, сколько у него богатства! Сосны въ пуху, да въ серебрѣ; на водѣ дворцы стеклянные, гляди, какъ сіяютъ на солнцѣ. (Что же это за дворцы, за богатство у Морозка? Это снѣгъ на соснахъ, что такъ блеститъ, серебрится на солнцѣ; это ледъ на рѣкѣ, будто стекло. Вѣдь когда сосны въ снѣгу, на солнцѣ лѣсъ кажется бѣлымъ, будто серебрянымъ, а ледяныя сосульки, что висятъ съ вѣтвей, похожи на стекло, на хрусталь. Такъ бываетъ зимою. Ты видишь что и женихъ съ этимъ богатствомъ, со снѣгомъ да льдомъ будетъ просто морозъ. Оттого и удивился старикъ, какъ это выдать дочку за морозъ; кажется и ему, что хочетъ злая баба загубить его дочку. Да хитро она задумала: дескать не губить хочу, а выдать за богатаго человѣка! будто и дѣло говорила). Поплакалъ, поплакалъ старикъ, плохо перечить (спорить) злой бабѣ: нечего дѣлать, повезъ Надю въ лѣсъ, да оста-вилъ одну у сосны. Дрожитъ бѣдняжка, Надя, зубомъ о зубъ постукиваетъ. (Это все отъ холоду). Вдругъ она заслышала: морозъ, красный носъ, близехонько на елкѣ потрескиваетъ, съ елки на елку поскакиваетъ да пощелкиваетъ (вотъ баба налгала, а морозъ и по правдѣ какъ живой вышелъ—съ краснымъ носомъ; вѣдь ты знаешь, отъ холоду носъ и щеки краснѣютъ; потрескиваетъ, поскакиваетъ, — точно хозяинъ въ лѣсу похаживаетъ, — вѣдь отъ холода деревья трескаются). Глядь, онъ ужъ на соснѣ, у которой сидѣла дѣвица и спрашиваетъ ее сверху: Тепло-ли тѣ дѣвица? тепло-ли тѣ, красная? — Надя отвѣчаетъ: тепло, тепло, батюшка Морозушко. Морозъ сталъ спускаться ниже (значитъ морозъ да холодъ все ближе подходилъ къ дѣвицѣ и она все больше мерзла) трещитъ да все говоритъ: Тепло-ли тѣ, лапушка? — Ой, тепло, голубчикъ, Морозушко!—повторяетъ Надя, а у самой духъ захватываетъ. Тутъ Мо-розко взглянулъ на нее съ лаской, одѣлъ ее богатой шубой, дорогой фатой (покры-валомъ), принесъ ей коробъ съ подарками. (Зачѣмъ же это Надя все говорила: „тепло мнѣ, тепло голубчикъ"? А это она была такая добрая, терпѣливая, да ласко-вая. А ласковое слово, говорятъ, лучше мягкаго пирога; иной разъ не корми да об-ласкай. Вотъ тоже быть терпѣливымъ,—ты скажешь: не мерзнуть же въ лѣсу, когда нѣтъ моченьки терпѣть. Еще бы! разумѣется, надо скорѣе бѣжать домой; да если ты неженка, боишься всякаго холодку такъ и минуты не вытерпишь даже и тогда, когда это было бы для чего нибудь очень нужно. Ты можетъ быть также удивляешься, от-чего Морозко не заморозилъ Надю? Неужели онъ оттого съ ней не поступилъ такъ, какъ съ другими, изъ-за какого нибудь одного ласковаго слова? А вотъ подумай, Морозко жилъ всегда одинъ въ лѣсу; конечно, ему не приходилось ни отъ кого слы-шать ласковаго слова, потому что онъ вѣдь Морозъ—знобитъ, холодитъ, никому не даетъ спуску. Ну, а Надя приласкала его даже и въ то время когда самой жутко приходилось. Когда онъ ее спрашивалъ, тепло-ли ей, она не стала его бранить; не сказала: ему „что ты злой, скверный“!—онъ и вправду сталъ добрымъ. Понимаешьли! часто человѣкъ бываетъ дурнымъ только потому, что ни отъ кого не слышитъ добраго слова, не знаетъ ласки).

Какъ узнала старуха, какая честь ея надчерицѣ, то поскорѣе снарядила и свою любимую дочку въ лѣсъ; дескать, одаритъ ее еще лучше. Да дочка ея Маша была злая, балованная. Какъ пришелъ Морозко, да сталъ спрашивать: тепло-ли тѣ дѣвица? — она не утерпѣла и крикнула съ досады: „Сгинь ты“ (пропади), „окаянный!“ (такой, котораго всѣ ненавидятъ, проклинаютъ). Вся насквозь иззябла, а онъ дуренъ еще спрашиваетъ: „тепло-ли?“

На другой день сама старуха поѣхала за дочкой: глядитъ, ея Маша лежитъ мертвая, совсѣмъ окостенѣла.

Предлагаемая сказка, какъ видятъ читатели, въ сокращеніи. Намъ кажется это необходимо дѣлать, чтобы не утомить дѣтей и придать разсказу болѣе цѣлости.

Конечно дѣти могутъ требовать и такихъ объясненій, которыхъ у насъ не найдутъ читатели; но мы даемъ здѣсь только то, на чемъ намъ самимъ приходилось остановиться по дѣтскому настоянію. Дѣти весьма часто спрашиваютъ старшихъ: было ли то въ дѣйствительности, что мы разсказали ему въ сказкѣ. Конечно, вы скажете, что въ жизни не бываетъ того, что случается въ сказкѣ, т. е. добро не всегда торжествуетъ. Кромѣ того весьма многое и совсѣмъ быть не можетъ: животныя не могутъ разговаривать по человѣчески, люди не бываютъ оборотнями. Мы знаемъ дѣтей, которымъ разсказывали сказки (конечно, это бываетъ тогда, когда сказки даются съ выборомъ, умѣньемъ и съ объясненіями), и дѣти не становились отъ нихъ суевѣрными; хотя они знали, что сказка вымыселъ, они не менѣе того ею интересовались. Кромѣ того прибавимъ, что сказка даетъ случай ко многимъ объясненіямъ, развиваетъ говоръ дитяти и въ живыхъ простыхъ образахъ помогаетъ запоминать ему народные обороты. Антипедагогическое значеніе сказокъ, скажутъ мнѣ, заключается также въ томъ, что дитя, читая ихъ, надѣется за всякій свой хорошій поступокъ получить награду. Намъ кажется, что сказки уже потому имѣютъ громадное значеніе, что подымаютъ этотъ важный вопросъ. Изъ самыхъ примѣровъ, которые даетъ сказка, можно мало-по-малу объяснить ребенку, что честнымъ и добрымъ не тогда должно быть, когда ждешь за это награды, а что самому человѣку веселѣе, когда всѣ радуются вокругъ него, когда всѣмъ хорошо живется.

Кое какія сказки дѣтямъ можно выбирать изъ сборника Афанасьева, напримѣръ — „Котъ и Пѣтухъ“, „Коза и Волкъ“, „Теремокъ Мышки“, „Колобокъ“, „Котъ и Лиса“, „Котъ“, „Козелъ и Баранъ“, „Курица и Пѣтухъ“, „Журавль и Цапля“, „Грибы“, „Бѣлая Уточка“, „Мѣна“, „Дуракъ и Береза“ и пр. Большую часть этихъ сказокъ нужно нѣсколько сокращать и примѣнять къ дѣтскому характеру. Для болѣе старшаго возраста можно пользоваться сказками Афанасьева, изданными имъ для дѣтей.

— Придумай, мама, чѣмъ мнѣ теперь поиграть; я сама уже такъ много выдумывала. — Вотъ тебѣ песку, возьми вчерашнюю вѣтку ели и устрой садъ или что-нибудь другое. Черезъ полчаса ребенокъ тянетъ васъ посмотрѣть на его работу. По всему столу онъ густо разсыпаетъ песокъ. Съ краю у него выстроенъ изъ кубиковъ стулъ и столъ; мебель окружена вѣточками, воткнутыми въ песокъ елки. — Это означаетъ у него садъ. Въ сторонѣ гладкая дорожка, сзади которой тянется густая роща изъ тѣхъ же елокъ. Тамъ возвышается горка, а внизу озеро. Ребенокъ даже и это умудрился сдѣлать: взялъ крышечку отъ баночки, налилъ воды и окопалъ такъ пескомъ, что вода будто и дѣйствительно стояла въ пескѣ.

Вотъ какую полную картину природы и жизни представляютъ себѣ дѣти въ 4, $4\frac{1}{2}$ года, когда ихъ ведутъ какъ слѣдуетъ. Вы даете ребенку хоть вырѣзать домикъ, нарисованный на папкѣ; онъ и его употребитъ въ дѣло, — поставитъ тутъ же у своей рощицы.

У хорошихъ воспитателей ребенокъ, конечно, уже имѣетъ въ эти годы нѣсколько горшковъ съ землею, въ которыхъ онъ самъ сѣетъ разныя сѣмена, самъ ихъ поливаетъ и ухаживаетъ за ними. Вотъ загляните въ комнату нашей Маши. Теперь хоть и зима, но она продолжаетъ свои небольшія наблюденія. На окошкѣ у нея горшки и стеклянныя банки, на гвоздикѣ у окна маленькая лейка. Лишь только она оканчиваетъ занятія съ вами, она подбѣгаетъ къ своему окну. Въ одной банкѣ у нея посѣянъ горохъ, въ другой — бобъ, пшеница, посажено нѣсколько луковичныхъ растеній: лилія, гіацинты — Нужно полить бобъ, — говоритъ она, щупая землю, — сверху-то совсѣмъ сухо... Ахъ, ужъ нѣсколько бобовъ взошло!., Она осторожно выдергиваетъ одинъ изъ нихъ, внимательно осматриваетъ и тотъ столбикъ земли, который онъ пустилъ, потомъ живо кладетъ на окно и запускаетъ ручонку въ стеклянную банку. Тамъ у нея тоже бобъ, только не въ землѣ, а въ тепловатой водѣ. — Посмотри, мама, что-же это съ верхнею кожицею сдѣлалось? Какъ она сморщилась? — Бобъ сильно намокъ, кожица растянулась, а горохъ остался такой же величины, какъ и прежде; кожица, значитъ, не можетъ плотно его обхватить — больше стала горошины; ну ей и пришлось сморщиться. — Теперь понимаю, — говоритъ самъ съ собою ребенокъ, то посматривая на бобъ, вынутый изъ земли, то на тотъ, который онъ взялъ изъ воды.

— Вотъ это откуда корешокъ? выходитъ, этотъ язычекъ превращается въ землѣ въ корешокъ. А откуда же взялась эта зелень, которая вверхъ идетъ у боба?

Вы ножичкомъ перерѣзываете бобъ пополамъ и указываете, что язычекъ продолжается внутри ядра въ видѣ изогнутаго стебелька и двухъ листиковъ. Ребенокъ хватается за бобъ, вынутый изъ земли, и ему теперь ясно, отчего корешокъ и надземный стволъ такъ близко другъ отъ друга и стоитъ на одной линіи. Вы ему это не говорите, но онъ самъ сообразитъ, что видно изъ его восклицанія: Такъ, значитъ, и въ зернышкѣ они были близко одинъ около другого! — При случаѣ онъ сообщаетъ матери и другія свои наблюденія, дѣлая при этомъ, множество полезныхъ для него вопросовъ. — Вотъ тотъ бобъ, мама, который выросъ изъ земли, — гораздо дольше росъ, чѣмъ тотъ, который въ водѣ лежалъ. Отчего это? — А вотъ отчего: вѣдь у того боба, который лежалъ въ водѣ, было гораздо больше свѣта, а этому въ землѣ темнѣе было; ну, къ-тому же и вода помогла — въ водѣ всякій ростокъ скорѣе вытянется, за то въ землѣ бобъ и горохъ продолжаютъ рости; а тотъ, что остается въ водѣ, если долго лежитъ, совсѣмъ сгніетъ. Это-жъ отчего?

Тутъ вы можете сообщить ребенку, что послѣ того, какъ бобъ пустилъ корешокъ, ему уже нужна пища, а пищу онъ беретъ изъ земли. Не менѣе удовольствія и пользы доставляютъ ему и луковичныя растенія. Онъ видѣлъ каждый день, какъ увеличивалась въ ростѣ зелень, какъ образовалась почка, какъ пробился изъ нея прекрасный большой цвѣтокъ, въ которомъ онъ ясно видитъ всѣ части. Спрашивается:

такіе родители не въ состояніи доставить ребенку возможность **оживить такимъ обра-** зомъ зимнее затворничество? — Расходъ на эти сѣмена и горшки не большой, а заня- тій для рукъ, ума и сердца — на цѣлую зиму. А сколько тутъ истинно человѣческихъ, чистыхъ наслажденій! — Только при наблюденіяхъ такого рода нужно давать дѣтямъ больше свободы; нельзя назначить ему время: вотъ тогда-то подходи къ **растеніямъ,** тогда разсматривай тотъ или другой горшокъ. Часто ребенку вдругъ захочется и при занятіяхъ съ вами сбѣгать взглянуть на свои цвѣточки.

Когда послѣ этого ребенокъ запроситъ работы, ему можно дать раскладывать лучины. Лучины эти должны быть въ полъ аршина, гладко выстроганы и на обо- ихъ концахъ имѣть по дырочкѣ. Это для того, чтобъ дѣти могли ихъ при случаѣ употреблять какъ складной аршинъ. Для того въ дырочки вдѣваютъ ниточки и свя- зываютъ одну лучинку съ другой. Такими лучинками можно измѣрять комнату и раз- личные предметы. Но когда дѣти раскладываютъ на полу лучинки, они не должны быть связаны.

Какъ спички, такъ и лучинки могутъ складываться за небольшимъ исключе- ніемъ по однимъ и тѣмъ же рисункамъ. Но работы изъ спичекъ требуютъ уже до- вольно большаго навыка и потому лучше всего занимать ими ребенка уже въ пять лѣтъ, послѣ того, когда онъ привыкъ выкладывать изъ кубиковъ и лучинокъ пред- меты, которые его окружаютъ. При этомъ замѣтимъ, что ребенку сначала никогда не слѣдуетъ давать рисунка въ руки: пусть онъ прежде всего внимательно смотритъ на дѣйствительный предметъ, хорошо замѣтитъ его очертанія, подумаетъ что въ немъ можно изобразить линіями, что главное и второстепенное въ каждомъ предметѣ и по- томъ уже попробуетъ строить, или складывать изъ лучинъ, или изъ спичекъ. Воспи- татель, конечно, присутствуетъ при этихъ работахъ, помогаетъ ребенку, объясняетъ, совѣтуетъ. Но первымъ условіемъ тутъ должна быть самодѣятельность ребенка: вотъ почему, не смотря на все содѣйствіе со стороны воспитателя, ребенку не показываютъ рисунка, не дозволяютъ ему также смотрѣть на фигуру, сдѣланную старшими. Нужно твердо помнить, что названныя работы дѣтямъ даютъ для того, чтобы пріучить ихъ во все вникать, все внимательно осматривать, думать и творить. Но когда ребенка уже мало затрудняетъ изображать кубиками, лучинками, спичками и т. д. знакомыя ему тѣла, ограниченныя плоскостями, а округлые предметы — кольцами и полуколь- цами, — тогда печего бояться давать ему рисунки. Такому ребенку рисунки даютъ еще большую пищу для фантазіи и ума. Ребенокъ ловкій и привыкшій обращаться съ ра- зумнымъ, развивающимъ матеріаломъ, изъ одного рисунка устроитъ и придумаетъ множество новыхъ фигурокъ и красивыхъ формъ. Итакъ на 20, на 25 минутъ вы даете заняться лучинами. Ребенокъ начинаетъ раскладывать ихъ на большомъ столѣ, а то и просто на полу. — Вотъ ты только что осматривалъ бобы и другія свои расте- нія, сдѣлаемъ изъ лучинокъ — вотъ такой горшокъ съ деревцомъ.

— Да вѣдь горшокъ круглый, а лучина длинная... Какъ же можно изъ нея сдѣ- лать горшокъ?

— Впрочемъ, ничего, попробую, только у донышка будутъ углы... Да что за бѣда, лишь бы все было что есть въ горшкѣ. А въ растеніи сдѣлаю только одинъ стебелекъ и вѣточки: листики нельзя показать лучинками, — онѣ слишкомъ велики для нихъ. — Вотъ и чудесно вышелъ горшокъ съ растеніемъ. А не знаешь-ли, какъ-бы изъ этой самой фигурки сдѣлать что-нибудь, тоже тебѣ знакомое: только, смотри, чтобы не испортить всю сдѣланную фигурку? — Я придумала: сниму донышко и бо- ковыя лучинки банки, оборочу вѣточки внизъ, и у меня останется елка на подставкѣ. Вотъ на эти вѣточки мы въ Рождество вѣшали большіе, большіе пряники, сюда золотые и серебряные, орѣхи, тутъ висѣли зажженные фонарики. Взяла прочь подставку и у меня елка такъ, какъ она стоитъ въ землѣ: корней не видать — они въ землѣ, а только сучки, да вѣточки.

Когда ребенокъ сложитъ изъ лучинокъ все, что онъ видитъ въ комнатѣ, слѣдовательно, что онъ строитъ уже изъ кубиковъ, дѣло пойдетъ очень живо и его обыкновенно займетъ какъ та легкость, съ которою онъ дѣлаетъ все, на что только взглянетъ, такъ и совершенно другой видъ фигуръ въ сравненіи съ тѣми, которыя у него выходили изъ кубиковъ.

— Отчего это стулья, столы и все другое, что ты дѣлалъ изъ кубиковъ, у тебя выглядѣли иначе, чѣмъ теперь, когда ты ихъ дѣлаешь изъ лучинокъ? Возьми кубикъ и лучинку и посмотри, какая между ними разница? — У куба всѣ стороны равны; что внизу, что сверху, что по бокамъ: даже всѣ ребры одной величины. Совсѣмъ другое лучинка. Она длинная, большая, гораздо больше и длиннѣе даже того ящика, въ которой уложены всѣ 8 кубиковъ. Кромѣ того у лучинки только противоположныя стороны равны между собой. Спереди и сзади одинаково гладкія, широкія плоскости, на которыя и можно положить ее куда угодно. Но лишь только вы кладете ее на одну изъ узкихъ боковыхъ сторонъ, лучинка тотчасъ падаетъ и ложится на свою широкую сторону. Между тѣмъ кубикъ на всѣхъ сторонахъ стоитъ одинаково хорошо, а это оттого, что всѣ стороны его одинаково широки. У лучинки ребра тоже не ровныя. Оба ребра съ одной стороны и два другія съ другой, — одной величины, точно также и ребра сверху и снизу — равны между собой. Но ребра, что на концахъ гораздо короче тѣхъ, что идутъ въ длину лучинки. Сосчитай ребра, углы и плоскости у лучинки и кубика. Одинаковое ли у нея съ кубикомъ число гладкихъ сторонъ, или плоскостей; реберъ, угловъ? Скажи, какихъ предметовъ, изъ тѣхъ что ты видишь здѣсь, никакъ нельзя сдѣлать ни изъ кубиковъ, ни изъ лучинокъ? — Мячика нельзя представить, шарика... Дурно выходятъ всѣ круглые предметы. Посмотри теперь на столъ съ посудой. — что изъ того, что ты видишь нельзя было построить изъ кубиковъ и что теперь можно сдѣлать изъ лучинокъ? — Стаканъ, рюмку, суповую чашку хоть какъ нибудь, а все-таки можно показать на лучинкахъ, а изъ кубиковъ никакъ нельзя. — Такъ сдѣлай же эти предметы... Ты сдѣлала рюмку, покажи, гдѣ же у тебя подставка, гдѣ ножка, куда будешь вливать вино? — А вотъ это, мама, болтаетъ ребенокъ, прибавляя сверху еще лучинку, — это я крышку устроила... Теперь лѣто и мы только что успѣемъ налить вина, туда сейчасъ упадетъ муха... для этого я приготовлю крышку.

Ребенокъ очень хорошо знаетъ, что въ рюмку, сдѣланную изъ лучинокъ, не нальешь вина, но онъ во всемъ уже привыкъ представлять себѣ полную картину, а разумное веденіе механическихъ занятій необыкновенно развиваетъ въ немъ анализъ, живость и воспріимчивость къ окружающему. Наконецъ вы объясняете, что лучинками мы означаемъ лишь краешки предметовъ, очертанія, а кубикъ весь сплошной, и при этомъ показываете, какъ четырьмя лучинами можно образовать одну сторону кубика.

— Теперь все, что ты мнѣ сдѣлала изъ лучинокъ, нарисуй въ тетради, которая разлинована сѣтью.

Рисованіе по сѣти линій въ различныхъ положеніяхъ необыкновенно полезно. Оно подготовляетъ руку и пальцы ребенка къ четкому письму, служитъ хоронимъ пособіемъ и подготовленіемъ къ рисованію съ натуры. Если вы прямо начнете учить рисовать съ натуры, то ничего не добьетесь: пока рука не довольно упражнялась въ черченіи прямыхъ, кривыхъ, горизонтальныхъ и отвѣсныхъ линій, при изображеніи различныхъ предметовъ, рисунокъ его всегда будетъ неправиленъ. Кромѣ того, рисованіе знакомыхъ предметовъ, прежде построенныхъ изъ кубиковъ и сложенныхъ изъ лучинокъ, поможетъ ребенку еще глубже вникнуть въ окружающее, еще ближе познакомиться со всѣмъ, что онъ видитъ передъ собою. Да и зачѣмъ лишать его занятія, которое доставляетъ ему такъ много наслажденія? Своихъ построекъ онъ не можетъ сохранить, а тетрадка съ рисунками, и много времени спустя, доставитъ ему пріятныя воспоминанія. — Въ это время можетъ также начаться и плетеніе бумажекъ, только самое первоначальное черезъ одну, черезъ двѣ, черезъ три полоски. Узоровъ еще никакихъ не придется дѣлать. — А какъ распредѣлять занятія, мы уже достаточно показали.

Въ такихъ занятіяхъ и работахъ проходитъ у насъ пол-года. Ребенокъ замѣтно выросъ за это время умственно и физически. Наступило лѣто; работы можно давать потруднѣе, наблюденія становятся болѣе сложными. Онъ уже умѣетъ строить изъ кубиковъ все, что есть въ комнатѣ, придумалъ много такого, чего вамъ самимъ и на умъ не входило. Когда ребенку исполнится пять лѣтъ, ему можно дать **четвертый даръ** Фребеля. Мы видѣли выше, что онъ содержитъ и для чего назначается; теперь мы постараемся прибрать бесѣды, подходящія къ этому занятію. Повторяемъ, что представляемыми нами примѣрами должно воспользоваться не для одного раза, а для весьма многихъ бесѣдъ, пока тотъ, или другой вопросъ не будетъ усвоенъ совершенно сознательно.

Вы берете оба ящика, т. е. 3-й даръ, или кубъ раздѣленный на 8 кубиковъ, и 4-й даръ — кубъ, раздѣленный на 8 плитокъ, — опрокидываете ихъ къ низу крышкой, которую и вытягиваете сразу такъ, чтобы деревяшки того и другого ящика вполнѣ сохранили порядокъ, въ которомъ онѣ въ немъ лежали. Какую форму имѣютъ эти деревяшки, вотъ такъ сложенныя? — Форму куба. — А эта? — Это одна и та же форма; а что я говорю правду, мама, это я сейчасъ тебѣ докажу... — Ребенокъ беретъ плитки 4-го дара и кладетъ ихъ въ ящикъ 3-го дара. Видишь, онѣ сюда также аккуратно пришлись какъ и кубики...

— Ты правильно говоришь, но теперь возьми одну деревяшку отъ одного куба, а другую отъ другого... Есть между ними какая нибудь разница, или нѣтъ?

— Есть, большая даже разница, только я не могу понять, какъ это такъ? Я пересчитала, и ихъ столько же, сколько и кубиковъ: какъ тѣхъ 8, такъ и этихъ 8; когда ихъ сложишь вмѣстѣ, и тѣ и другія имѣютъ форму куба одной и той же величины?

— Если ты этого не понимаешь, тѣхъ положи тѣ деревяшки, которыя взяла, въ томъ самомъ порядкѣ, какъ я тебѣ ихъ показала въ первый разъ... Ну смотри, какъ разрѣзанъ этотъ кубъ (указывая на кубъ 3-го дара)?

— Этотъ кубъ разрѣзанъ пополамъ въ длину, ширину и высоту. — Теперь возьмемъ кубъ изъ плитокъ (4-й даръ). Въ немъ проведенъ одинъ разрѣзъ по длинѣ и три разрѣза по высотѣ. — Возьми теперь одинъ кубикъ и одну плитку и найди между ними сходство и разницу.

— Обѣ вещи деревянныя; каждая изъ нихъ составляютъ 8-мую часть куба, — помѣщаются въ одинаковыхъ деревянныхъ ящикахъ; у кубика 6 гладкихъ сторовъ, столько-же и у этой плитки; какъ у кубика 12 реберъ, такъ и у плитки; у обѣихъ у нихъ и одинаковое число угловъ; какъ кубикъ стоитъ на столѣ на всѣхъ своихъ гладкихъ сторонахъ, такъ и плитка; какъ изъ кубиковъ можно строить стулья, столы, и диваны и т. под., такъ и изъ плитокъ...

— Какая-же между ними разница?

— Плитка длиннѣе кубика. Посмотримъ, во сколько разъ она длиннѣе кубика?.. Ребенокъ кладетъ плитку и сверху ставитъ на нее одинъ за однимъ два кубика... — Видишь, на плиткѣ можно умѣстить два кубика, — значитъ, плитка вдвое длиннѣе кубика. А вотъ еще какая разница: кубъ какъ ни поставь, онъ все имѣетъ и тотъ же видъ; плитка напротивъ: положишь ее на одинъ изъ ея длинныхъ узкихъ боковъ — и передъ тобою — стѣнка, поставишь на короткую узкую сторону — она такъ высока, какъ два кубика другъ на друга положенные; положите ее плашмя и она ниже куба...

— Однако какъ плитка положенная плашмя ниже куба? На этотъ вопросъ ребенокъ не можетъ тотчасъ отвѣтить; онъ прежде пододвигаетъ кубикъ къ плиткѣ, чтобы вымѣрить. Когда онъ убѣждается, что плитка ниже, кладетъ на нее другую плитку, опять подвигаетъ къ нимъ кубикъ и съ радостью говоритъ: двѣ плитки, положенныя плашмя, равны по высотѣ одному кубу.

Когда ребенокъ ясно понимаетъ сходство и разницу между этими двумя тѣлами, можно мало-по-малу (но съ большою осторожностію) знакомить его съ первыми, но весьма немногими геометрическими терминами. Читатель помнитъ, вѣроятно, что онъ уже знакомъ съ шаромъ, цилиндромъ и кубомъ; теперь на кубѣ мы объяснимъ ребенку, что такое в е р т и к а л ь н а я и г о р и з о н т а л ь н а я л и н і и. Ты стоишь; въ какомъ ты теперь положеніи: въ вертикальномъ или горизонтальномъ? Если ты въ вертикальномъ положеніи, то можешь ли очутиться въ горизонтальномъ положеніи? Такъ когда же обыкновенно ты принимаешь горизонтальное положеніе: днемъ или ночью? Покажи въ комнатѣ, гдѣ вертикальная линіи и гдѣ горизонтальная?

Послѣ этого вы складываете изъ бумаги правильный квадратъ и просите ребенка указать тѣ же линіи. Сколько же въ этой бумажкѣ вертикальныхъ, сколько горизонтальныхъ линій? Если двѣ вертикальныхъ, то одну изъ нихъ какъ можно назвать? Если одна — п р а в а я в е р т и к а л ь н а я, а другую какъ назовешь? Если одна верхняя горизонтальная, — а другая? Не можешь-ли съ этой бумажкой сдѣлать такъ, чтобы л ѣ в а я в е р т и к а л ь н а я стала верхней горизонтальной? Такъ если ты перевернешь бумажку, что будетъ съ другими ея сторонами? и т. д.

Конечно, если вы задатитесь цѣлью сразу познакомить ребенка съ двумя линіями, то объясненія ваши будутъ сухи уже по одному тому, что долго придется толковать ему, прежде чѣмъ онъ это усвоитъ себѣ совершенно сознательно. Вотъ почему, какъ мы предупредили раньше, къ подобнымъ бесѣдамъ слѣдуетъ приступать съ необыкновенною постепенностью.

Будемъ продолжать дальнѣйшее знакомство ребенка съ плиткою.

— Посмотри въ нашей комнатѣ, какіе предметы своей формой напомнятъ тебѣ плитку?

Въ пять лѣтъ ребенокъ на такой вопросъ не только долженъ назвать предметы, имѣющіе сходство съ плиткою, но, осмотрѣвъ внимательно всю комнату, вести связный разговоръ и, называя подходящіе предметы, говорить, чѣмъ и какъ они измѣнены для той, или другой цѣли.

— Шкафы одной формы съ плиткою; только они, конечно, несравненно больше и шире; въ нихъ сдѣланы полки для книгъ, вставлено стекло, чтобы видѣть, какія лежатъ тамъ книги. Ничего этого нѣтъ въ плиткѣ, что лежитъ на столѣ: она маленькая, внутри ничего не лежитъ и назначена, она для дѣтской игры. Больше еще похожа плитка на книгу, а разница между ними та, что у книги съ трехъ сторонъ выемка, а съ четвертой — корешокъ имѣетъ видъ нѣсколько округлый. Но самое большое сходство съ плиткой имѣетъ вещь, которая впрочемъ не въ комнатѣ, а на дворѣ: я говорю о кирпичахъ. Посмотри сама, сама, какъ похожи всѣ эти кирпичики, вотъ такъ какъ они теперь лежатъ для того, чтобы просохнуть на солнышкѣ... и я такъ сложу свои плитки.

Такимъ образомъ вашъ ребенокъ не только сознательно усвоилъ формы тѣлъ, которыя имѣлъ въ своихъ рукахъ, но и совершенно точно умѣетъ ихъ опредѣлить: послѣ этого онъ приступаетъ къ постройкамъ изъ плитокъ жизненныхъ, изящныхъ и математическихъ формъ, всегда соединяя съ послѣдними ариѳметическія упражненія изъ обыденной жизни и непремѣнно все сопровождая пѣснями и занимательными бесѣдами изъ близкой природы и изъ жизни людей.

Еще нѣсколько примѣровъ сказокъ и загадокъ въ томъ видѣ и съ тѣми объясненіями, какъ онѣ могутъ быть передаваемы дѣтямъ въ возрастѣ отъ 5-ти до 7-ми, 8-ми лѣтъ.

Котъ, козелъ и баранъ.

(Народная сказка).

„Котишко-мурлышко, сѣрый лобишко, былъ большой лакомка: гдѣ что плохо лежитъ, такъ у него и брюхо болитъ." (Котишко-мурлышко — это про кота сказываютъ; мурлышко потому что онъ мурлычитъ, поетъ, когда ему вздумается къ кому приласкаться; сѣрый лобишко — лобъ его сѣрой шубкой покрытъ, значитъ лобъ сѣрый; ну, а здѣсь его величаютъ: „котишко-мурлышко, сѣрый-лобишко" — видно, затѣмъ, что сказывать будутъ про плутоватаго кота, не даромъ же онъ такой лакомка, — чуть что увидитъ вкусное — просто становится ему не втерпежъ — брюхо болитъ). „Слизалъ онъ у старой бабы сметанку; била его баба, била (значитъ много била), уши выдирала, ноги поломала. Вотъ, онъ и задумалъ уйти со двора (видно колотушки не свой братъ — солоно пришлось, такъ онъ и задумалъ сбѣжать отъ бабы)" да подговорилъ съ собою козла да барана. Пыль столбомъ подымается (это вишь они такъ скоро бѣгутъ), трава къ землѣ приклоняется; бѣгутъ козелъ да баранъ, а за ними скачетъ на трехъ ногахъ котъ — сѣрый лобъ. Усталъ онъ и взмолился названнымъ братьямъ („названные братья," потому они ему были не родные, а только теперь они, какъ настоящіе братья сговорились все дружно дѣлать; что задумаетъ одинъ, то и другой, — а взмолился онъ имъ значитъ умолять ихъ сталъ, упрашивать). Такъ взмолился онъ имъ, дескать, не оставьте меньшаго братишку на съѣденье звѣрямъ. Козелъ посадилъ его на себя, и понеслись они по горамъ, по доламъ, по сыпучимъ пескамъ. (Это они такъ скоро бѣгутъ, что горы, долины, какъ будто только мелькаютъ передъ ними. Вотъ, какъ ты ѣхала по желѣзной дорогѣ не успѣвала разсмотрѣть одного мѣста, какъ передъ тобой уже было другое). Остановились они на ночь отдыхать на скошенномъ полѣ, у стога. (Сѣно, когда оно сгребено въ большую кучу, называется стогомъ). Какъ огня добыть? Мурлышко обернулъ козлу рога берестой (береста—это бѣлая кора березы), да велѣлъ ему стукнуться лбомъ съ бараномъ. Стукнулись они такъ крѣпко, что береста загорѣлась. Развели костеръ... (Можно ли на самомъ дѣлѣ добыть огня, какъ добылъ котъ? Правда что огонь добываютъ ударомъ кремня объ огниво; когда крѣпко тереть одно дерево о другое, то они загорятся, но береста, конечно, не загорится если стукнуться лбами. Ну да, видно, тутъ и хотятъ разсказать о такомъ чудномъ, замысловатомъ котѣ, что только и найдешь въ сказкѣ).

Такъ грѣются это они у костра, глядь — идетъ мужичекъ-сѣрячекъ, Михайло Ивановичъ (медвѣдя такъ называютъ).

— Откуда, братъ?

— Ходилъ на пасѣку (пасѣкой называется мѣсто, гдѣ улья; такъ медвѣдь, значитъ, ходилъ медъ красть) да подрался съ мужиками, (видно они его прибили оттого и хворь прикинулась (заболѣлъ); иду къ лисѣ лечиться.

— Ну, добро пожаловать.

— Легъ медвѣдь подъ стогомъ, мурлышко на стогу, а козелъ съ бараномъ у костра. Идутъ семь волковъ сѣрыхъ.

— Что за народъ? говорятъ они, давай пытать силу.

Забляли со страху, козелъ да баранъ, а мурлыко такую рѣчь повелъ: Ой, не сердите нашего старшаго (главнаго старшаго надъ нами), а то не сдобровать. Аль не видите у него бороды? бородою онъ звѣрей побиваетъ, а рогами только кожу снимаетъ. (Вишь котъ какой хитрый: онъ хочетъ волковъ напугать козлиными рогами, да бородой, точно тѣ и взаправду могутъ быть для нихъ страшными. Это котъ потому такъ смѣло пугаетъ ихъ, что козелъ домашнее животное, значитъ, волки не видали его у себя въ лѣсу и потому не знаютъ, что за звѣрь козелъ, что онъ уже теперь со страху блеетъ, могутъ струсить его бороды и роговъ).

— Лучше съ честью (это котъ имъ говоритъ) подойдите да попросите: хотимъ, дескать, поиграть съ твоимъ меньшимъ братишкомъ, что подъ стогомъ лежитъ: (вишь, знаетъ куда ихъ отвести, а посовѣтуй онъ имъ поиграть съ козломъ, они бы, конечно, тотчасъ поняли, что звѣрь-то не больно страшный и пожалуй, самому коту тогда плохо пришлось бы). Волки на томъ козлу кланялись, обступили Мишку и стали его задирать. Вотъ, онъ крѣпился крѣпился, да какъ хватитъ на каждую лапу по волку (вѣдь, медвѣдь силенъ; у него вся и сила въ лапахъ: хватитъ передними лапами разомъ двухъ, трехъ, а иного и задними придавитъ); запѣли волки лазаря (жалобно затянули, завыли), да поджавши хвосты (когда звѣри перетрусятъ, такъ хвосты поджимаютъ), подавай Богъ ноги, побѣжали прочь, что есть духу.

Козелъ да баранъ тѣмъ временемъ подхватили мурлыку и побѣжали въ лѣсъ, и опять наткнулись на сѣрыхъ волковъ. Котъ вскарабкался на самую макушку ели, а козелъ съ бараномъ схватились передними ногами за еловый сукъ и повисли. Волки стоятъ подъ елью, зубы оскалили и воютъ, глядя на козла и барана. (Волкамъ хочется закусить). Видитъ котъ—сѣрый лобъ, что дѣло плохо:

сталъ кидать въ волковъ еловыя шишки, да приговаривать: разъ волкъ! два волкъ! три волкъ! всего-то по волку на брата. (Это котъ съ хитростью высчитываетъ по скольку на каждаго изъ нихъ достанется, а не знаютъ того волки, что котъ, баранъ и козелъ—всё трое до смерти ихъ боятся). Я, мурлышка, давеча двухъ волковъ съѣлъ и съ косточками такъ еще сытехонекъ: а ты большой братикъ (козелъ старшій братъ: имъ-то волка больше всего хочетъ напугать, потому и говоритъ о немъ съ такимъ почетомъ), давеча за медвѣдями ходилъ, да не изловилъ, бери себѣ и мою долю.

Только сказалъ онъ эти рѣчи, какъ козелъ оборвался и упалъ прямо рогами на волка. А мурлыко знай свое, кричитъ: держи его, лови его!

Тутъ на волковъ такой страхъ напалъ, что они со всѣхъ ногъ пустились бѣжать безъ оглядки. Такъ и ушли.

Лиса, волкъ и медвѣдь.

Повадилась лиса таскать рыбу изъ садковъ (садки—такой домикъ на плоту, гдѣ въ водѣ сберегаютъ наловленную рыбу). Мужики догадались и думаютъ, какъ бы изловить вора; лиса смекнула это, (поняла) накрала послѣдній разъ рыбки и пошла гулять по лѣсу, (вѣдь звѣря не учили, какъ заработать себѣ хлѣбъ; вотъ, онъ хочетъ ѣсть и таскаетъ, что попадется). Попадаетъ лисѣ на встрѣчу сѣрый волкъ (тоже, должно быть голодный). — Что ты ѣшь, лисанька? спрашиваетъ волкъ (ласково говоритъ; не лиса, а лизанька, думаетъ: авось, что нибудь выханю).— Рыбку, куманекъ (отвѣчаетъ лиса).

— Да гдѣ же ты ее берешь? — Да сама ловлю. — Да какъ же ты ее ловишь? научи-ка меня.— Изволь куманекъ, возьми ведро, привяжи къ хвосту, да и опусти въ прорубь (видѣла на рѣкѣ такое мѣсто, гдѣ вырубленъ ледъ, чтобы доставать воду; рыбы-то и зимою плаваютъ въ рѣкѣ подо льдомъ). Такъ опусти хвостъ съ ведромъ въ прорубь, рыба и найдетъ къ тебѣ сама въ ведро: только ты смотри, часа два посиди у проруби. Волкъ такъ и сдѣлалъ; но только часа черезъ два хвостъ-то у него примерзъ къ проруби, такъ что онъ, какъ ни бился, не могъ его оторвать. Поутру пришли мужики и убили волка. (Вотъ, какая скверная лиса, подвела такъ своего товарища-волка. Ну, да вѣдь и волкъ тоже лихой звѣрь-грабитель. Между дурными людьми похожими на волка и лису, также бываетъ: вмѣсто того, чтобъ подѣлиться, помочь въ нуждѣ, одинъ другому только ногу подставляетъ. Да тутъ рѣчь не о людяхъ, а о звѣряхъ. Тутъ сказка толкуетъ, что у звѣря тоже есть свой умъ; онъ тоже смыслитъ какъ себя сберечь. Волкъ и медвѣдь сильнѣе, за то лиса хитрѣе ихъ, смышленнѣе, смышленный-то, хоть и слабый, возьметъ верхъ надъ сильнымъ и глупымъ. Объ этомъ еще вотъ какъ разсказано въ сказкѣ о лисѣ и медвѣдѣ).

Пришла лиса къ медвѣдю въ берлогу (наскучило ей значитъ, рыскать по свѣту захотѣлось пожить въ тепломъ уголку; берлогу роютъ себѣ медвѣди гдѣ нибудь въ лѣсу, подъ густыми сучьями, подъ хворостомъ). Пришла лиса—и выпросилась перезимовать у него (вотъ, было холодно, а своего она домика, видно, не устроила). На зиму она запаслась цыплятами, положила ихъ подъ себя и ѣла по немножку. Разъ медвѣдь и спрашиваетъ: „Что ты кумушка ѣшь?—Да что, куманекъ изо лба кишечки таскаю да и кушаю.

— И сладко спрашиваетъ медвѣдь. — Сладко куманекъ. — Дайко попробовать! (А что? развѣ изо лба можно таскать кишечки? Кишки въ желудкѣ, а въ лбу мозгъ; да вѣдь лиса сказала такое, чего и совсѣмъ нельзя дѣлать: она знала, что медвѣдь глупъ, всему повѣритъ). Вотъ, дала лиса медвѣдю немного курятинки. Облакомился Мишка, и ну таскать себѣ изо лба кишки, до тѣхъ поръ надрывался, пока не околѣлъ. А лиса этому и рада. Ей и пищи на цѣлый годъ, и мягкая постель, и теплая конура. (У медвѣдя-то лобъ крѣпкій, а лапищи еще сильнѣе: пожалуй, еслибы, этими лапищами онъ вздумалъ давить себѣ голову, и точно пробилъ бы черепъ. Да медвѣдь, какъ ни глупъ, этого не сдѣлаетъ: коли нападутъ на него, онъ тоже съумѣетъ защититься. Все это разсказано только для того, чтобы показать, какой медвѣдь глупый,—гораздо глупѣе лисицы. Глупому то другіе не надѣлали бы такъ много зла; самъ онъ больше повредитъ себѣ).

Считаемъ нужнымъ напомнить, что всѣ данныя какъ при сказкахъ, такъ и далѣе въ пословицахъ объясненія должны быть выражены въ видѣ вопросовъ: пусть дѣти сами придумаютъ тотъ или другой отвѣтъ, если дойдутъ до него. Послѣ перерыва въ разсказѣ всякій разъ необходимо возобновить въ памяти дѣтей прежде разсказанное, чтобы не упустить изъ виду связи.

Загадки.

1) Одинъ махай, четыре гуляй, два дѣтямъ страсть, четыре—такъ всласть.

Отв. Это означаетъ корову: „махай" хвостъ, которымъ она отмахивается, „четыре гуляй" четыре ноги, которыя вездѣ ходятъ и гуляютъ, „два дѣтямъ въ страсть" рога, которыхъ дѣти очень боятся и которыми корова иногда и на самомъ дѣлѣ ткнетъ того, кто въ красной рубашкѣ; „четыре такъ въ сласть" четыре соска у вымени, которые даютъ молоко очень любимое дѣтками.

2) Изъ окна въ окно золото бревно.

Отв. Когда солнце свѣтитъ въ окно, то въ комнатѣ какъ будто стоитъ золотой столбъ отъ солнечнаго свѣта. Онъ особенно замѣтенъ потому, что солнце освѣщаетъ мелкую пыль, которая всегда есть въ комнатѣ.

3) У двухъ матерей по пяти сыновей.

Отв. У обѣихъ рукъ по пяти пальцевъ.

4) Бѣлое поле, черное сѣмя: кто его сѣетъ, тотъ разумѣетъ.

Отв. Бумага, по которой пишутъ чернилами. Кто на ней напишетъ, тотъ ее и понимаетъ.

5) Скокъ да скокъ за рѣшеткой звѣрекъ: что ты ни зналъ, обо всемъ разсказалъ.

Отв. Языкъ за зубами болтается: когда говоришь, будто звѣрекъ на привязи сидитъ въ потьмахъ, а все разскажетъ.

6) Кругленькимъ—маленькимъ до неба докинешь.

Отв. Глазъ. Глазами не только можно смотрѣть на все, что вокругъ насъ, но и разсмотрѣть далекое небо.

7) Красненькій пѣтушекъ по жердочкѣ бѣжитъ.

Отв. Спичка: Когда ее зажигаютъ, такъ огонь бѣжитъ по прутику.

8) Ничего не болитъ, а все стонетъ

Отв. Свинья: она вѣчно хрюкаетъ, да охаетъ точно больная

9) Всѣмъ наградила, все загубила.

Отв. Что можетъ всѣхъ наградить? Какое время счастливѣе всего для народа. Осень. А почему? Если осенью созрѣваютъ всѣ хлѣба и плоды, то и выходитъ, что она всѣхъ награждаетъ. Но чѣмъ же она все губитъ? Деревья, трава увядаютъ отъ холоду, а холода начинаются осенью: въ началѣ осени все созрѣваетъ, а въ концѣ все гибнетъ.

10) Въ небо дыра, въ землю дыра, а по срединѣ огонь да вода.

Отв. Нѣтъ-ли у насъ въ комнатѣ этой вещи? Посрединѣ чего бываетъ огонь и вода? Посрединѣ самовара огонь и вода; разсмотри его устройство и скажи, гдѣ это въ небо и въ землю дыра.

11) Теперь отгадай мнѣ, что

Краше свѣта? (значитъ что красивѣе, лучше всего на свѣтѣ). Красное солнце.

Чаще рощи? — Частыя звѣзды.

Выше лѣса? — Свѣтелъ мѣсяцъ.

12) Не море, не земля, корабли не плаваютъ, а ходить нельзя.

Отв. Болото: въ немъ земля такъ вязка что можно завязнуть, а гдѣ и провалится.

13) Ѣду, ѣду, слѣду нѣту; рѣжу, рѣжу, крови нѣту.

Отв. Вода. Сколько мы ни ѣдемъ въ лодкѣ, а никакихъ слѣдовъ не оставляемъ: сколько веслами ни разрѣзаемъ воду, а крови все таки нѣту.

14) Шолковъ клубъ, семь дыръ вокругъ.

Отв. Голова у человѣка: у человѣка на головѣ ноздри, уши, глаза, ротъ — вотъ и семь дыръ.

15) Весной веселитъ, лѣтомъ холодитъ, осенью питаетъ, зимой согрѣваетъ.

Отв. Дерево. Чѣмъ веселитъ весной, холодитъ лѣтомъ? Какъ можно деревомъ питаться? Какимъ образомъ дерево можетъ насъ грѣть зимой.

Загадки имѣютъ хорошее вліяніе на маленькихъ дѣтей, если только имъ придаютъ должное значеніе и упражняютъ въ нихъ такимъ образомъ, какъ было указано въ началѣ этой главы. Онѣ хороши уже потому, что развлекаютъ дѣтей послѣ однообразной, усидчивой, механической работы, веселятъ ихъ и доставляютъ имъ безконечное удовольствіе. Онѣ полезны также тѣмъ, что при самомъ незначительномъ напряженіи мозга и въ тоже время нисколько не волнуя ребенка (что бываетъ при дѣтскихъ азартныхъ играхъ въ карты, маленькую рулетку, и т. п.), загадки упражняютъ остроуміе, соображеніе, быстроту мысли. Все это пробуждаетъ въ дѣтяхъ любовь къ умственнымъ занятіямъ и даетъ хорошее основаніе самостоятельному мышленію. Однако нужно помнить, что воспитаніе дитяти никакъ не можетъ ограничиваться одними загадками. Если воспитатели будутъ давать ихъ черезъ мѣру, или будутъ показывать дѣтямъ, что они придаютъ серьезное значеніе ихъ быстрому воображенію, тогда это хорошее воспитательное средство послужитъ во вредъ питомцу. Ничтожное свое остроуміе ребенокъ будетъ принимать за особенное глубокомысліе, за нѣчто такое, что ему даетъ право смотрѣть на своихъ товарищей какъ на существа, менѣе его ода ренныя. Намъ самимъ пришлось слышать какъ одно дитя, мать котораго всѣмъ хвастала его устроуміемъ, тутъ же напоминало ей свои остроты, о которыми она забыла похвастать и тутъ же пополнилъ ея разсказъ старыми и вновь импровизированными остротами. Слѣдуетъ замѣтить, что остроумный ребенокъ, которому такимъ образомъ съизмала вскружатъ голову, скоро лишается этого дара. Мало по малу онъ повторяется въ своихъ остротахъ, онѣ дѣлаются нахальными и даже пошлыми. Такимъ образомъ ребенокъ привыкаетъ къ балагурству, къ игрѣ словами и умъ его принимаетъ поверхностное, въ высшей степени опасное направленіе.

ГЛАВА IX.

Прошлый разъ мы вкратцѣ объясними, въ чемъ состоитъ третій и четвертый даръ Фребеля; теперь мы займемся пятымъ и шестымъ даромъ. Третій даръ Фребеля, какъ мы знаемъ, состоялъ изъ куба, раздѣленнаго на 8 меньшихъ кубовъ—вдоль и поперегъ по одному разу. Давая восемь кубиковъ, какъ равныя части одного цѣлаго, Фребель тѣмъ самымъ указываетъ, что въ началѣ необходимо дѣлать болѣе легкія постройки, представляющія, лишь отдаленное подражаніе дѣйствительнымъ предметамъ,—постройки, возможныя для дѣтей примѣрно въ 3, 4 года. Съ 8 частями можно также закладывать болѣе простыя изящныя формы и рѣшать менѣе сложныя математическія задачи. Теперь большой кубъ Фребель дѣлитъ на 27 равныхъ кубиковъ по два раза вдоль и поперегъ. Выходитъ три ряда, и въ каждомъ ряду трижды три кубика (9), всего трижды девять—то есть 27. Но въ ящикѣ пятаго дара всего не 27, а 39 частей одного большаго куба, потому что изъ 27 кубиковъ 6 еще раздѣлены вкось на треугольныя призмы такимъ образомъ: 2 кубика раздѣлены вкось въ одну сторону, значитъ, на 2 части, и 3 раздѣлены вкось въ обѣ стороны, значитъ, на 4 части. И такъ всего выходитъ:

цѣльныхъ кубиковъ 21
изъ остальныхъ шести: три, каждый на 2 призмы 6
три, каждый на 4 призмы 12
_____
39

Здѣсь къ болѣе сложному дѣленію по прямымъ линіямъ присоединяется дѣленіе по косымъ, слѣдовательно, кромѣ того, что ребенку дается больше прежняго матеріалу для постройки, онъ еще знакомится съ новыми тѣлами, т. е. треугольными призмами. Такимъ образомъ въ своихъ постройкахъ онъ можетъ уже точнѣе подражать окружающимъ предметамъ: устроить, напримѣръ, кресло съ ручками; на диванѣ, или на кроваткѣ сдѣлать подобіе подушекъ, выстроить домъ съ окнами и съ разными крышами.

Изящныя формы здѣсь представляютъ уже очень сложныя фигуры и притомъ сочетаніе квадратной формы (поверхность куба) съ треугольною призмою даетъ имъ совершенно особый видъ и несравненно болѣе разнообразія.

Для знакомства съ математическими тѣлами здѣсь такой матеріалъ, съ помощью котораго можно усвоить всѣ начала геометріи. Сравненіе треугольной призмы съ кубомъ, треугольника съ квадратомъ, построеніе разныхъ кубовъ, призмъ и другихъ тѣлъ, сравненіе ихъ по формѣ и по объему, —все это могло бы занять дѣтей и до 12 лѣтняго возраста. Счисленіе отъ 8 кубиковъ разомъ переходитъ на очень сложныя числа.

Шестой даръ Фребеля имѣетъ отношеніе къ четвертому дару. Тамъ мы видѣли кубъ, раздѣленный на 8 кирпичиковъ, здѣсь же кубъ распадается также на 27 кирпичиковъ, но такимъ образомъ, что выходитъ:

21 цѣльный кирпичъ 21
3 кирпичика, раздѣленныхъ на 2 квадрата 6
3 кирпичика, раздѣленныхъ на 2 вдоль 6

и такъ вмѣсто 27 мы находимъ въ ящикѣ 6 дара . . . . 33 тѣла.

Шестой даръ представляетъ новыя средства къ болѣе точному воспроизведенію дѣйствительности: тутъ мы дѣлаемъ въ зданіяхъ болѣе тонкія стѣнки, строимъ балконы, колонады; дѣленіе кирпичиковъ вдоль даетъ возможность ставить совершенно правильные столбы, которымъ пьедесталами служатъ сдѣланные изъ кирпичиковъ квадратики и проч. При построеніи изящныхъ формъ и математическихъ фигуръ тутъ тоже являются свои особенности.

Принимая 5-й и 6-й даръ Фребеля для занятій съ дѣтьми отъ 6 до 7 и 8 лѣтняго возраста, мы должны измѣнить здѣсь еще болѣе, чѣмъ въ 3 и 4 дарѣ, согласно предположенной нами системѣ упражненій. Въ прошлый разъ мы привели распредѣленіе занятій для зимняго дня, нынѣ для разнообразія избираемъ лѣтнее время. Что касается зимнихъ игръ и бесѣдъ въ возрастѣ отъ 5 до 7 лѣтъ, то читатели поймутъ, какъ ихъ устроить изъ того, что мы предлагали для предъидущаго возраста: только согласно съ большимъ развитіемъ дѣтей, онѣ естественно становятся сложнѣе. Многое, предлагаемое нами въ настоящей главѣ, послужитъ матеріаломъ и для зимнихъ занятій, какъ напримѣръ, разнообразныя постройки съ 5 и 6 даромъ.

Съ этихъ построекъ и начинаются утреннія упражненія ребенка, притомъ такъ, что въ одинъ день можно избрать жизненныя формы, на другой изящныя, на третій—математическія. Давая въ первый разъ 5 даръ, въ руководствахъ Фребеля, прежде всего совѣтуютъ знакомить съ этимъ даромъ: считать ряды кубиковъ, замѣчать ихъ расположеніе въ цѣломъ кубѣ, указываютъ на отличіе формы треугольной призмы отъ куба. Замѣтимъ, что переходъ отъ куба съ 8 частями къ кубу, въ которомъ 39 частей слишкомъ рѣзкій, и знакомить со всѣми численными отношеніями въ этомъ многосложномъ кубѣ можно никакъ не сразу, а лишь очень постепенно. На первый разъ довольно, если, знакомя съ новою игрушкой, мы укажемъ дѣтямъ, что тутъ больше 8 кубовъ и что кромѣ кубовъ есть треугольныя тѣла, происшедшія отъ дѣленія кубиковъ вкось на двѣ и на четыре части. Въ постройкахъ опять соблюдаютъ, чтобы изъ одной формы выходила другая безъ разрушенія прежде построеннаго. Такъ изъ куба послѣдовательно дѣлаютъ лѣстницу, кресло, кровать, колодезь, домъ, и проч. Если и полезно иногда упражнять дѣтей такимъ образомъ, то столько же необходимо обращать вниманіе и на содержаніе, представляемое той или другой формой, и здѣсь, какъ и въ занятіяхъ съ 3, 4 лѣтними дѣтьми, мы точно также заботимся о цѣлости бесѣды, основанной на внутренней связи между объясненными предметами.

Изъ 8 кубиковъ мы строили столъ, стулъ, шкафъ, постель, такъ что намъ рѣдко приходилось дѣлать два предмета вмѣстѣ. Теперь, при большемъ количествѣ матеріала, мы строимъ тѣже предметы совершеннѣе, и кромѣ того заставляемъ дѣтей устраивать цѣлую комнату, со всѣми принадлежностями. Ребенокъ обдумываетъ: „Кроватку, одну для меня, другую для няни, шкафъ... туда надо класть все бѣлье, столикъ для умыванья... много стульевъ мы тутъ не будемъ ставить... а столикъ нужно, у кроватки... помнишь, какъ меня не выпускали, съ постели, такъ на столикѣ стояли игрушки, и кушанье, и все“...—„А какія еще бываютъ комнаты“?..—Столовая: для столовой нужно вотъ такой длинный большой столъ и кругомъ побольше стульевъ... да еще нужно такой широкій шкафъ для посуды. Вотъ, я сдѣлаю стулья для всѣхъ, кто у насъ бываетъ: тутъ мама сядешь ты за самоваромъ... Вы спрашиваете, какая посуда бываетъ за столомъ во время обѣда, какая во время чая, разсказывайте кое-что о приготовленіи этой посуды. Но одного вашего разсказа здѣсь недостаточно: потомъ, во время прогулки, соблюдая все туже связь въ объясненіяхъ, вы можете сводить шестилѣтняго или семилѣтняго ребенка къ столяру, къ мѣднику, съѣздить съ нимъ на стеклянную, фаянсовую фабрику, чтобы онъ хотя въ общихъ чертахъ ознакомился съ приготовленіемъ разныхъ предметовъ... Въ этомъ ему будетъ и нравственная польза: онъ увидитъ, какимъ трудомъ добывается все, чѣмъ мы такъ безпечно пользуемся. Въ крайнемъ случаѣ вы достаете хоть матеріалъ, изъ котораго приготовляются разныя вещи: кусокъ желѣза, фаянсовой глины, и проч.—и объясняете по картинкамъ, какъ что дѣлается. Картинка однако не можетъ никакъ замѣнить дѣйствительности: она, болѣе полезна для напоминанія о томъ, что ребенокъ уже видѣлъ прежде.—А вотъ къ чаю нужны сухари, булки, Варя купитъ ихъ у булочника, а булочникъ сдѣлаетъ изъ муки, а гдѣ онъ муки достанетъ? Какъ приготовляется мука? Опять, на случай прогулки, запомнить, что надо осмотрѣть вѣтряную мельницу, побывать и въ полѣ, чтобы осмотрѣть сельскія работы. Платяной шкафъ дастъ вамъ случай побесѣдовать о разной одеждѣ, о приготовленіи холста изъ льна, сукна изъ шерсти, разныхъ матерій изъ хлопчатой бумаги, обуви изъ кожи. Тутъ есть опасность растеряться въ подробностяхъ, но пусть воспитатель сдѣлаетъ самый строгій выборъ наиболѣе необходимаго и доступнаго ребенку, пусть онъ приметъ за правило не бесѣдовать о томъ, чего нельзя ребенку показать совершенно наглядно, и пусть всякій разъ онъ назначаетъ не болѣе, какъ одинъ, много два разсказа.—Какія еще комнаты мы не дѣлали? Устроимъ кабинетъ; вотъ тутъ на сцену являются софа, кресла, письменный столъ: онъ не такой, какъ въ столовой, или въ спальнѣ; на немъ стоитъ чернильница, лежатъ бумаги, карандаши, перья. Для чего все это служитъ? Изъ чего дѣлаютъ карандаши, грифели, бумагу? Мы перестроили всѣ комнаты; сдѣлаемъ теперь стѣну съ окнами, такую какъ въ нашей залѣ: зачѣмъ нужны окна? Теперь тепло мы и безъ рамъ обойдемся, а зимой такъ нужны не одна, а двѣ рамы,—Зачѣмъ? какія стекла должны быть въ рамахъ? какъ ихъ приготовляютъ? Какъ вставляетъ ихъ стекольщикъ?... Теперь мы будемъ строить, а уже ты сама вырѣжешь и склеишь изъ папки оконную раму и вставишь вмѣсто стеколъ кусочки слюды, которую я дамъ тебѣ. Ну, войдемъ на дворъ. А какъ выйти? нужно сдѣлать лѣстницу. Зачѣмъ это лѣстницы дѣлаютъ не прямо, а кругомъ, съ заворотами и съ площадками? а не сдѣлаешь-ли ты также витую лѣстницу?—Уже въ томъ, что мы здѣсь представили, хватитъ занятій на много дней.—Теперь ребенокъ строитъ дворъ: стѣну съ воротами, сарай. Что ставятъ или кладутъ въ сараи? зачѣмъ нужны сѣно, дрова? гдѣ ихъ достаютъ? а вонъ и собачья будка—тутъ барбосъ на цѣпи. На дачѣ у насъ на дворѣ колодезь, а въ городѣ гдѣ достаютъ воду? Выйдемъ теперь изъ воротъ на улицу. Мы можемъ построить и фасадъ нашего дома. А помнишь, Маша, ты видѣла, какъ строятъ, какъ каменьщики кладутъ домъ изъ кирпичей и тесанаго камня. Имъ потруднѣе работать, чѣмъ тебѣ: вонъ сидитъ онъ на какой высотѣ, —вѣдь зимой не работаютъ, все лѣтомъ... надѣть ему шапку жарко, а сниметъ, солнце палитъ голову. Захочется пить—слѣзать некогда, ужъ до питья ли? Побольше бы заработать денегъ, чѣмъ прокормить семью. А отчего дома строятъ лѣтомъ? Что сначала кладутъ? какъ выводятъ на фундаментѣ стѣны? вонъ, оставляютъ пустыя мѣста—для чего это? Это для дверей; это для оконъ. Вспомни какъ вставляютъ балки для половъ, а крышу какъ дѣлаютъ? какъ укрѣпляютъ въ балки стропила? какъ стелютъ доски?—Послѣ того, съ помощью шестаго дара, вы устраиваете колонады, какія ребенокъ видѣлъ у театра, у храма, строите дачу съ балконами, съ заборомъ для сада и огорода. А вотъ такъ, говорите вы, можно намъ состроить и цѣлую деревню съ домиками, съ церковью. Ты видѣла крестьянскую хату? Мы сдѣлаемъ сначала избу, потомъ весь крестьянскій дворъ. Въ избѣ тоже ли бываетъ, что въ городскихъ покояхъ? Здѣсь мы поставимъ у стѣнъ скамейки, большой столъ, сундукъ, шканикъ для посуды, русскую печь. Сдѣлаемъ теперь и цѣлый домъ,—чѣмъ онъ отличается, какъ его рубятъ изъ лѣсу?—При этомъ могутъ помочь и складныя крестьянскія хаты, какія продаются въ игрушечныхъ лавкахъ.— А чѣмъ жизнь крестьянина отличается отъ жизни горожанина? Въ городѣ болѣе живутъ столяры, мѣдники, ткачи, горшечники и другіе ремесленники, кромѣ того купцы, военные, и проч. Въ селѣ болѣе занимаются хлѣбопашествомъ. А вотъ какъ русскій человѣкъ толкуетъ про свое житье-бытье: „Не печь кормитъ, а нивка.“ Что это значитъ? „На полатяхъ лежать, такъ и ломтя не видать“. — „Титъ! поди молотить!—Брюхо болитъ. Титъ, поди кисель ѣсть? А гдѣ моя большая ложка“? Мужичокъ усердно работаетъ день деньской: пашетъ, сѣетъ, жнетъ, коситъ, дрова рубитъ... такъ не любитъ онъ тѣхъ, кто лежитъ на печи. Надъ нерадивыми, что всякое дѣло кое-какъ дѣлаютъ, онъ такъ смѣется: „Сбилъ, сколотилъ—вотъ колесо! Сѣлъ да поѣхалъ—ахъ хорошо! оглянулся назадъ—однѣ спицы лежатъ“. Работа трудна, да у мужичка есть свой дворъ и домъ, гдѣ хоть и „не уѣдно, да улежно“. —Хоть и не всегда поѣшь до сыта, да отдохнуть можно. «Не красна изба углами, а красна пирогами». Пироги простой народъ ѣстъ въ праздникъ, а въ будни доволенъ если есть щи, кусокъ хлѣба, да каша. У кого заведется баранина, да сало свиное, про того ужъ говорятъ: „Домъ, какъ полная чаша?“ А коли нѣтъ муки и пирога испечь, все же не печалятся, шутятъ: „Порогъ поскребла, да пирогъ испекла“. Да какъ ни бѣденъ русскій человѣкъ, а готовъ послѣднимъ кускомъ подѣлиться съ гостемъ: „Что въ печи, все на столъ мечи“. Ну и гостю не нужно быть жаднымъ. Дурно, кто ходитъ къ другимъ, чтобы только поѣсть: „На чужой каравай, ротъ не разѣвай“—говоритъ пословица.

А вотъ разгадай, Маша, загадки: „Сто гостей, сто постелей—одному гостю нѣтъ постели“. (Бревна въ избѣ и матица). „На улицѣ кромушка, въ избѣ ломотокъ“ (Бревно въ стѣнѣ). „Два братца глядятся, а вмѣстѣ не сойдутся“ (Полъ и потолокъ). „Не шагаетъ, а ходитъ“ (Дверь). „Молчанъ-собака весь домъ стережетъ“ (Замокъ).

Въ другой разъ вы начнете утро занятіемъ изящными формами. Здѣсь опять у Фребеля требуется, чтобы въ каждую фигуру входили всѣ кубики. Такимъ образомъ послѣ занятій съ 8-ью кубиками,—здѣсь фигуры вдругъ являются уже слишкомъ сложными и самое упражненіе можетъ крайне утомить ребенка. Необходимо при этихъ занятіяхъ сначала упростить фигуры, выбравъ меньшее число кубиковъ и постепенно прибавляя новые, или строить и изо всѣхъ 27 кубиковъ только болѣе простыя фигуры. Примѣръ этому заимствуемъ изъ Лины Моргенштернъ. (Смотри рисунки въ концѣ). Вы сначала составляете правильный треугольникъ, по 9-ти кубовъ на каждой сторонѣ; на конецъ кладете кубы сложенные изъ призмъ. Потомъ отнимаете по одной изъ этихъ сложенныхъ призмъ и располагаете ихъ по сторонамъ вашей треугольной фигуры. Болѣе сложныя сочетанія въ фигурахъ здѣсь могутъ принести особенную пользу тѣмъ, кто занимается какимъ нибудь мастерствомъ, въ родѣ приготовленія паркетовъ, штучныхъ столовъ, узоровъ для потолка и проч. Тотъ пріемъ, что одна фигура выходитъ изъ другой, здѣсь не столько важенъ въ воспитательномъ отношеніи, сколько потому, что даетъ легкое средство самому придумывать всѣ новыя фигуры: такъ постепенно чрезъ рядъ хотя и симметрическихъ формъ, но не особенно красивыхъ, вы доходите до самой красивой формы.

Упражненія въ геометрическихъ формахъ, какъ мы уже замѣтили, при 5-мъ и 6-мъ дарѣ, могутъ обнять чуть-ли не всю геометрію. Но тутъ воспитатель долженъ быть осторожнымъ, чтобы не сдѣлать безплоднымъ прекрасный методъ Фребеля.

Теперь мы продолжаемъ учить счету, но съ величайшею постепенностью. Въ двухъ предъидущихъ главахъ, въ многочисленныхъ примѣрахъ, мы указали достаточно подробно, какъ слѣдуетъ маленькихъ дѣтей упражнять въ первомъ счетѣ. При математическихъ постройкахъ 5-го и 6-го дара слѣдуетъ держаться тѣхъ же правилъ, принявъ во вниманіе только то, что дѣти здѣсь уже болѣе взрослыя, слѣдовательно тутъ уже можно давать имъ задачи болѣе сложныя.

При математическихъ упражненіяхъ вы можете также дать складывать и тѣла, представляющія на поверхности форму прямоугольника, трапецій и другихъ многоугольниковъ. Здѣсь также представляется случай постепенно упражнять въ сравненіи тѣлъ, одинаковыхъ по формѣ и различныхъ по объему, и тѣлъ различныхъ по формѣ и одинаковыхъ по объему. Такъ вы можете сдѣлать нѣсколько различной величины квадратовъ въ одинъ, въ четыре въ восемь и болѣе кубиковъ. Точно также изъ кирпичиковъ вы складываете квадраты различной величины. Тоже самое съ треугольниками и прямоугольниками. Или вы строите изъ одинаковаго числа кубиковъ два тѣла различныхъ по формѣ, напримѣръ квадратъ и прямоугольникъ, или трапеція. У васъ выйдетъ два тѣла различныхъ по формѣ, но одинаковыхъ по объему. Всѣ эти упражненія очень полезны, но ихъ давать надо очень умѣренно.

Мы уже говорили, что, послѣ построекъ изъ кубиковъ, или математическихъ упражненій, должны слѣдовать чисто физическія упражненія. Тогда была зима и эти упражненія происходили въ комнатѣ. Подражая работамъ старшихъ, мы укрѣпляли мускулы: рукъ, плечъ, ногъ и спины. Вспомнимъ нѣкоторыя изъ этихъ игръ: разнообразныя игры въ мячъ, то одной, то другой рукой, движенія тѣла, въ которыхъ ребенокъ подражаетъ тому, какъ мотаютъ нитки, мелютъ кофе, какъ летаютъ птицы, какъ бѣгаетъ лошадь и т. д. Эти самыя упражненія продолжаются и теперь, но, сообразно съ лѣтнимъ временемъ, ихъ можно болѣе разнообразить и болѣе осмыслить при большемъ развитіи ребенка въ 5, 6 лѣтъ.

— Походи-ка, Маша, по лужку,—покажи какъ крестьянинъ рожь сѣетъ. Ну, а какъ жнутъ, бабы? — Теперь посѣяли и сжали, надо молотить. Ну-ка, мужичокъ поѣзжай теперь въ городъ рожь продавать... У! Маша, нужно скоро, скоро бѣгать... Тутъ мужичекъ ужъ навѣрно скоро ѣдетъ; онъ радъ радешенекъ, когда у него хлѣбъ такъ хорошо уродился, что и въ городъ можно кой-что свезти продать, а на вырученныя деньги соли купить, валенки себѣ на зиму, дѣтокъ своихъ гостинчикомъ полакомить... Ну, полно бѣгать, отдохни, да спой пѣсенку. Вы поете, дѣвочка вамъ вторитъ.

> Сѣй скорѣй мужичекъ!
> Выпалъ свѣтленькій денекъ;
> Рожь какъ разъ взойдетъ. и т. д.

— А вѣдь ту рожь, что у мужика осталась для себя, ему и смолоть надо ну-ка, покажи, какъ мелютъ... А какъ потомъ тѣсто мѣсятъ для хлѣба?... Разумѣется, всѣ эти игры имѣютъ смыслъ лишь тогда, когда ребенокъ видѣлъ на дѣлѣ самыя работы. — Ну, теперь надо опять попрыгать.

— Какъ заяцъ скачетъ въ полѣ? — Ребенокъ прыгаетъ на корточкахъ, при этомъ показываетъ руками ушки зайчика, которыя то мелькаютъ, то скрываются въ травѣ. — Чу! Раздается охотничій рогъ, говорите вы, ну, заинька, давай Богъ ноги, скорѣй, скорѣй... Гамъ... гамъ... гамъ... вотъ уже и собаки близко. Ну, братъ, скачи, вертись похитрѣе... Ну, попался зайка, загнали-таки куда-то... — Ой, устала, мама, — кричитъ дѣвочка и бросается на траву. Черезъ минуту она отдохнула и поетъ съ матерью:

> Заинька по сѣничкамъ   Некуда сѣрому
> Ходилъ, да гулялъ,   Выпрыгнути.
> Сѣрый по новымъ   Семеро воротъ
> Разгуливалъ, гулялъ.   Крѣпко заперты
> Некуда заинькѣ.   Ключники всѣ въ торгъ пошли,
> Выскочити   Ключики по кармашкамъ разнесли.
>
> > (Народ. пѣсня).

— Ну, а теперь споемъ: „Ленъ мой ленокъ...“ — Дѣвочка вскакиваетъ на ноги, поетъ, притопываетъ ногами и показываетъ какъ сѣютъ, полютъ, треплютъ ленокъ и т. д. — Покажи, какъ дровосѣкъ дрова рубитъ, какъ столяръ доски пилитъ, теперь то же самое лѣвой рукой... Ну, теперь дѣлай, что знаешь.

Свободная игра на открытомъ воздухѣ можетъ имѣть огромное значеніе не только для физическаго развитія, но и для развитія внѣшнихъ чувствъ ребенка.

Для лѣта можно выбрать свои подходящія игрушки. Прежде всего назову тѣ, которыя упражняютъ въ бѣганьи за движущимися предметами и требуютъ вѣрнаго глазомѣра и ловкости въ рукахъ. Я напомню сначала о всѣхъ извѣстныхъ полезныхъ игрушкахъ и укажу, какъ съ ними можно разнообразить игру.

1) О б р у ч и. На ровномъ мѣстѣ катятъ обручъ, погоняя его палочкой и не давая ему упасть. Тутъ можно ускорить или замедлить бѣгъ, придавать обручу различныя направленія, подкидывать его на бѣгу, гнать его то правой, то лѣвой рукой. Игру съ обручами можно устроить и для большаго количества дѣтей. Много дѣтей становятся другъ передъ другомъ, катятъ на встрѣчу одинъ другому обручи такъ, чтобы они столкнулись; чей обручъ упадетъ, тотъ проигралъ, или на лету ихъ перехватывать и мѣняются ими другъ съ другомъ.

2) Метаніе кружковъ въ кругъ. На землѣ чертятъ не большой кругъ и съ назначеннаго мѣста бросаютъ въ него кружки. Чей кружокъ остается въ кругѣ, тотъ выигрываетъ всѣ кружки, упавшіе внѣ круга.

3) Кольца или серсо—всѣмъ извѣстная игра, которая сопровождается очень полезными движеніями для всего тѣла.

4) Прыганье черезъ веревочку.

5) Бумажный змѣй. Ребенокъ для бóльшей красоты окаймляетъ его цвѣтной бумагой, дѣлаетъ узорный бумажный хвостъ и проч. Тутъ онъ наглядно узнаетъ законъ равновѣсія и направленіе вѣтра, наблюдая, какъ змѣй летитъ когда кувыркается, падаетъ и проч.

6) Вертящееся колесо. Чертятъ на панкѣ правильный кружокъ, вырѣзаютъ его и подравниваютъ края. Посреди круга чертятъ другой кругъ и проводятъ къ нему отъ средины до 10-ти радіусовъ, на равномъ разстояніи другъ отъ друга; радіусы эти прорѣзаютъ ножичкомъ и образовавшіеся лоскутки оттибаютъ по очередно одинъ въ одну сторону, другой въ другую. Это колесцо довольно шибко катится на гладкой дорогѣ, погоняемое вѣтромъ.

7) Вертящаяся мельница, сдѣланная изъ дерева, или разноцвѣтной бумаги.

8) Лукъ тоже можетъ приготовить самъ каждый ребенокъ. Для этого обыкновенно покупаютъ камышъ, который легко гнется. На обоихъ концахъ камышловки дѣлаютъ небольшіе надрѣзы, чтобы съ концовъ не соскользала веревка, которою ихъ стягиваютъ... Въ средину упираютъ стрѣлу такой длины, чтобы при натянутомъ лукѣ, конецъ ея всетаки выступалъ за лукъ Эта игра служитъ къ развитію ловкости рукъ и вѣрности глаза. Конечно, ее можно допускать не въ комнатѣ, а на дворѣ, гдѣ сначала въ шагахъ 10-ти, а потомъ все въ большемъ и большемъ разстояніи ставятъ какую нибудь доску, въ которую и цѣлится ребенокъ. Однимъ словомъ такихъ игрушекъ, въ которыхъ вмѣстѣ съ упражненіями физическими есть и кой-какая работа для рукъ и головы, очень много.

Нагулился ребенокъ и самъ пристанетъ къ вамъ дать ему какую нибудь работу: дайте ему на этотъ разъ хоть плести изъ лучины. Въ послѣдній разъ мы говорили, что въ четыре года ребенокъ можетъ только на полу раскладывать лучины и если онѣ одной величины—можетъ измѣрить ими кой-какіе предметы. Теперь рука его сдѣлалась гораздо искуснѣе и онъ научится различно сплетать тѣ же лучины. Лучина гнется, и тутъ онъ на дѣлѣ знакомится съ упругостью дерева; кромѣ того, при этой работѣ, дайте понять, что для составленія какой бы то ни было фигурки необходимо— 1) чтобы каждая лучина была прикрѣплена въ трехъ точкахъ; иначе она не будетъ держаться,—2) чтобы фигуры не распадались, необходимо по крайней мѣрѣ 4 палочки. Тутъ ребенокъ постоянно имѣетъ дѣло съ углами, которые легко принимаютъ любую величину и форму.—Такимъ образомъ онъ наглядно знакомится со свойствами угловъ. Ребенка въ этихъ занятіяхъ радуетъ и то, что онъ можетъ сохранить свою работу, переносить ее съ мѣста на мѣсто и всѣмъ показывать. Здѣсь также одна фигура можетъ слѣдовательно выходить изъ другой чрезъ большее или меньшее раздвиганіе лучинъ. Когда игра сопровождается соотвѣтственною бесѣдой, то этимъ еще больше увеличивается интересъ къ дѣлу. — Посмотри, Маша, на эту лучинку и разскажи мнѣ про нее что-нибудь. — Ребенокъ сообщаетъ все что видитъ. — Лучина эта изъ дерева, также какъ и наша мебель,—только вонъ въ той комнатѣ столъ и стулъ черной краской окрашены, а лучина ничѣмъ не окрашена, сѣраго цвѣта. Лучина длинная, вотъ у ней углы, вотъ ребрышки.

— А знаешь, мама,—ребенокъ на минуту задумывается... Эта лучинка имѣетъ все то же, что плитка: столько же реберъ, угловъ и гладкихъ сторонъ... Выходитъ, что она вытянутая и обструганная плитка.

Воспитатель всегда долженъ стремиться, чтобы ребенокъ по 6-7-му году самъ обо всемъ разсказалъ безъ понуканій и безъ ежеминутныхъ вопросовъ. Вы только указываете на предметъ, слегка наводите на то или другое сравненіе и опредѣленіе, давая ребенку время подумать! Вы передъ его глазами сгибаете лучину.—Что я дѣлаю?—Ты сгибаешь лучину.—А теперь?—Теперь лучина стала такою же, какъ была.—Да, правда, она выпрямилась; она, значитъ упругая.— Воспитатель беретъ круглую палочку.—Палочка упругая, или нѣтъ? вотъ она тоже гнется.—Упругая, только очень немного; когда побольше согнуть, такъ сломится, слѣдовательно, палочка сгибается, какъ лучина, только не всегда можетъ такъ хорошо разогнуться: она ломается.—Не знаешь-ли чего нибудь еще другаго?— Кость въ платьѣ упругая (китовый усъ);—палочки, которыми выбиваютъ шубы (камышловки), чтобы въ нихъ не заводилась моль,—упругія; Костина тросточка съ которою лѣтомъ онъ ходитъ гулять,—упругая; вѣтва и прутья дерева упругая.

— Не видала ты, Маша, что дѣлаютъ изъ лучины?—Корзинки, въ которыхъ носятъ полоскать уже вымытое бѣлье, маленькія корзиночки для пирожныхъ, а вотъ еще что. Когда были мои имянины, мнѣ принесли огромный крендель; онъ лежалъ на подносѣ, сдѣланномъ изъ такихъ лучинокъ. Сей-часъ сдѣлаю такой же подносъ.—Если ребенокъ переплеталъ 4, 5 фигурокъ изъ лучины, онъ легко это сдѣлаетъ.—А вотъ еще возьми эту маленькую корзиночку изъ подъ пирожнаго, осторожнѣй бери ее, а теперь опять сложи. Дѣлать настоящіе предметы, конечно, всего занимательнѣе для ребенка.

— Вотъ въ тѣхъ мѣстахъ Маша, гдѣ у крестьянъ плохо хлѣбъ родится, часто печемъ жить, приходится кормиться, дѣлая на продажу корзины. Родители занимаются полевою работой, а дѣтямъ косить да пахать еще не подъ силу, они и дѣлаютъ корзины различной величины, отправляютъ ихъ продавать въ городъ, выручаютъ за нихъ деньги и иногда много помогаютъ этимъ своимъ родителямъ.

— Ну, Машутка, а намъ съ тобой нужна лучина, или мы можемъ безъ нея обойтись?

— Наши печи затапливаются лучиной,—когда ставятъ самоваръ, такъ угли тоже зажигаютъ лучиной.

— Ну, поди Маша бѣгать...

— Нѣтъ, мама, разскажи мнѣ пожалуйста,—говоритъ дѣвочка, на которую вашъ предыдущій разсказъ уже тотчасъ сдѣлалъ нѣкоторое впечатлѣніе,—что еще въ деревняхъ дѣлаютъ изъ лучины!

Мы опять здѣсь приводимъ упражненія не для одного дня, а лишь указываемъ на занятія, которыя, по данному образцу, можно разнообразить и расширить для цѣлаго года. Бесѣды, гдѣ вы разсматриваете предметъ со всѣхъ сторонъ и даете о немъ ясное понятіе, чрезвычайно важны; но въ живомъ разговорѣ съ ребенкомъ невозможно соблюсти необходимой для этого послѣдовательности и потому вы всегда пользуетесь случаемъ представить цѣлый разсказъ.

— Ты, Маша, просила разсказать, что еще дѣлаютъ въ деревняхъ изъ лучины,—слушай... Вечеромъ, когда бываетъ темно, мы наливаемъ въ лампы керосинъ, или какое нибудь масло, которое ярко горитъ, и зажигаемъ ихъ, или жжемъ свѣчи. Для крестьянъ слишкомъ дороги свѣчи и лампы; нужны на нихъ большія деньги, а тутъ освѣщеніе подъ рукою, свое, даровое, и гроша не стоитъ: взялъ наколоть лучины, воткнулъ въ свѣтецъ *) и сиди себѣ, сколько душѣ угодно... Вотъ вечеромъ, когда дѣти спятъ, мужчины и молодыя дѣвушки садятся кругомъ свѣтца: мужчины лапти плетутъ, женщины бѣлье чинятъ, вонъ и дѣвочка лѣтъ 11-ти. Она считается уже работницей, съ дѣтьми не ложится, а сидитъ тутъ же и прядетъ. Кромѣ пряжи ей еще приходится мѣнять лучину въ свѣтцѣ, и ей это сильно досаждаетъ. Вотъ она вытянула изъ кудели нитку, помачиваетъ ее и покручиваетъ, а веретено само кружится, засучиваетъ нитку и жужжитъ. Дѣвочка смотритъ, какъ у ней быстро прибываетъ пряжа...

— Почитай также теперь пряду, какъ и Ольга... ни чуточки не хуже, думаетъ она. Но въ эту минуту дѣлается темнѣй въ избѣ. Бацъ, и лучина съ трескомъ падаетъ на полъ...

— Ты чего смотришь?—кричитъ разсерженная мать; отцу что—ли отъ работы отрываться, или мнѣ съ больной спиной каждый разъ нагибаться за лучиной?— Это ужъ такая скверная лучина, что ее все мѣняй, должно сырая какая попалась,—говоритъ дѣвочка въ свое оправданіе и про себя бранитъ лучину, что она не дала ей всласть налюбоваться, когда веретено было закружилось такъ славно и надолго.

Однако лучина дымитъ и гаснетъ, — мать опять сердито ворчитъ на дочку, та бросаетъ прялку и ощупью достаетъ другую лучину, потомъ лѣзетъ въ печку, беретъ горячій уголь, раздуваетъ его и опять принимается прясть. Дѣвочка теперь зорко смотритъ, чтобы ужъ другой разъ не дать догорѣть лучинѣ и выпасть изъ свѣтца; мать опять обращается къ дочкѣ уже безъ сердцовъ и скоро вмѣстѣ затягиваютъ:

„Лучина, моя лучинушка,
„Что не ярко горишь
„Не вспыхиваешь"?

Послѣ плетенія лучины и соотвѣтственныхъ бесѣдъ, если возможно, предоставьте ребенку заниматься на открытомъ воздухѣ по собственной фантазіи. Всякая мать, вѣроятно, запасаетъ своему ребенку, будь онъ мальчикъ или дѣвочка, лопатку желѣзную и деревянную, нѣсколько совочковъ, грабельки, тачку... Ребенокъ самъ себѣ устроиваетъ (конечно, согласно съ вашими совѣтами и указаніями) маленькій городокъ. Онъ обнесетъ его заборомъ изъ деревянныхъ колышковъ; вы укажете ему, какъ разбить грядки, какъ весь огородъ окопать канавкой. Послѣ дождя онъ увидитъ свою канавку, наполненную водой, но это самое и спасло его грядки, ихъ не размыло. Вы указываете на это, и вотъ онъ получитъ наглядное понятіе, зачѣмъ земледѣлецъ, не смотря на тяжелый трудъ, который представляетъ рытье канавъ, старается окружить ими всякое поле. На одной изъ грядъ онъ посѣялъ ржи, овса, маку и другихъ сѣмянъ и наблюдаетъ за ихъ всходомъ; на другой — посадилъ нѣсколько кустиковъ земляники, черники и нѣсколько картофелинъ. Какъ и зимой за своими горшками, онъ ухаживаетъ за растеніями; скоро замѣчаетъ, какъ все это значительно

---

*) Свѣтецъ—это деревянная палка на подставкѣ. Сверху ея въ горизонтальномъ положеніи вбита длинная желѣзная полоса, на концахъ полосы сдѣланы выемки, въ которыя и всовываютъ лучину.

быстрѣе ростетъ, пышнѣе распускается, чѣмъ то, что онъ ростилъ въ комнатѣ. Онъ поливаетъ растенія, когда на дворѣ сухо, выпалываетъ дурную траву, прибавляетъ земли, все глубже и глубже прокапываетъ канаву. Сколько физическихъ упражненій, сколько предметовъ для наблюденій, сколько радости ребенку! — Но вы не ограничиваетесь этими наблюденіями. Кругозоръ ребенка такъ расширился по 6-му, 7-му году, что ему доступно и еще многое. Механическія работы и занятія мало-по-малу должны уступать мѣсто болѣе умственнымъ упражненіямъ, разсказамъ и самостоятельнымъ наблюденіямъ въ природѣ того, чего онъ прежде вовсе не замѣчалъ. При этомъ намъ необходимо провести параллель между 6-ти, 7-ми лѣтнимъ ребенкомъ и 4-хъ лѣтнимъ.

Вспомнимъ, что изъ міра животныхъ было доступно вашей дѣвочкѣ въ четыре года? — Возьмемъ въ примѣръ хоть корову. Когда дѣвочкѣ вашей было 4 года, мы, указывая на корову, говорили: — посмотри, какъ она долго жуетъ... вотъ хвостомъ отъ мухъ отмахивается... ну, замычала, — хозяйку зоветъ доить себя, поить велитъ. — Вотъ и все, на что мы могли тогда указать. Теперь-же вотъ въ какомъ родѣ мы можемъ повести съ нею бесѣду о томъ же предметѣ.

Корова.

Лѣтомъ рано-рано по утру, когда еще не начинало свѣтать, всѣ спали по деревнямъ. На дворѣ была совершеннѣйшая тишина, только кое-гдѣ громко прокричитъ пѣтухъ свое ку-ка-ре-ку! Заблеетъ овца въ хлѣву или замычитъ корова. Звуки эти стали все чаще повторяться; видно, скотъ просыпается. Чу! что это? Пастухъ трубитъ въ рожокъ; вотъ онъ выбѣжалъ изъ избы, и еще повторяетъ: туру, туру! Это онъ будитъ хозяевъ и зоветъ свое стадо въ поле. Ему въ отвѣтъ изъ хлѣвовъ разомъ послышались голоса разныхъ животныхъ; скотъ понялъ, что его зовутъ на чистый воздухъ, въ поле — и просится на волю. Хозяйка стала отворять хлѣва и выгонять скотъ. Смотрите съ какою радостью выскакиваютъ оттуда коровы. Вонъ эта бурая непремѣнно кого нибудь ищетъ; медленно съ ногъ до головы осматриваетъ она каждую подругу, наконецъ подошла къ такой-же бурой, какъ сама, и стала лизать ее... видно здоровается съ ней. Въ это время къ нимъ стала подходить рыжая корова; тѣ уставились на нее рогами и замычали. Рыжая корова ничуть за это не разсердилась и отошла прочь: черезъ минуту она опять уже лѣзла къ бурымъ коровамъ, забывъ совсѣмъ, какъ тѣ сей-часъ дурно ее приняли. Наконецъ пастухъ хлопнулъ бичемъ и погналъ коровъ въ поле. Какъ обрадовались онѣ, завидѣвши зеленый лугъ: бѣгаютъ, подымаютъ хвостъ, мѣряются силами. Наигравшись, онѣ спокойно принялись ѣсть траву. Пастухъ сѣлъ на камень, плететъ лапти и напѣваетъ пѣсню. Отъ времени до времени онъ встаетъ и хлопаетъ бичемъ, чтобы не дать коровамъ отходить далеко другъ отъ друга. Но вотъ солнышко высоко поднялось; становится жарко; коровы полегли на землю и перестали ѣсть. Теперь очень удобно поближе приглядѣться къ коровѣ; подойдемъ да посмотримъ какова она. Вишь спина какая острая; всѣ кости выдаются, а бока оттопырились; у заднихъ ногъ подъ животомъ вымя; спереди отвисла кожа — это подгрудокъ. Ноги у нея толстыя, короткія и на нихъ по два копыта. Хвостъ виситъ, какъ бичевка, только на концѣ пучекъ длинныхъ волосъ. Вообще корова не очень-то красивое животное; не даромъ-же пословица сложилась: „пристало, какъ къ коровѣ сѣдло“. Вотъ, повернула наша бу- ренушка голову, смотритъ ласково, да нѣтъ у ней той смышлености въ глазахъ, что у лошади: и шея у ней короткая, не можетъ она поднять вверхъ, какъ ретивый конь, свою широкую морду. На лбу серпомъ рога, уши торчатъ врозь. Зубовъ у ней недо- четъ; значитъ, въ нижней-то челюсти есть зубы, а въ верхней вмѣсто этого тол- стая кожа.

Такіе связные разсказы должно давать и о другихъ животныхъ, конечно посте- пенно избирая сначала разсказъ покороче, а потомъ подлиннѣе. Въ этотъ возрастъ, да еще и гораздо раньше, многіе родители, по преимуществу болѣе образованные, со- знающіе весь вредъ и всю пошлость официальной дѣтской поэзіи, что выражается въ поздравительныхъ стишкахъ къ мамѣ и папѣ, заставляютъ дѣтей заучивать басни Крылова. По поводу этого мы остановимся нѣсколько на Крыловѣ и укажемъ, что можно выбирать изъ его басенъ и какихъ объясненій требуютъ эти басни со стороны воспитателя.

Басни Крылова дѣйствительно болѣе доступны каждому, чѣмъ всѣ другія про- изведенія нашихъ русскихъ писателей. Простота слога, живость и игривое остроуміе разсказа, художественная его отдѣлка, въ которой мы вмѣстѣ находимъ и краткость и законченность, наконецъ здравый смыслъ, которымъ онѣ проникнуты, все это каче- ства безспорно драгоцѣнныя въ педагогическомъ отношеніи. Но нельзя сказать, чтобы каждая басня Крылова, взятая въ отдѣльности, въ одинаковой мѣрѣ удовлетворяла требованіямъ дѣтскаго возраста. Весьма многія изъ нихъ проникнуты тонкой сати- рой, совсѣмъ недоступной маленькимъ дѣтямъ; другія, по узкости взгляда могутъ дать ложное, или одностороннее понятіе о предметѣ. Возьмемъ въ примѣръ нѣсколько басенъ изъ тѣхъ, которыя чаще всего даютъ заучивать маленькимъ дѣтямъ.

Басня „Ворона и Лиса“ изображаетъ ловкость и изворотливость лисы, ко- торая выманиваетъ сыръ у глупой вороны. Ея нравственная мысль — показать, какъ бываетъ наказанъ тотъ, кто поддается на льстивыя слова — урокъ, очень практическій и полезный неопытнымъ людямъ. Но съ другой стороны, искусство льстеца здѣсь представленно такъ игриво, что нисколько не видно гнусности лжи. Лисица чуть-ли не была права, обманивая ворону, которой вся вина состоитъ въ одной ея глупости: плутовка забавляетъ васъ своею хитростью, и вы не чув- ствуете къ ней ни малѣйшаго презрѣнія. Здѣсь смѣхъ, возбуждаемый глупою во- роною, намъ кажется не совсѣмъ нравственнымъ. Если надъ ней посмѣется ребе- нокъ, самъ наклонный ко лжи и лукавству, то цѣль басни врядъ ли будетъ до- стигнута.

„Басня „Котъ и Поваръ“, очень живая по содержанію, совершенно доступна ребенку въ шесть лѣтъ; но ея мораль довольно сомнительная. Тутъ въ смѣшномъ видѣ представленъ поваръ, который хочетъ подѣйствовать убѣжденіями на блуд- ливаго кота, стянувшаго курченка:

> „А я бы повару иному
> Велѣлъ на стѣнкѣ зарубить
> Чтобъ словъ не тратить по пустому,
> Гдѣ нужно власть употребить.“

Что же это означаетъ? Какъ вы объясните ребенку, что долженъ былъ дѣ- лать поваръ съ котомъ вмѣсто нравоученій? Оттаскать кота за уши и хорошенько выдрать розгами? Но замѣтимъ, что грубое обращеніе и безъ того свойственно очень многимъ дѣтямъ: ихъ напротивъ надо учить и словомъ и примѣромъ, какъ дѣйствовать терпѣливо, и даже по отношенію къ кошкѣ никогда не давать воли рукамъ. При малѣйшемъ недосмотрѣ, въ нихъ легко развиваются злые инстинкты.

Басня „Тришкинъ кафтанъ" заключаетъ на видъ очень простой и забавный разсказъ. Тришка обрѣзываетъ рукава, чтобы заплатать локти обрѣзываетъ фалды и полы, чтобы наставить рукава. Но если вы захотите объяснить, какъ слѣдуетъ, смыслъ этой басни, то вамъ придется обратиться къ предметамъ, выходящимъ изъ круга дѣтскихъ понятій: безъ того пропадетъ вся соль сатиры.

Въ піесѣ „Музыканты" сатира направлена противъ тѣхъ лицемѣрныхъ господъ, которые любятъ щеголять добродѣтелью, какъ моднымъ платьемъ. Подобное лицемѣріе также мало понятно дѣтямъ. Изъ всего сказаннаго видно, что нельзя увлекаться простотою разсказа въ басняхъ Крылова; ихъ смыслъ не всегда такъ простъ, какъ это кажется съ перваго раза. Но у Крылова есть и такія басни, которыя при совершенно доступномъ содержаніи, при весьма несложной и занимчивой завязкѣ, заключаютъ и полезный для дѣтей нравственный урокъ, кромѣ того что обогощаютъ ихъ рѣчь чисто русскими народными оборотами. При выборѣ здѣсь также необходимо держаться слѣдующихъ правилъ: а) отбрасывать мораль, которая обыкновенно находится въ началѣ, или въ концѣ каждой басни, б) выбирать басни, гдѣ являются животныя, хорошо знакомыя дѣтямъ изъ вашего разсказа, изъ народной сказки передъ тѣмъ ими слышанной, или такія, гдѣ описанъ предметъ самый обыденный.

Въ возрастѣ, о которомъ мы говоримъ, могутъ быть доступны басни въ родѣ слѣдующихъ. Двѣ бочки, Двѣ собаки, Собака, и Лошадь, Трудолюбивый медвѣдь, Слонъ и Моська, Оселъ и Соловей; Лисица и Виноградъ, Добрая Лиса, Волкъ и Лисица, Волкъ и Мышенокъ, Кошка и Соловей, Мышь и Крыса, Щука и Котъ, Обезьяна, Пчела и Мухи, Муха и Пчела, и проч.

Въ послѣдней баснѣ нѣкоторые, пожалуй, могутъ стѣсняться словами мухи:

> Притомъ же, жалуя полъ нѣжный,
> Вкругъ молодыхъ красивыхъ вьюсь,
> И отдыхать у нихъ сажусь
> На щечкѣ розовой, иль шейкѣ бѣлоснѣжной.

Эти стихи, конечно, не много прибавляютъ къ характеру мухи; но выпускать ихъ нѣтъ надобности. Вѣдь и въ шесть, семь лѣтъ, разсказывая ребенку о какомъ нибудь мальчикѣ, вы часто рисуете передъ нимъ его наружность: его курчавую головку, раскраснѣвшіяся щечки и т. п. И въ эти лѣта мальчикъ, и дѣвочка очень хорошо знаютъ, что шейка и щечка могутъ нравиться, но не соединяютъ съ этимъ никакой дурной мысли. Да и почему бы могло быть иначе? Когда дитя мало обращаетъ вниманія, положимъ, хоть на комнатную собаку, ни одинъ воспитатель не затруднится сказать: ты не хочешь приласкать пуделя, а посмотри, какая у него красивая, густая, черная, волнистая шерсть, какіе у него умные, добрые глаза, легкая походка!... Почему же и въ разсказѣ о человѣкѣ нельзя также просто и естественно описать его миловидную наружность. Говорите съ ребенкомъ, о чемъ угодно и вѣрьте, читатель, онъ останется чистъ и невиненъ, если только при этомъ вы сами серьезно смотрите на предметъ, объясняете то, что идетъ къ дѣлу, а не говорите изъ пустой болтовни, или, что еще хуже, для забавы старшихъ: „ишь пострѣлъ! уже и это понимаетъ" или „Губа-то не дура" и т. п. Родители которые такъ забавляются, что дѣти вслѣдъ за ними повторяютъ какую нибудь пошлость, конечно, воспитаютъ такихъ же пошляковъ, какъ они сами. Дурныя мысли являются въ ребенкѣ гораздо позже, и виною этого бываетъ или дикая чопорность тупоумныхъ, захирѣвшихъ старыхъ дѣвъ, которыя берутъ на себя воспитаніе, не имѣя ни малѣйшаго понятія о родительскомъ чувствѣ, или безстыдное нахальство лицъ, которыя его окружаютъ.

Трудно съ точностью опредѣлить, что въ той, или другой баснѣ слѣдуетъ объяснять ребенку, на чемъ больше останавливаться. Вѣрнѣе всего онъ самъ это укажетъ, передавая вамъ свои впечатлѣнія. Вы и группируете ваши объясненія около предметовъ, которые его болѣе заняли, которые онъ всего живѣе усвоилъ. Если же разсказъ показался ему совсѣмъ не занимательнымъ, то это значитъ, что содержаніе басни ему чуждо и надо избрать другую. Для примѣра разскажемъ, какъ намъ случалось толковать хоть басню. „Слонъ и Моська". Не заставляя никогда долбить басни, мы читаемъ первый разъ съ начала до конца безъ всякихъ объясненій. Безпрестанныя остановки и переправы помѣшали бы тому цѣльному, живому впечатлѣнію, какое долженъ произвести разсказъ; кромѣ того тутъ еще нужно напередъ узнать, какихъ объясненій требуетъ самъ ребенокъ. Послѣ прочтенія, у него, напримѣръ могутъ явиться вопросы: что такое толпы зѣвакъ, моська, шавка?

Во всей баснѣ ребенокъ не попялъ два, три слова; предметъ, ими означаемый, долженъ быть уже прежде ему хорошо знакомъ, но онъ не совсѣмъ помнитъ особыя, видовыя названія собаки: моська и шавка.

Послѣ вопроса „что такое?" обыкновенно слѣдуетъ вопросъ „почему?" — Почему моська такъ и лѣзетъ въ драку съ слономъ, когда тотъ ей ничего дурнаго не сдѣлалъ? И отчего это шавка ее начинаетъ усовѣщивать? Здѣсь намъ кажется весьма не трудно указать дѣтямъ хвастовство и смѣшное самохвальство моськи, которая тщеславится своимъ забіячествомъ. Анализируя это явленіе, вы нападаете на вопросы: видѣлъ ли ты забіякъ? кого бы ты назвалъ забіякой? большая ли моськѣ честь прослыть забіякой? можетъ ли она и на дѣлѣ быть такою по своей силѣ? отчего-же ей этого захотѣлось? какіе люди хвастаютъ лишь тѣмъ, что могутъ съ кѣмъ нибудь подраться и кого нибудь побить? чѣмъ моська думала снискать себѣ уваженіе между собаками? зачѣмъ въ баснѣ нужно было вывести слона? удачно-ли моська выбрала случай показать свою удаль? чѣмъ смѣшна она? а если бы по улицѣ шелъ не слонъ, а бѣжала маленькая собачка, стала-ли бы моська хвастать своимъ забіячествомъ? а какова шавка? какія дѣти совсѣмъ не похожи на моську? что бы они сказали, если бы увидѣли забіяку? потому-ли только моська была глупа, что нападала на огромное животное? и проч.

Послѣ подобныхъ бесѣдъ живой ребенокъ самъ будетъ просить васъ прочесть еще басню и станетъ пересказывать, всѣмъ домашнимъ, что онъ узналъ; при этомъ онъ охотно дозволитъ вамъ поправлять ошибки въ его разсказѣ. Пусть на другой день онъ передастъ это своими словами, какъ ему вздумается: останавливайте его только тамъ, гдѣ будутъ у него неправильные обороты, или вмѣсто характернаго выраженія, въ родѣ слѣдующаго: ну на него метаться, — скучныя, растянутыя фразы. Такъ по немногу, напоминая слова басни, вы незамѣтно заставите его выучить ее на память. Тогда можно будетъ перейти къ другой, хоть къ баснѣ „Двѣ бочки". Прочитавъ ее, вы легко наведете ребенка на слѣдующія соображенія.

— Одна бочка ѣдетъ тихо, скромно, не думая передъ другими гремѣть, шу-мѣть и хвастать: къ тому же она полна виномъ и не можетъ скоро ѣхать. Другая на легкѣ — вотъ она и несется вскачь. Къ тому же она, какъ пустая, не освѣ-житъ, не напоитъ, никого не порадуетъ, а только лошадь занимаетъ, — вотъ и хочется ей обратить на себя вниманіе хоть грохотомъ, да стукотней. — А отчего тутъ стукотня и громъ, и пыль столбомъ? — Стукотня — отъ ударовъ колесъ о мо-стовую при скорой ѣздѣ, громъ — отъ того, что внутри бочки пусто: какъ трях-нетъ, она и застучитъ; каждый стукъ въ ней отдается, — вотъ крикни въ пустую бочку, услышишь такой громкій шумъ. Пыль столбомъ, — какъ и всегда бываетъ во время скорой ѣзды: не улеглась еще пыль въ одномъ мѣстѣ, какъ ужъ подни-мается другая, — вотъ и кажется, будто пыль стоитъ столбомъ. Ну, а много-ли пользы отъ пыли, да отъ стукотни? Хорошенько понявъ и усвоивъ различіе между обѣими бочками и замѣтивъ наиболѣе характерныя выраженія басни ребе-нокъ легко и самъ сдѣлаетъ изъ нея примѣненіе, какое представится ему въ томъ или другомъ случаѣ.

Въ предъидущей главѣ мы давали объясненія сказокъ и загадокъ, теперь говорили о басняхъ; но это еще не значитъ, что въ шести, семилѣтній возрастъ уже не слѣдуетъ давать сказокъ и загадокъ, а замѣнить ихъ баснями. Если, по развитію ребенка, уже можно было однажды начать съ нимъ какое нибудь умствен-ное, или механическое упражненіе, пусть оно продолжается и въ то время, когда параллельно съ нимъ вы вводите другія занятія. Конечно при этомъ вы его разно-образите и всякій разъ даете въ другой формѣ; вы его не прекращаете, пока оно не станетъ для ребенка совершенно легкимъ.

Мы еще раньше говорили о наблюденіяхъ и опытахъ, какъ объ одномъ изъ самыхъ важныхъ воспитательныхъ средствъ. Теперь нашему ребенку шесть лѣтъ; у насъ лѣто, слѣдовательно онъ можетъ дѣлать много самостоятельныхъ наблю-деній надъ природой, надъ жизнію и нравами различныхъ животныхъ и насѣко-мыхъ; ему кой-что доступно и изъ ископаемаго царства; онъ понимаетъ и нѣко-торыя физическія явленія. Все это нужно примѣнить къ дѣлу.

1) Дайте ребенку стеклянную банку изъ подъ варенья, скажите чтобы онъ посадилъ въ нее паука и завязалъ банку толстой бумагой, которая должна быть напередъ вся исколота мелкими дырочками: иначе животное задохнется безъ воз-духа. Затѣмъ пусть ребенокъ почаще засматриваетъ въ банку, что тамъ дѣлаетъ его плѣнникъ. Кормить паука можно комарами и мухами. Каждый разъ, когда ребенокъ будетъ бросать ему кормъ, пусть замѣчаетъ, какъ онъ схватываетъ мухъ, какъ ѣстъ ихъ? Какъ проводитъ первыя нити своихъ тенетъ, куда прикрѣпляетъ ихъ? Какъ дѣлаетъ паукъ средину паутины? Если въ начатыя тенета бросить комочкомъ бумаги, что тогда произойдетъ? Какъ паукъ будетъ чинить свою пау-тину? Что сдѣлаетъ онъ, если въ его жилище впустить какое нибудь крупное на-сѣкомое, напр. слѣпня, или осу?

2) Пусть ребенокъ наберетъ разныхъ предметовъ: мѣдную монету, желѣз-ный гвоздь, кусочекъ стекла, огниво (сталь) и кремень. Пусть ребенокъ чертитъ однимъ предметомъ по другому. Болѣе твердый предметъ будетъ оставлять на бо-лѣе мягкомъ черту. Какой изъ принесенныхъ тобою предметовъ — самый твер-дый? Какой самый мягкій? Что тверже: желѣзный гвоздь или мѣдная монета, кре-мень или стекло, сталь или кремень? Какъ ты узналъ, что одни предметы тверже другихъ?

3) Наберите во рвахъ и прудахъ головастиковъ; пусть ребенокъ каждый день перемѣняетъ имъ воду и наблюдаетъ ихъ превращеніе.

Что у нихъ выростаетъ прежде: заднія или переднія ноги? Что дѣлается съ хвостомъ: длиннѣе, или короче онъ становится? Когда хвостъ совсѣмъ отвалится, какой видъ имѣютъ головастики? Что образуется вмѣсто жабръ? Прежде чѣмъ головастики станутъ настоящими лягушками, что дѣлается еще съ ними?

4) Посадите въ банку стрекозу, положите ей нѣсколько листиковъ, пускайте къ ней маленькихъ насѣкомыхъ. Смотрите, какъ она будетъ ихъ ловить? Нѣкоторыя стрекозы и въ своемъ заточеніи положатъ яйца. Какой формы эти яйца? Въ свѣтлой банкѣ ребенку удобно будетъ разсмотрѣть сложныя челюсти стрекозы. Смотрите, какъ она ѣстъ?

5) Поймайте ящерицу и держите въ просторной банкѣ, въ которой наложены камни и мохъ. Кормите ее мухами и другими насѣкомыми. Какъ она бѣгаетъ? Какъ устраиваетъ себѣ норку? Въ какое время ящирица обыкновенно бѣгаетъ и когда она лежитъ?

6) Пусть дѣти наблюдаютъ превращеніе бабочекъ. Для этого нужно приготовить деревянные ящички, а то дѣти и сами могутъ согнуть просторныя коробки изъ папки. Крышкою для картонныхъ коробокъ можетъ служить другая такая-же коробка, только нѣсколько больше и вся исколотая сверху для воздуха. Ребенокъ долженъ внимательно осматривать сучки и листики растеній, которые ему попадаются, и собирать куколки и личинки. Конечно, ихъ слѣдуетъ размѣщать въ различныя коробки. Личинокъ и куколокъ слѣдуетъ собирать вмѣстѣ съ частями растеній, на которыхъ они встрѣчаются, стараясь при этомъ не дотрогиваться до нихъ руками, а снимать ихъ листикомъ или прутикомъ—и такъ размѣщать ихъ по коробкамъ. Пищу имъ, т. е. листья того растенія, на которомъ онѣ найдены, нужно всегда имѣть свѣжую, опять таки стараясь, какъ можно меньше тревожить ихъ руками; иначе много ихъ гибнетъ. Если нашли какую-нибудь личинку, зарытую въ землѣ, то ей въ ящикъ на дно нужно посыпать земли и песку и разумѣется тоже класть и листики. Эти наблюденія даютъ поводъ ко множеству бесѣдъ съ дѣтьми. Кромѣ того, какое полезное для нихъ занятіе. Какъ тутъ привязываются они къ природѣ, сколько чистой радости испытываютъ, когда, напримѣръ, услышатъ легкій шумъ крыльевъ бабочки о стѣнки коробки! Эти наблюденія они могутъ дѣлать, въ какомъ-бы положеніи ни находились. Если и лѣтомъ они должны жить въ городѣ, то хоть нѣсколько разъ все-таки могутъ вырваться въ поле или побывать въ какомъ нибудь саду. Послѣ одного лѣта тутъ ребенокъ хорошо усвоитъ: всѣ фазы развитія и превращенія бабочки, узнаетъ пищу многихъ личинокъ; запомнить примѣты по которымъ можно узнать, что изъ яичекъ скоро выйдутъ личинки; что бываетъ съ личинками, когда приходитъ имъ время окукляться; какой видъ имѣютъ куколки, въ какомъ положеніи онѣ находятся; бываетъ ли съ ними какая нибудь перемѣна передъ превращеніемъ въ бабочку?

7) Пусть ребенокъ изъ влажной глины устроитъ горку, на которой пальцемъ сдѣлаетъ нѣсколько ямочекъ. Въ эти ямочки нужно насыпать влажнаго песку. Одновременно слѣдуетъ въ продолженіи нѣсколькихъ часовъ размачивать сѣмена кресъ-салата. Потомъ вдавливаютъ ихъ въ ямочки, гдѣ насыпанъ песокъ. Горку эту можно поставить на тарелку и поливать теплою рѣчною водой, въ которую брошено нѣсколько извести. Черезъ нѣсколько дней дѣти увидятъ прекрасную

горку зелени. Это занятіе необыкновенно радуетъ дѣтей; особенно пріятно оно зимой, когда глазъ давно не видѣлъ освѣжающей зелени. Оно тоже вызываетъ много полезныхъ вопросовъ и бесѣдъ. Чудная зелень такъ-же увядаетъ, какъ скоро выросла. Отчего она такъ скоро завяла? Выдерни, посмотри корешокъ. Отчего онъ такъ малъ и слабъ? А гдѣ для него была-бы болѣе питательная почва?

8) Яблоки еще на деревьяхъ: они не совсѣмъ созрѣли... Выберите изъ нихъ болѣе красивое и, не срывая его съ дерева, налѣпите на немъ какую нибудь восковую фигуру: звѣздочку, банку съ деревцомъ и т. п. на той сторонѣ яблока, которая обращена къ солнцу, т. е. на той, которая потомъ бываетъ румяною. При этомъ остерегайтесь повредить черешокъ, чтобы не помѣшать дальнѣйшему росту яблока. Отъ времени-до-времени нужно посматривать, цѣлъ-ли воскъ на яблокѣ, и если свалился,—то его нужно возобновить. Когда яблоки созрѣютъ, снимите воскъ; мѣста, которыя были имъ покрыты, остались бѣлыми или зеленоватыми, между тѣмъ, какъ вся сторона заруманилась. Такимъ образомъ яблокъ у васъ вышелъ съ хорошенькимъ рисункомъ. — Отчего отпечатался здѣсь рисунокъ? Что-же съ яблокомъ дѣлаетъ солнце?

9) Если хотите засушить букетъ цвѣтовъ въ его натуральномъ видѣ, поступайте такимъ образомъ. Возьмите какой нибудь ящичекъ и, придерживая букетъ снизу, посыпайте его легонько мелкимъ, сухимъ пескомъ, пока букетъ не будетъ имъ совершенно засыпанъ. Потомъ поставьте ящикъ на солнце, или въ умѣренно вытопленную печь и пусть онъ стоитъ тамъ, пока букетъ не засохнетъ. Потомъ какъ можно осторожнѣе, высыпьте песокъ изъ ящика; такимъ образомъ вы получите сухой, но цѣльный букетъ.

10) Возьмите увядающій цвѣтокъ и, если хотите его оживить, опустите треть длины его стебля въ кипятокъ. Когда вода начнетъ остывать, — цвѣтокъ оживаетъ. Послѣ этого тотчасъ выньте его изъ этой воды, отрѣжьте прочь обваренный конецъ, а цвѣтокъ поставьте въ свѣжую воду.

11) Если хотите зимою имѣть свѣжій розанъ, или цвѣточекъ гвоздики, то лѣтомъ, когда будутъ бутоны названныхъ цвѣтовъ, выберите сухой день, т. е. такое время, когда бутоны розана и гвоздики не были смочены ни дождемъ, ни росою, и срѣжьте ихъ отъ куста такъ, чтобы съ ними еще осталось нѣсколько листиковъ. Послѣ этого отрѣзанную часть стебля нужно плотно обтянуть воскомъ, всѣ сучки и самый стебелекъ, насколько можно крѣпко и аккуратно, обвить бумажными тоненькими полосками, чтобы воздухъ не проникалъ. Послѣ этого отрѣзанный цвѣтокъ погружаютъ въ коробку, наполненную сухимъ пескомъ, крѣпко закупориваютъ ее и ставятъ въ сухое мѣсто. Такимъ образомъ сохраняютъ эти цвѣты до глубокой зимы. Въ ту минуту, когда вамъ захочется имѣть цвѣтокъ, вы вынимаете его изъ ящика, обрѣзываете кончикъ, заклеенный воскомъ, и тотчасъ ставите стебелекъ въ свѣжую воду, въ которой разведено нѣсколько соли и селитры. Бутонъ распускается въ свѣжій, красивый цвѣтокъ.

12) Заставьте дѣтей набрать цѣльныхъ сосновыхъ или еловыхъ шишекъ; возьмите большой стаканъ или цвѣтной горшокъ, насыпьте на дно его песку и поставьте въ немъ шишки; въ середину можно помѣстить большую шишку, вокругъ ея поменьше. Но прежде, чѣмъ размѣстить такимъ образомъ шишки, набейте подъ ихъ чешуйки земли и посѣйте сѣмянъ какихъ нибудь травъ. Посѣявъ траву и размѣстивъ въ горшкѣ шишки, пусть дѣти каждое утро спрыскиваютъ ихъ водою; дня черезъ три

выйдутъ ростки. Для посѣва лучше всего брать горчицу, крессъ и т. п. Вмѣсто шишекъ можно взять губку, намочить ее, выжать лишнюю воду и положивъ губку въ стаканъ, набросать на нее сѣмянъ.

13) Заставляйте дѣтей засушивать и сберегать листья, а иногда и цѣлыя растенія. Такъ какъ для нихъ еще не нужно настоящаго гербарія, то способъ засушиванія можно придумать весьма несложный; пусть они нарвутъ нѣсколько листиковъ наиболѣе встрѣчаемыхъ деревьевъ или цвѣтовъ и, хорошенько расправивъ отдѣльныя части растенія, разложатъ ихъ между листами какой нибудь ненужной книги; затѣмъ книгу нужно закрыть и положить на солнцѣ, въ сухое или теплое мѣсто. На слѣдующій день, когда сокъ достаточно высохъ (но не настолько, чтобы растеніе крошилось), слѣдуетъ опять заглянуть на растенія, хорошенько расправить ихъ, разложить въ тетради, нарочно для этого приготовленныя, и приклеивать стебельки полосками бумаги. Зимой они могутъ разсматривать растенія, сопровождая это дѣло веселыми бесѣдами.

14) Возьмите просторную банку, насыпьте на дно песку, положите водяныхъ растеній и пустите туда нѣсколько колюшекъ. Рыба эта довольно извѣстная: спина ея имѣетъ красивый нѣжный зеленоватый оттѣнокъ, грудь красная, бока серебристые. Ребенокъ долженъ замѣтить, когда колюшка выплываетъ на поверхность воды и сильно пускаетъ пузыри, — это признакъ того, что ей слѣдуетъ тотчасъ перемѣнить воду. Кормить колюшекъ можно червячками и мелко изрубленными кусочками сырой говядины. Пусть дѣти наблюдаютъ, какъ онѣ плаваютъ, какъ входитъ вода въ жабры и какъ изъ нихъ выходитъ? Бросьте къ нимъ какую нибудь маленькую рыбку: уживутся-ли онѣ съ ней и что онѣ съ ней будутъ дѣлать?

Наловите и другихъ небольшихъ рыбокъ, заведите если можно, и золотую рыбку. Предоставьте ребенку и самому выбирать предметы, которые болѣе займутъ его: птичка-ли то, насѣкомое или камушекъ. Пусть онъ все собираетъ и учится сохранять. Хорошо, если у него устроится свой маленькій естественно-историческій кабинетъ, служащій ему, конечно, столько-же для забавы, сколько для опытовъ и наблюденій.

Мы говорили, что ребенку въ 6, 7 лѣтъ уже кое-что доступно и изъ царства ископаемаго. Подведите его къ обрывистому рѣчному или овражному берегу, который почти всегда бываетъ волосатый, особенно если онъ высокъ, и укажите на различные пласты земли. Гдѣ будутъ копать колодезь, или глубокую канаву, не пропустите и этого случая, чтобы убѣдить ребенка, что и тутъ земля, какъ и вездѣ, лежитъ слоями: сверху пластъ черной земли, или чернозема, подъ нимъ глина, подъ глиною докапываются и до песку, а иной разъ и до крѣпкаго камня. Разскажите нагляднo, какъ образовались тѣ или другіе пласты? — Объясните, отчего, когда копаютъ землю въ болотѣ, находятъ рѣчной песокъ, или рыбьи кости?

Переходите съ ребенкомъ черезъ мостъ, —остановитесь нѣкоторое время, смотрите на протекающую внизу воду, спрашивайте, что онъ замѣчаетъ.

Такъ-же самостоятельно можетъ онъ познакомиться и съ четырьмя сторонами свѣта. Для этой цѣли пусть онъ выберетъ ровное мѣсто и совсѣмъ прямо воткнетъ въ землю шестъ; въ ясный день съ утра идите съ нимъ посмотрѣть, куда отъ шеста падаетъ тѣнь: тѣнь падаетъ въ сторону противную той, гдѣ солнце, — вы и можете объяснить ему, что, такъ какъ утромъ солнце стоитъ на востокѣ, значитъ, та сторона, въ которую протянулась тѣнь, будетъ западною. Пусть онъ замѣчаетъ, когда тѣнь будетъ длинною, когда самою короткою. Наблюдая тѣнь въ полдень, вы объясните ему, гдѣ сѣверъ и гдѣ югъ.

Но вспомнимъ, что-же мы могли сообщать четырехъ-лѣтнему ребенку о растеніяхъ и деревьяхъ. Такъ про ель, напримѣръ, мы говорили ему, что вмѣсто листковъ она имѣетъ иглы (хвои); показывали ему деревья съ листьями и хвоями и томъ, показывали ихъ ему и зимой. Онъ узналъ, что зимою только хвойныя деревья сохраняютъ зелень, и, вѣроятно, остался при томъ убѣжденіи, что этому дереву легче другихъ живется на свѣтѣ. Теперь онъ выросъ и ужъ болѣе пойметъ. Разскажите ему, какъ страдаетъ это дерево отъ бурь и зимы, какъ лѣтомъ подтачиваютъ его со всѣхъ сторонъ безчисленныя толпы насѣкомыхъ.

Я бы хотѣла дать примѣры связныхъ разсказовъ изъ всѣхъ царствъ природы въ томъ видѣ, какъ они могутъ быть сообщены 6-ти, 7-ми лѣтнимъ дѣтямъ; и боюсь, что это займетъ у меня много мѣста, и потому ограничусь указаніемъ, на что можно еще обращать вниманіе ребенка. Вотъ, напримѣръ, что можетъ войти въ разсказъ о ели. Прежде всего очертите слегка наружный видъ ели. Вы прежде говорили ребенку, что вмѣсто листиковъ у ели — иголки. Теперь ребенокъ пусть ощупаетъ кору, замѣтитъ смолу, которая выступаетъ изъ дерева, — самъ укажетъ отличительное свойство смолы. Заставьте ребенка наблюдать, что находится у подошвы другихъ деревьевъ и что у подошвы ели. Есть-ли подъ деревомъ муравьиныя кучи, какіе грибы, какія ягоды растутъ? Есть-ли какая растительность и какая она? Заставьте ребенка набрать еловыхъ и сосновыхъ шишекъ. Если онъ не умѣетъ отличить ихъ другъ отъ друга, пусть прежде, чѣмъ собирать ихъ, онъ замѣчаетъ — подъ елью или сосною нашелъ онъ шишки, и пусть прячетъ ихъ въ различныя корзинки. Дома можно дѣтей заставить подымать ножичкомъ чешуйки одной и другой шишки, разрѣзывать ихъ и сравнивать между собою.

Нѣкоторыхъ атмосферическихъ явленій: грома, молніи, града — ребенку еще нельзя объяснить; но и тутъ ему многое доступно. Такъ собственными наблюденіями онъ можетъ узнать, что такое вѣтеръ, какое значеніе играетъ онъ въ природѣ и его назначеніе. Вотъ подулъ сильный вѣтеръ. Укажите ребенку, какъ закружилось и понеслось въ это время въ воздухѣ множество пыли, песку и всякаго сору. Смотрите сколько крошечныхъ крылатыхъ насѣкомыхъ прилетѣло къ вамъ на письменный столъ. Однако они не двигаются. Ба! да это сѣмячки различныхъ деревьевъ! А какъ они похожи на мотыльковъ! Опять рванулъ вѣтеръ, — и всѣ эти сѣмячки поднялись надъ вашей головой и понеслись далеко, далеко; то опускаются они внизъ и падаютъ въ землю, то въ лужи, въ озера, въ песокъ — то, взлетѣвъ очень высоко, сядутъ на деревья, на развалившіеся дома, на колокольни. Сѣмена, которыя попали въ голый песокъ, на деревья, въ озера, — безъ сомнѣнія погибнутъ; отъ другихъ-же можетъ родиться красивое молодое деревцо. На старыхъ зданіяхъ, на голыхъ скалахъ, на высокихъ башняхъ, дерево можетъ вырости потому, что вѣтеръ успѣлъ уже нанести туда довольно песку, пыли, сѣмянъ разныхъ травъ, которыя, сгнивши, подготовили землю. Еще подулъ вѣтеръ и принесъ сюда сѣмечко, которое и зародило деревцо.

Какъ въ механическихъ занятіяхъ всѣ эти лучинки, кубики останутся мертвымъ матеріаломъ, если вы не укажете, какъ ихъ употреблять, такъ и здѣсь; если вы не укажете, какъ и что именно, положимъ, хоть въ деревьяхъ, слѣдуетъ наблюдать, ребенокъ не замѣтитъ самыхъ выдающихся и характерныхъ чертъ въ предметѣ. Это намъ очень легко понять; всѣ мы не только видѣли болѣе извѣстныя породы деревьевъ, болѣе встрѣчаемые виды цвѣтовъ, но даже въ школахъ изучали ботанику.

между тѣмъ не знаемъ ни одного дѣйствительнаго, живаго признака того, или другаго растенія. А это потому, что прежде мы не дѣлали самостоятельныхъ наблюденій. Чтобы умѣть дѣлать такія наблюденія, нужно еще въ дѣтствѣ пробудить чувство ребенка, дать извѣстное направленіе его мысли. Если вы съумѣли, какъ должно, въ этомъ направить ребенка, — онъ далеко опередитъ васъ въ наблюденіяхъ; пользуясь проницательностью его, вы и сами можете подновить свои знанія и въ свою очередь дать ему усвоить что нибудь полезное. Ни по одному предмету нѣтъ такъ много популярныхъ пособій, не выработано такъ много хорошихъ педагогическихъ пріемовъ, какъ въ области естествознанія, а именно по ботаникѣ, зоологіи и въ недавнее время и по минералогіи. Лучшимъ и популярнѣйшимъ пособіемъ къ знакомству съ деревьями можетъ служить переведенное у насъ сочиненіе Росмесслера „Лѣсъ“, по ботаникѣ и зоологіи — сочиненія Любена, котораго ботаника у насъ хорошо разработана Бекетовымъ, а зоологія Сентъ-Илеромъ; изъ научныхъ руководствъ лучшее: руководство къ зоологіи Лейниса и для чтенія воспитателямъ — „Жизнь Животныхъ“ Брэма; по минералогіи укажемъ на книгу Герда, для знакомства съ насѣкомыми — картины изъ жизни насѣкомыхъ А. Ганике.

Всѣ эти книги очень полезны для воспитателей, но нужно помнить, что съ 6-7-ми лѣтъ дѣтьми можно говорить только о томъ, что они видятъ передъ собою, и надъ чѣмъ могутъ безпрепятственно дѣлать свои наблюденія. Слѣдовательно придется указывать имъ на самыя извѣстныя породы деревьевъ и растеній, находящихся у насъ, на русской почвѣ. Кромѣ того такой ребенокъ еще не можетъ понять многихъ явленій въ жизни растенія; ему слѣдуетъ давать только живую картину въ тѣсной связи съ русской народной жизнію. Въ нашихъ пособіяхъ по естествознанію вы не найдете указанія, какъ повести дѣло съ малыми дѣтьми. Матеріалъ, въ нихъ представленный, очень сложенъ и примѣненъ къ систематическому изученію естествознанія въ школѣ. Итакъ, пользуясь знаніями, изложенными въ упомянутыхъ книгахъ, обратитесь къ нашей природѣ. Она, конечно, играетъ важную роль, особенно въ жизни нашего простолюдина. Избравши какое нибудь дерево, нарисуйте ребенку картину сельской жизни, сценку изъ ежедневныхъ занятій поселянина, представьте его трудъ, его радости и заботы. Этимъ вы оживите самый разсказъ о деревѣ и заставите ребенка обратить все свое вниманіе и на его свойства.

Возьму для примѣра хоть березу и укажу, какимъ образомъ, познакомившись съ этимъ деревомъ, ребенокъ можетъ узнать ту или другую сторону крестьянскаго быта.

Береза чрезвычайно красивое дерево; ея длинный, стройный стволъ покрытъ ослѣпительно бѣлой корой; гибкія вѣтви темно-краснаго цвѣта красиво свѣшиваютъ свою кудрявую зелень. На длинныхъ черешкахъ зазубренные листья зеленаго цвѣта покрыты цѣлой сѣтью нѣжныхъ жилокъ; кромѣ того, молоденькій листъ березы всегда покрытъ душистымъ, блестящимъ и липкимъ смолистымъ веществомъ. За то цвѣты березы совсѣмъ ужъ не красивы: они висятъ сережками на длинныхъ вѣткахъ дерева. Когда они отцвѣтутъ, и вы дотронетесь до такой сережки, то съ нея посыплятся чешуйки и находящіяся между ними крылатыя сѣмена, а въ рукахъ останется тонкая, зеленая ниточка, на которой сидѣли и чешуйки и сѣмена. Кто только не любитъ березы! Въ лѣсу кротъ роетъ свои подземные ходы подъ ея привѣтливыми вѣтвями, разныя птички прилетаютъ клевать ея сѣмячки; люди, благодарные, что она первая послѣ снѣговъ и морозовъ оживляетъ ихъ прелестной зеленью, пляшутъ, поютъ и встрѣчаютъ свой первый весенній праздникъ Троицу. Правда, еще наканунѣ этого праздника много молодыхъ березокъ гибнетъ подъ топоромъ дровосѣка. Много телѣгъ навалятъ несчастными деревцами и повезутъ и въ лачуги бѣдныхъ крестьянъ, и въ хоромы богатыхъ людей. Вездѣ пойдетъ суматоха: кто ставитъ березу въ уголъ и возлѣ крыльца, кто загораживаетъ ими окна отъ яркихъ лучей весенняго солнца. Въ одномъ домѣ дѣти упрашиваютъ мать убрать деревьями всю кроватку, чтобы при ихъ пробужденіи зелень тотчасъ напомнила о наступившемъ праздникѣ и веселы, а вонъ тамъ въ старенькой избушкѣ дряхлая старушка дрожащей рукой обрываетъ съ дерева вѣтки и листики и украшаетъ ими вѣнчики образовъ. Она уже все покончила; сверху посреди цѣлаго ряда большихъ и малыхъ образовъ и мѣдныхъ крестовъ съ распятіемъ засунула большую вѣтку, зажгла лампадку, наконецъ поставила въ этотъ уголъ цѣлое дерево: зелень закрыла вѣтки, только свѣтъ лампадки чуть мелькаетъ изъ подъ ея густыхъ листьевъ. Старушка положила три усердныхъ поклона и отошла въ сторону. И какой чудный запахъ пошелъ отъ березы по всей комнатѣ.

Наканунѣ Троицына дня рѣшительно вездѣ оживляется народъ. Вонъ въ той деревнѣ молодки останавливаютъ проѣзжаго купца, торгуются, закупаютъ наряды, платки съ разводами и букетами, да ленты алыя, а вонъ въ той избѣ хозяйка варитъ брагу. Но вотъ наконецъ наступилъ и самый праздникъ, Троица. Вечеромъ въ этотъ день и старый, и малый отправляются повеселиться въ рощу, женщины постарше несутъ въ узелкахъ провизію, дѣвушки съ березовыми вѣнками въ рукахъ идутъ, распѣвая:

«Во полѣ береза стояла,
Во полѣ кудрявая стояла.
Люли, люли, стояла!
Люли, люли, стояла!
Некову березу заломати,
Некому кудряву заломати.
Я пойду, погуляю,
Я пойду, погуляю,
Бѣлую березу заломаю,
Бѣлую березу заломаю,
Люли, люли, заломаю!»

Вотъ взошли на лужайку передъ лѣсомъ, постлали на траву свои платья и разложили яства: крупеникъ, сдобникъ, печеныя яйца. Дѣвушки съ парнями подходятъ къ березамъ, хороводы водятъ, вѣнки завиваютъ, братаются; нагнутъ двѣ молодыя березы, свяжутъ въ видѣ вѣнка ихъ вѣтви лентами, повѣсятъ на шеи крестъ, цѣлуются черезъ него — братаются, крестами мѣняются; вотъ и крестныя сестры, братья стали, — должны другъ друга жалѣть, помогать въ нуждѣ. А въ томъ кружку уже пустилась въ плясъ; старики же въ это время пьютъ, ѣдятъ, на молодежь любуются и свою былую молодость, горе и радость вспоминаютъ.

Но береза не только приноситъ человѣку радость, а много и пользы. Все, начиная съ древесины до ея листиковъ и малѣйшаго бугорка на стволѣ, идетъ въ дѣло и приноситъ людямъ огромныя выгоды. Разскажите, куда и на что идетъ всякая часть березы. Представьте картину, когда березу пробуравятъ весной, и изъ нея вытекаетъ березовица, какъ къ ней тогда стекается народъ съ кувшинами и бутылками, ждутъ своей очереди, чтобъ наполнить посудину любимымъ березовымъ квасомъ.

Точно также вы можете ребенку разсказать о дубѣ, о соснѣ, о липѣ, объ осинѣ, о нѣкоторыхъ цвѣтахъ и проч. Изъ цвѣтовъ вамъ незачѣмъ выбирать самые красивые, годные для букета. Но все-таки нужно, — замѣтятъ мнѣ, — чтобы ребенокъ могъ разглядѣть въ нихъ отчетливо всѣ части. Пожалуй, и съ этой цѣлью дайте ему какой нибудь цвѣтокъ, только не забивайте голову ребенка всѣми ботаническими тонкостями. Чѣмъ больше тутъ разнообразія, тѣмъ лучше. Въ одномъ растеніи онъ можетъ разсмотрѣть листики, зелень, корешокъ, въ другомъ самый цвѣтокъ. Напримѣръ, въ крапивѣ пусть онъ разглядитъ листики, разскажите, почему они обжигаютъ руку, что происходитъ, въ это время съ рукой, когда до нея дотрогиваются, какъ въ деревняхъ рубятъ крапиву, поливаютъ сывороткой и выкармливаютъ этимъ разныхъ домашнихъ животныхъ, какъ сами крестьяне весною, въ голодное время безъ хлѣба, часто даже очень долго пробавляются одними крапивными щами. Цвѣтовъ крапивы, по причинѣ ихъ мелкости, ребенокъ разглядѣть не можетъ; за то разсмотритъ цвѣтокъ земляники, который въ тоже время имѣетъ значеніе и въ народной жизни. Разскажите ребенку, какимъ иногда подспорьемъ служитъ собираніе этой ягоды въ деревняхъ, какъ иногда еще очень маленькіе дѣти встаютъ рано, рано по утру, пока еще большіе не идутъ на работы, и отправляются собирать ягоды для продажи ихъ въ городѣ, сколько, при этомъ, приходится имъ мучиться и изъ-за колючихъ растеній, которыя безпощадно царапаютъ ихъ босые ноги, и изъ-за просыпавшихся ягодъ... Для полноты картины, вы можете представить, что у крестьянъ все идетъ въ дѣло, даже листики земляники сушатъ, и въ зимнее время настаиваютъ и пьютъ съ медомъ, какъ мы пьемъ чай. Показывая ребенку такимъ образомъ предметъ со всѣхъ сторонъ, вы коснетесь и радостей народа и его нуждъ. Конечно, не слѣдуетъ показывать мрачныхъ сторонъ жизни, которыя онъ не можетъ понять; но мы не раздѣляемъ также мнѣнія тѣхъ педагоговъ, которые, все представляя въ розовомъ свѣтѣ, совершенно извращаютъ передъ нимъ дѣйствительность. Возьмите вы любой разсказъ въ нашей дѣтской литературѣ, и если онъ хоть не много затрогиваетъ деревенскую жизнь, въ немъ вездѣ такими привлекательными красками описаны деревенскіе сливки, масляные пшеничные блины, обиліе сочныхъ ягодъ... При подобныхъ воззрѣніяхъ, ребенокъ поневолѣ будетъ мечтать, какъ бы самому сдѣлаться такимъ счастливѣйшимъ человѣкомъ въ мірѣ, т. е. наслаждаться безъ всякаго труда и заботы. Между тѣмъ, изображая жизнь по возможности такою, какъ она есть, вы будете имѣть въ рукахъ сильное воспитательное средство, которое поможетъ вамъ во многихъ затруднительныхъ обстоятельствахъ.

Но что-же шести-семи-лѣтній ребенокъ можетъ дѣлать лѣтомъ вечеромъ, въ сырую ненастную погоду или зимою? Дайте ему тѣ же кубики, и пусть онъ уже самъ безъ вашего надзора строитъ, что ему заблагоразсудится. Если это ему наскучитъ, пусть онъ приводитъ въ порядокъ то, что у него было собрано за цѣлый день. Благоразумные воспитатели, конечно, не считаютъ предосудительнымъ, а напротивъ поощряютъ, чтобы онъ собиралъ и приносилъ въ домъ все, что хоть на минуту остановило его вниманіе. Въ разныхъ коробочкахъ и ящичкахъ вы найдете у него множество различныхъ предметовъ: сѣмена, осколки стекла, камешки, песокъ, раковины. Все это теперь онъ приводитъ въ порядокъ, группируетъ сходные предметы; кромѣ того хорошимъ занятіемъ можетъ служить наклеиваніе на бумагу зеленыхъ листиковъ съ разныхъ деревьевъ. Наскучило это,

пусть въ другой тетради только обводитъ карандашомъ листики и тотчасъ сни-
маетъ ихъ; у него совершенно правильно будутъ выходить цѣлыя вѣтки. (Это
еще не есть рисованіе по системѣ Фребеля, которое въ это время также можетъ
начаться, какъ и многія другія работы, о которыхъ мнѣ придется говорить въ
слѣдующей главѣ). Гдѣ есть раковины, ребенокъ долженъ ихъ собирать и
сохранять.

Много чего можно придумать для работъ въ ненастную погоду.—Всѣ эти
занятія мы назначили для дома; но скажутъ, желательно было-бы, чтобы въ эти
года дѣти посѣщали и Дѣтскіе сады. Мы беремъ домашнюю обстановку, такъ
какъ большинство дѣтей до 7—8 лѣтъ воспитывается еще дома. Однако все,
что возможно дѣлать дома,—всѣ эти наблюденія, бесѣды, эта свободная игра,
въ которой воспитательница то принимаетъ сама живое участіе, то подаетъ только
мысль ребенку,—все это легко устроить и въ Дѣтскомъ саду. Товарищество въ
„Дѣтскихъ садахъ“ именно полезно тѣмъ, что оно даетъ болѣе возможности каждому
ребенку проявлять всю свою индивидуальность. Если же садовница, давая какую ни-
будь работу, положимъ хоть кубики, заставитъ всю толпу дѣтей, при словахъ: „разъ,
два, три“—класть руку на ящикъ, при повтореніи тѣхъ же словъ вынимать кубики
и т. д. въ томъ же порядкѣ,—то одни эти пріемы уже съ самаго начала убьютъ
всякое творчество въ ребенкѣ. Тогда дѣтское сообщество вредитъ развитію въ немъ
личности больше, чѣмъ самая дурная домашняя обстановка. Кромѣ того, намъ, рус-
скимъ матерямъ, слѣдуетъ требовать отъ „Дѣтскихъ садовъ“, чтобы въ нихъ зани-
мались не шагистикой и маршированіемъ (мы видѣли, что для развитія мускуловъ
можно подобрать въ тысячу разъ болѣе полезныя упражненія), не пѣніемъ, еще не
свойственныхъ дѣтямъ, военныхъ пѣсней, занесенныхъ изъ Швейцаріи, гдѣ онѣ слу-
жатъ выраженіемъ швейцарскаго національнаго чувства. Неумѣстны въ нашемъ
„Дѣтскомъ саду“ и сантиментальныя пѣсенки, гдѣ воспѣваютъ добродѣтели родите-
лей. Въ Германіи издавна существуетъ поклоненіе и подчиненіе семейному авторитету:
тамъ эти пѣсенки о добромъ папенькѣ и милой маменькѣ, конечно, болѣе тѣшатъ
самихъ родителей, чѣмъ дѣтей. У насъ же и въ дѣтяхъ есть стыдливость, не доз-
воляющая говорить прямо въ глаза: я очень люблю васъ, маменька—если это не
пустая болтовня, а выраженіе дѣйствительнаго чувства. Наши „Дѣтскіе сады“
должны быть основаны на народной русской почвѣ.—Мнѣ замѣтятъ, что для
этого всякому воспитателю придется изучать народъ. Но кто привыкъ думать по-
русски, сочувствовать всему, въ чемъ выражаются лучшія стороны живаго народ-
наго ума, тому это будетъ вовсе не трудно. Могутъ еще сказать, что для всѣхъ
наблюденій и объясненій природы, какихъ я требую, нужно быть спеціалистомъ.
Имѣть элементарныя знанія для этого, дѣйствительно, необходимо, а никакъ не
спеціальныя. Иначе, пришлось бы быть всестороннимъ спеціалистомъ: и естество-
испытателемъ, и архитекторомъ, и физикомъ, и поэтомъ, такъ какъ ребенку при-
ходится объяснять все, что онъ видитъ. Но дѣло гораздо проще. Самое главное
условіе, чтобы успѣшно заниматься съ ребенкомъ, нужно любить его. Если наше не-
счастное женское воспитаніе и не развило въ насъ пытливости и разумной любви къ
природѣ, то каждая порядочная мать, сознавая современныя требованія воспитанія
и любя свое дитя, прежде всего возьмется за книгу, можетъ быть, сперва по одной
только обязанности. Если, при этомъ, пустая и суетная свѣтская жизнь не совсѣмъ
еще убила въ ней жизненной силы и естественнаго чувства, она въ скоромъ времени
сама увлечется книгами, которыя наведутъ ее на массу новыхъ наблюденій, раскроютъ

передъ ней новый міръ идей и вмѣстѣ съ воспитаніемъ перваго ребенка начнется ея собственное самовоспитаніе, при которомъ скучная на видъ обязанность матери станетъ для нея наслажденіемъ.

Задачи для наблюденій въ зимнее время съ дѣтьми 6-ти, 7-ми, 8-ми-лѣтняго возраста.

1) Возьмите три стакана: одинъ наполните теплой водой, другой совсѣмъ холодной, а третій тепловатой. Пусть дитя опуститъ одинъ палецъ въ холодную воду, а другой въ очень теплую; потомъ, вынувши оба пальца изъ того и другого стакана, онъ погрузитъ ихъ въ тепловатую воду; въ томъ пальцѣ, который былъ въ холодной водѣ, онъ почувствуетъ жаръ, а въ томъ, который былъ въ очень теплой водѣ,— холодъ.

Этотъ немудреный опытъ дастъ вамъ поводъ объяснить ребенку, какъ обманчивы бываютъ иногда ощущенія. При этомъ ему можно показать еще слѣдующее: сдѣлайте маленькій шарикъ изъ воску или изъ хлѣба и пусть онъ, положивши средній палецъ на указательный, катаетъ шарикъ между кончиками этихъ пальцевъ: тогда ему покажется, что онъ катаетъ не одинъ, а два шарика.

2) Вырѣжьте изъ твердой бумаги кружокъ, на одной сторонѣ котораго нарисуйте клѣтку, а на другой—птичку въ обратномъ положеніи. Къ обѣимъ сторонамъ кружка придѣлайте ниточки и посредствомъ ихъ вертите скоро кружокъ. При быстромъ верченіи вамъ будетъ казаться, что птичка сидитъ въ клѣткѣ. Или съ одной стороны такого-же кружка нарисуйте ноги, а съ другой—въ обратномъ положеніи туловище съ головой. Когда будете вертѣть кружокъ, то увидите цѣлаго человѣка. Такъ можно рисовать на разныхъ сторонахъ колеса и кузовъ кибитки, кошку и мышку, палочку прямо и поперегъ (чтобы вышелъ крестъ) и проч.

3) Для того, чтобы еще ближе познакомить ребенка съ зрительными впечатлѣніями, возьмите раскаленный уголь щипцами и описывайте передъ ребенкомъ круги; ему будетъ казаться что передъ нимъ огненный кругъ. Отчего-же раскаленный уголь, когда мы его вертимъ, представляется намъ огненнымъ кругомъ? Глазъ нашъ, получивъ разъ впечатлѣніе, сохраняетъ его нѣсколько мгновеній, хотя бы предметъ, который былъ причиною этого впечатлѣнія, исчезъ или передвинулся. Оттого-то при быстромъ движеніи угля всѣ точки, съ которыхъ онъ видѣнъ, сливаются въ одну непрерывную линію. Съ этой цѣлью можно также купить дѣтямъ волчокъ съ мѣняющимися цвѣтами (такіе волчки продаются во всѣхъ игрушечныхъ лавкахъ). Въ него также вставляютъ различныя изогнутыя проволоки, представляющія половинныя очертанія разныхъ предметовъ. При верченіи вы видите ограниченные плоскостями предметы, напр. рюмку, вазу, тарелку, смотря по тому, какъ изогнута проволока.

4) Купите стеклянную призму. Завѣсьте окно въ комнатѣ, оставивъ небольшое отверстіе для солнечнаго свѣта. На свѣтъ поставьте призму; она будетъ показывать семь цвѣтовъ радуги. Кромѣ того, обращая призму, вы доставляете дѣтямъ большое удовольствіе, потому что въ это время радужные цвѣта бѣгаютъ по стѣнѣ, по потолку и т. п.

5) Въ горлышко пустой бутылки вставьте воронку, напередъ обмотавъ, ея узкій

конецъ нитками, чтобы она плотно входила въ бутылку, не пропуская воздуха; потомъ налейте въ воронку воды. Вода не польется въ бутылку, воздухъ ее не пуститъ; но чуть ослабите воронку, вода тотчасъ польется въ бутылку.—Отчего вода не льется, когда воронка плотно воткнута въ бутылку? Отчего она полилась, когда ослабили воронку?—Въ послѣднемъ случаѣ вода будетъ выгонять изъ бутылки воздухъ, который теперь можетъ пройти между стѣнками воронки и бутылки.

6) Обрѣжьте съ обоихъ концовъ гусиное перышко, воткните его однимъ концемъ въ пластинку сыраго картофеля, чтобы внутри пера остался кусочекъ. Потомъ возьмите палочку и на одномъ концѣ немного обмотайте ее нитками и всуньте въ перо, какъ поршень. Когда вы начнете напирать этой палочкой въ перо, то кусочекъ картофеля, съ шумомъ выскочитъ изъ пера.

Отчего выскочилъ картофель? Почему при этомъ былъ шумъ? Потому что сдавленный воздухъ быстро расширяется. А если вы конецъ этого перышка поставите въ воду и поршень его станете тянуть назадъ, вы втянете въ перышко воду.

7) Какъ вынуть туго засѣвшую въ пузырекъ стеклянную пробку? Обверните горлышко снуркомъ и двигайте взадъ и впередъ за концы снурка, чтобы онъ какъ можно живѣе и крѣпче теряя о горлышко. Пробка ослабнетъ и послѣ этого вы легко ее вытянете! Отчего пробка ослабла? — Отъ тренія снурка горлышко нагрѣлось, слѣдовательно и расширилось; вотъ почему и ослабла пробка.

8) Туго засѣвшую пробку можно вытянуть и другимъ средствомъ. Накапайте горячаго сюргуча на средину пробки и прилѣпите къ ней вертикально самый сюргучъ. Когда онъ остынетъ, тяните его отвѣсно (т. е. совершенно прямо, а не въ бокъ, иначе сюргучъ сломается); такимъ образомъ вы вытянете пробку. — Почему палочкой сюргуча можно было вытянуть туго засѣвшую пробку? Это зависитъ отъ силы, съ какой сцѣпляется сюргучъ съ пробкой.

9) Налейте до краевъ стаканъ воды и накройте его толстой бумагой или папкой; но такъ какъ при этомъ нужно, чтобы въ стаканъ не проникалъ воздухъ, смочите сначала папку и, когда накроете ею стаканъ, притисните ее еще тарелкой или рукой, чтобы папка легла на стаканъ, какъ можно крѣпче; потомъ быстро переверните стаканъ вверхъ дномъ, придерживая папку, а послѣ этого отымите прочь вашу руку. Теперь бумага такъ плотно прилегла къ стакану, что, не смотря на тяжесть воды, которая на нее давитъ, бумажная крышка не отстаетъ и вода не проливается.— Отчего держится бумага?—Воздухъ не проходитъ въ стаканъ, между тѣмъ наружный воздухъ такъ сильно напираетъ на бумажное дно, что поддерживаетъ воду, которая въ стаканѣ.

10) Можно заставить стаканъ вбирать въ себя воду. Подержите маленькую свѣчку, внутри опрокинутаго стакана, держа его на воздухѣ. Когда стаканъ нагрѣется, быстро опустите его отверстіемъ въ чашку съ водой. Стаканъ охладится и воздухъ въ немъ сожмется, слѣдовательно займетъ меньше прежняго мѣста; тогда вода сама собой подымается внутри стакана, занимая мѣсто оставленное воздухомъ.

11) Смочите немного ладонь вашей руки и на это мѣсто поставьте наперстокъ, напередъ вытянувши изъ него губами, насколько можно, воздухъ. Наперстокъ будетъ крѣпко держаться на рукѣ.—Отчего держится наперстокъ?—Изъ наперстка вытянули воздухъ, поэтому его въ наперсткѣ стало меньше, значитъ, воздухъ сталъ рѣже, а тяжесть внѣшняго воздуха сильно напираетъ на наперстокъ и мѣшаетъ его отнять.

12) Налейте маленькую баночку до половины водой, заткните ее пробкой, въ середину которой вставьте узенькую стеклянную трубочку, или хоть гусиное перо,

только очень тоненькое. Подуйте сильно въ трубочку и быстро закройте пальцемъ верхнее отверстіе. Когда потомъ вы отнимете палецъ, изъ перышка, какъ изъ маленькаго фонтана, начинаетъ бить вода. — Отчего выходитъ теперь вода? Что случилось, когда вы подули въ банку? Отчего вода поднялась въ трубочкѣ и вышла наружу? Когда вы дули, воздухъ въ баночкѣ сгустился. Когда вы отняли палецъ, сгущенный нашимъ дыханіемъ воздухъ сталъ расширяться и вытолкнулъ воду изъ трубки.

13) Воду можно кипятить въ бумажной коробкѣ на огнѣ и при этомъ бумага не горитъ. Отчего въ этомъ случаѣ не горитъ бумага на огнѣ? Оттого, что нижнія нагрѣтыя частички воды все подымаются къ верху, а верхнія болѣе холодныя опускаются книзу и такимъ образомъ, въ свою очередь нагрѣваясь, отымаютъ жаръ у дна.

14) Плотно обмотайте бумажкой какую нибудь желѣзную вещь, хотя напр. ключъ, и держите мѣсто. обернутое бумагой, надъ огнемъ; бумага не загорится. Отчего? — Потому, что желѣзо быстро отнимаетъ теплоту отъ бумаги.

15) Можно-ли не разбивши яйцо, опустить его въ бутылку? Можно слѣдующимъ образомъ. Положите куриное яйцо на нѣсколько дней въ крѣпкій уксусъ. Послѣ этого скорлупа дѣлается совершенно мягкою и яйцо можно вытянуть такъ, что оно пройдетъ въ горлышко бутылки, въ которую передъ этимъ надо налить холодной воды. Полежавъ нѣсколько времени въ водѣ, смятое яйцо опять приметъ свою прежнюю форму. — Отчего, полежавъ въ уксусѣ, скорлупа стала мягкою? Изъ чего состоитъ твердая оболочка яйца? Она состоитъ изъ извести, а уксусъ растворяетъ известь.

16) Жукъ въ яйцѣ. Пробейте или даже просверлите осторожно въ яйцѣ дырочку и выпустите вонъ все содержимое; послѣ этого слѣдуетъ нѣсколько разъ выполоскать пустую скорлупу и на нѣкоторое время оставить ее просохнуть. Затѣмъ впустите въ яйцо какого нибудь жука, а дырочку замажьте гипсомъ или густымъ гумми-арабикомъ, смѣшаннымъ съ мѣломъ. Когда насѣкомое станетъ тамъ ворочаться, яйцо будетъ кататься само собой. Дѣтей это, разумѣется, очень забавляетъ; при этомъ, какъ и всегда, можно вести съ дѣтьми полезную для нихъ бесѣду. Вѣдь яйцо плотно закрыто со всѣхъ сторонъ, какъ-же жукъ не задохнется въ немъ? Откуда къ нему приходитъ воздухъ? Насѣкомое это также дышетъ воздухомъ, какъ и не вылупившійся цыпленокъ; въ скорлупѣ есть поры (маленькія дырочки), черезъ которыя воздухъ легко въ него проникаетъ. Вотъ почему въ яйцѣ, кругомъ обмазанномъ сажею, не можетъ жить зародышъ.

17) Какъ поставить яйцо на остріе?

Какъ ни поставьте яйцо, оно все или катится, или качается; но есть два способа заставить его стоять даже на остріе. 1) Проколите на томъ концѣ, на который вы хотите его поставить, самую маленькую дырочку, тотчасъ всуньте туда одну за одной нѣсколько дробинокъ и замажьте дырочку—и яйцо будетъ стоять. 2) Если же не съумѣете осторожно пробить дырочку. болтайте какъ можно сильнѣе, въ продолженіи получаса и послѣ этого его тоже можно будетъ поставить. Почему, когда мы взболтаемъ яйцо, оно стоитъ?

Потому что плепка, которая сверху обволакиваетъ бѣлокъ и желтокъ, разорвалась отъ сотрясенія, такъ что бѣлокъ и особенно желтокъ (между стѣнками которыхъ и скорлупою всегда есть промежутокъ) всей массою своею опускаются на то мѣсто, на которое вы ставите яйцо.

18) Возьмите двѣ банки: одну изъ нихъ налейте водой, другую щелокомъ. Когда ребенокъ опуститъ яйцо въ банку съ водою, то оно тотчасъ потонетъ и оста-

нется на днѣ; въ щелоку-же яйцо всплываетъ? Отчего? — Оттого, что щелокъ гуще и поэтому поддерживаетъ яйцо.

19) Перочинный ножикъ кладутъ на столъ остріемъ вверхъ, а поперегъ его вязальную иглу (ручку стального пера, или карандашъ). Если вамъ сразу не удастся положить середину иглы на остріе ножа, то игла будетъ балансировать, т. е. качаться и при малѣйшемъ толчкѣ упадетъ на столъ; когда-же одна ея половина гораздо тяжелѣе другой, то игла сразу упадетъ. Но вотъ вамъ удалось положить иглу на самую серединку и она держится на ножѣ. При этомъ вы объясняете ребенку, что тамъ, гдѣ игла держится на ножѣ, середина тяжести (центръ тяжести). Когда же устойчивѣе, тверже всего стоитъ предметъ? Когда больше плоскость, на которой онъ стоитъ. Покажите въ комнатѣ предметы болѣе устойчивые.

При этомъ вы можете объяснить, почему люди, несущіе тяжесть на спинѣ, должны гнуться впередъ. Отъ ноши, положенной на спину, середина тяжести (центръ тяжести) въ человѣческомъ тѣлѣ мѣняетъ свое положеніе и переходитъ дальше назадъ. Слѣдовательно, если мы попрежнему будемъ держаться прямо, то тяжесть опрокинула бы насъ назадъ.

20) Какъ грифельную доску, книгу, тетрадь и т. п. поставить на конецъ карандаша или на остріе вязальной иголки? Для этого нужно провести карандашемъ или грифелемъ съ помощью линейки двѣ прямыя линіи между на крестъ лежащими углами. Въ серединѣ эти линіи будутъ пересѣкаться; подоприте концемъ иглы доску въ той точкѣ, гдѣ пересѣкаются обѣ линіи. Такимъ образомъ вы можете держать доску на иголкѣ, сколько угодно времени.

21) Какъ поставить ножъ, чтобы онъ на концѣ острія держался стойма. Обмотайте черенокъ ножа проволокою, оставивъ при этомъ конецъ длиною съ футъ. Къ этому концу проволоки прикрѣпите какую нибудь тяжесть. Поставьте ножъ остріемъ на край стола, а проволоку загните такъ, чтобы тяжесть находилась подъ столомъ противъ ножа. Ножъ будетъ держаться стойма. Придѣлавъ съ двухъ сторонъ на проволокахъ двѣ тяжести, можно ставить ножъ остріемъ куда угодно, на бутылку, на спицу и т. п.

22) Дайте ребенку разорвать и разломать вещи въ слѣдующемъ порядкѣ: кусокъ ваты, хлѣба, бумаги, мѣла, тоненькую деревянную дощечку, тоненькую желѣзную пластинку, кусокъ кремня. Что было труднѣе переломить? Почему желѣзную пластинку переломить труднѣе, нежели деревянную, а кремень и совсѣмъ не разломишь? Чѣмъ предметъ тверже, т. е., чѣмъ плотнѣе соединены частички его, тѣмъ труднѣе его раздѣлить. Какой изъ названныхъ предметовъ тверже всѣхъ, какой мягче!

Вода легко льется; раздѣлить ея частицы, т. е. разлить, очень легко; такъ ли онѣ соединены между собою? Сбросьте капельку воды, она повиснетъ, а не тотчасъ каннетъ на полъ; слѣдовательно и ея частички, хотя не такъ плотно, какъ въ первомъ случаѣ, однако тоже соединены между собою. Чтобы еще болѣе уяснить ребенку, что такое сцѣпленіе (конечно, безъ научныхъ терминовъ и объясненій), можно достать два кусочка зеркала, хорошо выполированныхъ; положите ихъ другъ на друга зеркальными поверхностями, да сверху еще прижмите толстой книгой, то они слипнутся между собой такъ сильно, что ихъ нельзя будетъ раздѣлить, не разбивъ ихъ.

23) Дайте ребенку деревянный шаръ (хоть изъ второго „дара" Фребеля); заставьте его покатить этимъ шаромъ по травѣ, по камнямъ, по песку, по сырой землѣ, по гладкому полу. Гдѣ легче всего катится шаръ? Почему? Все-ли онъ будетъ хо-

рошо катиться по гладкому полу? Онъ покатится хуже, когда встрѣтитъ неровность или какое либо другое препятствіе, и остановится, когда другой какой либо предметъ загородитъ ему дорогу.

Такой опытъ дастъ вамъ возможность навести дѣтей на бесѣду о томъ, что для легкости ѣзды устраиваютъ хорошо выкатанныя, гладкія шоссе, рельсы для желѣзныхъ дорогъ, и т. п.

24) Налейте стаканъ воды до самыхъ краевъ и такъ двигайте его по столу; когда вы перестанете двигать стаканъ, движеніе въ немъ будетъ продолжаться само собою еще нѣсколько времени. Отъ чего происходитъ движеніе въ стаканѣ тогда, когда вы уже болѣе не двигаете его? Оттого, что всѣ тѣла, будь они твердыя или жидкія, когда разъ получаютъ толчекъ, сохраняютъ на нѣкоторое время сообщенное имъ движеніе. При этомъ вы можете привести еще въ примѣръ, что и наше тѣло, получивъ разъ движеніе, продолжаетъ его въ томъ-же направленіи и послѣ; напр., когда лодка, или ѣдущій экипажъ вдругъ останавливаются, вы невольно дѣлаете скачекъ впередъ. И наоборотъ, когда экипажъ долго стоялъ на мѣстѣ и лошади вдругъ тронутъ, въ немъ сидящихъ людей отбрасываетъ назадъ, потому что они стремятся остаться на томъ же мѣстѣ, гдѣ были.

25) Къ какому нибудь металлическому кольцу или просто къ камню привяжите тонкую нитку, аршина полтора длиною. Свободный конецъ нити прикрѣпите къ карандашу, а еще лучше къ палочкѣ нѣсколько болѣе длинной. Палочка эта кладется на край стола такъ, чтобы шарикъ свѣшивался внизъ и могъ свободно двигаться; чтобы утвердить палочку, на нее кладутъ камень или тяжелую книгу. Однажды толкнутая гирька очень долго продолжаетъ качаться безъ всякой помощи. Заставьте ребенка наблюдать, какъ по немногу размахи гирьки и нитки становятся все меньше, потому что воздухъ ихъ останавливаетъ; вмѣсто гирьки, для забавы дѣтей, можно помѣстить лодочку, птичку съ распущенными крыльями, и проч. Когда нитка съ привѣшеннымъ къ ней предметомъ совершенно остановится и будетъ стоять спокойно, то укажите, какъ она прямо стоитъ. Такой снарядъ называется о т в ѣ с о м ъ и употребляется для того, чтобы узнать, прямо-ли стоятъ другіе предметы. Заставьте ребенка приставлять отвѣсъ къ комоду, къ шкапу, къ воткнутой въ землю палкѣ и узнавать ихъ положеніе. Чтобы познакомить и съ прямою лежачею линіей, надо налить въ продолговатый стеклянный сосудъ воды; по поверхности воды можно узнать, не косо-ли лежатъ предметы.

26) Пусть ребенокъ обмакнетъ перочинный ножъ или ручку чайной ложечки въ воду и сброситъ воду на лоскутокъ бумажки, напередъ пропитанной масломъ или жиромъ; вода принимаетъ тогда форму маленькаго круглаго шарика и образуетъ каплю. При этомъ можно объяснить ребенку, что жидкія тѣла, какъ напр. вода, спиртъ, растопленное масло, ртуть и расплавленныя тѣла, падая внизъ, всегда образуютъ маленькій круглый шарикъ. Когда ты плачешь, слезы падаютъ по щекамъ круглыми каплями; на стебляхъ и листьяхъ мы находимъ росу и дождь тоже въ видѣ круглыхъ капель. Наклоните пузырекъ со ртутью и оттуда выпадетъ на столъ большая круглая капля; нажмешь ее или задѣнешь чѣмъ нибудь,— передъ вами забѣгаетъ множество, маленькихъ, кругленькихъ, блестящихъ капелекъ. Болѣе густая жидкость даетъ большую каплю.

Дайте ребенку доску съ шероховатою поверхностью; пусть онъ капаетъ на нее водой и замѣчаетъ, какую причудливую форму принимаютъ капли. Капая въ разныхъ мѣстахъ чернила, тушь или другую краску на бумагу и потомъ складывая ее и нажимая, мы получаемъ правильныя, иногда очень красивыя фигурки, которыя могутъ на долго занять дѣтей. Складывать бумагу лучше не на томъ мѣстѣ, гдѣ краска.

27) Купите въ игрушечной лавкѣ маленькую палочку магнита и при этомъ уточекъ, лебедей и рыбокъ изъ тонкой жести, которые плаваютъ на водѣ.

Для того возраста дѣтей, для котораго мы назначаемъ наши наблюденія, только и можно указать въ магнитѣ то, что онъ имѣетъ силу притягивать; поэтому заставьте его приближать магнитъ и къ другимъ желѣзнымъ предметамъ, которые у него подъ руками.

28) Какъ заставить двигаться иголки? На листъ писчей бумаги насыпьте тоненькихъ иголокъ (листъ долженъ лежать горизонтально); подъ бумагой двигайте магнитомъ,—иголки будутъ двигаться въ томъ-же направленіи. При этомъ вы можете объяснить ребенку (что ясно уже и изъ опыта), что магнитъ и черезъ другія тѣла можетъ притягивать предметы; при этомъ можно показать множество опытовъ, которые доставятъ ребенку большое удовольствіе.

29) Какъ повѣсить ключъ на нарисованный гвоздь.—На листѣ бумаги рисуютъ гвоздь и привѣшиваютъ эту бумагу въ уголокъ комнаты, гдѣ уже напередъ помѣщенъ магнитъ; затѣмъ къ бумагѣ подносятъ ключъ и если магнитъ доволько великъ, то онъ не дастъ упасть ключу.

30) Пусть ребенокъ опуститъ въ воду маленькую, сухую губку; губка увеличится въ объемѣ, разбухнетъ. Почему? Потому что вода наполнила большія дырочки губки: прежде, когда губка была суха, стѣнки этихъ дырочекъ близко лежали другъ къ другу, а теперь, когда вода, проникла въ нихъ, онѣ раздвинулись. При этомъ можно указать и на скважность другихъ тѣлъ, менѣе замѣтную для ребенка съ перваго раза. Напишите при немъ что нибудь чернилами и тотчасъ заставьте его притиснуть пропускной бумагою написанное. Написанное станетъ сухо, и чернила не размажутся по бумагѣ. Заставьте его наложить обыкновенную писчую бумагу, и на написанномъ листкѣ размажутся чернила. Почему? Потому что писчая бумага гораздо плотнѣе пропускной, и чернила не проникаютъ въ ея скважины, какъ въ скважины пропускной бумаги. Когда на окнѣ таетъ вода, на нее кладутъ полотенце, чтобы вода не стекала на полъ; рамы и двери въ сырую погоду запираются туже, чѣмъ въ сухую; новое ведро течетъ, но когда въ немъ постоитъ вода, течь уничтожается; сухой горохъ, политый водою, постоявъ, такъ сильно разбухаетъ, что его выпираетъ изъ банки. Все это отъ того, что вода проникаетъ въ ихъ поры.

31) Сыпьте въ стаканъ съ водою соль и мѣшайте ее до тѣхъ поръ, пока соль въ водѣ уже не будетъ болѣе расходиться. Когда въ водѣ такъ много соли, то она совершенно ею насытиться и соль по немногу начнетъ осѣдать на дно. На другой день вы замѣтите, что соль осѣла изъ воды въ видѣ правильныхъ четвероугольныхъ кубиковъ; такія правильныя тѣла называютъ кристаллами. Тоже можно сдѣлать съ селитрою, квасцами, съ желѣзнымъ и мѣднымъ купоросомъ. Замѣтимъ, что мѣдный купоросъ ядовитъ, и его не надо давать въ руки дѣтямъ. Изъ чего и когда образуются кристаллы? Они образуются изъ жидкости, насыщенной солью, квасцами, селитрою, и проч. Когда вода испарется, уходя въ воздухъ, частички соли, селитры и проч. соединяются въ правильныя фигурки различнаго вида.

32) Сдѣлайте корзиночку, коронку или крестъ изъ тоненькихъ проволокъ или изъ прутиковъ. Каждую проволоку или прутикъ обмотайте шерстью; потомъ сдѣланную вами вещь погрузите въ сосудъ, наполненный растворомъ соли, или селитры, квасцовъ и проч., но такъ, чтобы растворъ совсѣмъ покрывалъ ее. Лучше всего привязать вещь на палочку, которую нужно положить на края сосуда; потомъ поставьте сосудъ въ тепломъ и сухомъ мѣстѣ, гдѣ-бы его никто не тревожилъ. Черезъ сутки можно уже вынуть вещь и она будетъ сплошь покрыта кристалами, точно усѣяна драгоцѣнными камнями. Квасцы слѣдуетъ распускать въ горячей водѣ; ихъ кристаллы красивѣе, чѣмъ кристаллы соли. Самые красивые кристаллы выходятъ изъ раствора мѣднаго купороса; но, какъ мы сказали, надо наблюдать, чтобы дѣти не брали купоросъ въ руки, или, взявъ и разсмотрѣвъ, тотчасъ ихъ омывали.

33) Держать кольцо на сожженной ниткѣ. — Сначала хорошенько вымочите нитку въ растворѣ соли; когда она высохнетъ, надѣньте на нее какое-нибудь металлическое кольцо и обожгите нитку на огнѣ; волокна обгорятъ, но кристаллы соли настолько твердо соединены между собой, что удержатъ кольцо.

34) Мыльные пузыри. Настругайте въ чашечку немного мыла, налейте водой и дайте немного времени постоять, чтобы мыло растворилось. Если и послѣ этого остались въ водѣ кусочки мыла, ихъ нужно растереть ложечкой и воду процѣдить сквозь тряпочку. Чтобы пускать мыльные пузыри, нужна еще соломенка, которую въ концѣ слѣдуетъ расщепить на четыре части и отогнуть ихъ въ видѣ креста. Опустите расщепленный конецъ въ приготовленную вами мыльную воду, а въ противоположный конецъ дуйте вашимъ теплымъ дыханіемъ. Ребенокъ замѣчаетъ, какъ въ это время ростетъ и надувается круглый пузырь и какъ онъ переливается всѣми цвѣтами радуги. Но чтобы онъ еще больше наблюдалъ цвѣта, пузырь можно надувать подъ широкой стеклянной банкой, въ которой онъ гораздо дольше не лопается. Если вы наберете въ ротъ табачнаго дыму и будете надувать мыльный пузырь, то онъ получитъ матовый цвѣтъ и, лопаясь, выпуститъ клубъ дыма. Зимою мыльные пузыри выходятъ особенно красивыми. Для этого нужно охлаждать мыльную воду до тѣхъ поръ, пока не образуются по краямъ кристаллы льда, когда послѣ этого вы начинаете надувать пузырь, то на немъ появляются красивыя крошечныя звѣздочки и различныхъ причудливыхъ формъ снѣжные хлопья.

Мыльные пузыри могутъ дать поводъ ко многимъ бесѣдамъ съ дѣтьми. Вы тряхнули соломенкой и заставили пузырь полетѣть вверхъ. Почему пузырь полетѣлъ вверхъ? Какіе предметы могутъ летѣть вверхъ? — Тѣ-ли, которые тяжелѣе воздуха, или которые легче его? Когда пузырь легче воздуха? Вы наполнили пузырь своимъ теплымъ дыханіемъ, теплый воздухъ легче холоднаго; вотъ почему вашъ мыльный пузырь легче окружающаго его воздуха, и легко поднялся вверхъ. Однако пузырь не можетъ долго держаться въ воздухѣ; тонкая оболочка его лопается и отъ него остаются только мелкія брызги.

35) Заставьте самихъ дѣтей устроить маленькіе вѣсы, — коромысло, какимъ подымаютъ воду изъ колодца. Проткните тонкой иглой средину палочки, и, завязавъ на ниткѣ узелъ, просуньте ее въ отверстіе такъ, чтобы палочка висѣла на ниткѣ; обѣ половины палочки должны быть одинаковаго вѣса: для этого нужно ее подстрогать такъ, чтобы она держалась на ниточкѣ совершенно прямо, горизонтально. Дощечки, привѣшенныя на ниткахъ къ концамъ палочки, служащей ко-

ромысломъ, тоже должны быть одинаковой тяжести. Какъ это узнать? Какъ узнать, который изъ двухъ камешковъ тяжелѣе? Какъ узнать, сколько выйдетъ песку изъ какого нибудь камешка? (Надо на одну дощечку положить камешекъ, на другую сыпать песокъ, пока не установится равновѣсіе). Что означаетъ, если палочка стоитъ прямо? Что означаетъ, если она клонится на какую нибудь сторону? Почему легко поднимать воду изъ колодца, когда веревка привязана къ одному концу коромысла, а на другомъ болѣе длинномъ, тяжесть? Какъ поднять ящикъ, котораго руками не сдвинешь съ мѣста? Для этого надо конецъ палки подсунуть подъ ящикъ, а подъ палку подложить кусокъ дерева или камень и напирать на болѣе длинный конецъ.

36) Какъ писать пальцемъ на стеклѣ? Начертите пальцемъ на стеклѣ какую нибудь букву или крестикъ и другую фигуру; потомъ сильно дохните на стекло. Буква или фигурка будутъ видны, потому что паръ отъ вашего дыханія не пристанетъ къ мѣстамъ, гдѣ вы касались пальцемъ: пальцы всегда нѣсколько жирны, и тонкій слой жира останется отъ нихъ на стеклѣ, не допуская въ этихъ мѣстахъ воду приставать къ нему. Почему фигурки стали видны? Почему паръ отъ дыханія не присталъ къ мѣстамъ, гдѣ вы провели пальцемъ? Откуда жиръ на пальцахъ? (На кожѣ всегда есть немного жиру, который выходитъ изъ тѣла, чрезъ крошечныя скважинки кожи).

37) Какъ съ помощью нитокъ перелить воду изъ бутылки въ стаканъ? Опустите однимъ концомъ мотокъ нитокъ въ бутылку, а другимъ въ стаканъ: вода поднимается по ниткамъ и по немногу перейдетъ въ стаканъ. Такъ и масло подымается въ свѣтильнѣ. Если взять тоненькую стеклянную трубочку и опустить ее однимъ концемъ въ воду, то вы увидите, что въ трубочкѣ вода стоитъ гораздо выше чѣмъ въ стаканѣ: значитъ въ узенькихъ трубочкахъ вода сама собою подымается. Въ ниткахъ есть такія узенькія трубочки, что ихъ и не замѣтишь простымъ глазомъ (при случаѣ можно ребенку показать ихъ подъ микроскопомъ).

38) Какія вещи тонутъ, какія плаваютъ на водѣ? Кладите на воду бумажку, дерево и другіе предметы. Отчего бумажка, совсѣмъ промокнувъ, начинаетъ тонуть? Потому что, пропитанная водою, она становится тяжелѣе воды. Можетъ ли желѣзо плавать? желѣзная палочка тонетъ, а желѣзная чашечка плаваетъ. Отчего? Желѣзная чашечка очень широка и напираетъ на большое мѣсто въ водѣ; поэтому она все таки легче воды, на которую напираетъ.

39) Купите стеклянную трубку съ однимъ короткимъ загнутымъ концемъ, имѣющимъ узкое отверстіе; лейте въ длинное колѣно воду, то она будетъ бить фонтаномъ изъ узкаго отверстія до той высоты, на которой стоитъ въ отверстіи. Подобную изогнутую трубку можно всунуть въ дно какого нибудь деревяннаго сосуда, все обложить глиною, или землею и устроить маленькій садикъ съ фонтаномъ.

40) Купите маленькій таганчикъ и пусть дѣти осторожно кипятятъ на немъ воду въ стеклянномъ стаканчикѣ съ тонкимъ дномъ, или въ стклянкѣ. Сначала въ водѣ будутъ подыматься маленькіе бѣлые пузырьки воздуха, потомъ больше пузыри пара. Откуда явился въ водѣ воздухъ? Онъ былъ въ незамѣтныхъ для глаза скважинкахъ воды. Отчего пузырьки воздуха и пара подымаются кверху? Отъ того что они легче воды и расширяются отъ тепла. Какъ теплыя частицы воды все идутъ кверху, а болѣе холодныя опускаются внизъ, можно хорошо видѣть, насыпавъ въ воду мелкихъ, деревянныхъ опилокъ.

41) Возьмите бычачій пузырь, завяжите его крѣпко, не надувая, и потомъ положите на теплую плиту; онъ самъ собою раздуется и наконецъ лопнетъ. Отчего раздулся пузырь? Воздухъ, въ немъ бывшій, сильно расширился отъ теплоты и наконецъ прорвалъ стѣнки.

42) Что скорѣе упадетъ на землю: мѣдный пятакъ или крошечный кусочекъ бумажки? Пятакъ упадетъ скорѣе, потому что тяжелѣе. А положите сверху пятака кусочекъ бумажки и, держа совершенно прямо, опустите ихъ на землю: пятакъ и бумажка очутятся на землѣ въ одно время. Пятакъ, падая, разгонялъ передъ собою воздухъ: значитъ бумажка, слѣдуя за нимъ, не поддерживалась воздухомъ, и потому падала такъ скоро.

43) Какъ безъ огня зажечь веревку? Стоитъ только тереть ее о дерево: отъ тренія произойдетъ жаръ и веревка задымится. Что будетъ, если не смазывать дегтемъ оси колесъ. Ось отъ тренія при ѣздѣ загорится, а деготь уменьшаетъ треніе.

44) Купите кремень и стальную палочку и заставляйте ребенка выбивать искры. Отчего появляются искры? Кремень крѣпче желѣза; онъ отбиваетъ крошечные кусочки стали, отъ удара эти кусочки раскаляются до красна.

45) Налейте полную бутылку воды, хорошенько ее закупорьте, и во время мороза поставьте за окно, или на дворъ. Когда вода въ бутылкѣ замерзнетъ, то бутылка лопнетъ, потому что вода, замерзая, сильно расширяется.

46) Купить два зеркальца, вынуть ихъ изъ рамокъ и сзади склеить ихъ вмѣстѣ такъ, чтобы потомъ сдвинувъ ихъ, можно было образовать изъ нихъ уголъ. Въ этомъ углу, между двумя поставленными зеркальцами, кладите разныя вещицы, или вырѣзанныя изъ разноцвѣтной бумаги фигурки, то они будутъ отражаться въ зеркалахъ множество разъ, образуя разнообразные, красивые узоры. То, что отражено въ одномъ зеркалѣ, отражается въ другомъ, а это отраженное изображеніе опять отражается въ первомъ, и т. д.

47) Какъ, имѣя одну зажженую свѣчу, увидѣть ихъ безчисленное множество? Поставьте свѣчу между двумя зеркалами и вкось смотрите въ одно изъ нихъ: вы увидите безконечный рядъ свѣчей, стоящихъ одна за другой. Каждое изображеніе свѣчи въ одномъ изъ зеркалъ опять повторяется въ противоположномъ зеркалѣ.

48) Заставьте ребенка тереть о сукно гребенку, ламповое стекло, палочку сюргуча и потомъ приставлять эти предметы къ легкимъ бумажкамъ. Не говоря ему объ электричествѣ, дайте ему понять, что черезъ треніе является такое свойство въ сюргучѣ и стеклѣ, по которому они притягиваютъ легкіе предметы. Какъ безъ клея прилѣпить къ стѣнѣ бумагу? Нагрейте ее у печки, или на лампѣ, положите на столъ и потомъ крѣпко потрите сукномъ или резиной. Послѣ этого тотчасъ приставьте ее къ стѣнѣ; бумага пристанетъ и будетъ нѣкоторое время держаться.

49) Развѣсьте простыню и поставьте позади ея свѣчку, но чтобы другихъ свѣчей не было въ комнатѣ. Вырѣжьте изъ бумаги фигурки и, прикрѣпивъ ихъ къ проволокѣ, держите ихъ между свѣчкой и простынею. На простынѣ появятся тѣни этихъ фигуръ: лица, сидящія по другую сторону, будутъ видѣть представленіе разныхъ картинъ. Чѣмъ больше вы удаляете фигуру отъ простыни и приближаете къ свѣчкѣ, тѣмъ сильнѣе тѣнь ея увеличивается, потому что фигура больше заслоняетъ свѣтъ.

50) Нарисуйте на бумагѣ контуръ дома, памятника, какую нибудь красивую мѣстность и т. д. Пусть ребенокъ проколетъ толстою иглою весь контуръ. При этомъ нужно больше всего стараться чтобы разстояніе между проколами было ровное. Съ

изнанки такой картинки наклейте цвѣтную папиросную бумагу. (Приклепвать слѣдуетъ только по краямъ). Позади этой выколотой картинки, поставьте вечеромъ зажженную свѣчу, или лампу и вы доставите необыкновенное удовольствіе ребенку видѣть собственную иллюминацію.

51) Купите волшебный фонарь, но вмѣсто глупыхъ фигурокъ, которыя рисуютъ на стеклышкахъ, закажите художнику нарисовать красками маленькія сцены изъ природы, животныхъ, лѣтнія деревенскія работы, картинки изъ обыденной семейной жизни, сцены изъ разныхъ промысловъ, внутренность жилища мастероваго съ разными инструментами и т. п. Все это дастъ богатый матеріалъ для бесѣдъ съ дѣтьми.

Мы здѣсь привели опыты, не слѣдуя опредѣленному порядку, но воспитательница, разнообразя ихъ, будетъ при случаѣ припоминать и приводить въ связь, что относится къ однороднымъ явленіямъ.

ГЛАВА X.

Фребель даетъ рядъ гимнастическихъ игръ, приспособленныхъ къ дѣтскому возрасту. Эти игры однако рѣзко отличаются отъ обыкновенной гимнастики; во 1-хъ онѣ сопровождаются пѣніемъ, во 2-хъ слова пѣсенъ опредѣляютъ тѣ движенія, которыя нужно дѣлать, въ 3-хъ самыя движенія заимствованы изъ дѣйствительной жизни. Воспитательное значеніе пѣнія для первоначальнаго развитія, мы достаточно уяснили въ нашемъ предисловіи къ пѣснямъ. теперь поговоримъ объ играхъ.

Фребель называетъ также игрою и всѣ свои механическія работы; но такое названіе только сбиваетъ съ толку неопытныхъ воспитательницъ и не даетъ возможности уяснить себѣ разницу, какая существуетъ между двумя родами этихъ занятій. Работы представляютъ приложеніе извѣстныхъ силъ для пробужденія дѣятельности. Пріучая къ усидчивости, работы развиваютъ ловкость, сноровку ко всякому труду вообще, а если ихъ еще сопровождаютъ разсказами и бесѣдами, доступными маленькимъ дѣтямъ, то онѣ въ тоже время и развиваютъ умъ ребенка Подъ играми же этого рода мы представляемъ себѣ занятія, сопровождаемыя физическими упражненіями. Если игры устраиваются безъ всякаго принужденія, онѣ должны развить ловкость, остроуміе, быстрое соображеніе, выносливость, любовь къ товарищамъ, терпѣніе и другія хорошія качества ума и характера, но прежде всего эти игры должны быть направлены къ тому, чтобы дать полнѣйшій отдыхъ головѣ, пріятно возбуждая его физическія силы,—укрѣплять его мускулы. Во избѣжаніе недоразумѣнія мы и будемъ называть механическія занятія—работами, а занятія сопровождаемыя движеніями—подвижными играми.

Имѣетъ-ли игра въ жизни ребенка такое значеніе, какое придаетъ ей Фребель?

Необходимость игры и развлеченія чувствуютъ всѣ отъ первыхъ лѣтъ дѣтства до глубокой старости. Конечно, у всякаго она выражается сообразно съ характеромъ каждаго и его развитіемъ и чѣмъ болѣе предается человѣкъ усидчивому труду, чѣмъ однообразнѣе его дѣятельность, тѣмъ болѣе чувствуетъ онъ потребность освѣжиться и совершенно измѣнить родъ занятій хоть на нѣкоторое время; онъ ищетъ отдыха т. е. того, что мы называемъ для взрослыхъ людей развлеченіемъ, а для дѣтей игрою.

Потребность игры является тогда, когда человѣкъ утомленъ, но не настолько еще, чтобы предаться сну; это, если можно такъ выразиться,—видоизмѣненная дѣятельность рукъ и головы, которая требуетъ однако меньшаго напряженія, скорѣе освѣжаетъ, чѣмъ утомляетъ и на минуту заставляетъ человѣка забыть тяжелый трудъ. При этомъ одинъ предается картежной игрѣ, другой развлекается въ бурномъ вальсѣ на балахъ, иной въ шумныхъ оргіяхъ. Болѣе развитой человѣкъ считаетъ отдыхомъ чтеніе книгъ, не относящихся прямо къ дѣлу, и общество подобныхъ себѣ людей. По играмъ дѣтей вы наглядно можете составить себѣ понятіе о томъ образѣ жизни, который они ведутъ въ своемъ семействѣ и о воспитаніи, которое они получаютъ. Тамъ, гдѣ первую роль играютъ узкіе семейные интересы и меркантильные разсчеты, дрязги съ прислугою и тому подобное, —любимою дѣтскою игрою служитъ игра въ кухарки, при чемъ ее распекаютъ, изгоняютъ изъ дому, и т. п. Въ другомъ мѣстѣ одинъ ребенокъ пріѣзжаетъ къ другому въ гости, наряжается въ тряпки и точь-въ-точь, какъ его мать, когда дѣлаетъ визиты своимъ знакомымъ, ломается и фиглярничаетъ передъ своимъ маленькимъ братомъ или сестрою по всѣмъ правиламъ науки моднаго свѣта. Тамъ ребенокъ корчитъ изъ себя маленькаго предводителя войска. Кстати предусмотрительные родители окружили его игрушками, удовлетворяющими его стремленіямъ: у него густые генеральскіе эполеты, кэпи, шпага, ружье. Его любимая игра — маршировать, нападать со шпагою въ рукахъ на прислугу, что послѣдней естественно очень не по-нутру. Вы безошибочно можете сказать, что въ семействѣ царитъ воинственный характеръ и что судьба мальчика уже рѣшена.

Товарищество между такими дѣтьми не имѣетъ никакого значенія; недостатокъ развитія, бѣдность фантазіи и творчества не исправитъ и сближеніе съ другими; они могутъ передать другъ другу и въ играхъ только узкіе интересы своего семейства.

Мысль Фребеля дать дѣтямъ разнообразную игру, въ которой-бы они воспроизвели жизнь не одного какого-либо кружка, или сословія, а жизнь общечеловѣческую, какою живетъ трудящійся людъ, —мысль въ высшей степени воспитательная. Заимствуя отъ Фребеля идею давать дѣтямъ подвижныя игры, мы тутъ, менѣе чѣмъ гдѣ-либо, можемъ быть его подражателями. Фребель давалъ своимъ дѣтямъ народныя игры, движенія и пѣсни, гдѣ дѣти подражали трудящейся массѣ своей страны; мы должны заимствовать эти игры у своего народа и разнообразить ихъ сообразно съ своей русской жизнію. Въ прежнихъ главахъ мы дали ужъ примѣры игръ, которыя можно ввести для семействъ, гдѣ одно или двое дѣтей; теперь укажемъ на такія игры, которыми можно-бы было занять дѣтей въ дѣтскомъ саду, въ пріютѣ или хотя и въ семействѣ, но въ большомъ обществѣ дѣтей. Но прежде, чѣмъ давать примѣры игръ, посмотримъ, чего въ нихъ должно держаться.

1) Прежде всего игра должна уничтожить сословный или узкій семейный элементъ.

2) Въ ней не должно быть ничего, что и взрослыми считается предосудительнымъ, т. е. не должно быть повода къ азарту, какой мы видимъ при играхъ въ карты и рулетку (маленькія рулетки для дѣтей распродаются у насъ въ игрушечныхъ лавкахъ и находятъ себѣ множество покупателей). Вообще не слѣдуетъ вводить игры, гдѣ существуютъ проигрыши. Подъ этимъ мы разумѣемъ такую дѣтскую забаву, гдѣ промахъ и неудача одного выгодны для другого.

3) Подвижныя игры должны непремѣнно сопровождаться какими нибудь тѣлодвиженіями.

Такъ какъ онѣ при нормальномъ воспитаніи слѣдуютъ за занятіями, требую-

щими усидчивости, то цѣлью игры должно быть развитіе мускуловъ дитяти, а сред-
ство къ достиженію этого—движенія.

Игры въ обществѣ товарищей научаютъ ребенка терпѣнію. Когда, напримѣръ,
играютъ въ кошку-мышку, дѣйствующими лицами могутъ быть только двое дѣтей.
Вниманіе остальныхъ обращено только на этихъ двухъ; ихъ удача и неудача такъ
возбуждаетъ дѣтей, что всѣ они тотчасъ непремѣнно хотятъ принять участіе въ ихъ
дѣйствіяхъ. Между тѣмъ правило игры таково, что каждый долженъ ждать своей
очереди. Дѣти скоро начинаютъ сознавать, что это ожиданіе очереди не прихоть
воспитателя, а необходимое условіе товарищества.

Это на видъ пустое обстоятельство имѣетъ извѣстное значеніе въ жизни ребенка,
а слѣдовательно и вліяетъ на его развитіе.

Подвижная игра должна научить сообразительности и находчивости. Мы ви-
дѣли, что дѣти, которыхъ не учатъ играмъ, подражаютъ только дѣйствіямъ своихъ
близкихъ; но главное условіе игръ — дать какъ можно болѣе разнообразія, развить
фантазію ребенка настолько, чтобы потомъ онъ самъ — безъ помощи воспитателя —
могъ изобрѣтать игры. Изъ этого ясно, что подвижная игра должна имѣть цѣлью
не только физическое упражненіе, но и умственное.

Она должна быть совершенно свободна Малѣйшее утомленіе со стороны ребенка
или даже простое его заявленіе, что онъ не хочетъ играть, служитъ уже достаточ-
нымъ поводомъ, чтобы онъ вышелъ изъ кружка играющихъ; онъ снова станетъ въ
ряды ихъ при первомъ своемъ желаніи. Однако не нужно думать, что дѣтямъ слѣ-
дуетъ указывать только игры, сопровождаемыя пѣснями. Чѣмъ больше вы покажете
имъ различныхъ игръ, тѣмъ скорѣе и въ этомъ отношеніи станутъ они самостоятель-
ными. Вотъ образцы ихъ, безъ пѣнія:

1) К о р ш у н ъ. Дѣти составляютъ кружокъ, одинъ садится въ середину и
скребетъ рукою по полу.

„Коршунъ, коршунъ, что ты дѣлаешь?“ (спрашиваютъ въ голосъ дѣти).

— Ямочку копаю.

— На что тебѣ ямочка?

— Денежку ищу.

— На что тебѣ денежка?

— Иголочку купить.

— На что тебѣ иголочка?

— Мѣшечекъ сшить.

— На что тебѣ мѣшечекъ?

— Камушки класть.

— На что тебѣ камушки?

— Въ васъ побросать, васъ погубить.

— За что?

— Вы мое гнѣздо срыли,

— Моихъ дѣтокъ словили,

— Моихъ дѣтокъ убили.

Коршунъ вскакиваетъ и бросается ловить дѣтей. Кого поймаетъ, тотъ садится въ
кругъ вмѣсто него коршуномъ. Другая игра въ коршуна исполняется нѣсколько
иначе.

2) К о р ш у н ъ. Играющіе становятся въ рядъ, кладутъ другъ другу руки на
плечи и такимъ образомъ составляютъ плотную цѣпь; это птенчики, которыхъ охра-

няетъ насѣдка, стоящая впереди ихъ. Коршунъ ходитъ подлѣ и старается утянуть одного цыпленка изъ длинной цѣпи. Насѣдка отбивается отъ коршуна, защищая распростертыми руками своихъ цыплятъ. Пойманный цыпленокъ становится коршуномъ, а коршунъ идетъ на его мѣсто.

3) Г о р ѣ л к и. Играющіе становятся парами одна за другою; впереди всѣхъ стоитъ тотъ, кто горитъ; когда онъ скажетъ: гори гори ясно, чтобы не погасло; взгляни на небо — птички летятъ! и при этомъ ударитъ три раза въ ладоши, то первая пара бѣжитъ — одинъ по правую, а другой по лѣвую сторону горящаго, который старается поймать одного изъ нихъ, прежде чѣмъ они успѣютъ опять схватить другъ друга за руки. Если это ему удастся, то онъ становится съ тѣмъ, котораго поймалъ, въ заднюю пару, а непойманный становится горѣть на его мѣсто.

4) М а к ъ. Играющіе, взявшись за руки, становятся въ кружокъ; въ серединѣ садится хороводникъ. Играющіе ходятъ кругомъ и поютъ:

Ай на горѣ макъ, макъ!
Подъ горою бѣлъ, бѣлъ!
Ахъ вы маки маковочки,
Золотыя головочки,
Станьте вы въ рядъ;
Спросите про макъ.

Играющіе останавливаются и спрашиваютъ у хороводника, „Сѣяли-ли макъ?“ Хороводникъ отвѣчаетъ: „Только землю вспахали“. Дѣти поютъ ту-же пѣсню, потомъ спрашиваютъ: „Сѣяли-ли макъ? — „Сѣяли“. — Послѣ каждаго отвѣта поютъ пѣсню и спрашиваютъ послѣдовательно: Взошелъ-ли макъ? — Всходитъ! — Зацвѣлъ-ли макъ? — Зацвѣлъ. — Поспѣваетъ-ли макъ? — Поспѣваетъ. — Поспѣлъ-ли макъ? — Поспѣлъ; сбирайтесь отряхать. — Хороводникъ вскакиваетъ и старается выбѣжать изъ круга; если не успѣетъ, всѣ бросаются на него и трясутъ его. Хороводникъ долженъ ударить три раза кого-нибудь по счету; тогда всѣ отступаются отъ него и ударенный дѣлается хороводникомъ.

5) В о л к ъ. Одинъ изъ играющихъ — волкъ, прячется: прочіе, овцы, ищутъ волка и, какъ только увидятъ его, сейчасъ-же разбѣгаются, куда кто можетъ. Волкъ старается ловить овецъ, которыя, будучи пойманы, сами дѣлаются волками.

6) П я т н а ш к и. По жребію рѣшаютъ, кому изъ играющихъ ловить, пятнать другихъ. Всѣ разбѣгаются въ разныя стороны, а ловящій гонится за ними и старается дать настигнутому легкій ударъ ладонью и отбѣжать, потому что запятнанный можетъ тотчасъ-же въ свою очередь запятнать его. Иногда назначается домъ, въ которомъ преслѣдуемые, въ случаѣ опасности могутъ укрыться: въ дому пятнать нельзя.

7) К в а р т и р ы м ѣ н я т ь. Всѣ садятся на стулья въ кружокъ, а одинъ изъ играющихъ стоитъ посреди, слѣдовательно однимъ стуломъ меньше числа играющихъ. „Квартиры мѣнять!“ кричитъ средній, какъ только всѣ усядутся. Играющіе вскакиваютъ въ ту же минуту и каждый изъ нихъ долженъ занять новое мѣсто. Средній тоже старается сѣсть на стулъ. Кто остался безъ стула, тотъ становится въ средину. Эту игру можно назвать также въ „С в о и с о с ѣ д и“ и тогда нужно измѣнить ее слѣдующимъ образомъ. Тотъ, кто стоитъ посреди, подходитъ то къ одному, то къ другому изъ сидящихъ. „Довольны вы своимъ сосѣдомъ?“ спрашиваетъ онъ. — „Не доволенъ и вмѣсто него хочу вотъ того-то...“ Тѣ, которыхъ пожелали имѣть сосѣдями, бѣгутъ занять мѣста, изгоняемыхъ, средній тоже старается сѣсть на стулъ...

кто останется безъ мѣста долженъ стать на середину. Иногда можно сказать, что всѣми недоволенъ; тогда всѣ бросаются съ своихъ мѣстъ, кто не успѣетъ занять другого стула, остается въ серединѣ для спрашиванья.

8) Ж м у р к и. Эта общеизвѣстная игра: при ней обыкновенно устраняютъ изъ комнаты все опасное, на что дѣти могутъ наткнуться, и затѣмъ одному изъ дѣтей завязываютъ глаза; остальные расходятся по разнымъ угламъ комнаты и зовутъ товарища, у котораго завязаны глаза. Тотъ направляется въ ту сторону, откуда слышенъ голосъ, но товарищи уже перемѣнили мѣста; кого онъ поймаетъ, тому завязываютъ глаза. Эту игру можно много разнообразить и она имѣетъ большое значеніе для развитія осязанія. Напр. ребенку съ завязанными глазами подносятъ различные предметы. Пусть онъ по ощупи узнаетъ, что ему поднесли, различитъ форму тѣла, изъ чего оно сдѣлано, и проч. При этомъ можно также развивать слухъ дѣтей и научить ихъ опредѣлять по звуку разстояніе; для этого передъ ребенкомъ можно бить палочкою о различные предметы и онъ долженъ угадать, чѣмъ вызванъ тотъ или другой звукъ: это дѣлается то около ребенка, то вдали, и онъ долженъ сказать на какомъ приблизительно разстояніи онъ слышитъ извѣстный звукъ.

9) П т и ч н и к ъ. Изъ числа играющихъ дѣтей выбираются двое: одинъ долженъ быть птицеловомъ, другой покупателемъ, а остальные играющіе представляютъ птицъ. Птицеловъ размѣщаетъ своихъ птицъ въ рядъ и даетъ каждой названіе, напр. ворона, соловей, чижикъ, воробей и т. п.; но эти названія даются такъ, чтобы покупатель не слыхалъ и не зналъ, кто какъ называется. Всѣ дѣти, изображающія птицъ, должны подражать той птицѣ, имя которой носятъ: пѣть, прыгать, хлопать крыльями и т. п.; все это зависитъ отъ фантазіи самихъ дѣтей. Наконецъ является покупатель и спрашиваетъ: Есть у васъ птицы и продаются-ли онѣ?

— Продаются, отвѣчаетъ птицеловъ, какую вамъ угодно?

— Мнѣ нужно (напримѣръ) попугая, говоритъ покупатель.

— Такой у меня нѣтъ, отвѣчаетъ птицеловъ.

Разговоръ этотъ продолжается до тѣхъ поръ, пока не найдется требуемая птица. Тогда начинается торгъ и согласившись въ цѣнѣ, птицеловъ съ покупщикомъ ударяютъ другъ друга по рукамъ, и первый кричитъ, если купленъ, напримѣръ, чижикъ:— „Чижикъ, вылетай вонъ и возвращайся опять домой!" —Названная птичка покидаетъ свое мѣсто и бѣжитъ (въ это время тоже можно подражать пѣнію чижика, хлопать крыльями и пр.; жесты и движенія должны вполнѣ зависѣть отъ самихъ дѣтей) до заранѣе назначеннаго мѣста; потомъ она должна вернуться домой, но такъ, чтобы покупатель не успѣлъ поймать ее, т. е. не успѣлъ слегка ударить птичку рукою, потому что, если онъ успѣетъ это сдѣлать въ то время, когда птичка бѣжитъ къ назначенному мѣсту или обратно домой, то она принадлежитъ ему и остается около него. Въ противномъ случаѣ она свободна и выходитъ изъ игры. Чтобы отвлечь вниманіе покупателя отъ вылетѣвшей птички, птицеловъ занимаетъ его въ это время разговорами, показываетъ свой птичникъ и т. п. Игра эта продолжается до тѣхъ поръ, пока или всѣ птички не будутъ свободными или не перейдутъ къ покупателю.

10) К о л ь ц о. Кольцо надѣваютъ на веревочку и связываютъ оба ея конца; дѣти становятся въ кружокъ, кладутъ руки на веревку и шевелятъ немного руками, чтобы незамѣтно было, кому именно передается кольцо. Тотъ, кто стоитъ въ кругу,

слегка ударяетъ по рукѣ того, у кого онъ думаетъ найти кольцо и у кого его найдутъ, тотъ становится въ кружокъ угадывать, а если не угадаетъ, игра продолжается по прежнему.

11) Мухи и ласточка. Одно дитя представляетъ ласточку, которая садится отдѣльно отъ другихъ играющихъ. Остальныя дѣти представляютъ мухъ и всѣ вмѣстѣ становятся противъ ласточки, на другомъ концѣ комнаты. Они, точно крыльями, размахивая руками, потихоньку приближаются къ ласточкѣ, приговаривая въ одинъ голосъ:

„Мушки летали,
Мушки жужжали,
Жужжу, жу
Жужжу, жу“.

При послѣднихъ словахъ вскакиваетъ ласточка и скоро произноситъ:

„Ласточка порхъ
Мушку поймала...
Мушка прощай,
Мушка пропала“.

При послѣднемъ словѣ ребенокъ, изображающій ласточку, хлопаетъ въ ладоши и изо всѣхъ силъ гонится за мухами, чтобы словить кого нибудь изъ нихъ. Пойманное дитя становится ласточкой и игра начинается снова.

12) Птицы летятъ. Дѣти садятся въ кружокъ. Ребенокъ, сидящій въ серединѣ, говоритъ, подымая руки: „Утки летятъ, гуси летятъ!“ при чемъ всѣ должны подымать руки; но если онъ называетъ такіе предметы, которые не летаютъ, напр. домъ летятъ, столы летятъ, и кто нибудь подыметъ руки, тогда его мѣсто занимаетъ тотъ, кто ошибся.

13) Какой цвѣтокъ? Все маленькое общество, выславъ напередъ кого нибудь изъ своей среды за двери, сговаривается, какимъ цвѣткомъ назовется каждый. Когда высланному скажутъ „пора,“ онъ входитъ и наугадъ называетъ какой-либо цвѣтокъ; если кто нибудь назвался такимъ цвѣткомъ, тотъ долженъ встать и идти за дверь. Послѣ этого дѣти называются опять другими цвѣтами и такимъ образомъ игра продолжается.

14) Охота. Въ эту игру можно только играть гдѣ нибудь на зеленомъ лужку, отъ котораго недалеко лѣсъ или по крайней мѣрѣ кустарники. Прежде всего дѣти обозначаютъ мѣсто, на которомъ они будутъ играть и за предѣлы котораго никто изъ нихъ не долженъ забѣгать; одинъ изъ играющихъ назначается охотникомъ. Онъ ловитъ звѣрей, которые прячутся отъ него кто въ кусты, кто въ густую траву. Кого охотникъ словитъ, и, стрѣляя изъ палки, какъ изъ ружья, прокричитъ: пуфъ!“, тотъ долженъ, какъ убитый, растянуться на мѣстѣ. Убитаго охотникъ отводитъ въ свое жилище, которое обыкновенно назначается гдѣ нибудь въ сторонѣ, въ кустахъ. Убитый уже не играетъ до конца игры и остается въ жилище охотника. Кого такимъ образомъ поймаютъ послѣдняго, тотъ дѣлается охотникомъ.

Примѣры другихъ подвижныхъ игръ, въ которыхъ дѣти подражаютъ движеніямъ рабочаго люда, мы даемъ въ концѣ нашихъ пѣсней.

ГЛАВА XI.

Всю эту главу мы исключительно посвятимъ описанію различныхъ работъ. Со многими изъ нихъ наши читатели уже знакомы, и изъ приведенныхъ нами примѣровъ, бесѣдъ и разсказовъ, вѣроятно, достаточно уяснили методъ и пріемы, которые мы считаемъ наиболѣе раціональными при первоначальномъ воспитаніи. Въ этой главѣ мы намѣрены сдѣлать очеркъ, не только всѣмъ такъ называемымъ Фребелевскимъ работамъ, но и указать многія другія, которыя считаемъ не менѣе полезными.

Издавна введенныя въ нѣкоторыхъ семействахъ многія полезныя занятія не вошли въ наши Дѣтскіе сады, отчасти, вѣроятно, потому, что Дѣтскіе сады у насъ еще очень недавно стали распространяться, кромѣ того, занятія въ нихъ цѣликомъ заимствованы съ запада: наши воспитатели убѣждены до сихъ поръ, что, при воспитаніи маленькихъ дѣтей, мы можемъ подражать только заграничнымъ образцамъ, а свой матеріалъ такъ и остается нетронутымъ.

Первые шесть даровъ Фребеля мы описали довольно подробно, а въ концѣ этой главы прилагаемъ къ нимъ чертежи для построекъ предметовъ изъ окружающей обстановки, т. е. формъ жизненныхъ и изящныхъ. Что касается формъ математическихъ, то мы считаемъ лишнимъ прилагать къ нимъ рисунки, такъ какъ всякій воспитатель самъ съумѣетъ раздѣлить въ разныя стороны 8 кубовъ или плитокъ на 4, на 2 и т. д. частей.

Вотъ значеніе нашихъ таблицъ.

Таблица I.

№ 1 — Столъ.
,, 2 — Стулъ.
,, 3 — Два стула.
,, 4 — Кровать.
,, 5 — Шкафъ.
,, 6 — Диванъ.
,, 7 — Кресло.
,, 8 — Печь съ трубой.
,, 9 — Два креста.
,, 10 — Колодезь.
,, 11 — Ворота.

11

№ 12 — Бесѣдка.

„ 13 — Ворота съ калиткой.

„ 14 — Садовая стѣнка съ калиткой.

Таблицу II я даю съ цѣлью при случаѣ научить дѣтей, какъ, не разрушая разъ сдѣланной фигурки, посредствомъ перемѣщенія только нѣкоторыхъ частей матеріала, можно строить все новыя формы. Но для разнообразія и все-таки предлагаю здѣсь другія постройки, или тѣ же предметы въ другой формѣ.

Таблица II.

№ 1 Двойныя ворота.

Ребенокъ осторожно снимаетъ вверху лежащіе кубики; одинъ изъ нихъ онъ кладетъ на первый столбикъ, другой на второй, затѣмъ третій столбикъ кладетъ сверху, и у него выходятъ высокія ворота (№ 2). Верхніе кубики кладутъ другъ на друга, ворота съ башней (№ 3) и т. д.

№ 4 Домъ съ башней.

„ 5 Дача съ настройками.

„ 6 Паровая машина.

„ 7 Развалившійся домъ.

„ 8 Лавки съ кладовой на верху для склада товаровъ.

„ 9 Крестъ на плитѣ.

„ 10 Памятникъ.

„ 11 Верстовой столбъ.

„ 12 Большой крестъ.

На таблицѣ III-й у насъ представлены постройки изъ 8 плитокъ. Нѣкоторые воспитатели только тогда приступаютъ къ постройкамъ изъ плитокъ, когда дѣти уже совершенно хорошо умѣютъ справляться съ кубиками. Конечно, не слѣдуетъ сразу давать ребенку оба ящика, но намъ кажется весьма полезнымъ поперемѣнно показывать ему, какъ строить окружающіе его предметы изъ кубиковъ и какъ дѣлать тѣ же предметы изъ плитокъ. Тогда различіе между кубомъ и плиткою въ постройкахъ представится ему еще рѣзче.

Въ III й таблицѣ представлены:

№ 1 Столъ.

„ 2 Стулъ.

„ 3 Кровать.

„ 4 Диванъ.

„ 5 Шкафъ.

„ 6 Кресло.

„ 7 Печка съ трубою.

„ 8 Колодезь.

„ 9 Лѣстница.

„ 10 Ворота съ калиткой.

„ 11 Крыльцо съ витою лѣстницей.

Таблица IV.

От № 1 до 16 — изящныя формы изъ кубиковъ.

От № 1 до 12 — изящныя формы изъ плитокъ.

Изящныя формы тоже вытекаютъ одна изъ другой: ихъ слѣдуетъ строить такимъ образомъ:

Всѣ кубики (съ плитками слѣдуютъ тому же правилу) раскладываются на столѣ и притомъ такъ, что 4 кубика, соединенные въ квадратъ, образуютъ средину; остальные четыре ставятъ къ четыремъ сторонамъ этого квадрата. У насъ это изображено на таблицѣ IV отъ № 1 до 7-го Но въ первыхъ четырехъ фигуркахъ, четыре приставленные кубика двигаются вокругъ центра, каждый разъ подвигаясь впередъ только на пол-кубика. Точно также ихъ можно передвигать и далѣе, что, конечно, и безъ рисунковъ можетъ самъ сдѣлать каждый воспитатель.

Затѣмъ въ фигуркахъ № 5 и 6 мы даемъ кубикамъ другое положеніе: то впередъ, то назадъ двигаемъ ихъ кругомъ квадрата. При этомъ, каждый разъ фигурка принимаетъ новый видъ. Когда дѣти поняли, въ чемъ дѣло, и совершенно свободно умѣютъ передвигать крайними кубиками, можно указать имъ на новую форму фигуръ. Пусть они выдвинутъ четыре кубика изъ центра, между наружными кубиками (См. № 7 и 8).

Четыре кубика, составлявшіе прежде квадратъ, оборачиваются и ставятся другъ къ другу въ разныхъ положеніяхъ; въ фигурѣ № 8 кубики соединены другъ съ другомъ углами.

V и VI даръ дается уже тогда, когда дѣти совершенно свободно и самостоятельно умѣютъ распорядиться съ предъидущими дарами; поэтому на слѣдующихъ таблицахъ и представлены фигуры, уже болѣе замысловатыя и сложныя.

Таблица V.

№ 1 Село съ церковью и часовней.

„ 2 Заводъ.

„ 3 Водоемъ.

„ 4 и 5 Городскія постройки: два различныхъ дома.

Таблица VI.

№ 6 Памятникъ Ломоносова.

„ 7 Могильный крестъ.

„ 8 Дѣтская кровать съ рѣшетками.

„ 9 Диванъ.

„ 10 Обѣденный столъ съ двумя приборами.

11*

Таблица VII.

№ 1 Фасадъ большаго каменнаго дома.
№ 2 Планъ памятника Фребелю *).
№ 3 Памятникъ Фребелю изъ II-го, V-го и VI-го даровъ.

Таблица VIII— изящныя формы.

Первыя четыре фигурки изъ кубиковъ V-го дара; остальныя двѣ подъ цифрами 1 и 2—изящныя формы изъ плитокъ.

Таблица IX.

Фигуры, означенныя цифрами: 3, 4, 5, 6, 7, 8, изображаютъ изящныя формы изъ плитокъ.

Строительный матеріалъ Фребеля, который заключается у него въ 5 дарахъ, (начиная, со 2-го и кончая 6-тымъ даромъ), представляя массу матеріала для работъ, имѣетъ громадное значеніе для развитія маленькихъ дѣтей. Посредствомъ ихъ ребенокъ не только основательно изучаетъ форму различныхъ тѣлъ, но и пріобрѣтаетъ способность вѣрно и точно воспроизводить ихъ въ очертаніяхъ. При живой фантазіи дитяти, которая въ раннемъ дѣтствѣ обыкновенно преобладаетъ надъ другими его способностями, его не можетъ, конечно, надолго занять наблюденіе надъ отвлеченными формами тѣлъ. Но всякій построенный имъ домикъ влечетъ за собою живую бесѣду; его наполняютъ людьми, раскрываютъ передъ ребенкомъ картину за картиной изъ простой обыденной жизни. Пусть его садикъ стоитъ на столѣ и изображенъ нѣсколькими плитками, которыя разставлены въ кружокъ, ребенокъ видитъ передъ собою грядки съ зеленью, съ пышными цвѣтами махроваго

---

*) Въ основаніи памятника лежатъ 16 кубиковъ и составляютъ большой квадратъ. Съ каждой стороны этого квадрата приложены по двѣ плитки. Посреди этихъ плитокъ, съ наружной стороны, кладутъ по два квадратика, за исключеніемъ передней стороны памятника, гдѣ лежитъ цѣлая плитка Квадратики, въ отличіе отъ кубиковъ, затушеваны на планѣ косыми штрихами. Всѣ эти тѣла, лежащія въ основаніи памятника, очерчены на планѣ толстыми линіями. Сверхъ фундамента кладутъ квадратъ, состоящій изъ 9-ти кубиковъ; лежащіе съ правой стороны состоятъ каждая изъ двухъ призмъ. Съ каждой стороны квадрата, къ среднему кубику приставлено по малой призмѣ. Все это на планѣ обозначено тонкими линіями. Сверхъ этого кладутъ два ряда плитокъ, ихъ можно поставить бокомъ, на одну изъ сторонъ, по пяти въ рядъ; съ правой стороны еще кладутъ двѣ плитки ребромъ одна на другую, и такъ какъ при этомъ остается небольшое мѣсто, то его занимаютъ столбикомъ, который ставятъ вертикально. Къ нижнему ряду этихъ плитокъ, со всѣхъ четырехъ сторонъ ставятъ по малой призмѣ. Эти два ряда плитокъ и призмы обозначены на планѣ точками. Сверхъ этихъ плитокъ кладутъ 2-ой даръ, въ слѣдующемъ порядкѣ: сперва большой кубъ, на него цилиндръ и сверху шаръ. Положеніе куба на планѣ обозначено косыми штрихами, а положеніе цилиндра кругомъ При постройкѣ памятника, какъ мы видѣли, вошелъ только одинъ столбикъ, а остальные пять располагаются слѣдующимъ образомъ: 4 изъ нихъ ставятся вертикально въ углахъ ближайшихъ къ центру памятника, а пятый кладется ступенькой на нижнія плитки, съ лицевой стороны памятника. Эти столбики и ступеньки на планѣ обозначены перекрестными штрихами.

наку, съ большими кочанами капусты. Тамъ вьется бабочка, здѣсь пчелка высасываетъ для меда сокъ изъ хорошенькаго цвѣточка. Но откуда же онъ это все узналъ? Можетъ ли онъ представлять себѣ такія живыя, полныя картины, если онъ у насъ только строилъ, а вы ему при этомъ разсказывали занимательные разсказы? Конечно, нѣтъ... Хорошій воспитатель сначала прогуляется съ ребенкомъ, напримѣръ, по заводу; они осмотрятъ на немъ всѣ работы, поговорятъ съ рабочими и при выходѣ долго внимательно будутъ сглядывать внѣшній видъ зданія, отойдутъ на нѣкоторое разстояніе и снова внимательно посмотрятъ, какой видъ оно имѣетъ издали.

Когда воспитатель съ ребенкомъ вернуться домой послѣ такой прогулки и возьмутъ кубики и плитки, они начнутъ строить (см. табл. V № 2) только то, что имъ удалось основательно разглядѣть и, напоминая другъ другу объ упущенныхъ изъ виду мелочахъ во внѣшней постройкѣ, перейдутъ мало по малу къ бесѣдѣ о томъ, какъ и для чего дѣлается то или другое на заводѣ. Нужно также замѣтить, что воспитатель не долженъ сразу позволять ребенку строить столько времени, сколько ему захочется. Если ребенокъ занялся постройкой уже съ часъ времени, воспитатель долженъ непремѣнно перемѣнить занятіе. Иначе ребенокъ сразу бросится на постройки, отдастся имъ всею душою на четыре пять дней и потомъ это занятіе надолго опостылитъ ему. Между тѣмъ, давая ребенку каждый день на полъ часа заняться постройками, вы приносите ему огромную пользу. Вспомните, что, знакомясь съ формою различныхъ тѣлъ, онъ въ тоже время изощряетъ всесторонне свою наблюдательность въ отношеніи къ природѣ, къ жизни людей, къ разнообразному ихъ труду. Обогатившись впечатлѣніями, ребенокъ сообщаетъ ихъ своимъ близкимъ, которые съ своей стороны дѣлаютъ замѣчанія, добавляютъ и оживляютъ его знанія разсказами изъ собственнаго опыта. Все это ближе знакомитъ его съ окружающимъ, а передача впечатлѣній ведетъ къ развитію правильнаго говора. Добиваясь воспроизвести съ возможною вѣрностью дѣйствительность, онъ пріучается къ усидчивому труду, а та особенность строительнаго матеріала, что при малѣйшей неосторожности вся постройка падаетъ и уничтожается весь плодъ трудовъ и горячихъ ожиданій — учить терпѣнію и даетъ прекрасный урокъ для жизни, гдѣ желанія сбываются только послѣ настойчиваго труда. Принужденный иногда нѣсколько разъ возобновлять свою постройку, ребенокъ навыкаетъ и въ житейскихъ дѣлахъ не падать духомъ при первой неудачѣ.

Возможность такого плодотворнаго результата, вѣроятно, заставитъ задуматься каждую мать, оцѣнить матеріалъ данный Фребелемъ и заставитъ ее не сразу давать его въ руки дитяти.

Хотя мы давали и много примѣровъ, какъ вести бесѣды при постройкахъ, но, разсматривая наши чертежи, читатели могутъ задаться вопросомъ, къ чему тутъ настроены надгробныя плиты, памятники? можно ли веселое воображеніе ребенка, съ радостью вступающаго въ жизнь, омрачить плачевными картинами смерти? Не запугаетъ ли его это на первыхъ порахъ, не возбудитъ ли въ немъ болѣзненной мнительности? Мы вполнѣ раздѣляемъ эти опасенія и убѣждены, что ребенка совершенно безполезно хоть минуту останавливать надъ непостижимыми для его ума вопросами о смерти. Между тѣмъ, если онъ живетъ на свѣтѣ уже лѣтъ 6, 7, то навѣрно много разъ видѣлъ кладбище, памятники. Пусть же онъ состроитъ памятникъ и бесѣда при этомъ пробудитъ въ его душѣ не мрачную картину житейской ничтожности и суетности, а сильную любовь къ жизни, желая скорѣе приносить другимъ радость и счастіе.

На таблицѣ VI-ой № 6 дѣти строятъ памятникъ Ломоносову и узнаютъ что изъ его жизни. (Я не привожу здѣсь разсказа о Ломоносовѣ, такъ какъ его біографію можно найти въ каждомъ учебникѣ литературы, а по даннымъ образцамъ каждая наставница съумѣетъ выбрать изъ нея то, что можетъ быть доступно ея ребенку въ 6, 7 лѣтъ). Въ другой разъ, когда дѣти начнутъ туже работу вы можете разсказать имъ слѣдующее: „Если вамъ опять охота строить памятникъ, пусть на этотъ разъ онъ будетъ въ память Песталоцци. Запомните имя хорошо, нѣтъ — не бѣда. Дѣло не въ томъ, какъ зовутъ человѣка, а каковъ онъ былъ и что дѣлалъ на своемъ вѣку.

Давно, давно, болѣе сотни лѣтъ тому назадъ, далеко отъ насъ за моремъ, въ одной чужой странѣ, жило небогатое семейство доктора Песталоцци. Оно состояло изъ мужа, жены, нѣсколькихъ дѣтей, изъ которыхъ одного звали Гейнрихомъ, и простой крестьянки няни, которая считалась другомъ семьи и которую всѣ любили, какъ самую близкую родственницу. Когда умеръ отецъ семейства, то оставилъ дѣтей безъ всякаго состоянія, на рукахъ матери и няни. Отъ постоянныхъ лишеній, часто даже въ самомъ необходимомъ для здоровья, скоро перемерли всѣ дѣти, кромѣ Гейнриха.

Всѣ, кому приходилось узнать маленькаго Гейнриха, тотчасъ замѣчали въ немъ очень доброе, любящее сердце И не мудрено. Не смотря на бѣдность, которую онъ терпѣлъ въ семьѣ, Гейнрихъ видѣлъ въ домѣ только хорошій примѣръ и ежеминутно испытывалъ самую горячую къ себѣ любовь матери и няни. Съ утра до поздняго вечера трудились обѣ женщины, всегда въ полномъ согласіи между собою, во всемъ помогая и услуживая другъ другу; обѣ онѣ одинаково каждую минуту были готовы во всемъ отказать себѣ, чтобы только мальчикъ такъ ими любимый, менѣе терпѣлъ нужду. Поэтому и самъ Гейнрихъ рано сталъ любящимъ ко всѣмъ и сострадательнымъ.

А кругомъ себя, въ близь лежащихъ селахъ и деревняхъ, онъ видѣлъ такую нищету, какой и самъ никогда не испытывалъ. Часто выбѣгая съ ломтемъ хлѣба въ рукахъ на улицу и видя плачущаго отъ голода ребенка, онъ отдавалъ ему весь свой завтракъ и начиналъ съ нимъ играть, такъ какъ зналъ, что возвращаться домой до обѣда было не зачѣмъ и матери не откуда было припасти ему другаго ломтя.

Когда Гейнриха отдали въ школу, школьная жизнь пришлась ему не по сердцу. Нужно сказать вамъ, дѣти, что Гейнрихъ при всѣхъ своихъ хорошихъ качествахъ, рано сталъ выказывать одинъ недостатокъ. Онъ всегда былъ разсѣянъ и нерашливъ въ своей одеждѣ. Какъ ни журили его за это домашніе, но если только сами они ни приберутъ Гейнриха, онъ по забывчивости останется цѣлый день непричесаннымъ, небрежно одѣтымъ. Конечно, если бы могли постоянно слѣдить за его нарядомъ, настоятельно требовать, чтобы онъ, какъ только запачкается, тотчасъ смѣнилъ грязную рубашку, то мальчикъ, вѣроятно, привыкъ бы къ опрятности и сталъ бы впослѣдствіи аккуратнымъ человѣкомъ. Но могли ли это дѣлать мать и няня Гейнриха, вынужденныя прежде всего заботиться о кускѣ хлѣба? И право, чистую рубашку, какъ ни пріятно ее носить каждому, вовсе не такъ легко имѣть, какъ обыкновенно думаютъ люди, не испытавшіе крайней бѣдности. Нерашливость маленькаго Песталоцци давала поводъ къ частымъ насмѣкам надъ нимъ его товарищей; и разсѣянность ли тому была причиной или плохіе школьные учители, только ученіе его первые годы шло очень плохо и онъ всею душою рвался вонъ изъ школы къ своему дѣдушкѣ, сельскому священнику. Но что же такъ влекло его къ дѣдушкѣ? Гейнрихъ видѣлъ обыкновенно дѣдушку, окруженнаго бѣдными поселянами и ихъ дѣтьми. Онъ скоро замѣтилъ, съ какою теплотою даетъ дѣдушка совѣты, учитъ и помогаетъ каждому, кто къ нему обращается, какъ вникаетъ въ нужды, въ семейную жизнь каждаго. Между тѣмъ другіе люди, съ которыми ему приходилось сталкиваться, думали только о себѣ, а въ своей семьѣ рѣдко умѣли жить въ ладу и мирѣ. Теперь Гейнрихъ очень хорошо понялъ, что уваженіе и любовь, которыя повсюду выказывали дѣдушкѣ, были вполнѣ имъ заслужены. Онъ все сильнѣе привязывался къ старику, все больше знакомился съ дѣтьми бѣдныхъ поселянъ. Часто уже тогда видѣли Гейнриха, задумчиво и грустно стоявшаго среди играющихъ сверстниковъ. Уже тогда онъ задумалъ крѣпкую думу, какъ и чѣмъ помогать этимъ бѣднякамъ, горе и нужда которыхъ такъ часто раздирали его сердце. Но чѣмъ могъ быть полезенъ онъ, самъ бѣднякъ, ребенокъ хилый и болѣзненный, какимъ онъ былъ тогда? Онъ такъ отдавался этимъ мыслямъ, что по цѣлымъ часамъ не видѣлъ и не слышалъ, что вокругъ него дѣлалось и говорилось, и только крикъ какого нибудь обиженнаго малютки могъ на время отвлечь его отъ нихъ и заставить его броситься на обидчика.

Когда у Песталоцци родилось желаніе учить народъ, онъ принялся самъ серьезно учиться въ гимназіи, куда опредѣлили его послѣ школы. Чтобы приносить людямъ пользу, онъ задумалъ сдѣлаться пасторомъ. Но первая неудачная проповѣдь заставила его перемѣнить свое рѣшеніе. Къ тому же теперь ему казалось мало учить такое небольшое число прихожанъ, и онъ началъ подумывать, чѣмъ бы статъ ему, чтобы не только учить бѣдняка и помогать ему, но чтобы и имѣть власть улучшить, на сколько возможно, его несчастную судьбу. Онъ хотѣлъ сдѣлаться государственнымъ человѣкомъ, чтобы писать самому законы и изгонять изъ своей страны притѣснителей народа. Но вмѣсто того онъ самъ былъ изгнанъ изъ той мѣстности, такъ какъ управители считали его человѣкомъ безпокойнымъ. Толкаясь между народомъ, онъ старался внушить ему, что всѣ будутъ счастливы тогда, когда станутъ помогать другъ другу; тѣхъ же, которые были побогаче и всячески прижимали народъ: продавали товаръ въ три дорога, давали деньги въ займы подъ большіе проценты,—онъ усовѣщивалъ и, указывая на нихъ другимъ, прямо объяснялъ, какъ они обманывали бѣдняковъ, какъ пользовались ихъ бѣдностью, чтобы еще больше самимъ разбогатѣть. Вслѣдствіе этого онъ имѣлъ множество непріятностей и отъ тѣхъ, чьи темныя дѣла выводилъ на чистую воду, и отъ тѣхъ даже, кого защищалъ, такъ какъ богачи, у которыхъ они были въ рукахъ, старались всѣ поступки Песталоцци объяснять имъ въ дурную сторону. Послѣднее заставило сильно его призадуматься. „Почему", повторялъ онъ тысячу разъ, — „эти люди не хотятъ понять меня, когда я всю свою жизнь готовъ отдать для ихъ счастья! Оттого скоро рѣшилъ онъ, что они не могутъ ничего разсудить и обдумать. Слѣдовательно, прежде всего нужно научить ихъ думать и разсуждать, и тогда они сами съумѣютъ различить честнаго человѣка отъ того, кто ими помыкаетъ, выжимаетъ изъ нихъ послѣдніе соки, да еще заставляетъ за это себя благодаритъ".

Онъ бросилъ все, чѣмъ занимался до тѣхъ поръ и рѣшился учить дѣтей. Для этого онъ открылъ пріютъ для бѣдныхъ дѣтей. Онъ жилъ съ ними одною жизнію, училъ ихъ грамотѣ, работалъ вмѣстѣ съ ними. Но лишь только дѣла пріюта пошли плохо, такъ какъ Песталоцци самъ не умѣлъ хозяйничать, со всѣхъ сторонъ посыпались на него клеветы и укоры. Между тѣмъ онъ продолжалъ безъ устали работать съ дѣтьми, жилъ совершеннымъ нищимъ, часто питался однимъ гнилымъ картофелемъ, всю здоровую пищу отдавая на обѣдѣ своимъ воспитанникамъ, и въ концѣ концовъ все-таки долженъ былъ закрыть пріютъ, такъ какъ не было больше никакихъ средствъ. Трудно сказать, какъ тяжело, какъ обидно было Песталоцци, столько потрудившись, остаться въ совершенной нищетѣ и не только безъ любимаго дѣла, но еще и слышать отъ многихъ только злыя насмѣшки. Черезъ нѣсколько лѣтъ, которыя онъ хоть не училъ дѣтей, провелъ тоже въ большихъ трудахъ: много писалъ полезнаго для чтенія народа,—ему опять удалось открыть школу.

Въ это время, въ той мѣстности, гдѣ жилъ Песталоцци, была война и осталось множество осиротѣвшихъ дѣтей. Вотъ этихъ дѣтей и всѣхъ другихъ безпріютныхъ, бродягъ, нищихъ онъ принялъ въ свое заведеніе. Всѣ эти дѣти были въ самомъ жалкомъ видѣ: грязны до нельзя, въ чесоткѣ, со струпьями на головѣ, исхудалыя отъ холода, голода и всевозможныхъ болѣзней, они походили скорѣе на скелетовъ, чѣмъ на живыхъ людей. Тѣ изъ нихъ, которыя были получше одѣты, держались въ сторонѣ и ни за что не хотѣли связываться съ такими оборвышами. И большинство изъ нихъ были самыя безнравственныя, испорченныя дѣти. Нищенство и скитальчество пріучили ихъ къ попрашайству, къ грубости и лѣни. Многіе изъ нихъ поступали въ школу только потому, что надѣялись безъ всякаго труда получить пищу.

Вотъ, масса такихъ-то дѣтей и наполнила школу Песталоцци, и онъ одинъ безъ всякой помощи, безъ прислуги, безъ учителей-помощниковъ, сталъ ихъ учителемъ, дворникомъ, слугою, нянею, сидѣлкой, любящимъ отцомъ, начальникомъ. Всякая помощь, въ которой кто нибудь изъ нихъ нуждался, всякое наставленіе—все было отъ него одного, шло прямо отъ его сердца. Огрустнется ли кому изъ дѣтей, они бѣгутъ къ нему и довѣряютъ свое горе,—поплачутъ вмѣстѣ, и легче. А когда они веселы, какое счастье было для Песталоцци. Онъ забывалъ свой возрастъ, прыгалъ, бѣгалъ, веселился съ ними, — заболѣетъ ли кто, и онъ цѣлыя ночи не отходитъ отъ изголовья больнаго. Не смотря на безсонную ночь, онъ утромъ рано начинаетъ убирать свою школу, помогаетъ одѣваться меньшимъ и слабымъ. И дѣти, видя какъ трудится учитель, и сами стыдились сидѣть сложа руки, мало по малу приставали къ нему и помогали въ работѣ. Но не привыкшія къ труду дѣти еще долго говорили ему всякія грубости и дѣлали разныя непріятности. Однако по немногу всѣ сильно привязались къ нему. Вѣдь почти всѣ они только первый разъ отъ него видѣли любовь и ласку. Часто, когда они прижимались къ его груди, Песталоцци спрашивалъ ихъ: „захотите-ли, вы, когда выростите, жить какъ и я, въ кругу бѣдныхъ и несчастныхъ, учить ихъ и дѣлать добрыми другихъ людей?“ Обыкновенно всѣ со слезами отвѣчали на это: „Дай Богъ, чтобы я могъ дойти до этого“.

И, дѣйствительно, воспитанники Песталоцци скоро показали на дѣлѣ, что они измѣнились и желали подражать своему отцу и учителю. Въ сосѣдней мѣстности пожаръ опустошилъ все селеніе. Толкуя съ дѣтьми объ этомъ событіи, Песталоцци сказалъ: „Такъ можетъ быть, дѣти, въ эту минуту тамъ бродитъ достаточно малютокъ, безъ крова, пищи и одежды. Желаете ли вы, хоть человѣкъ 20-ть изъ нихъ пріютить въ нашемъ домѣ?" — „Да, да, желаемъ!" кричали ему въ отвѣтъ. — „Но вѣдь вы знаете, наши средства и безъ того скудны; мы и сами очень часто нуждаемся, должны много работать, а ради этихъ бѣдныхъ, вы будете принуждены еще гораздо больше работать, меньше ѣсть, даже дѣлиться съ ними вашимъ платьемъ…"

— Пусть всѣ они придутъ сюда! отвѣчали дѣти, — мы всѣ согласны больше работать и меньше ѣсть. Эта была самая счастливая, самая лучшая минута въ жизни Песталоцци, такъ какъ онъ видѣлъ, что труды его не пропали даромъ и изъ грубыхъ бродягъ, дѣти стали добрыми и сострадательными.

Такъ трудился этотъ человѣкъ всю свою жизнь, до самой смерти. И если теперь вашихъ старшихъ братьевъ не бьютъ въ школѣ по головѣ и рукамъ линейками, не заставляютъ зубрить все на память, думаютъ, какъ облегчить трудный урокъ, заботятся, чтобы они понимали, что учатъ, и любили ученіе и трудъ, — всѣмъ этимъ они обязаны Генриху Песталоцци, который показалъ на дѣлѣ всему свѣту, что добру и разуму можно научить дѣтокъ безъ колотушекъ, своимъ примѣромъ и добрымъ ласковымъ словомъ. Неправда ли, дѣти, для такого человѣка, вы можете потрудиться и поставить изъ вашихъ кубиковъ хорошенькій памятникъ?

Въ другой разъ по поводу памятника (№ 3, таб. VII) можно разсказать:

„Теперь мы сдѣлаемъ памятникъ Фребелю, человѣку, который выдумалъ всѣ эти игрушки.

Вы и понятія не имѣете, какъ намъ бывало скучно въ дѣтствѣ, особенно въ зимнее время. Скажу хоть про себя.

Мать моя была женщина небогатая, а насъ дѣтей было много у нея. Она по цѣлымъ днямъ то съ однимъ, то съ другимъ изъ моихъ старшихъ братьевъ, которые уже ходили въ школу, готовила уроки. Съ нами же маленькими ей некогда было возиться, она едва успѣвала насъ обшить. Лишь только, бывало, я замѣчу, что дорожки въ саду усѣяны желтыми поблекшими листьями, крестьяне свозятъ снопы на гумно, начинаетъ холодѣть и рано темнѣть; я чулла приближеніе зимы, и вы не повѣрите, какъ тогда мучительно замирало мое сердце… И было отчего! Мать очень хорошо знала, какая скука ждетъ насъ зимою, и, чтобы никому не было ни обидно, ни завидно, покупала каждому изъ насъ по большой куклѣ и по колодѣ картъ. Въ первые дни мы были очень рады подаркамъ: играли между собою въ куклы, ѣздили съ ними другъ къ другу въ гости, строили изъ картъ домики. Но все это въ нѣсколько вечеровъ страшно приѣдалось и приносило множество непріятностей. Начинаемъ строить изъ картъ, пройдется кто нибудь по комнатѣ, — легкій толчекъ, даже сквозной вѣтеръ — и вся работа пропала. Къ тому же мы рвали карты пополамъ, чтобы постройки выходили болѣе разнообразными, оттого онѣ портились, да и карты отъ частаго употребленія трепались и скоро не годились для нашихъ занятій. А кукла — она мучила гораздо больше! Послѣ двухъ, трехъ игръ съ нею, мнѣ смертельно хотѣлось узнать, что у нея было въ серединѣ головы. Разбить ее, — но у мамы нѣтъ денегъ купить мнѣ другой, да и какъ же я на всю зиму останусь безъ всякой игрушки? что я тогда буду дѣлать? Съ какой завистью придется мнѣ смотрѣть на братьевъ и сестеръ, у которыхъ уцѣлѣетъ хоть одна игрушка. „Однако что же у нея въ головѣ," все-таки мучилась я… „Отчего мастера не дѣлаютъ головки куклямъ такъ, чтобы можно было ихъ разобрать, посмотрѣть немножко и опять сложить, какъ ни въ чемъ не бывало? Этакая досада, хоть бы ужъ маленькое отверстіе-то сдѣлали у ней въ головѣ. Ну, да я сама его продѣлаю. рѣшила я, и, недолго раздумывая запустила нинину вязальную иголку въ голову куклы. Но представьте мою досаду, какъ я ни вглядывалась послѣ этого въ дырочку, — ничего не было видно, между тѣмъ кусокъ черной бумаги, который обозначалъ у куклы волосы — теперь свалился и она была обезображена. „Ничего".. утѣшала я себя, хоть у самой выступали слезы, при одной мысли, что братья могутъ застать ее въ такомъ видѣ и подымутъ меня на смѣхъ, — „я повяжу ей косыночку, — она еще красивѣй будетъ". На другой день однако тайна была открыта и въ моемъ отсутствіи братья развязали голову куколки и со всѣхъ сторонъ встрѣтили меня хохотомъ и криками. „Твоя кукла ранена, съ кѣмъ она воевала? Говори... говори......" Мнѣ конечно все равно было, меня ли срамили, или куколку, и потому мнѣ стало очень скучно: я сѣла съ ней въ углу и стала горько плакать. Черезъ минуту ко мнѣ подошла маленькая сестра. „Маша, милая, не плачь, лучше пойдемъ къ большому окну и посмотримъ въ дырочку, которая у нея въ головѣ пробита, что у нея тамъ внутри.. такъ мнѣ это хочется знать... И будемъ мы это только вдвоемъ знать, — а за то, что они надъ тобой смѣются, мы не скажемъ имъ того, что узнаемъ!.." — „Да вѣдь я ужъ смотрѣла, ничего не видать."

— Такъ нужно немножко больше дырочку продѣлать... куколка отъ этого не сломается: какъ теперь, такъ и тогда, все равно будетъ съ повязанной головой ходить.

Такой доводъ мнѣ показался совершенно справедливымъ и мы условились выйти потихоньку въ столовую, зорко посматривая на братьевъ, не слѣдятъ ли они за нами. Сестра была такъ предупредительна, что даже захватила съ собой перочинный ножикъ. Въ столовой въ ту минуту никого не было, и мы при свѣтѣ лампы начали обдѣлывать задуманное. Остріе ножа быстро вошло въ дырочку и хотя щелка была теперь длинна, но такъ узка, что по прежнему ничего не было видно. Тутъ я, забывъ всякія предосторожности, запустила свой палецъ; видя это, сестра не стерпѣла и, какъ коршунъ, бросилась на добычу, съ остервененіемъ отрывала кусокъ за кускомъ. Вскорѣ у куклы совсѣмъ головы не стало: сохранилась только шея и часть носа. Голова куклы была изъ толстой бумаги, значитъ внутри было пусто, только стѣнки оклеены сѣрой бумагой.

— Ну, если такъ ее увидятъ, говорила сестра, указывая на куклу, — ужъ совсѣмъ на смѣхъ подымутъ, право лучше ее бросить за форточку. Въ ту минуту я очень обрадовалась догадливости сестры, такъ какъ для меня тогда хуже всего казались насмѣшки старшихъ братьевъ. Я была выше сестры и потому взлѣзла на стулъ открывать форточку; сестра должна была держать стулъ, чтобы онъ не пошатнулся. Хоть мнѣ и казалось тогда, что я была очень высокаго роста, но чтобы достать форточку пришлось все выше и выше подниматься на цыпочки; этимъ я расшатала стулъ, сестра не могла его удержать и черезъ минуту мы грохнулись обѣ на полъ. На этотъ шумъ сбѣжалась вся семья; несмотря однако на синяки и шишки на нашихъ лбахъ, мы увѣряли, что намъ нисколько не больно и только думали, какъ бы скрыть нашу куклу отъ общаго посмѣянія. Съ тѣхъ поръ она сдѣлалась нашимъ мученіемъ. Я всю замотала ее въ тряпки и положила съ собой въ кровать. Утромъ, когда я пошла умываться, сестра сѣла стеречь ее, чтобы въ моемъ отсутствіи, кто нибудь не вытянулъ ее изъ кровати; мы уговорились зарыть ее въ снѣгъ, когда пойдемъ гулять. Но весь день была дурная погода, такъ что нельзя было выйти на дворъ, и намъ пришлось провести его въ страшной тревогѣ. Скоро однако мать отпустила насъ побѣгать по двору, и мы бросили ее черезъ заборъ. Вечеромъ, послѣ этого происшествія, когда мы съ сестрой играли въ ея куклу, она вдругъ сказала: „не правда-ли: вѣдь моя кукла гораздо тяжелѣе той, что у тебя была,— я увѣрена, что ея голова налита свинцомъ. Какъ ты думаешь?

— Если свинцомъ, такъ вовсе не любопытно на него смотрѣть, потому что мы много разъ видали свинецъ. Мы помолчали, но сестра клала куклу то на одну, то на другую руку и мысленно старалась угадать ея тяжесть. — „Нѣтъ, ты попробуй, это не можетъ быть свинецъ, гораздо тяжелѣе...“ Мнѣ тоже показалась она тяжелою. „А что тяжелѣе свинца?“ спрашивала она у меня. — „Я думаю камни...“

— Вотъ если у нея въ головѣ да какой нибудь красивый камешекъ, разноцвѣтный, можетъ такой, котораго мы никогда не видали и не увидимъ.

— Но во что же тогда, Оля, мы будемъ съ тобой играть?

— Ужъ мнѣ такъ надоѣло все въ куклы играть... рѣшительно сказала она.—И развѣ ты не хочешь видѣть хорошій, можетъ быть, даже драгоцѣнный камешекъ? спрашивала сестра, уже совершенно увѣренная, что въ головѣ куклы находится такой камень. Я, конечно, не могла противиться такому соблазну и кукла сестры черезъ нѣсколько минутъ лежала разбитая.

Начались длинные зимніе вечера и мы съ сестрой, не имѣя никакихъ игрушекъ, никакихъ занятій — страшно скучали. Сидимъ бывало у стола, шьемъ мѣшки, считаемъ орѣхи, да играемъ на нихъ въ „четъ и нечетъ“. А прискучитъ это, такъ что станетъ не въ терпежъ, начнемъ тормошить кошку и все кончается тѣмъ, что съ кошкой перецарапаемся и между собой перессоримся. Но какъ-то зимой въ день моихъ именинъ, крестная мать подарила мнѣ маленькій органчикъ. Это была у меня первая дорогая игрушка. Заведу бывало машинку, органчикъ съ полъ часа наигрываетъ какую нибудь пьеску, а въ это время вокругъ стола соберутся братья и сестры. Но не долго я гордилась своей игрушкой: она меня начала искушать, какъ и кукла. Съ этимъ искушеніемъ я боролась недѣлю, пока въ одно прекрасное утро мнѣ вдругъ не показалось, что я, разсмотрѣвъ механику и внутренность органчика, съумѣю на столько ловко все снова уладить, что онъ по прежнему будетъ хорошо играть.

Послѣ этого я тотчасъ сорвала верхнюю доску, вынула проволоку и круглый валъ, который вертѣлся при игрѣ и остались ни причемъ. Не думайте, что я наказана была только тѣмъ, что лишилась игрушки;—потеря ея надолго навлекла на меня множество обидъ и оскорбленій. Мать заявила мнѣ, что такъ какъ я не съумѣла сберечь даже дорогой и занимательной игрушки, то она считаетъ безполезнымъ что нибудь мнѣ покупать. Братья и сестры при моемъ приближеніи всегда кричали: уходи, уходи, а то ты сейчасъ пойдешь допытываться, что внутри нашихъ игрушекъ и все перепортишь“.

Подумайте, какъ счастливы вы, дѣти, что можете сдѣлать такое разнообразное употребленіе изъ Фребелевскихъ игрушекъ, вспомните, сколько удовольствія доставили вамъ эти постройки въ зимніе вечера, сколько вызывали онѣ живыхъ и пріятныхъ бесѣдъ. Весь этотъ матеріалъ и придумалъ Фребель, въ память котораго мы строимъ теперь памятникъ. Онъ видѣлъ, что безъ занятій дѣти скучаютъ, ссорятся, привыкаютъ мучить животныхъ и становятся злыми. Къ тому же съ бумажными лошадками и куколками и т. п. сыграешь въ двѣ три игры,— да и трудно что нибудь придумать больше,—какъ онѣ уже надоѣли, покупать новыя — дорого стоитъ. А съ игрушками, которыя дѣтямъ далъ Фребель, чѣмъ больше играешь, тѣмъ болѣе выучиваешься придумывать.

При постройкѣ таблицы V, № 1 „—село съ церковью и часовней“,—можно представить ребенку цѣлую картину сельской жизни простолюдина. Если такой работой онъ занятъ лѣтомъ, разскажите о полевыхъ деревенскихъ работахъ: о жнитвѣ, покосѣ и т. п., представьте, какъ крестьянинъ проводитъ и праздничные дни съ утра до поздняго вечера. Много подобныхъ разсказовъ, читатель найдетъ въ нашей книгѣ: „Изъ Русской жизни и Природы“.

Въ игрушечныхъ лавкахъ можно найти много строительнаго матеріала, который при Фребелевскихъ кубикахъ можетъ служить полезнымъ занятіемъ, и достигать весьма важныхъ результатовъ, напримѣръ: складныя бревенчатыя избы и складываніе различныхъ зданій изъ дощечекъ различной величины.

О ПЛОСКОСТЯХЪ.

Квадратъ.

Изъ шести даровъ ребенокъ довольно хорошо долженъ былъ ознакомиться съ различными тѣлами; теперь можно перейти къ знакомству съ плоскостями. Для этого существуетъ различный матеріалъ: вы можете купить квадратики и треугольники, деревянные или изъ картона, оклеенные разноцвѣтной бумагой. Послѣдніе намъ кажутся гораздо цѣлесообразнѣе: они, также какъ и деревянные, знакомятъ ребенка съ формою, да еще даютъ понятіе о цвѣтѣ. Если кому коробка съ разноцвѣтными треугольниками покажется дорога, то ихъ очень легко приготовить самимъ. Возьмите листъ дамской папки, съ обѣихъ сторонъ оклейте его цвѣтной бумагой, но такъ, чтобы верхъ и низъ были одного цвѣта. При этомъ вы должны имѣть въ виду, что треугольники и квадратики, которые вы нарѣжете изъ этой папки, должны быть семи основныхъ цвѣтовъ; поэтому вамъ слѣдуетъ въ бумажномъ магазинѣ запастись листами бумаги этихъ цвѣтовъ. Квадратики лучше дѣлать такой величины, какъ стороны большаго деревяннаго куба, съ которымъ дѣти ознакомились при постройкахъ изъ предыдущихъ даровъ.

Ребенокъ знакомится съ плоскостями не ранѣе 5-ти лѣтъ. При этомъ прежде всего ему указываютъ на то, что каждая сторона кубика есть квадратъ.

Чтобы еще нагляднѣе утвердить въ ребенкѣ понятіе о квадратѣ, вы можете взять штукъ 12 нарѣзанныхъ квадратиковъ, положить ихъ одинъ на другой, такъ чтобы вышелъ настоящій кубъ, и затѣмъ разобрать всѣ квадратики. Ребенокъ увидитъ, что изъ куба можно получить много тоненькихъ дощечекъ или квадратиковъ.

Ребенокъ долженъ обводить квадратики и треугольники карандашемъ, вырѣзать ихъ изъ бумаги различной величины. При этомъ вы объясняете, что въ квадратѣ противоположныя стороны идутъ по одному направленію въ равномъ разстояніи другъ отъ друга, т. е. параллельны и одинаковы по величинѣ. Заставляйте ребенка сосчитать углы квадрата, объясните ему, что углы, у которыхъ одна сторона идетъ отвѣсно (вертикально), а другая лежитъ прямо (горизонтально), называются прямыми. Когда ребенокъ разрѣжетъ бумажный квадратъ отъ одного угла до другаго (по діагонали), вы заставите его сосчитать углы въ двухъ полученныхъ отъ квадрата половинкахъ и объясните, что, такъ какъ онъ насчиталъ въ каждой изъ нихъ по три угла, то такія фигуры называются треугольниками. Вы указываете ему, что одинъ уголъ въ полученномъ треугольникѣ прямой, а два другіе острые, вы говорите, что такъ какъ тутъ есть одинъ прямой уголъ, то треугольникъ называется прямоугольнымъ. Затѣмъ, заставивъ ребенка смѣрить стороны этого треугольника, показываете ему, что двѣ изъ этихъ сторонъ равны между собою, а треугольники, у которыхъ двѣ стороны равны между собою, называются равнобедренными.

Затѣмъ вы заставляете ребенка разрѣзать бумажный квадратъ двумя пересѣкающимися діагоналями. Онъ получитъ 4 такіе же треугольника, но поменьше. Потомъ вы дѣлите четвероугольникъ вдоль по поламъ и отъ верхней средней точки проводите линіи вправо и влѣво къ угламъ: если обрѣзать четвероугольникъ по этимъ линіямъ, то выйдетъ треугольникъ, гдѣ всѣ углы острые; вы говорите, такіе треугольники называются остроугольными, но такъ какъ и въ каждомъ изъ нихъ двѣ стороны равны между собою, то они также равнобедренные. Для сравненія вы можете вырѣзать и тупоугольный треугольникъ; указываете ребенку, что тупымъ угломъ называется такой, который больше прямаго. Пускай ребенокъ сравнитъ всѣ три рода треугольниковъ и найдетъ эти формы въ обыденныхъ предметахъ.

Затѣмъ можно предоставить ему составлять изъ квадратиковъ и треугольниковъ различныя фигурки. Если онъ будетъ затрудняться выдумывать свое, то воспитатель можетъ складывать съ нимъ, взявъ въ образецъ приложенные чертежи за таблицѣ X. Цвѣта онъ будетъ самъ подбирать. При этомъ можемъ указать на двѣ игрушки, которыя помогаютъ знакомству съ формами, а одна изъ нихъ кромѣ того полезна для ознакомленія съ цвѣтами; это: цвѣтная мозаика и китайская головоломка, состоящая изъ 2 большихъ и 3 маленькихъ прямоугольныхъ треугольниковъ, 1 равнобедреннаго треугольника и 1 параллелограмма. —Она продается съ надписью „Problemes géometriques“. Цвѣтная мозаика даетъ случай объяснить, какіе цвѣта гармонируютъ между собою; только нужно стараться выбирать такую, гдѣ бы не было дурныхъ, неопредѣленныхъ цвѣтовъ, или въ цвѣтахъ слишкомъ нѣжныхъ оттѣнковъ.

Въ нашей китайской головоломкѣ ребенокъ встрѣтитъ еще одну новую для него форму—параллелограммъ. Вы объясняете, что это косой четвероугольникъ, у котораго противулежащія стороны равны и параллельны; точно также равны и противулежащіе углы: два изъ этихъ угловъ острые, а два тупые. Болѣе длинною діагональю параллелограмъ можно раздѣлить на два тупоугольныхъ, а болѣе короткою—на два остроугольныхъ треугольника.

Все это, конечно слѣдуетъ оживлять бесѣдами. Но такъ какъ мы представили уже достаточно матеріала для бесѣдъ, то будемъ теперь излагать въ сжатомъ видѣ только самую сущность дѣла.

Рисованіе красками.

По цвѣтнымъ квадратикамъ, дѣти уже познакомились съ цвѣтами, но пока знакомство это ограничивается тѣмъ, что они, не затрудняясь, отличатъ одинъ отъ другаго семь цвѣтовъ радуги и умѣютъ ихъ назвать. Но вотъ имъ предстоитъ множество новыхъ работъ: плетеніе, вышиваніе, наклеиваніе разноцвѣтныхъ фигуръ; а какъ въ рисункѣ составить нѣсколько цвѣтовъ, какой цвѣтъ идетъ къ другому, этого они еще не понимаютъ. Между тѣмъ въ нашихъ дѣтскихъ садахъ обыкновенно такъ упражняются въ вышиваніи: ребенку даютъ толстую бумагу (ватманскую), на которой уже нарисованъ воспитательницей контуръ какой нибудь фигурки. Ему указываютъ, гдѣ онъ долженъ выкалывать; даютъ конецъ красной шерсти и говорятъ: „этою шерстью ты вышьешь по этимъ проколамъ вотъ эту черту; когда кончишь, приходи сказать; я дамъ шерсть другаго цвѣта". Мнѣ приходилось видѣть, какъ дѣти вышивали чрезвычайно сложныя и красивыя фигурки, необыкновенно ловко и аккуратно выполняя эту работу; между тѣмъ совершенно самостоятельно они никогда не могли ее выполнить и черезъ пять, десять стежковъ спрашивали воспитательницу: какого цвѣта теперь взять шерсть.

Вѣдь подобный методъ при вышиваніи очень напоминаетъ пріемы прежнихъ школьныхъ учителей, которыхъ все толкованіе предмета заключалось въ словахъ: „отъ селева до селева" и въ чертѣ, проведенной собственнымъ ногтемъ.

Знаніе цвѣтовъ должно заключаться не только въ умѣньи каждый цвѣтъ назвать своимъ именемъ, но и въ болѣе основательномъ знакомствѣ съ ними. Для этого устройте дѣло такимъ образомъ. Купите ребенку три кусочка красокъ: ж е л т о й (гумми-гута), с и н е й (берлинской лазури) и к р а с н о й (кармина). Ребенокъ растираетъ эти краски на тарелкѣ, каждую отдѣльно. Затѣмъ на чистомъ листѣ бумаги онъ дѣлаетъ три большихъ круга *) (см. таблицу XII, ф. А), которые вмѣстѣ составляютъ треугольникъ; между кругами и посрединѣ пусть онъ сдѣлаетъ по квадратику. Кругъ a нужно закрасить желтою краскою, кругъ b синею, а c красною. Потомъ ребенокъ смѣшиваетъ желтую краску съ синей и у него выходитъ з е л е н а я, которою онъ закрашиваетъ квадратъ d, находящійся между двумя первыми основными цвѣтами. Далѣе онъ смѣшиваетъ с и н ю ю съ красной— выходитъ фіолетовый цвѣтъ для квадратика e; наконецъ красный и желтый даютъ оранжевый для квадратика d. Когда же смѣшать всѣ краски, образуется ч е р н а я к р а с к а, которую нужно помѣстить въ срединѣ, въ квадратикѣ f. Теперь ребенокъ будетъ отличать о с н о в н ы е цвѣта отъ п р о и з в о д н ы х ъ. Въ простой, нагладной формѣ, вы можете объяснить ему что эти составные или производные цвѣта мы получаемъ не только посредствомъ смѣшенія двухъ основныхъ красокъ, но также и тогда, когда посредствомъ двухъ цвѣтовъ одновременно производятъ впечатлѣніе на органъ зрѣнія. Для этого вырѣзаютъ правильный кружокъ изъ тонкаго картона; одну половину его раскрашиваютъ ж е л т о й краской, другую— с и н е й; середину этого круга на сквозь просверливаютъ круглой палочкою—осью, посредствомъ которой его быстро вертятъ; тогда весь кружокъ покажется сплошь окрашеннымъ въ зеленый цвѣтъ. Такимъ же путемъ можно получить и остальные производные цвѣта. При этомъ вы можете указать ребенку, что производный цвѣтъ совсѣмъ не гармонируетъ ни съ однимъ изъ цвѣтовъ, изъ которыхъ онъ составленъ, слѣдовательно зеленый цвѣтъ никогда не долженъ быть ни подлѣ желтаго, ни подлѣ синяго; этому правилу слѣдуютъ и другіе производные цвѣта. Но какой цвѣтъ идетъ къ другому, лучше всего показать на слѣдующемъ примѣрѣ. На выше указанномъ кружкѣ нарисуйте два цвѣта, красный и зеленый: при быстромъ

---

*) Круги ребенокъ можетъ проходить посредствомъ циркуля, или, по всѣмъ извѣстному способу, бумажкой, въ которой сдѣлана дырочка для карандаша.

верченіи кружокъ будетъ казаться сплошъ бѣлымъ; цвѣта, которые вмѣстѣ образуютъ бѣлый цвѣтъ, гармонируютъ другъ съ другомъ. Но если вы, взявъ какія нибудь двѣ краски, получите другой цвѣтъ — не бѣлый, такихъ цвѣтовъ не слѣдуетъ на рисункѣ класть другъ подлѣ друга. Гармонируютъ между собою кромѣ краснаго и зеленаго, оранжевый и синій, желтый и фіолетовый.

Такіе опыты дадутъ ребенку совершенно наглядное представленіе о цвѣтахъ и во всѣхъ своихъ работахъ онъ уже совершенно сознательно будетъ подбирать цвѣта, гармонирующіе другъ съ другомъ.

Хорошо также заставлять дѣтей раскрашивать красками различные предметы. При этомъ обыкновенно покупаютъ имъ тетради, въ которыхъ на одной страницѣ сдѣланъ контуръ картинки, а на другой раскрашенная модель. Но фигурки въ нихъ, которыя приходится закрашивать, до такой степени мелки и сложны, что скорѣе могутъ принести вредъ, чѣмъ пользу. Такой картинки ребенокъ, конечно, не можетъ раскрасить отчетливо, привыкаетъ къ неаккуратности, и при этомъ глазъ получаетъ ложное свѣтовое впечатлѣніе.

Для первоначальныхъ упражненій въ раскрашиваніи можно разлиневать листъ крупными квадратиками, или треугольниками, кругами и т. п. Затѣмъ можно перейти и къ изображеніямъ предметовъ, но при этомъ нужно придерживаться правила, чтобы въ одной и той же фигуркѣ не было много различныхъ цвѣтовъ, наприм. при раскрашиваніи дома, ребенокъ можетъ сдѣлать зеленую крышку, а домъ красный и т. под.

Сгибаніе бумаги *).

Сгибаніе бумаги можно начинать съ дѣтьми не ранѣе пяти лѣтъ, такъ какъ оно требуетъ значительной сноровки и ловкости въ рукахъ. Однако работа эта очень за-

---

*) Дѣтскимъ садовницамъ и воспитателямъ спеціально изучающимъ дѣло первоначальнаго воспитанія, мы рекомендуемъ пріобрѣсти практическое руководство послѣдовательно изложенныхъ рисунковъ для разнообразныхъ упражненій съ дѣтьми различнаго возраста. Руководство это называется: „Arbeitsschule, herausg. von Ir. Seidel und Schmidt“ (Школа занятій изд. Зейделя и Шмидта). Школа эта состоитъ изъ 10 тетрадей: 1) Das Netzzeichnen (Рисованіе по сѣткѣ) — для дѣтей отъ 5 до 7 лѣтъ, начиная отъ простыхъ геометрическихъ фигуръ до самыхъ сложныхъ; 2) Das Flechten (Плетеніе) — для дѣтей отъ 3 до 4 лѣтъ. Тутъ сначала вамъ даютъ самые простенькіе узоры, а въ концѣ — фигуры животныхъ, зданій и т. п. 3) Das Pappen (Картонажъ) отъ 5—14 лѣтъ. Рисунки представляютъ фигуры выкроекъ для клейки моделей геометрическихъ тѣлъ, предметовъ домашней обстановки и т. п. 4) Das Ausstechen (Выкалываніе). Рисунки представляютъ изображенія домашнихъ и дикихъ животныхъ, растенія, людей при различныхъ занятіяхъ, предметы домашней обстановки; 5) Das Stäbchenlegen. Рисунки для выкладыванія палочекъ, пластинокъ, дугъ и колецъ; 6) Erbsenerarbeiten. (Работы изъ гороха и спичекъ). Рисунки изображ. геометрическ. формы, предметы домашней обстановки; 7) Das Netzzeichnen. Рисованіе по сѣткѣ. Рисунки представляютъ сочетаніе кривыхъ, изогнутыхъ и ломанныхъ линій, для дѣтей отъ 7 до 9 лѣтъ; 8) Das Thonmodelliren. (Лѣпка изъ глины). Эта тетрадь представл. упражненія сначала въ лѣпкѣ простыхъ формъ, а потомъ предметы домашней обстановки; 9) Das Verschränken. (Работы изъ лучины); 10) Das Ausschneiden. (Вырѣзаніе изъ бумаги).

Каждая тетрадь снабжена предисловіемъ показывающимъ, какъ и въ какомъ порядкѣ вести эти занятія. Изданіе это можно пріобрѣсти въ книжномъ магазинѣ Шмитцдорфа, Спб. Невскій проспектъ.

нимаетъ дѣтей, такъ какъ сложенныя фигурки можно не только сохранять, но и употреблять во многихъ случаяхъ, наприм. коробочки, пѣтушки, сумки, кораблики, и т. п. Сгибаніе бумаги требуетъ большой точности въ исполненіи, что, разумѣется, очень полезно для дѣтей, не пріученныхъ къ аккуратности, но такъ какъ при этомъ оно и довольно сильно напрягаетъ ихъ вниманіе, то этою работою слѣдуетъ занимать весьма не долго.

Сгибаніемъ бумаги пользуются обыкновенно, чтобы объяснить элементарный курсъ геометріи. Но если это и необходимо въ элементарной школѣ, то для маленькихъ дѣтей намъ кажется преждевременнымъ. Ихъ можно развѣ познакомить съ двумя, тремя еще неизвѣстными имъ плоскостями: съ формою осьмиугольника и т. д. На таблицѣ XI, гдѣ у насъ показано, въ чемъ состоитъ сгибаніе, слѣдуетъ такимъ образомъ дѣлать фигуры: № 1 (сверху) представляетъ квадратную бумажку, точечныя линіи означаютъ сгибы. № 2 — тотъ же квадратъ, только всѣ четыре угла загнуты въ самый центръ. № 3 — выходитъ изъ № 2, только половина краевъ загнуты въ немъ на нижнюю, гладкую сторону;—въ этомъ видѣ фигурка представляетъ осьмиугольникъ. На той же таблицѣ жизненныя формы (находящіяся внизу), дѣлаются такимъ образомъ: берутъ осьмушку, или полъ листика бумаги и сгибаютъ ее въ прямую линейку, только не одинъ въ одинъ, а одинъ разъ къ себѣ другой разъ отъ себя. № 1, таблица XI (второй рядъ снизу) представляетъ бумагу такимъ образомъ согнутую. Если вы возьмете такую бумагу за одинъ конецъ, а другой расширите — у васъ вѣеръ; раздвиньте ее съ обѣихъ сторонъ и поставьте на столъ будутъ ширмы, и т. д. № 2 — та же фигура, что и предъидущая, только еще перегнутая по срединѣ.

Болѣе всего полезнымъ кажется намъ заставлять дѣтей сгибать простые предметы: лодочки, солонки, коробочки, и проч. Это занятіе издавна знакомо каждой порядочной нянюшкѣ, и такъ какъ оно необыкновенно полезно для развитія вѣрности глаза и ловкости въ рукахъ, помогаетъ развитію чувства симметріи, и, добавимъ еще, по дешевизнѣ матеріала доступно самому бѣдному человѣку, то его возможно ввести рѣшительно во всѣхъ семействахъ.

При сгибаніи бумаги, для полученія возможно правильныхъ и красивыхъ формъ, нужно придерживаться слѣдующаго правила: слѣдуетъ какъ можно отчетливѣе дѣлать всѣ перегибы, чтобы дать возможность бумажкѣ удерживать извѣстную форму при различныхъ ея вывертываніяхъ.

Переплетаніе бумажныхъ тесемокъ.

Для этой работы берутъ узкую полоску писчей бумаги приблизительно въ четверть аршина длины; ширина полоски должна быть въ палецъ. Начать работу нужно съ того, что сложить полоску, такъ, чтобы она была вдвое уже и менѣе рвалась при работахъ. При этомъ нужно держаться правила, чтобы въ одной и той же фигурѣ въ одномъ сгибѣ тесьма приходилась сверху, а въ другомъ снизу, — что читатели и найдутъ на нашихъ чертежахъ. Изъ этихъ бумажныхъ тесемокъ дѣти могутъ согнуть всѣ знакомыя геометрическія фигуры и кромѣ того разнообразить работу тѣмъ, что двѣ одинаковыя фигуры (напр. два треугольника) сплетать въ одну, какъ видно изъ рисунковъ. Главная цѣль этого занятія упражнять руку ребенка; оно можетъ быть дано уже въ пять лѣтъ.

На таблицѣ XII отъ 1 до 7 № представлены фигуры, сдѣланныя изъ узкихъ бумажныхъ тесемокъ.

ЛУЧИНЫ.

Раскладываніе лучины.

Мы упоминали уже о томъ, что лучиною можно занимать дѣтей съ очень ранняго возраста — уже съ 3-хъ лѣтъ, а иногда и ранѣе. Лучины обыкновенно заказываютъ въ пол-аршина длины, подобныя тѣмъ, которыя мы видимъ въ корзинкахъ, только въ половину уже. Маленькія дѣти раскладываютъ ихъ на полу, въ длину, въ видѣ рельсовъ желѣзной дороги, крестиками, звѣздочками. Въ 4 — 5 лѣтъ дѣти могутъ выкладывать изъ нихъ уже болѣе замысловатыя фигуры: большіе двухъ-этажные дома, даже при случаѣ сложить цѣлое село съ рядомъ избъ и церковью.

Мы даемъ рядъ рисунковъ для рисованія прямыхъ линій по сѣти и для выкладыванія палочекъ. Воспитатели могутъ брать многіе изъ нихъ для занятій съ дѣтьми при раскладываніи лучины на большомъ столѣ. (См. табл. XII).

Переплетаніе лучинъ.

Это занятіе, уже болѣе трудное, свойственно дѣтямъ 5 — 6 лѣтняго возраста; оно дѣтямъ болѣе нравится, такъ какъ сдѣланную фигуру ребенокъ можетъ поднять со стола, показать всѣмъ, кому желаетъ, сохранить нѣкоторое время въ своемъ шкапчикѣ. Если хотите переплести лучины такъ, чтобы онѣ держались, нужно во 1-хъ имѣть не менѣе 4-хъ лучинъ, а во 2-хъ каждая изъ этихъ лучинъ должна быть прикрѣплена къ другой въ трехъ мѣстахъ.

Вы можете указать ребенку, какъ, такимъ образомъ, сдѣлавши изъ лучинокъ одну фигуру, онъ можетъ разнообразить ее, раздвигая болѣе или менѣе края лучины. (см. таблицу XIII).

Послѣ этого нужно попробовать дѣлать съ ребенкомъ предметы изъ окружающей жизни, корзинки, подносики, и т. п.

Тканье или плетенье.

Тканье или плетеніе имѣетъ важное значеніе для нагляднаго знакомства съ числомъ, съ цвѣтомъ и для развитія въ дѣтяхъ вкуса и чувства симметріи. Ребенокъ приподнимаетъ на фонѣ по двѣ, по три прорѣзанныя полоски, затѣмъ слѣдующія накрываетъ бумажной тесемкой и непремѣнно каждый разъ считаетъ, сколько накрылъ, сколько оставилъ полосокъ. Онъ привыкаетъ дѣлать это безъ всякаго понужденія, такъ какъ самъ видитъ, что иначе непремѣнно ошибется. Такое занятіе можно давать ребенку уже въ три года, и это одна изъ причинъ — дорожить такою работой. Занятій для 6 ти, 7-ми лѣтн. дѣтей гораздо больше, чѣмъ для маленькихъ, между тѣмъ многія изъ нихъ обнаруживаютъ сильное стремленіе потрудиться надъ чѣмъ нибудь, гдѣ бы работали не только ихъ руки, но и голова!

Матеріаломъ для тканья служитъ слѣдующее: 1) маленькій листокъ одноцвѣтной бумаги, хоть коричневой, или голубой. Листокъ этотъ можетъ быть только не много больше узоровъ для тканья, помѣщенныхъ нами на таблицѣ. Если вы даете ткать на большихъ листахъ, то ребенокъ не можетъ кончить эту работу въ одинъ разъ, что неудобно во многихъ отношеніяхъ. Ему и надоѣдаетъ другой разъ дѣлать тотъ же рисунокъ, да и каждому, дѣйствительно, пріятнѣе видѣть результатъ труда с к о р ѣ е, чѣмъ п о з ж е.

Листикъ, на которомъ плетутъ, долженъ быть прорѣзанъ въ длину тонкими полосками, только прорѣзы эти не должны доходить до концовъ, такъ что кругомъ остается со всѣхъ сторонъ замкнутая каемка (смотри таблицу XIV, фигуру подъ буквою A).

2) Кромѣ названнаго матеріала необходима еще и г л а: это простая полукруглая палочка, гладко выструганная, съ ушкомъ на концѣ; величина ея должна быть нѣсколько больше листика, на которомъ будутъ плести. Но вмѣсто того, чтобы покупать такія иголки, дѣти сами могутъ приготовить ихъ въ большомъ числѣ

Возьмите тоненькую палочку, такую, какъ употребляютъ для спичекъ, (онѣ же служатъ для выкладыванія и при работахъ изъ гороха); расщепите кончикъ этой палочки перочиннымъ ножемъ, а другой нѣсколько округлите и вотъ вамъ иголка, которая будетъ ломаться нѣсколько чаще, чѣмъ первая, но, не смотря на это, ничуть не обойдется вамъ дороже. Кромѣ листка и иголки нужно еще приготовить у з к и х ъ п о л о с о к ъ б у м а г и. Такую полоску ущемляютъ въ расщепъ иголки и пропускаютъ иглу черезъ прорѣзы листа, то вверхъ, то внизъ. На первый разъ ребенокъ плететъ черезъ одну, т. е. одну полоску листка подымаетъ, а слѣдующую накрываетъ той полоской, которая у него въ иглѣ, затѣмъ черезъ двѣ, черезъ три, — одну подымаетъ, а три пропускаетъ и наоборотъ; послѣ этого онъ уже дѣлаетъ различные узоры. Когда все плетеніе кончено, его переворачиваютъ, подклеиваютъ кончики тесемокъ, а если они такъ длинны, что торчатъ и съ правой стороны, то ихъ подрѣзаютъ. Если наблюдать, чтобы ребенокъ бралъ листокъ одного цвѣта, а тесемки бумажныя другаго и при этомъ цвѣта гармонировали бы между собой, то выходятъ прехорошенькія плетенки. Эти работы ребенокъ не только можетъ сохранять, но и украшать ими разные предметы, что разумѣется, его необыкновенно радуетъ. Онъ можетъ самъ склеить изъ папки родъ небольшаго цилиндра открытаго съ двухъ сторонъ, сверху обклеить его своей плетенкой, края обрамить подходящею цвѣтною бумажною тесемкою другаго цвѣта— и вотъ у него хорошенькое кольцо на салфетку. Наклеилъ эту плетенку на квадратную папку, и у него подставка подъ свѣчи, чернильница и т. д. (см. таб. XIV и XV). Замѣните бумагу фланелью, сукномъ (при этомъ конечно, и тесемки, которыми будетъ переплетать, должны быть такой же матеріи) — и это тканье получитъ новую прелесть въ глазахъ ребенка.

Работы изъ гороха.

Матеріалъ названной работы требуетъ весьма ничтожной затраты: гороху на двѣ, на три копѣйки, да пучекъ спичекъ — пять копѣекъ, и этого достаточно, чтобы надѣлать массу самыхъ разнообразныхъ фигуръ, которыя даютъ ребенку живое понятіе объ очертаніяхъ каждаго предмета. Многіе даютъ эту работу только тогда, когда дѣти уже хорошо умѣютъ выкладывать на столѣ палочки. Тутъ руководятся, вѣроятно, тѣмъ, что, такъ какъ при работахъ изъ гороха употребляются также палочки, то лучше сначала привыкнуть къ нимъ, занимаясь съ ними отдѣльно, а потомъ уже въ соединеніи съ другимъ матеріаломъ. Между тѣмъ это совершенно неосновательно: выкладываніе палочекъ требуетъ уже большой ловкости и опытности, иначе, при малѣйшей неосторожности, при легкомъ сотрясеніи стола или даже пола, вся работа тотчасъ падаетъ. Работы же изъ гороха могутъ долго сохраняться и радуютъ ребенка именно тѣмъ, что онъ можетъ дѣлать ихъ легко и скоро. (Кромѣ такихъ фигуръ, гдѣ нужно гнуть палочки, чѣмъ ребенокъ можетъ заниматься нѣсколько позже). Сдѣлавши какую нибудь книжечку или стаканчикъ, можно попререгъ переплести спички цвѣтными бумажными тесемками. Вмѣсто гороха употребляютъ также пробки: работа выходитъ еще красивѣе, чѣмъ изъ гороха, только маленькія пробки стоятъ гораздо дороже.

Горохъ для этихъ работъ нужно мочить въ холодной водѣ впродолженіи 5-ти, 6-ти часовъ, затѣмъ его слѣдуетъ вынуть и положить на тряпочку, или пропускную бумагу, чтобы онъ нѣсколько обсохъ, иначе кожица горошинъ будетъ лопаться, когда начнутъ въ нихъ втыкать палочки. Кромѣ того оба конца палочки дѣти должны нѣсколько обстругать, чтобы они легче входили въ горохъ. Работы изъ гороха представлены у насъ на таблицѣ XVI.

Выкалываніе.

Для этой работы необходимъ листокъ бумаги, на которомъ нарисована картинка, и ватманская бумага, которую вкладываютъ въ рисунокъ. Листокъ ватманской бумаги долженъ быть меньше листка, на которомъ изображенъ рисунокъ, такъ какъ края послѣдняго должно завернуть, чтобы обхватить со всѣхъ сторонъ бумагу: иначе она будетъ сдвигаться съ мѣста. Такъ приготовленный листокъ кладутъ на что нибудь мягкое, напр. на сукно или на кусокъ войлока. Затѣмъ берутъ булавку съ стеклянною головкою или обыкновенную иголку, вставляютъ въ костяную ручку, въ которой прежде была тамбурная иголка. Вправивъ такимъ образомъ иголку въ ручку, прокалываютъ ея точки на картинахъ, оставляя между ними небольшіе промежутки. При этомъ прежде всего наблюдаютъ, чтобы проколы были глубоки, круглы, ровные, чтобы разстояніе между проколами было вездѣ одинаковое. Для этого прежде всего необходимо держать въ рукахъ иголку въ перпендикулярномъ положеніи относительно бумаги. Когда такимъ образомъ сдѣлаютъ контуръ, снимаютъ рисунокъ, а ватманскую бумагу, на которой вышло проколами все изображеніе, бывшее на рисункѣ, перезорачиваютъ на изнанку и на ней дѣлаютъ между чертами контура мелкіе, частые проколы. Послѣднее дѣлаютъ въ тѣхъ случаяхъ, когда хотятъ сдѣлать рисунокъ болѣе выпуклымъ и тѣмъ придать ему болѣе рѣзкое сходство съ дѣйствительными предметами.

Выкалываніе можно давать дѣтямъ не ранѣе 5-ти лѣтъ, въ свѣтлый солнечный день и не болѣе, какъ на четверть часа. Ребенокъ не можетъ начать прямо выкалывать съ картинокъ, гдѣ представлены изображенія сложныхъ предметовъ. Для первоначальнаго выкалыванія можно просто отрѣзать кусокъ бумаги, разлинованный сѣткою, который вы употребляете для рисованія, и въ него уже вкладывать ватманскую бумагу. Сначала ребенокъ выкалываетъ только въ каждомъ уголкѣ квадратика, затѣмъ вы ставите карандашемъ точки между уголками и въ серединѣ и онъ по нимъ выкалываетъ. Послѣ этого ребенокъ самъ можетъ нарисовать сначала фестончики по сѣти, домики, различныя полевыя орудія, инструменты мастеровыхъ, предметы общежитія, но только тѣ которые обозначаются прямыми линіями, и выкалывать это по выше указанному способу. Затѣмъ идетъ выкалываніе кривыхъ, круглыхъ фигуръ, имъ же по сѣти разрисованныхъ, и т. д. Только послѣ этого можно приступить къ выкалыванію цѣльныхъ картинокъ съ выпуклостями.

Выкладываніе служитъ хорошимъ упражненіемъ для ручныхъ мускуловъ. Напрягая вниманіе, зрѣніе и направляя руку, чтобы уколоть именно туда, куда слѣдуетъ, ребенокъ необыкновенно быстро развиваетъ ловкость рукъ и пальцевъ; глаза привыкаютъ вглядываться въ мелкіе узоры и, болѣе чѣмъ надъ какою нибудь другою работою, получаютъ способность быстро опредѣлять разстояніе между близкими точками.

На нашихъ рисункахъ представлены уже болѣе сложныя картинки для выкалыванія. (См. таблица XVII). Такъ какъ первоначальное выкалываніе будетъ связано съ рисованіемъ по сѣти, то примѣры для него можно брать изъ таблицъ, данныхъ для рисованія. (См. табл. XXII, XXIII и XXIV)

Вышиваніе.

Вышиваніе одно изъ самыхъ любимыхъ дѣтскихъ занятій. Шовъ при вышиваніи можетъ быть очень трудный и доступный дѣтямъ только лѣтъ въ 7. Но можно указать и такой способъ, при которомъ дѣти будутъ очень хорошо и отчетливо вышивать въ года четыре съ половиной. Такъ какъ вышиваніе должно необходимо предшествовать выкалыванью, а послѣднее можетъ начинаться не ранѣе 5-ти лѣтъ, то, если вы хотите дать вышиваніе маленькимъ дѣтямъ, должны сами нарисовать рисунокъ на дамской папкѣ, которую обыкновенно употребляютъ для вышиванья, и выколоть его контуръ. (При вышиваніи уже ни въ какомъ рисункѣ не выкалываютъ выпукло; вышиваютъ только одни контуры предметовъ). Вышивать можно шерстями, шелкомъ и даже разноцвѣтной бумагой. Изъ этого ясно, что если вышиваютъ шерстями, то нужна канвовая иголка, такъ какъ другая будетъ прорывать большія дырки на бумагѣ и вышиваніе дурно выйдетъ.

Самый легкій способъ вышиванія, который намъ кажется, не нужно вовсе измѣнять и для старшаго возраста,—заставлять ребенка шить стежками по проколамъ; тогда будутъ оставаться небольшіе промежутки между стежками. Когда ребенокъ кончитъ контуръ, онъ долженъ шить въ обратномъ направленіи и закрывать промежутки.

Кто не хочетъ самъ дѣлать рисунковъ, тотъ можетъ купить выкалываніе и вышиваніе, изд. общ., дамъ въ книжныхъ магазинахъ и преимущественно въ педагогическомъ музеѣ. Это вышиваніе предназначается для дѣтей 5 лѣтъ и старше. Въ коробкѣ находятся различной величины и различныхъ цвѣтовъ листики толстой бумаги для выкалыванія, кромѣ того тутъ же находятся рисунки, т. е. контуры цвѣтовъ, растеній, животныхъ, утвари и т. под. и наконецъ пряди нитей гаруса различныхъ цвѣтовъ. Возьмите напр. рисунокъ какого нибудь животнаго, положите его на толстую бумагу, такъ, чтобы оба листика не двигались (а этого можно достичь сметавъ сверху оба листика), затѣмъ положите этотъ сложенный листокъ рисункомъ животнаго сверху и прокалывайте по рисунку дырочки на довольно большомъ разстояніи одна отъ другой и на столько глубоко чтобы дырочки оставались не только на рисункѣ, но и на лежащей подъ нимъ толстой бумагѣ. На толстой бумагѣ выйдетъ изображеніе животнаго; но если вы въ другой разъ захотите выколоть тотъ же рисунокъ, онъ уже не будетъ годиться, такъ какъ проколонъ насквозь. Вотъ поэтому, мы совѣтуемъ раньше чѣмъ начинать выкалывать какой нибудь рисунокъ снять его. Это очень любятъ дѣлать сами дѣти.

Въ педагогическомъ музеѣ есть также вышиваніе изд. П. Ольхина, — тоже хорошо принаровленное къ работамъ этого рода.

Намъ кажется, что дѣтямъ только тогда слѣдуетъ давать вышиваніе раньше выкалыванія, когда, по какимъ нибудь обстоятельствамъ, чувствуется недостатокъ въ работѣ для маленькихъ дѣтей. Въ томъ, чтобы давать вышиваніе послѣ выкалыванія мы находимъ большой смыслъ: ребенокъ постепенно знакомиться съ очертаніями предметовъ, сначала ограниченныхъ точками, а потомъ и линіями. Чтобы доставить дѣтямъ большую радость и показать, что и его работа имѣетъ нѣкоторое значеніе въ дѣйствительной жизни, вы можете изъ его вышиванія дѣлать различные предметы: обклеивать ими пинали, сигарочницы, вставлять въ портфели подъ стекло и т. д.

Вырѣзаніе и наклеиваніе.

Въ каждомъ ребенкѣ мы замѣчаемъ стремленіе рѣзать ножемъ или ножницами. Вмѣсто того, чтобы лишать его этихъ орудій, могущихъ нанести ему вредъ, научите лучше, какъ ими владѣть съ пользою для развитія ручныхъ мышцъ, вѣрности глаза и точности въ наблюденіяхъ надъ окружающими предметами.

Мы уже говорили о первоначальномъ способѣ вырѣзанія съ руки, которымъ можно занимать ребенка уже съ 3-хъ 4-хъ лѣтняго возраста. Но когда рука уже довольно въ этомъ навыкла, можно перейти къ вырѣзанію различныхъ рисунковъ. При этомъ мы совѣтуемъ воспитателямъ придерживаться слѣдующаго правила: пусть для этой работы они пріобрѣтутъ дѣтямъ ножницы съ округленными концами, которыя безопаснѣе для дѣтей, чѣмъ остроконечныя, и синей бумаги (въ родѣ той, которою обертываютъ головы сахара), и сдѣлаютъ изъ нея три тетрадки. Воспитатель рисуетъ какой нибудь предметъ изъ обыденной жизни на клочкѣ бѣлой писчей бумаги (при этомъ, разумѣется должно слѣдовать, какъ и вездѣ, правилу—давать сначала легкіе рисунки и переходить постепенно къ болѣе сложнымъ). Ребенокъ вырѣзаетъ данный ему предметъ и наклеиваетъ въ 1-й № своей синей тетрадки. Затѣмъ беретъ листокъ чистой бумаги, смотритъ на только что вырѣзанный имъ предметъ, наклеенный на тетрадку, и копируетъ т. е. вырѣзаетъ уже безъ всякаго рисунка. Въ третьей тетрадкѣ онъ будетъ вырѣзать уже съ дѣйствительныхъ предметовъ: возьметъ кофейникъ, пристально осмотритъ его со всѣхъ сторонъ, вырѣжетъ и наклеитъ. Болѣе трехъ фигурокъ ребенокъ и не долженъ вырѣзать; сначала же вырѣзаніе можно расположить такъ, что одинъ день онъ вырѣзаетъ по рисунку, на другой—копируетъ его, а въ третій вырѣзаетъ съ дѣйствительныхъ предметовъ. Хорошо также давать вырѣзать геометрическія тѣла: квадраты, различные треугольники и осьмиугольники и т. п. Для этого уже нужна четвертая тетрадка, которую мы сдѣлаемъ изъ бѣлой бумаги. Такъ однимъ вырѣзаніемъ можно достигать многихъ цѣлей: утверждать въ памяти представленіе о геометрическихъ тѣлахъ, давать возможность еще болѣе знакомиться съ цвѣтомъ и развивать чувство симметріи.

При вырѣзаніи съ дѣйствительныхъ предметовъ пусть дѣти руководствуются тѣмъ же правиломъ, какъ и при постройкахъ изъ кубовъ, т. е. вырѣжутъ сначала предметы, которые находятся у нихъ въ комнатѣ затѣмъ то, что находится на дворѣ, и проч.

Клеить лучше всего гуммиарабикомъ, коробочка порошка котораго въ аптекѣ стоитъ 20 коп. Можно также клеить варенымъ крахмаломъ. Если клеемъ замазывать всю ту сторону картинки, которую вы хотите приклеить на тетрадку, то у васъ и клею выйдетъ много, да и бумага будетъ коробиться; клеемъ слѣдуетъ обвести только по самымъ краямъ вырѣзаннаго предмета. Наклеивши, слѣдуетъ тотчасъ положить на это мѣсто листъ чистой бумаги, а на него прессъ или тяжелую книгу. Намазывать клей слѣдуетъ кистью, но она должна быть прикрѣплена не къ перышку, а къ палочкѣ толщиною съ карандашъ и величиною нѣсколько болѣе его, такъ чтобы ребенокъ совершенно свободно могъ управлять ею. — См. таблицу XVIII и XIX. На таблицѣ XVIII въ фигурахъ *а* и *б* точками обозначена сложенная на четверо бумага. Изъ нихъ выходятъ фигуры находящіяся рядомъ съ ними. При вырѣзаніи фигуръ, помѣченныхъ буквами: *в*, *г*, *д*, *е*, *ж* и табл. XIX буквами: *з*, *и*, *к*, *л*, — бумагу слѣдуетъ складывать на двое.

Вырѣзаніе тѣней.

Вырѣзаніе ножемъ тѣней требуетъ уже большой ловкости руки и умѣнья распоряжаться нѣкоторыми домашними инструментами. Этой работѣ должно предшествовать вырѣзаніе ножницами. Но даже и при этихъ условіяхъ названную работу можно дать не ранѣе 6-ти 6½ лѣтъ. Для нея нужно имѣть хорошо выструганную доску, острый перочинный ножъ и купить въ бумажной лавкѣ нѣсколько листовъ тѣней, которые обыкновенно стоятъ по 2, а большіе по 5 коп. за листъ. Такую бумагу кладутъ на доску и вырѣзаютъ прочь все то, что черно. Когда вырѣжутъ какую нибудь фигурку и посмотрятъ на свѣтъ, она необыкновенно живо изображаетъ то, что на ней нарисовано.

Тѣмъ, кто не можетъ купить такихъ тѣней для вырѣзанія ножемъ, можно самимъ нарисовать карандашемъ на бѣлой бумагѣ контуръ какого нибудь предмета и заставить ребенка прорѣзать его. При этомъ должно какъ можно осторожнѣе рѣзать подлѣ тѣхъ мѣстъ, гдѣ былъ уже проведенъ прорѣзъ: лучше всего, если ребенокъ пальцемъ лѣвой руки прижметъ это мѣсто, иначе онъ безпрестанно будетъ портить свою работу. Если желаютъ сдѣлать болѣе широкіе прорѣзы, то стоитъ только отогнуть прорѣзанный край. Если подъ такую вырѣзанную фигурку подложить съ изнанки цвѣтную бумагу, то рисунокъ выйдетъ очень эффектный. Такимъ способомъ можно приготовлять абажуры на лампы и свѣчи.

Работы изъ дерева.

Главный инструментъ при этихъ работахъ ручная стальная пилка, которая состоитъ изъ деревянной рукоятки и изогнутой стальной пластинки, въ которую ввинчивается тоненькая, мелко зазубренная пилка. Матеріаломъ для этой работы служатъ тоненькія деревянныя дощечки; для этого можно просто взять ящики изъ подъ сигаръ. На такихъ дощечкахъ дѣлаютъ какой нибудь рисунокъ, который и вырѣзаютъ пилкою. Такую пилку лучше всего покупать въ инструментальномъ магазинѣ, такъ какъ въ игрушечныхъ лавкахъ онѣ и дороги, и плохи. Кто ближе хочетъ ознакомиться съ работами изъ дерева мы рекомендуемъ статьи г. Волкова въ „Дѣтскомъ чтеніи" за 1869 г. №№ 2 и 5. — Впрочемъ замѣтимъ, что работы изъ дерева тогда только доступны дѣтямъ въ 7 лѣтъ, когда они предварительно много занимались разными механическими занятіями. Въ противномъ случаѣ ихъ можно дать не раньше 11—12-лѣтняго возраста.

Работы изъ сѣмянъ.

Когда дѣти ваши ѣдятъ различные плоды: арбузы, дыни, яблоки, груши и т. п., пріучайте ихъ, чтобы они собирали сѣмена и, разсыпавъ на бумагу или тряпочку и просушивъ на окнѣ, сохраняли ихъ въ коробочкахъ до той поры, когда у нихъ будетъ свободное время. Если дѣти малы, они просто могутъ нанизывать эти сѣмена на нитку, отдѣляя одно отъ другаго бисеромъ, бусами, или соломенками. Но когда они уже нѣсколько подросли и руки ихъ навыкли къ нѣкоторымъ механическимъ занятіямъ, эту работу можно весьма разнообразить. Купите самой тоненькой проволоки и согните изъ нея небольшую вазочку, коробочку или какую нибудь фигурку. Но прежде чѣмъ окончательно загибать концы проволоки, нанижите на нихъ поплотнѣе разноцвѣтныя бусы или крупный бисеръ. Затѣмъ на нитку нанижите въ различныхъ положеніяхъ сѣмена и между ними мелкій бисеръ и перпендикулярно прикрѣпите такія нитки къ проволокѣ отъ самаго верха коробки или вазы до дна.

Различныя сѣмена можно также наклеивать на крышечки коробочекъ, только нужно купить въ москательной лавкѣ аравійской камеди и смѣшать ее съ такимъ же количествомъ желтаго сахарнаго песку. Тѣ мѣста сѣмянъ, которыя вы хотите приклеить, вы должны обмочить въ эту смѣсь. Сѣмена слѣдуетъ наклеивать въ различномъ положеніи, напр. наклейте кружокъ изъ яблочныхъ сѣмянъ такъ, чтобы слѣдующее сѣмя закрывало своимъ концомъ часть предъидущаго, а въ кружкѣ стоймя приклейте арбузныхъ сѣмянъ! Въ самый центръ можно помѣстить цвѣтную папиросную бумагу, сложенную въ тоненькую трубочку, изрѣзанную въ концѣ тончайшими бумажными нитями.

Отпечатываніе листьевъ.

Работа эта въ высшей степени производительна по своимъ результатамъ и требуетъ такой ничтожной затраты на матеріалъ, что ее можно ввести въ каждое семейство. Она состоитъ въ слѣдующемъ.

Возьмите самую малость сажи, такъ съ наперстокъ, (сами не съумѣете добыть, можете на грошъ купить въ каждой мелочной лавкѣ), прибавьте къ ней нѣсколько капель льнянаго масла и разотрите сажу на блюдечкѣ гладкой пробкой. Потомъ, той же пробкой, перенесите часть смѣси на твердую и гладкую бумагу и разотрите краску до такой степени, чтобы она была почти суха и не тянулась нитками.

Тогда положите листъ, который желаете отпечать, на зачерненное мѣсто бумаги нижнею стороною (съ выпуклою сѣтью жилокъ), накройте листъ протекой и прижмите его къ краскѣ, чтобы нижняя сторона его зачернилась. Снимите протеку и листъ, осторожно положите его на чистую бумагу зачерненною поверхностью, накройте другимъ кускомъ протеки и, придерживая ее, потрите листъ, либо кулакомъ, либо довольно твердой подушечкой.

Отчетливый оттискъ долженъ представлять какъ черешокъ листа, такъ и его пластинку, жилки и край, и походить на хорошенькій рисунокъ сдѣланный итальянскимъ карандашомъ.

Въ этомъ дѣлѣ искусство пріобрѣтается навыкомъ. Если рисунокъ выходитъ неясно и грязно, то виною тому чаще всего бываетъ краска, которая недостаточно растерта, или еще слишкомъ сыра.

Вмѣсто сажи, можно употреблять и какую нибудь другую, напримѣръ, зеленую краску.

Тетрадь съ удавшимися рисунками представляетъ прехорошенькій альбомъ и, напечатлѣвая въ памяти видъ листьевъ, можетъ облегчить распознованіе растеній.

Работа изъ соломы.

Эту работу мы предлагаемъ больше для лѣта и тѣмъ, кто имѣетъ возможность бывать на деревенскихъ работахъ. Такой матеріалъ, конечно, вамъ ничего не будетъ стоить, такъ какъ каждая жница всегда съ охотою уступитъ съ своей полосы небольшой снопикъ соломы.

Солома, самая удобная для плетенія,—пшеничная: не ломаясь, она болѣе другихъ гнется при плетеніи и притомъ она такъ бѣла и нѣжна, что плетенки изъ пшеничной соломы выходятъ болѣе изящными, чѣмъ всѣ остальныя.

Мы упоминали, что такую солому слѣдуетъ самимъ брать съ поля, иначе, если она попадетъ подъ цѣпъ крестьянина, онъ вымолачивая изъ нея зерна помнетъ и самую солому, такъ что она не будетъ годна для вашихъ работъ.

Когда вы принесете пучки соломы домой, обрѣжьте колосья какъ можно осторожнѣе ножницами, выбросьте очень тоненькія соломенки, вырѣжьте узелки и, связавъ ее опять въ пучки, которые теперь уже стали гораздо ниже, поставьте такой пучокъ просушить въ сухое и теплое мѣсто. Черезъ два дня ихъ можно развязать и положить на нѣсколько часовъ въ чистую, холодную воду. Затѣмъ возьмите десятка два размоченныхъ соломинъ, положите ихъ на тряпочку, чтобы онѣ нѣсколько просохли, возьмите гладко выстроганный небольшой брусочекъ (или большой Фребелевскій кубъ изъ II-го дара) проведите имъ по уложеннымъ въ рядъ соломинкамъ, чтобы этимъ ихъ нѣсколько сплюснуть и разгладить. После этого, возьмите три соломинки (а кто умѣетъ плести въ три, четыре, пять концовъ и болѣе; чѣмъ болѣе концовъ, тѣмъ плетенка выходитъ красивѣе). Съ одной стороны концы слѣдуетъ положить подъ что нибудь тяжелое и затѣмъ плести, какъ плетутъ обыкновенныя косы, только съ большою осторожностью. Если одинъ какой нибудь конецъ соломинки кончится, то ее слѣдуетъ надставить, втыкая другую въ ея конецъ. Въ этой работѣ нужно прежде всего стараться, чтобы не всѣ соломинки кончались заразъ, иначе плетеніе въ этомъ мѣстѣ не будетъ держаться.

Когда такимъ образомъ у ребенка изъ соломы выходятъ косички и подъ его пальцами онѣ уже меньше ломаются, ему легко указать, какъ сшить соломенныя, круглыя шляпы для куколъ, коврики подъ подсвѣчники, песочницы и т. п. Для этого нужно придерживаться только слѣд. правила: соломенныя косички накладываются другъ на друга такъ, чтобы нижній рядъ на половину выходилъ изъ подъ верхняго; положивши такъ двѣ плетенки, ихъ сшиваютъ тоненькими нитками и уже послѣ этого все прибавляютъ по одной косичкѣ подкладывая ее всегда внизъ такъ, чтобы одна ея половина была покрыта предъидущей плетенкой.

Лѣпка изъ глины.

Прежде всего мы должны оговориться, почему мы не даемъ рисунковъ для работъ изъ глины. Намъ кажется, что названная работа можетъ только тогда имѣть воспитательное значеніе, когда она дѣлается съ моделей и дѣйствительныхъ предметовъ; лѣпка же изъ глины по рисункамъ не принесетъ никакой пользы.

Глину можно получить вездѣ, гдѣ есть кирпичный заводъ; петербургскимъ жителямъ можно доставать ее также въ Академіи Художествъ: на четвертакъ вамъ дадутъ столько, что ее хватитъ на многихъ дѣтей въ продолженіи нѣсколькихъ мѣсяцевъ.

Самая лучшая глина для лѣпки голубая; остальныя принадлежности, которыя тутъ еще необходимы, тоже достать не трудно: 1) нужна лопаточка, которую можетъ самъ сдѣлать каждый ребенокъ; пусть онъ возьметъ щепочку, съ одной стороны выстругаетъ ее въ видѣ узкой лопаточки, а самую ручку сдѣлаетъ круглой палочкой, заостривъ нѣсколько ея конецъ, 2) нужна деревянная скалка въ родѣ той, которую мы видимъ въ кухняхъ для раскатыванія тѣста, только нѣсколько меньше, 3) деревянная доска въ родѣ той, на которой рубятъ котлеты.

Какъ только вы купите глину, нѣсколько смочите ее, хорошенько разомните руками, раскатайте на доскѣ скалкой и тогда уже приступайте къ работѣ. Прежде всего дѣти дѣлать начнутъ разные шарики, пирожки, крендельки, баранки, и, только послѣ долгаго упражненія надъ этими несложными предметами, они могутъ приступить къ слѣдующему: сдѣлать побольше шарикъ, положить его на доску, сверху нѣсколько сдавить лопаточкой, нѣсколько обровнять глину; заостреннымъ концомъ сверху наколоть дырочки — и выйдетъ сайка. Затѣмъ дѣти берутъ деревянный кубъ, цилиндръ, квадратики, призмы и, когда они въ нѣсколькихъ экземплярахъ сдѣлаютъ эти модели, они могутъ приступить къ лѣпкѣ различной посуды, кухонной утвари и т. п. При этомъ они всегда берутъ самый предметъ, напр. ставятъ передъ собою сапогъ и лѣпятъ его руками изъ глины, а не дѣлаютъ его съ модели. Сдѣланныя вещи нужно еще поставить просушить на солнцѣ, или на теплую плиту. Глина требуетъ, чтобы ее не только передъ работой смачивали и раскатывали, но дѣлали бы это какъ можно чаще.

Лѣпку изъ глины можно начинать съ дѣтьми съ 4-хъ лѣтняго возраста.

Занятія съ сюргучемъ.

Если ребенокъ хоть разъ видѣлъ, какъ вы запечатывали сюргучемъ письмо, онъ навѣрное затаилъ желаніе непремѣнно какъ нибудь самому сдѣлать тоже самое. Если вы откажите въ его просьбѣ, то при первомъ удобномъ случаѣ онъ сдѣлаетъ это потихоньку и, не умѣя обращаться съ огнемъ и горячимъ сюргучемъ, можетъ сильно обжечься. Не заставляйте его обманывать васъ, дѣлая тихонько то, что вы разъ ему запретили, а учите его при себѣ обращаться съ болѣе или менѣе опасными предметами. Для этого мы предлагаемъ слѣдующее:

Приготовьте нѣсколько различныхъ монетъ, моделей, съ которыхъ вы хотите сдѣлать снимокъ и кромѣ того кусокъ папки, величиною нѣсколько больше тѣхъ вещей, которыя вы будете снимать. Послѣ этого вы можете дать ребенку цѣлую палочку сюргучу, усадить его такъ, чтобы ему не было очень высоко поднимать руки къ свѣчкѣ и затѣмъ зажечь сюргучъ и капать имъ на папку. Онъ долженъ стараться дѣлать капли одна на другую, и, когда на папкѣ будетъ куча жидкаго сюргучу, онъ долженъ, помѣшивая ее палочкой, уравнивать ее, чтобы поверхность была гладкая. Затѣмъ, не давая сюргучу остыть, онъ крѣпко нажимаетъ какую нибудь форму, которую предварительно нѣсколько смачиваетъ. Если оттискъ хотятъ сдѣлать не съ металлическаго, а съ деревяннаго предмета, то послѣдній нужно смазать миндальнымъ или подсолнечнымъ масломъ, чтобы сюргучъ не прилипъ къ формѣ.

Какое занятіе можно придумать съ стеариновымъ огаркомъ?

Если въ домѣ заведенъ для дѣтей столярный станокъ съ инструментами (что не только въ высшей степени полезно для развитія мускуловъ, но весьма важно и въ гигіеническомъ отношеніи), то дѣтямъ, вѣроятно, часто приходится кипятить столярный клей, подогрѣвать кой что и т. п. Для этого необходимо имѣть клеянку—сосудъ, въ которомъ можно кипятить клей; но, такъ какъ настоящая клеянка дорого стоитъ, то мы совѣтуемъ купить сосудъ, который употребляютъ обыкновенно для испаренія духовъ въ комнатѣ и который стоитъ всего четвертакъ.

Онъ устроенъ такъ, что его можно надѣть на зажженую свѣчку и дѣти могутъ вскипятить въ немъ все, что понадобится для ихъ работъ. Для отливанія формъ изъ стеарина тоже необходима подобная клеянка.

Возьмите огарокъ стеариновой свѣчки и растопите ее въ вашей клеянкѣ. При этомъ вы должны его безпрестанно помѣшивать, чтобы въ немъ не оставалось пузырьковъ воздуха.

Во время кипѣнія стеарина вы должны постоянно сыпать въ него мѣлъ, тоже напередъ истертый въ мелкій порошокъ. Когда вы замѣтите, что изъ мѣла и стеарина образовалась довольно густая масса, однако все-таки еще льющаяся, вы выливаете ее въ приготовленную заранѣе для этого форму. На первый разъ налейте эту смѣсь хоть на одну изъ сторонъ мѣднаго пятака, окруживъ его бумажной полоской, которая такимъ образомъ замѣнитъ боковыя стѣнки. (Два конца бумажной полоски можно склеить сюргучемъ,—тогда они будутъ держаться).

Когда вы нальете слой стеариновой смѣси толщиною приблизительно на полпалецъ, проведите слегка кисточкою по поверхности чтобы выгнать пузырьки воздуха, которые при этомъ легко образуются на формѣ. Когда смѣсь совершенно остыла, бумагу снимаютъ и затѣмъ осторожно отдѣляютъ совершенно остывшую стеариновую смѣсь съ мѣднаго пятака. Если вы хотите получать разнообразныя формы такой смѣси, купите нѣсколько готовыхъ формъ для отливки (онѣ вамъ пригодятся и для гипсовыхъ работъ) у статуэтчиковъ; а иногда ихъ можно найти и въ фарфоровыхъ магазинахъ.

Гипсовыя работы.

Жженый гипсовый порошокъ или алебастръ вы можете покупать на плитныхъ дворахъ. Но, прежде чѣмъ употреблять его въ дѣло, его нужно просѣять сквозь чистое сито. Ту часть порошка, изъ которой вы хотите выливать формы, бросаютъ по немногу въ ковшъ, наполненный водою, чтобы порошокъ тонулъ въ ней и промачивался. Остальную часть гипса тотчасъ разсыпаютъ по бутылкамъ и крѣпко закупориваютъ. Какъ отъ дѣйствія воздуха, такъ и отъ сырости, — гипсъ теряетъ способность вбирать воду, сохнуть и слѣдовательно не будетъ годенъ для отливки предметовъ.

Когда смѣшанный съ водою гипсъ имѣетъ густоту сметаны, изъ него вылавливаютъ ложкой пузырьки, которые очень портятъ отливки и въ такомъ видѣ вливаютъ его въ формы. Но прежде чѣмъ вольютъ въ нихъ гипсъ, формы эти должно вымазать смѣсью, которую дѣлаютъ слѣдующимъ образомъ. Нальютъ на блюдечко немного воды и деревяннаго масла, бросятъ еще туда мыльныхъ стружекъ, все это хорошо взобьютъ и смѣшаютъ, и этою смѣсью, въ видѣ тоненькаго слоя, покрываютъ формы, которыя будутъ наполнены гипсомъ. Когда гипсовая масса станетъ совершенно плотною, ее осторожно вынимаютъ изъ формы.

Рисованіе.

На обученіе рисованію смотрѣли прежде, какъ на роскошь, которую если ребенокъ усвоитъ въ школѣ — хорошо, а нѣтъ — такъ тоже бѣды въ этомъ немного. Сами учителя рисованія не лучше относились къ своему предмету: выставятъ на классъ двѣ, три модели — уха, глаза, какой нибудь красавицы гречанки въ необыкновенной повязкѣ, да подтушуютъ рисунокъ, если кто самъ не съумѣетъ этого сдѣлать, — вотъ вамъ и вся метода. Три четверти класса, не умѣя вѣрно провести ни одной линіи, безобразно начкаетъ тетради, въ которыхъ трудно различить глазъ отъ уха! — Черезъ два-три урока учитель оставляетъ такихъ учениковъ безъ вниманія и занимается съ самою небольшою частію класса, т. е. пріучаетъ дѣтей копировать къ окончанію курса легкія модели. Хотя обученіе рисованію въ большинствѣ школъ продолжается по той же методѣ, но лучшая часть общества уже начинаетъ видѣть громадное общеобразовательное значеніе этого предмета. И это естественно; стоитъ только вспомнить сколько разнообразныхъ способностей упражняется при занятіи рисованіемъ, если только оно ведется надлежащимъ образомъ.

При рисованіи ребенокъ долженъ наблюдать форму срисовываемыхъ предметовъ, пріучить глазъ къ разнообразію свѣтовыхъ оттѣновъ, развить способность живо воспроизводить представленіе о видѣнномъ, т. е. память и воображеніе, и развить навыкъ въ рукѣ отчетливо и вѣрно передавать всѣ очертанія линій. Мы видимъ, что разнообразныя цѣли, которыхъ теперь стремятся достигнуть при обученіи рисованію, заставляютъ ранѣе начать его съ дѣтьми и не полагаться только на школу. И неужели родители могутъ остаться равнодушными къ успѣхамъ ихъ дѣтей, когда тѣ начинаютъ рисовать уже съ двухъ трехъ лѣтъ? Неужели оставить безъ всякаго вниманія листъ испачканный чернильными кляксами и испещренный каракулями. Фребель, основательно изучивъ дѣтскую природу считалъ рисованіе однимъ изъ главныхъ занятій. Если только дѣти не забиты и видѣли въ домѣ когда нибудь карандашъ и бумагу, то можно навѣрно сказать, что это занятіе станетъ для нихъ самымъ любимымъ. Многіе утверждаютъ, что рисованіе по сѣти, черезъ матовое стекло, и другіе легкіе способы, давая возможность легко исполнить довольно сложный рисунокъ могутъ заставить вообразить ребенка, что онъ уже настолько хорошо владѣетъ карандашемъ, что можетъ не продолжать больше своихъ занятій. Этими же соображеніями руководствуются, когда начинаютъ обучать дѣтей рисованію только въ школѣ.

Въ занятіяхъ по методѣ Фребеля дѣло идетъ гораздо постепеннѣе и основательнѣе. Вся система Фребеля, какъ то: вышиваніе, выкладываніе палочекъ, лучинъ и колецъ, — уже подготовляютъ къ рисованію: въ одномъ случаѣ ребенокъ обозначаетъ контуры предметовъ точками (выкалываніе), въ другомъ — уже готовой линіи (лучина) онъ даетъ извѣстное направленіе, а въ черченіи по сѣти руководствуется проведенными линіями. Такъ какъ отъ ребенка, мазающаго неопредѣленными линіями свой рисунокъ и неумѣющаго держать карандашъ въ рукѣ, и до художника, легко и точно изображающаго на полотнѣ все, что онъ видитъ въ природѣ, громадное разстояніе, то и обученіе рисованію должно имѣть много ступеней. Тутъ приходится развивать способности уже съ ранняго дѣтства. Надо помнить, что страсть къ рисованію, никѣмъ не направляемая, при которой дѣти пріучаются кое какъ марать бумагу, и перегнувшись въ три погибели, держатъ карандашъ всей пятерней, можетъ принести большой вредъ.

Но какъ приступить къ дѣлу, вотъ вопросъ, который затрудняетъ многихъ. Тутъ намъ кажется необходимо прежде всего взять въ разсчетъ личность ребенка, если онъ въ три года выразитъ желаніе рисовать, то укажите ему при этомъ главные пріемы: 1) что карандашъ слѣдуетъ держать, не зажавши въ кулачекъ, а пальцами, 2) что не слѣдуетъ слишкомъ наклоняться къ тетради, 3) что не слѣдуетъ руки возить по тетради, а, медленно подвигая руку, легко набрасывать штрихи и т. п. Конечно, этого вы достигнете не тотчасъ, и потому не должны ожидать, чтобы ребенокъ все выполнялъ съ перваго разу. Съ самаго начала дайте ему нарисоваться вволю; затѣмъ, когда онъ придетъ показать вамъ свою работу, скажите ему, что она вамъ ничего не напоминаетъ, и посовѣтуйте проводить черточки изъ одного угла въ другой, а потомъ крестъ на крестъ, затѣмъ надѣлайте точекъ и пусть онъ между ними проводитъ линіи сверху внизъ и снизу вверхъ, стоячія и лежневыя (горизонтальныя) отъ лѣвой руки къ правой и наоборотъ (помните, что въ это время ребенокъ еще малъ и геометрическіе термины тутъ непригодны). Затѣмъ укажите ему, какъ проводить отъ руки различныя фигурки, указанныя на таблицѣ XX и которыя будутъ служить, какъ для живыхъ бесѣдъ, такъ и для знакомства съ линіями. Дѣлая отъ руки различные кружки можно прибирать очень разнообразные предметы. Послѣ этого купите ребенку матовое стекло и закажите рисунки, контуры которыхъ были бы обведены черными чернилами; подкладывайте ихъ подъ матовое стекло или листъ тетради, въ которой бумага должна быть не совсѣмъ плотною, чтобы рисунокъ нѣсколько просвѣчивалъ. Въ рисункахъ тоже очень важно наблюдать постепенность. Напримѣръ, цвѣтокъ, который вначалѣ вы даете срисовывать, долженъ быть безъ зазубринъ по краямъ, а нужно сдѣлать только его округлый или овальный контуръ.

Мелкихъ штриховъ и сложныхъ предметовъ не должно быть изображено на такихъ рисункахъ. Такія упражненія пріучаютъ ребенка правильно держать карандашъ въ рукахъ и свободно проводить требуемыя черты. Этотъ навыкъ послужитъ ему прекраснымъ подготовленіемъ и къ письму.

Въ лѣтъ шесть онъ можетъ перейти къ рисованію по сѣти. Тетрадку, разлинованную сѣтью, какъ у насъ показано на таблицѣ XXI, можно получить за 10 и даже за 8 к. въ каждой бумажной лавкѣ. Если кто не можетъ имѣть подъ рукой такихъ тетрадей, можно сдѣлать два, три транспаранта, разлинованныхъ квадратами различной величины. Такіе транспаранты должны быть аккуратно сдѣланы по тетради и могутъ хватить ребенку на все время его занятій. Самыя главныя правила въ рисованіи по сѣти слѣдующія:

1) Указать ребенку, какъ чертить возможно большее количество разнообразныхъ предметовъ.

2) Сначала онъ долженъ чертить прямыя линіи въ горизонтальномъ, отвѣсномъ направленіи, потомъ въ наклонномъ, а затѣмъ онъ можетъ перейти къ кривымъ.

3) Все это оживлять бесѣдами.

4) Онъ долженъ имѣть непремѣнно двѣ тетради: сначала сдѣлать какую нибудь фигурку по сѣти или транспаранту и затѣмъ туже самую фигурку сдѣлать въ другой тетради безъ сѣти и безъ транспаранта.

Выкладываніе палочекъ или спичекъ.

Въ лѣтъ шесть, когда ребенокъ уже начинаетъ рисовать по сѣти, можно дать ему и палочки, которыя онъ раньше употреблялъ въ работѣ изъ гороха. Пусть онъ выложитъ изъ палочекъ предметы, которые видитъ въ комнатѣ, и потомъ тоже самое онъ можетъ изобразить карандашемъ въ своей тетради по сѣткѣ. Если фигурка состоитъ изъ нѣсколькихъ линій, изъ которыхъ однѣ болѣе, а другія менѣе, то при выкладываніи спичекъ послѣднія должны быть различной величины. Для этого пусть дѣти сами нарѣжутъ спички такимъ образомъ: разъ принявъ самую большую величину спичекъ хоть въ 2 вершка, они сдѣлаютъ и бумажную линеечку такой величины. Затѣмъ эту линеечку сгибаютъ пополамъ, прикладываютъ къ спичкѣ, намѣчаютъ ее карандашемъ и разрѣзываютъ. Эту обрѣзанную спичку прикладываютъ къ десятку другихъ и по ней обрѣзываютъ ножницами всѣ другія. Такимъ образомъ можно рѣзать спички сразу по цѣлому десятку. — Спичку сдѣланную въ вершокъ, слѣдуетъ такимъ же образомъ еще перерѣзать на двое, чтобы были спички по крайней мѣрѣ трехъ величинъ.

Эта работа, заставляя ребенка наглядно усвоивать контуры предметовъ, ограниченные линіями, въ тоже время служитъ прекраснымъ урокомъ терпѣнія: нѣтъ другой работы, которая бы такъ легко разстроивалась, какъ выкладываніе спичекъ.

Примѣры для выкладыванія спичекъ можно взять у насъ на таблицахъ для рисованія по сѣти. (См. таблицы XXII и XXIII, исключая весьма не многихъ рисунковъ, которые окажутся неудобными).

Выкладываніе колецъ и полуколецъ.

Для этой работы нужно имѣть штукъ 20 колецъ, столько же полуколецъ и, если можно, штукъ 12 четвертей колецъ. Имѣя кольца трехъ различныхъ величинъ можно выкладывать очень разнообразныя формы. Но такъ какъ работу эту можно назначать и для трехлѣтнихъ дѣтей, то, разумѣется, сразу всѣхъ колецъ давать не слѣдуетъ. Если дѣти строятъ изъ 8 кубиковъ, то имъ можно дать и 8 колецъ. До сихъ поръ ребенокъ еще не видалъ круговъ; это занятіе расширяетъ кругозоръ, давая ему новую форму. При работѣ воспитатель долженъ заставлять ребенка отыскивать въ окружающихъ предметахъ туже округлость, какъ и въ кольцахъ, т. е. ребенокъ долженъ указать, что обручи, которыми обита бочка, колеса, края тарелки и суповой чашки, кольцо на пальцѣ—тѣ же круги, которые онъ видитъ въ кольцахъ. Лишь только маленькій ребенокъ сложитъ хоть, напримѣръ, изъ двухъ полуколецъ одно кольцо—онъ тотчасъ обрисовываетъ его въ свою тетрадку. Но когда онъ уже подросъ и умѣетъ рисовать по сѣти кривыя линіи, то, выложивши какую нибудь фигурку, онъ уже не будетъ ее обрисовывать, а нарисуетъ тоже самое въ своей разлинованной тетрадкѣ. (См. таблицу XXIV).

Работы изъ бичевокъ.

Эту работу можно давать уже четырехъ-лѣтнимъ дѣтямъ. Для этого нужно взять бичевку, т. е. тоненькую, гладенькую веревочку и наматывать ее, какъ наматываютъ бѣлыя тесемки, т. е. въ гладкій, плоскій кружокъ. При каждомъ новомъ рядѣ, вы должны черезъ край сшивать эти бичевки между собой. Для разнообразія можно сшить то красной, то синей бумагой и изъ этихъ бичевокъ сшитыхъ разноцвѣтными нитками можно дѣлать поддонники подъ разные предметы, колечки для салфетокъ и друг. вещи.

Силуэты.

Вотъ еще работа, которая доставляетъ дѣтямъ необыкновенную радость и во многихъ отношеніяхъ весьма полезна имъ. Дѣлается это весьма просто. Пришпильте къ стѣнѣ листъ бѣлой бумаги, посадите бокомъ, или въ профиль того, съ кого хотите снять силуэтъ; если это будетъ днемъ, то надо бумагу паколоть на стѣну, ярко освѣщенную солнцемъ, а если вечеромъ, то бумагу надо освѣтить лампою, или свѣчами, и между свѣтомъ и бумагою посадить того, съ кого снимаемъ силуэтъ. Тѣнь отъ сидящаго лица вѣрно отразится на бумагѣ, тогда быстро обведите это очертаніе лица карандашемъ и вѣрный силуэтъ готовъ, хотя размѣры его и будутъ нѣсколько побольше, чѣмъ подлинникъ.

ГЛАВА XII.

Обзоръ наиболѣе развивающихъ дѣтскихъ игрушекъ.

Мы уже указали въ нашей книгѣ болѣе 100 развивающихъ механическихъ занятій, которыя могутъ быть введены въ семействахъ, пріютахъ и дѣтскихъ садахъ, не имѣющихъ никакихъ средствъ. Для работъ изъ гороха вы затрачиваете 10 к., и его вамъ хватитъ на нѣсколько мѣсяцевъ и при томъ на большое количество дѣтей. Тоже самое можно сказать про плетеніе, выкалываніе, вырѣзаніе, наклеиваніе и друг. работы. Только кубики и лучинки стоютъ нѣсколько дороже (хотя изд. общества дамъ обходится тоже весьма не дорого), но за то эти вещи цѣлые десятки лѣтъ могутъ оставаться не поломанными и изъ нихъ дитя можетъ каждый день построить новый предметъ. Ни того, ни другаго свойства не имѣютъ обыкновенныя игрушки. Но мы, сколько извѣстно нашимъ читателямъ, нисколько не отрицаемъ пользы обыкновенныхъ игрушекъ только, разумѣется, при одномъ условіи, когда умѣютъ дѣлать надлежащій выборъ. Вотъ объ этомъ мы и хотимъ здѣсь поговорить.

Многія матери и воспитатели послѣ выхода въ свѣтъ I-го изд. настоящей книги выразили мнѣ желаніе имѣть подъ руками руководящую статью, или перечень болѣе развивающихъ, осмысленныхъ игрушекъ и которыя въ тоже время доставляли бы дѣтямъ нисколько не меньше удовольствія, чѣмъ обыкновенныя игрушки. И дѣйствительно, люди достаточные желающіе что нибудь подарить дѣтямъ на елку, или въ праздникъ находятся въ большомъ затрудненіи, что выбрать, чтобы не шло въ разрѣзъ съ развитіемъ и воспитаніемъ дитяти. Вѣдь нужно же сознаться, что между нашими игрушками есть множество необыкновенно вредныхъ и безобразныхъ. Продавцы же игрушекъ не только не облегчатъ вамъ найти то, что вамъ нужно, но еще совсѣмъ собьютъ васъ съ толку. Ни въ одной игрушечной лавкѣ не существуетъ никакого каталога и при вашемъ входѣ вамъ суютъ въ руки все, что попало и что прежде всего выгодно сбыть. Вамъ предлагаютъ фальшивыя, разбитыя скрипки, барабаны, трещетки, свистульки такъ жестоко терзающія уши бѣдныхъ матерей и въ конецъ притупляющія слухъ дѣтей, ихъ любовь и чутье къ правильнымъ музыкальнымъ звукамъ. Тутъ вамъ предлагаютъ и военные доспѣхи развивающіе дикій, воинственный азартъ и дорогія куклы съ громадными шиньонами въ шелку и кружевахъ, которыя пробуждаютъ впервые въ душѣ дитяти брюзгливость и высокомѣрное отношеніе ко всему, что является передъ ними не въ такомъ парадѣ.

Вотъ краткій перечень полезныхъ игрушекъ:

Лѣтнія игрушки.

1) *Лопатки*; 2) *Совочки*; 3) *Тачки*; 4) *Тележки*; послѣднія должны быть у дѣтей и лѣтомъ и зимою; лѣтомъ въ нихъ возятъ песокъ, зимою куклы и игрушки; 5) Деревянныя *чашечки, кружечки* и *рюмочки* различной величины и формы для выкладыванія песку; 6) Деревянное коромысло дѣтское съ такими же ведрами и небольшія *жестяныя кружечки* которыми дѣти будутъ носить песокъ, а иногда при себѣ имъ слѣдуетъ позволить носить и воду: это будетъ ихъ нѣсколько пріучать къ осторожности и ловкости. 7) *Серсо;* 8) *Воланъ,* игра, которая необыкновенно занимаетъ дѣтей, особенно, когда въ ней принимаетъ участіе большое общество; 9) *Веревочка,* съ деревянными ручками, черезъ которую можно было бы скакать; 10) *Бильбоке;* 11) *Карзиночки,* чтобы собирать ягоды, грибы и растенія, 12) *Носилки;* 13) *Грабли;* 14) *Метла* — чтобы садъ мести; 15) *Лейка;* 16) *Мячики.* Мячикъ необходимъ и большому и маленькому ребенку; онъ приноситъ ему одинаковую пользу, доставляетъ огромную радость во всякое время года; но этому мы совѣтуемъ, чтобы у всѣхъ дѣтей отъ полутора года до 13-ти, 14-ти были бы, если можно, не меньше трехъ мячиковъ разной величины. *Большіе мячики,* чтобы катать по полу, сшибать въ игрѣ разные предметы, *малые мячики* — чтобы выдѣлывать съ ними различныя упражненія; 17) *Кегли.* Кеглями называются девять круглыхъ деревяшекъ сверху заостренныхъ, а снизу ровно спиленныхъ, такъ чтобы онѣ прямо могли стоять на полу. Изъ нихъ семь одинаковой величины, восьмая повыше — *Королева,* девятая еще выше — *Король.* Кегли ставятъ четвереугольникомъ, по три врядъ; въ среднемъ ряду спереди простая кегль, потомъ *Король,* а потомъ *Королева.* Берутъ деревянный шаръ и катятъ по полу такъ, чтобы сбить всѣ кегли; каждая простая кегль считается 3, Королева 6, а король 9. Кто скорѣе собьетъ кеглей до числа 60, тотъ выигралъ партію.

Зимнія игрушки.

1) Простая *кукла,* которую можно было бы одѣвать и раздѣвать. Хорошо когда у куклы есть кроватка съ матрасикомъ и бѣльемъ и къ этому еще ящикъ въ которомъ хранятся и въ порядкѣ складываются всѣ принадлежности этой куклы. Это пріучаетъ ребенка къ акуратности и къ умѣнью разумно заботиться о себѣ и другихъ.

2) *Бумажныя куклы.* Дѣти вырѣзаютъ ихъ изъ папки (въ бумажныхъ лавкахъ такія куклы есть уже готовыя, раскрашенныя); весь костюмъ долженъ быть приготовленъ дѣтьми отчасти изъ простой бумаги и разукрашенъ разноцвѣтной легкой папиросной бумагой. Дѣти дорожатъ этими куклами не менѣе первыхъ, такъ какъ онѣ сдѣланы исключительно ихъ руками и развиваютъ въ дѣтяхъ вкусъ и чувство симметріи.

3) Домашнія *животныя* сдѣланныя болѣе, или менѣе натурально и при томъ непремѣнно на колескахъ. Животныя, которыя заводятся ключемъ послѣ чего они нѣсколько минутъ бѣгаютъ, конечно, приводятъ ребенка въ восторгъ, но счастіе бываетъ непродолжительно; ключь затерянъ, или отъ частаго употребленія сломался въ нѣсколько дней и съ этимъ животнымъ дитя уже не имѣетъ никакого удоволь-

ствія. Между тѣмъ животныхъ на колескахъ ребенокъ постоянно можетъ катать, къ тому же послѣднія стоютъ въ трое дешевле.

Выше названныя игрушки можно купить во всякой даже небольшой игрушечной лавкѣ; теперь же мы упомянемъ о такомъ матеріалѣ для дѣтей, который дастъ его изобрѣтательности, самодѣятельности и фантазіи полный просторъ.

1) *Мозаика.* Въ коробкахъ различной величины находится множество пластинокъ различныхъ формъ, окрашенныхъ въ разную краску. Задача игры заключается въ томъ, чтобы изъ небольшихъ деревянныхъ пластинокъ выкладывать фигуры, нарисованныя на листикахъ находящихся обыкновенно тутъ же въ коробкѣ. Изъ мозаики можно выкладывать цвѣты, животныхъ, людей.

2) *Мозаическій кубъ.* „Mosaik Cube". Въ коробочкѣ находится 30 кубиковъ, каждая сторона которыхъ окрашена красками развыхъ цвѣтовъ. Приложены листики съ рисунками мозаическихъ узоровъ.

3) *Мозаика.* Изящная мозаика, состоящая изъ разноцвѣтныхъ треугольниковъ, поверхность которыхъ украшена красивыми рисунками.

4) *Китайскій кубъ.* Изд. Фоссъ. Кубъ этотъ раздѣленъ на 7 частей. Изъ нихъ можно составлять сотни разнообразныхъ построекъ. Тутъ же приложены рисунки, какъ это дѣлать.

5) *Красный, синій и бѣлый,* такъ называется коробка, въ которой находятся указанныхъ цвѣтовъ шарики со шпиньками, въ видѣ пуговицъ; шпиньки этихъ шариковъ раскладываются по папкѣ съ дырочками. Посредствомъ расположенія шариковъ и выходятъ разноцвѣтные узоры.

6) *Нанизываніе стекляруса.* Die kleine Perlstickerin. Въ коробкѣ находится нѣсколько нитей нанизаннаго стекляруса разныхъ цвѣтовъ и спички для нанизыванія. Приложены узоры какъ пользоваться игрушкой.

7) *Работы изъ пробки и проволоки.* Шиломъ, находящимся въ коробкѣ, просверливается углубленіе въ пробкѣ; въ это углубленіе вставляется заостренная проволока, на другой ея конецъ насаживаютъ опять пробку. Чтобы пробка плотнѣе держалась ее нажимаютъ и вколачиваютъ плоскимъ концомъ рукоятки шила.

8) *Der Basar. Feine Cartonage Arbeiten mit Farbendruck.* Изящныя картонажныя работы съ цвѣтными украшеніями. Тутъ находится нѣсколько экземпляровъ толстой бумаги съ контурными рисунками для вырѣзанія и склеиванія изъ нихъ различныхъ ящиковъ, коробочекъ со всевозможными украшеніями.

9) *The Adler's Card Ornamet Maker.* Четыре тетради, заключающія въ себѣ по 7 листовъ толстой бумаги, съ изображеніемъ украшенныхъ предметовъ, которые могутъ быть вырѣзаны и склеены, какъ показываетъ самый рисунокъ.

10) *Цвѣты.* Въ коробкѣ матеріалъ для приготовленія цвѣтовъ въ видѣ нарѣзанныхъ листиковъ изъ тонкой бумаги, нѣсколько рисунковъ для цвѣтовъ и тутъ же приложено печатное объясненіе, какъ все это дѣлать.

11) *Отливаніе изъ воска.* Въ ящикѣ находятся двѣ формочки (яблокъ и груша) для вливанія воска, бутылочка съ мазью, двѣ коробки порошка для окраски модели, глиняный сосудъ для расплавливанія воска. При этомъ есть и наставленіе.

12) *Искусственные кораллы.* Въ коробкѣ находится нѣсколько зеренъ риса, гороха, бутылочка съ краской, кисточка, коробка, украшенная кораллами, какъ образчикъ того, что можно сдѣлать изъ находящагося здѣсь матеріала. Вещь, которую желаютъ украсить искуственными кораллами, смазываютъ вишневымъ клеемъ и накладываютъ на нее рядъ расколотаго пополамъ гороха, или кофе, остальное же про-

странство посыпаютъ рисомъ. Когда первый рядъ риса просохъ, его смазываютъ клеемъ и насыпаютъ второй рядъ, и т. д. Когда наконецъ просохъ и послѣдній рядъ, кисточку смачиваютъ краской и смазываютъ горохъ и рисъ, пока не получится чистый коралловый цвѣтъ. Такими кораллами можно украшать, колечки для салфетокъ, плато подъ подсвѣчники, рамки для визитныхъ карточекъ и т. п. Когда краска едѣлается слишкомъ густа, ее разбавляютъ спиртомъ, или даже одеколономъ.

13) *Складной домикъ изъ бревенъ*. Въ деревянномъ ящикѣ находится уже готовый матеріалъ для построекъ въ видѣ разрозненныхъ бревенъ.

14) *Постройка цѣлыхъ зданій*. Въ ящикѣ находятся, какъ приготовленныя зданія, такъ и отдѣльные бруски, балки, плитки. Тутъ же и рисунки тѣхъ зданій, которыя можно построить изъ приложеннаго матеріала.

15) *Складной домикъ изъ полубревенъ*. Въ ящикѣ находятся уже приготовленными различныя части зданія, которыя нужно только приставить другъ къ другу и скрѣпить.

16) *Постройки изъ плитокъ*. На деревянныхъ плиткахъ различной ширины сдѣланы по краямъ выемки; на другихъ плиткахъ — выступы, — вотъ это и даетъ возможность сцѣплять плитки между собой и такимъ образомъ возводить постройки. Тутъ же приложено объясненіе, какъ возводить такія постройки.

17) *Возведеніе построекъ изъ кирпичиковъ*. Въ ящикѣ различной величины кирпичики и плитки — для возведенія стѣнъ, столбики и дуги для колоннъ, арокъ и сводовъ.

18) *Плотникъ*. Изд. Общества дамъ. Въ ящикѣ наход. матеріалъ приспособленный къ постройкѣ зданій и къ приготовленію предметовъ домашней обстановки. Тутъ вы найдете рисунки, молотокъ и шило для этой работы.

19) *Der Kleine Gartenfreund*, (маленькій любитель садоводства). Тутъ находится все необходимое для устройства парка съ цвѣтами, деревьями, бесѣдками и зданіями для игры въ кегли и другими гимнастическими принадлежностями. Игрушку эту можно дать въ руки ребенка не раньше 7-ми 8-ми лѣтъ.

20) *Каретникъ*. Изъ матеріала, который заключается въ этомъ ящикѣ можно сдѣлать телегу, карету, коляску и сани. Приложены рисунки, по которымъ можно сдѣлать всѣ эти предметы.

21) *Кубики съ картинками*. На сторонахъ этихъ кубиковъ находятся изображенія, то частей зданія, то частей какого нибудь животнаго, то человѣка. Игра въ томъ, чтобы изъ всѣхъ этихъ частей сложить одну цѣльную картину. Въ коробкѣ — рисунки, указывающіе какія картины можно сложить изъ разрозненныхъ частей куба.

22) *Русскій сельскій праздникъ*.

23) *Сцена изъ деревенской жизни*.

24) и *Праздникъ въ деревнѣ*, послѣднія три игрушки представляютъ картины, которыя нужно составить изъ мелкихъ кусковъ картона.

25) *Картины*, на которыхъ изображены различныя сцены изъ жизни. То тамъ, то здѣсь на картинѣ вмѣсто предметовъ, людей, или животныхъ означенъ только контуръ ихъ, самые же эти предметы находятся по краямъ картины; ребенокъ осторожно вырѣзаетъ ихъ ножницами и наклеиваетъ въ тѣхъ мѣстахъ картины, гдѣ имъ нужно было быть.

26) *Домино*. Это маленькія дощечки, въ большинствѣ случаевъ костяныя на которыхъ находятся черные значки. Эти дощечки дѣлятся по ровну между

играющими. Одинъ кладетъ на столъ дощеку глазками вверхъ, другой старается приставить къ ней свою дощечку, но именно такую, чтобы одна изъ сторонъ имѣла столько же глазковъ, какъ и выставленная на столѣ. Если такой не имѣется ходитъ другой. У кого скорѣе выйдутъ дощечки, тотъ вышелъ.

27) *Калейдоскопъ*, представляющій узорчатыя сочетанія различныхъ цвѣтовъ.

28) *Волшебный фонарь.*

29) *Шаблоны.* Одинъ изъ приложенныхъ шаблоновъ кладутъ на бумагу и проводятъ по немъ окрашенною кистью. Такъ какъ на металлической сторонкѣ шаблона вырѣзанъ рисунокъ, то, послѣ того, какъ его обведутъ краской, на бумагѣ совершенно отчетливо остается сдѣланное изображеніе.

30) *Рисованіе и печатаніе красками.* Изд. общества дамъ. Это въ высшей степени занимательное и несложное для 7-ми, 8-ми лѣтнихъ дѣтей занятіе. Въ каждой коробкѣ съ полнымъ матеріаломъ приложено объясненіе, какъ все это дѣлается.

31) *Печатаніе картинъ.* Изд. Вэльера. Занятіе это сходно съ печатаніемъ красками.

32) *Sectional Drawings. Wagner's.* Занятіе это заключается въ томъ, что дитя, по приложенному, вырѣзанному рисунку, дѣлаетъ контуръ на бумагѣ и потомъ дополняетъ части рисунка.

33) *Раскрашиваніе картинокъ.* Тотъ рисунокъ, который вы хотите подарить ребенку для раскрашиванія долженъ быть крупенъ и не сложенъ, иначе онъ будетъ только марать картину.

34) Раскрашенныя и разрисованныя картины животныхъ, мебели, посуды, самыя разнообразныя сцены изъ жизни. Такія картинки самаго разнообразнаго содержанія отъ 5 до 10 к. вы можете найти даже во всѣхъ бумажныхъ лавкахъ. Ребенокъ вырѣзаетъ ихъ и наклеиваетъ.

Всѣ названныя игрушки можно получить въ книжномъ магазинѣ, что при педагогическомъ музеѣ, въ бывшемъ Соляномъ городкѣ на Фонтанкѣ, близъ Цѣпнаго моста, противъ Лѣтняго сада и у Колесова и Михина въ Гост. Дворѣ. Многія изъ нихъ даже можно купить и въ обыкновенныхъ игрушечныхъ лавкахъ, особенно большой выборъ представляетъ въ Гостиномъ дворѣ игрушечный магазинъ Дойникова.

1.

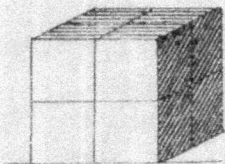

2.

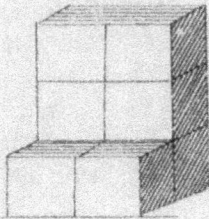

3.

4.

5.

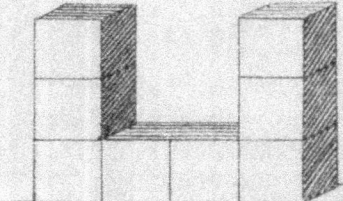

6.

7.

8.

9.

10.

11.

12.

13.

14.

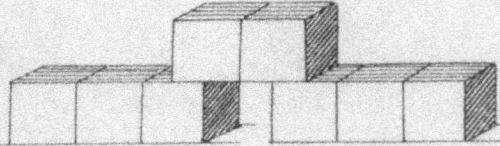

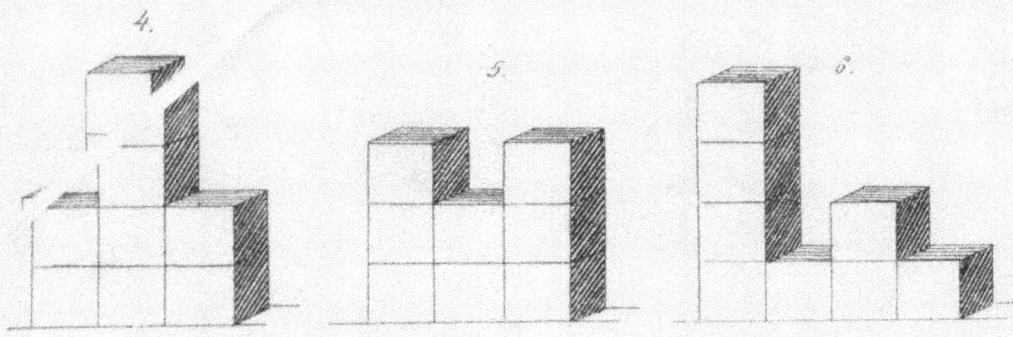

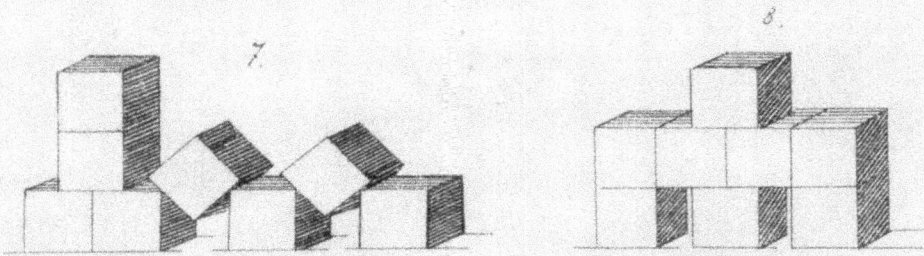

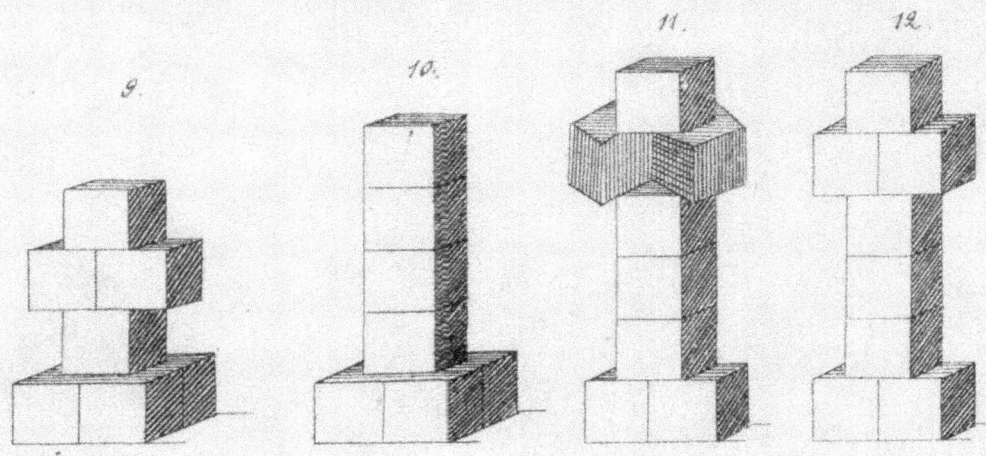

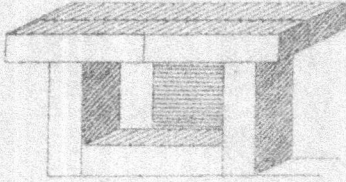

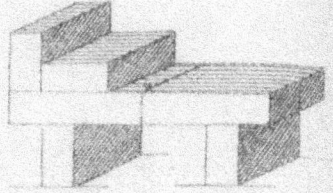

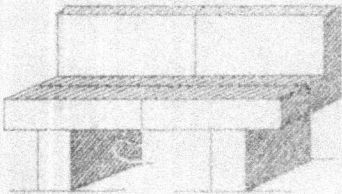

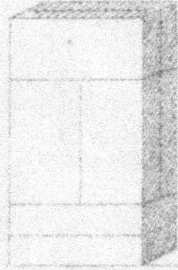

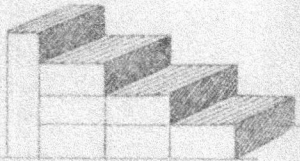

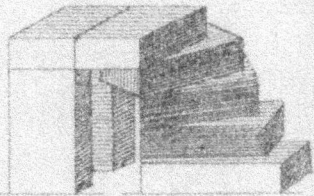

T.IV.

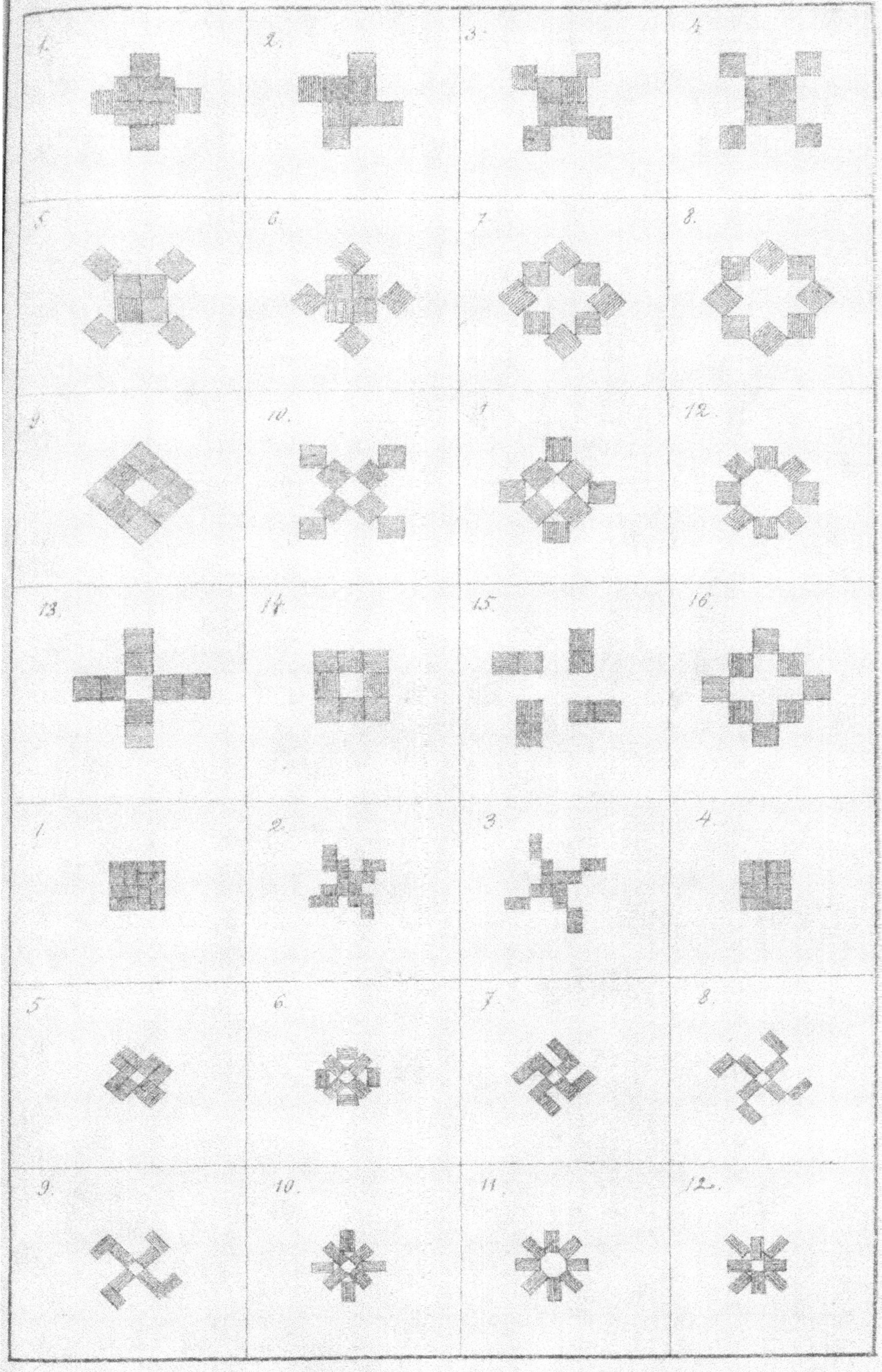

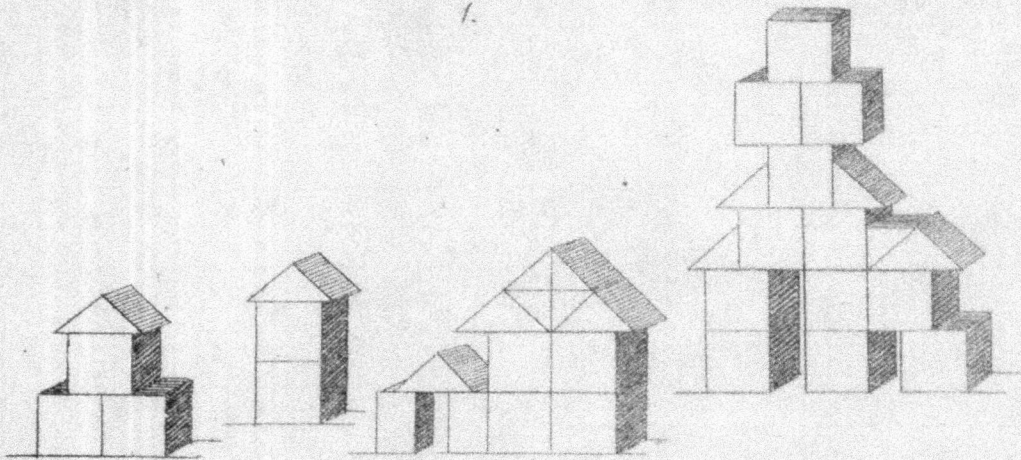

1.

2.

3.

4.

5.

8.

9.

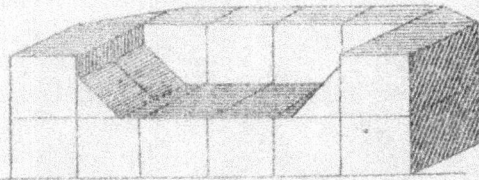

10.

6.

7.

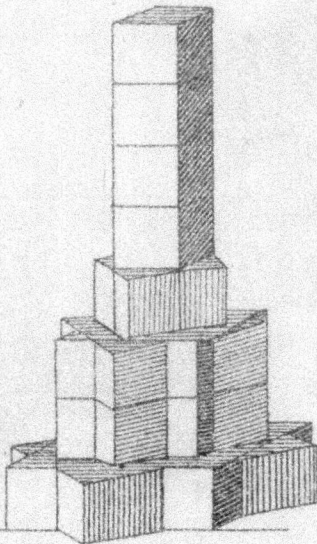

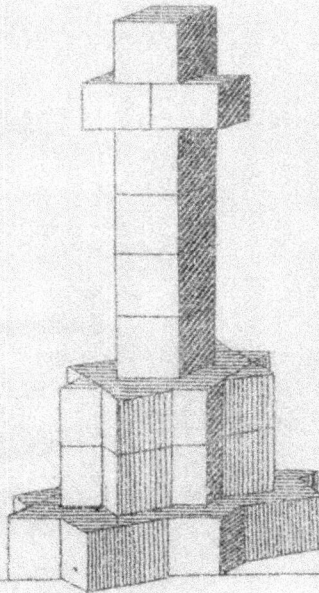

1.

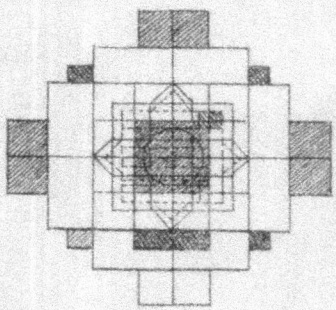

2.

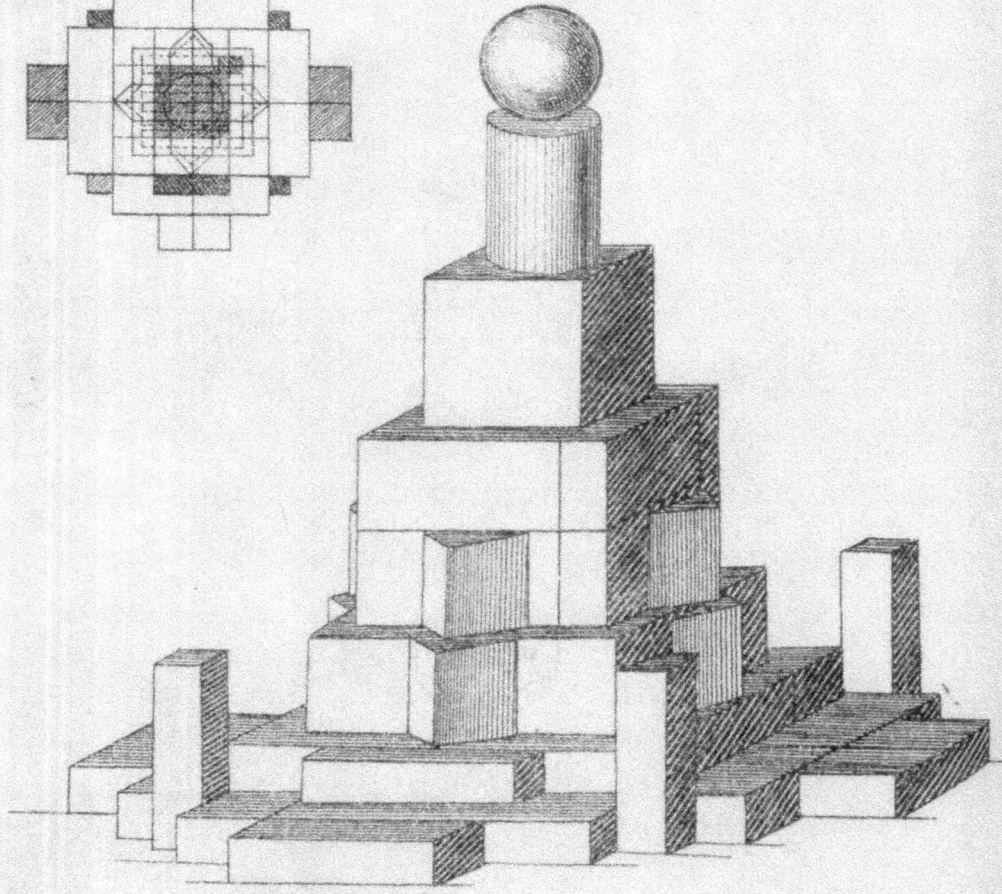

3.

1.

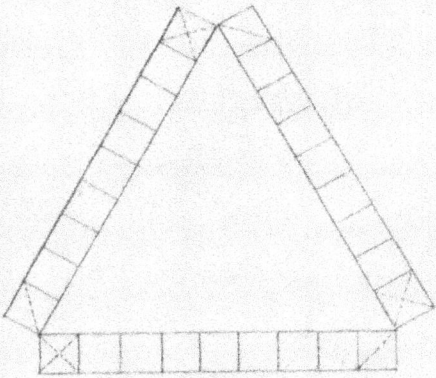

2.

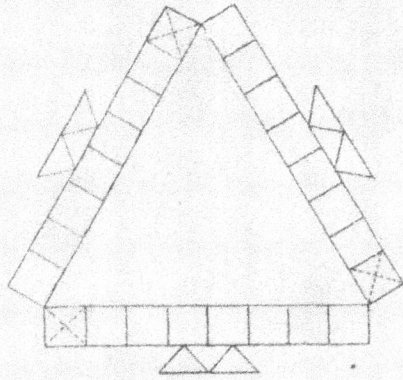

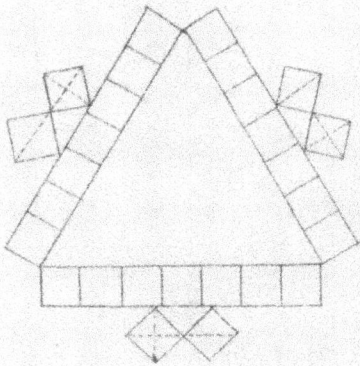

4.

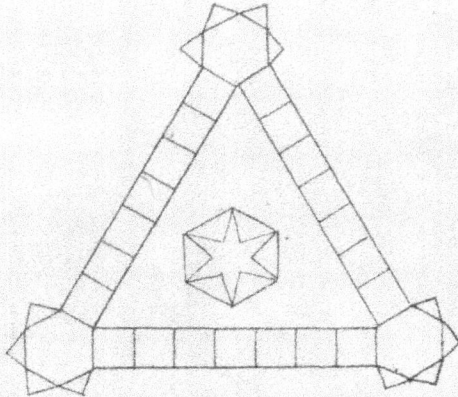

1.

2.

T.IX.

3.

4.

5.

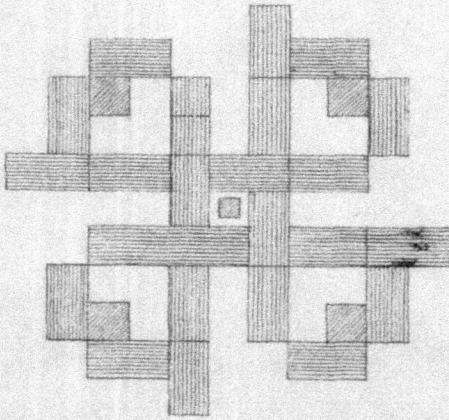

6.

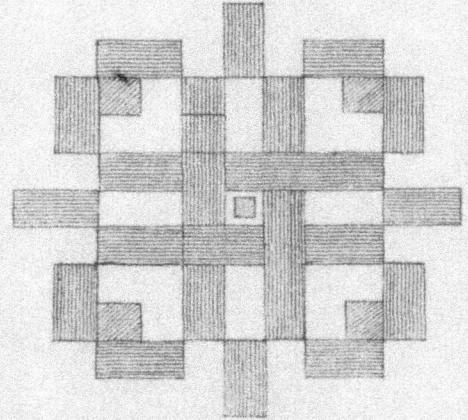

7.

8.

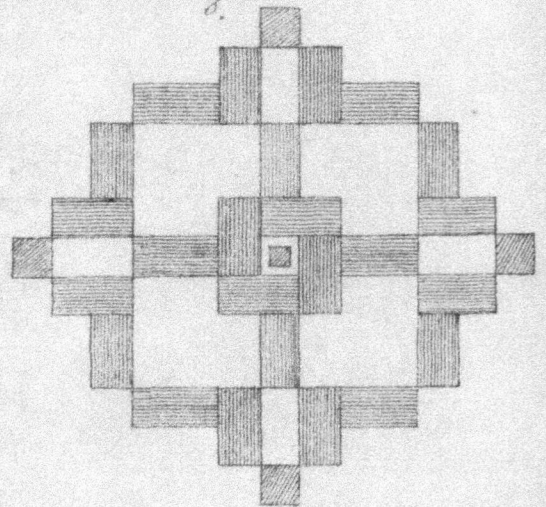

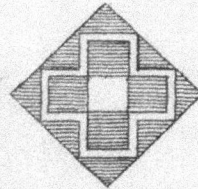

1.

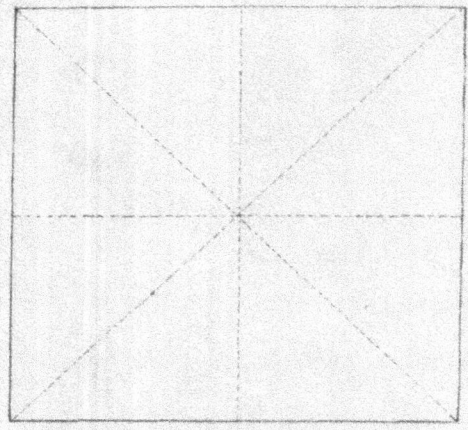

2.

3.

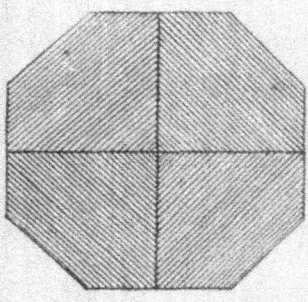

4.

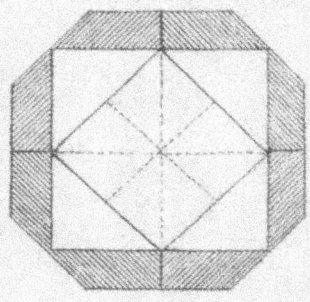

5.

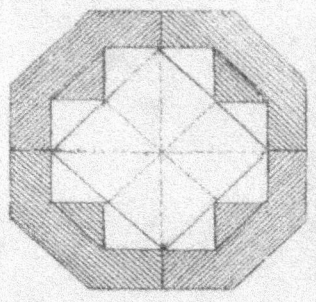

1.

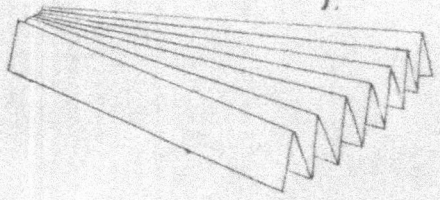

2.

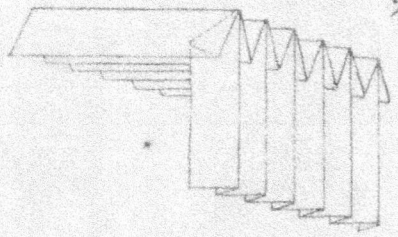

3.

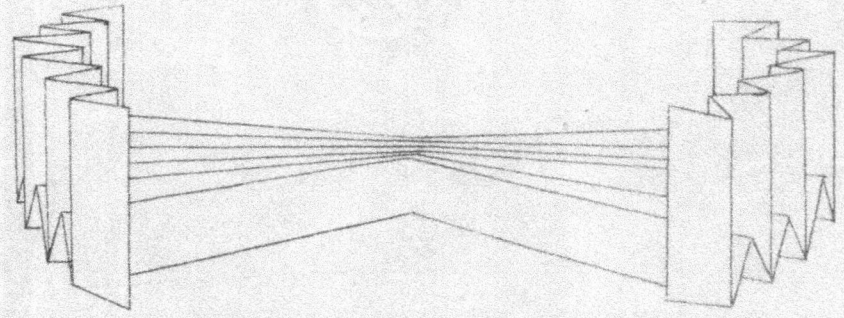

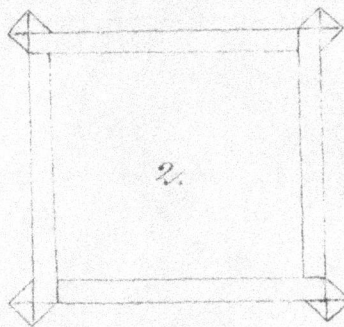

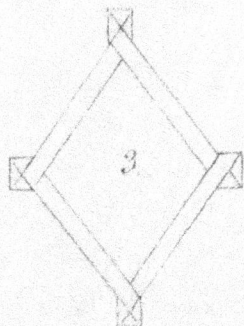

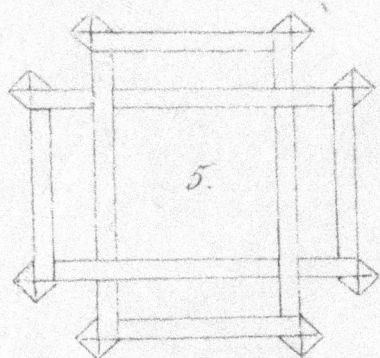

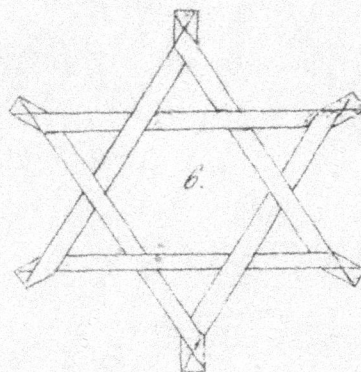

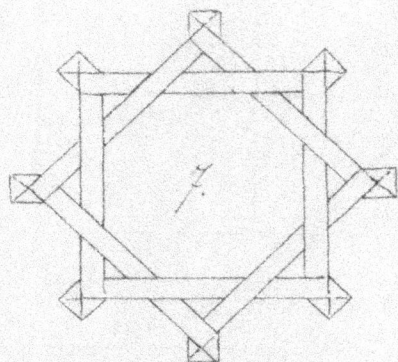

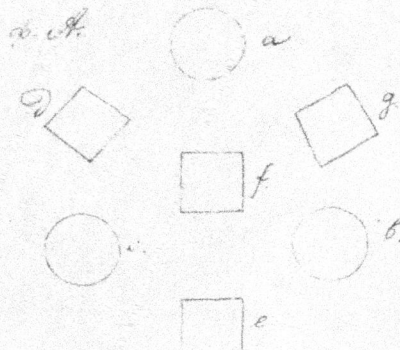

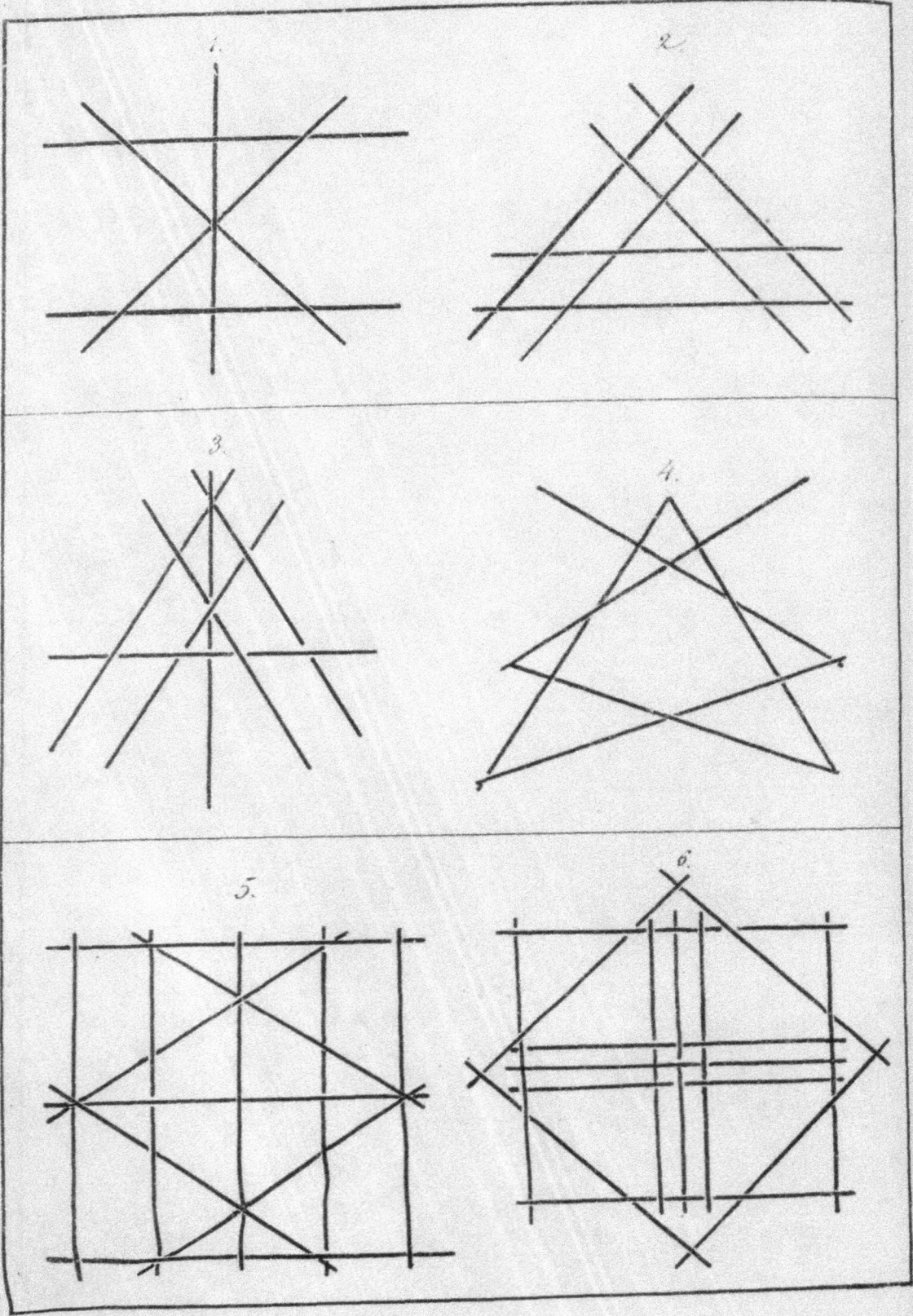

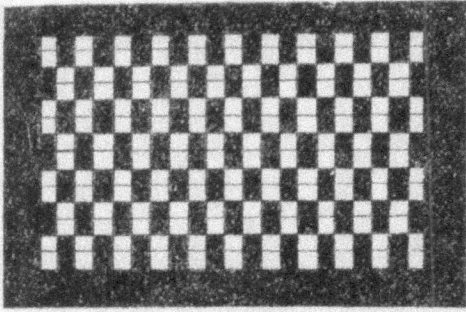
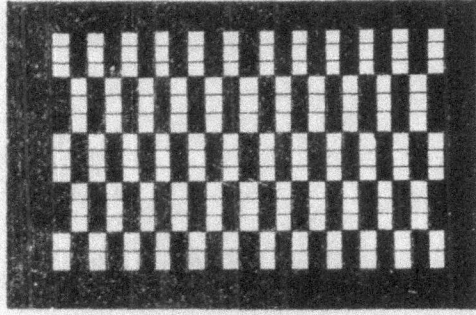

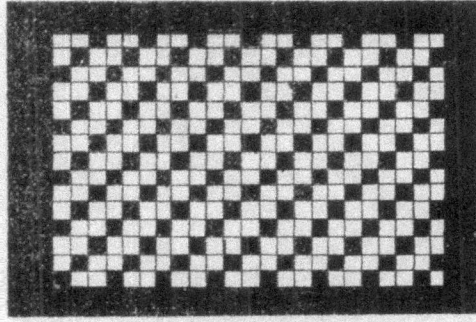

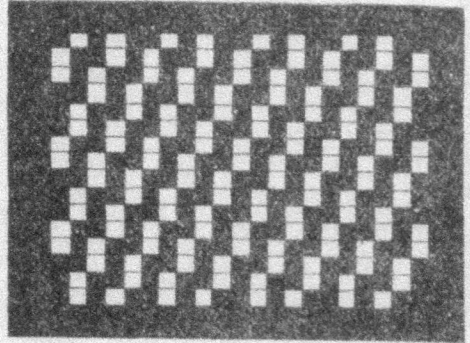
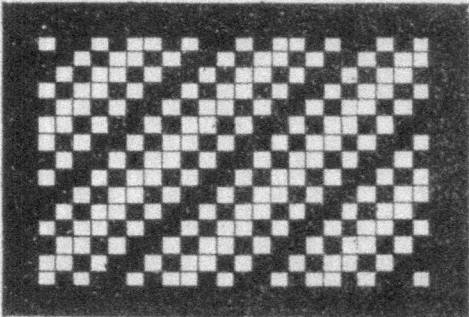

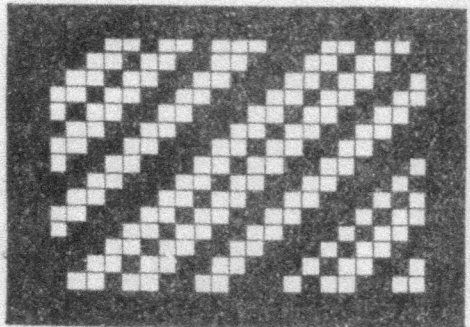
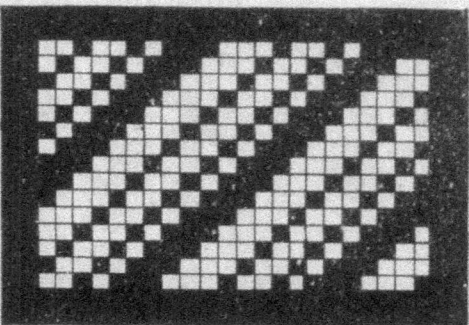

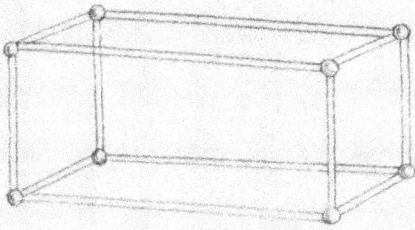
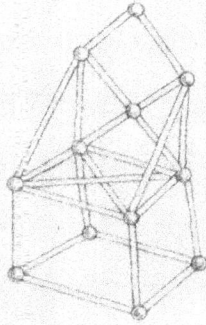
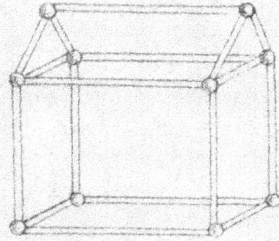

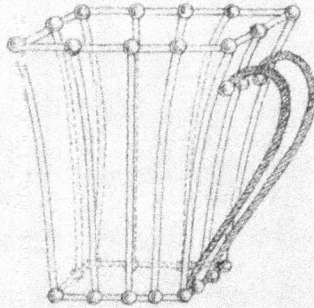
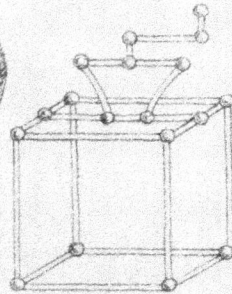
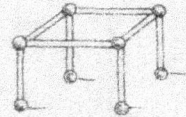
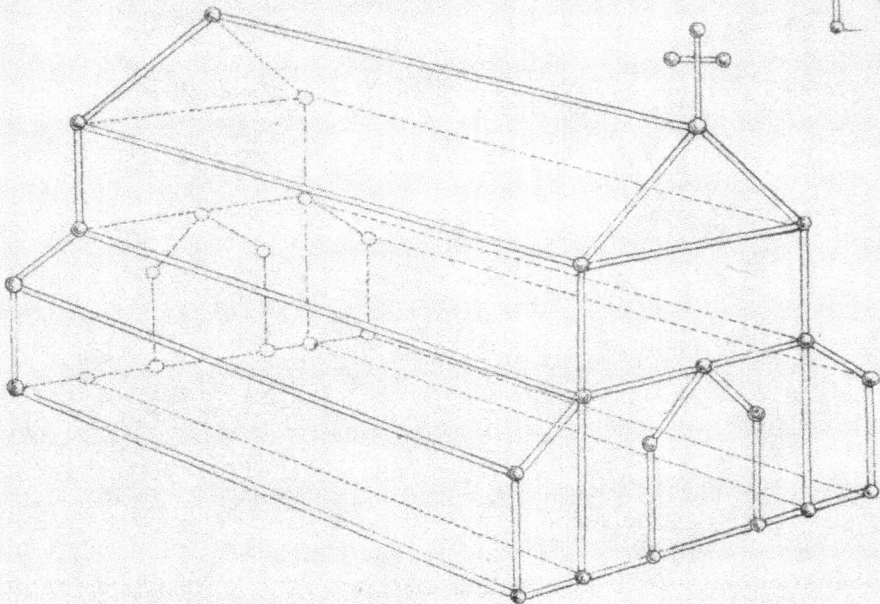

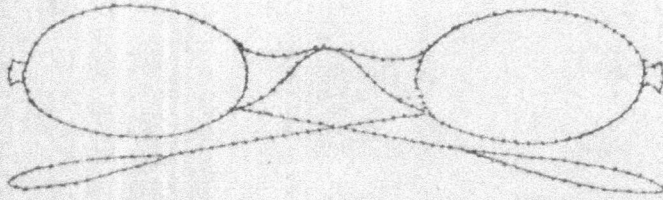

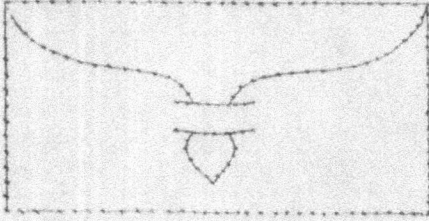
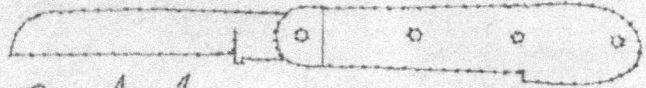

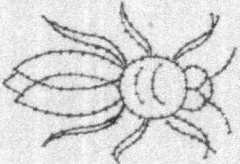
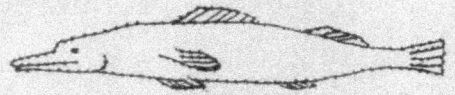

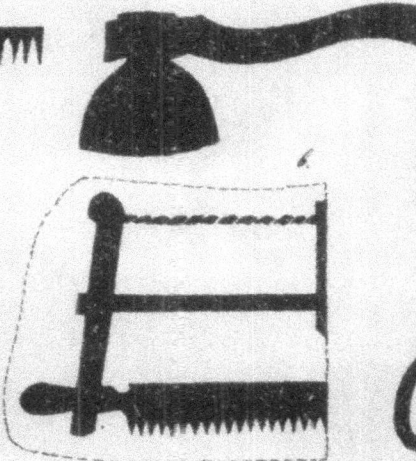

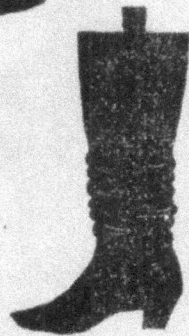

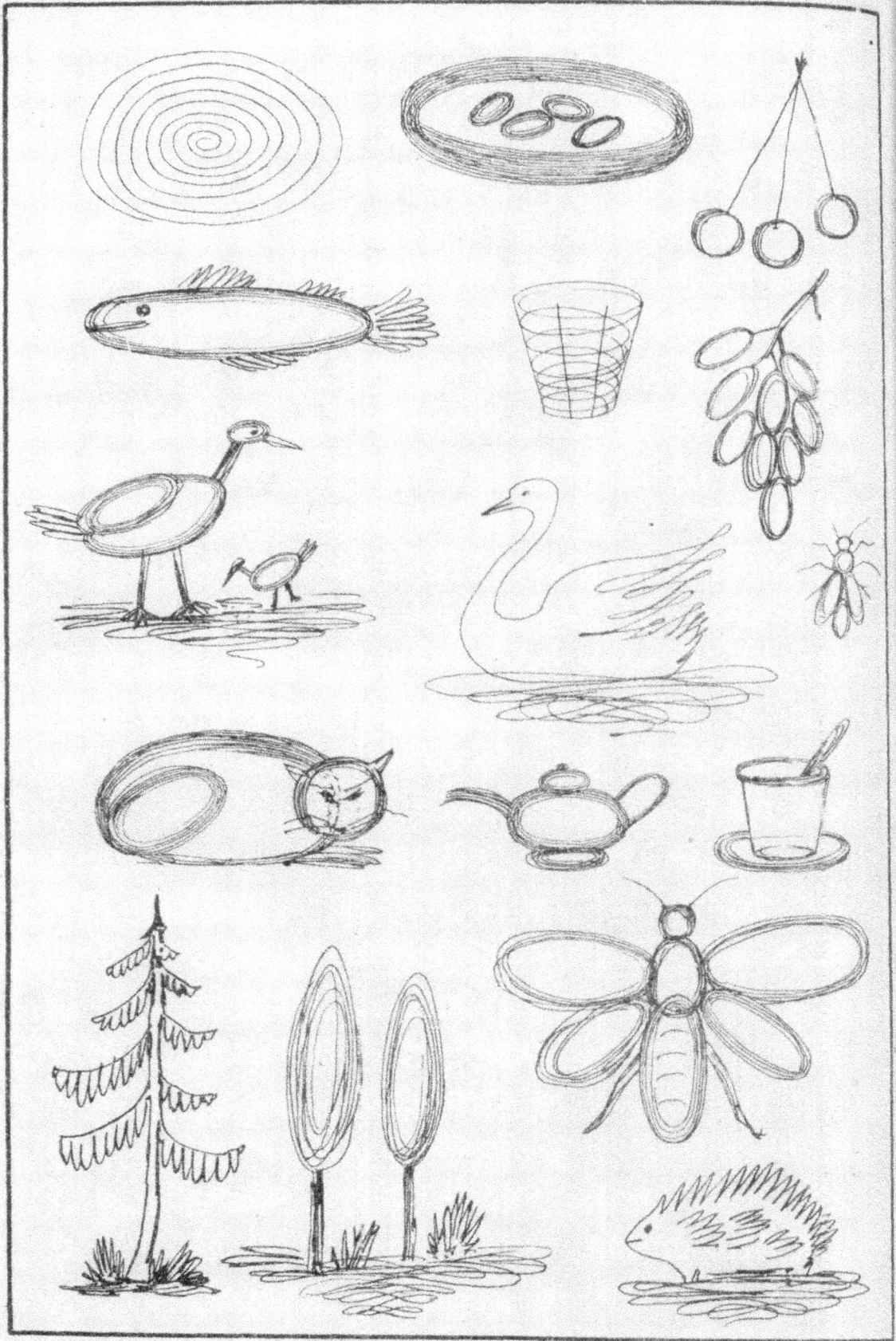

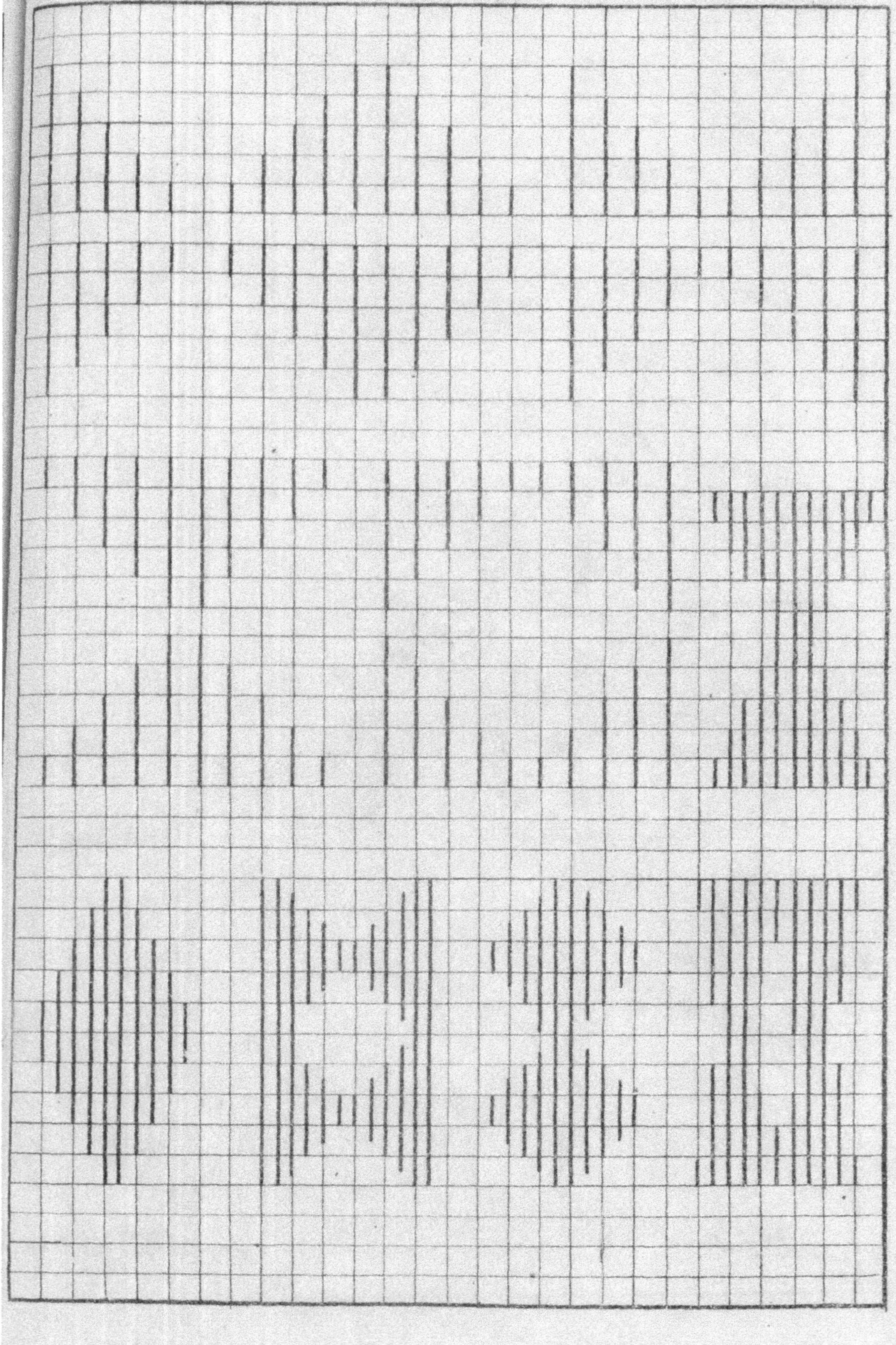

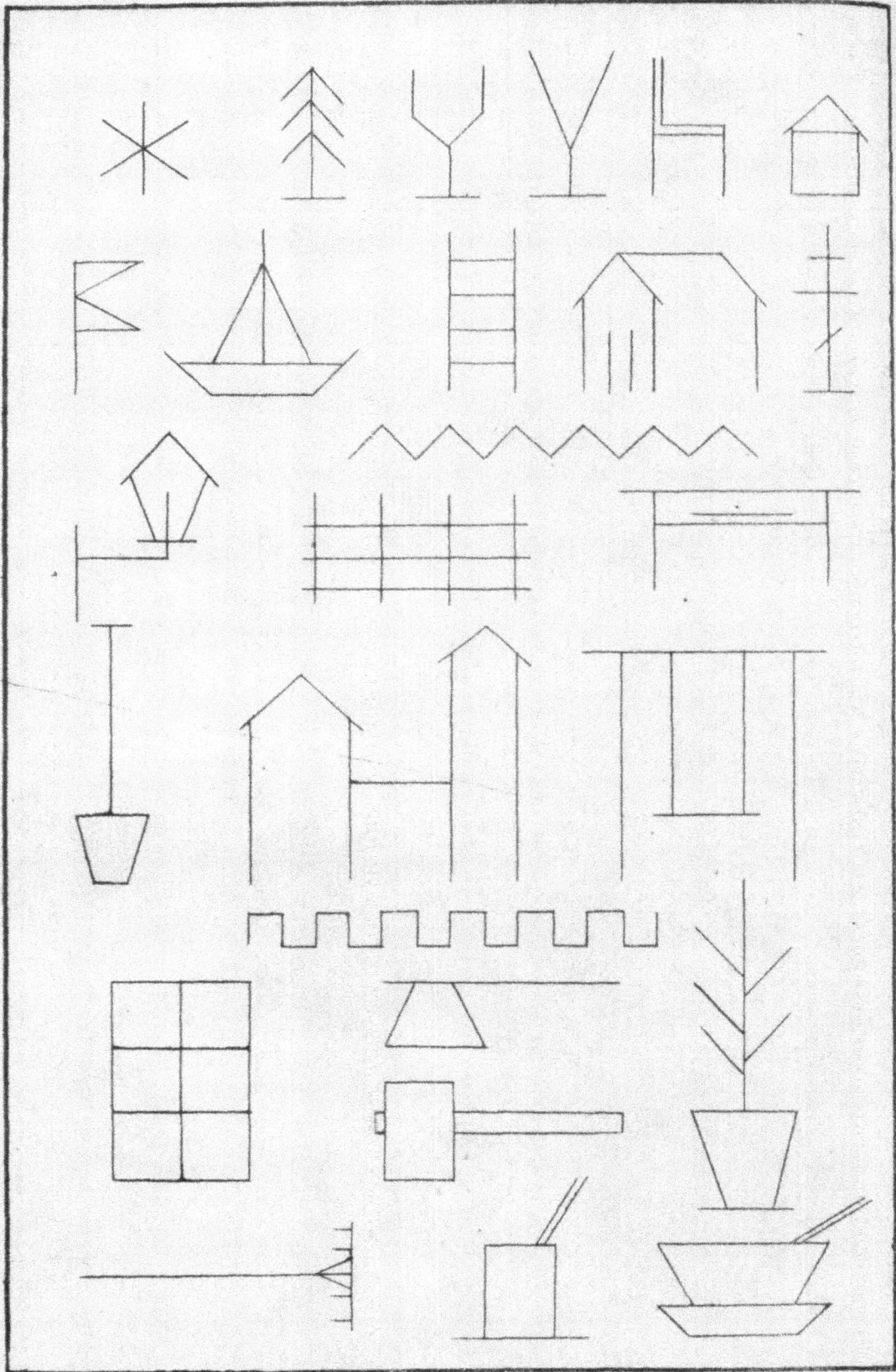

ОДНОГОЛОСНЫЯ

ДѢТСКІЯ ПѢСНИ

И

ПОДВИЖНЫЯ ИГРЫ

СЪ РУССКИМИ НАРОДНЫМИ МЕЛОДІЯМИ.

ДЛЯ НАРОДНЫХЪ ШКОЛЪ, ДѢТСКИХЪ САДОВЪ И НИСШИХЪ КЛАССОВЪ ГИМНАЗІЙ.

Съ акомпаниментомъ для фортепіано. Музыка А. И. Рубца.

СОСТАВИЛА Е. ВОДОВОЗОВА.

С.-ПЕТЕРБУРГЪ.

1876.

ПРЕДИСЛОВІЕ.

Воспитательное значеніе пѣнія уже давно сознано вездѣ въ обществѣ, куда только проникли идеи раціональнаго развитія дѣтей. И это весьма естественно: пѣніе одна изъ главныхъ потребностей здороваго ребенка. Когда, сытый и веселый, онъ начинаетъ лепетать, порадуйте его новой вещицею, или просто обратите его вниманіе на игру солнечныхъ лучей въ какомъ нибудь предметѣ, и ребенокъ непремѣнно затянетъ свою пѣсенку безъ словъ.

Пѣніе имѣетъ важное значеніе въ воспитаніи, такъ какъ оно развиваетъ слухъ, голосъ, усиливаетъ впечатлѣніе поэтическаго образа, о которомъ говорится въ пѣснѣ,—слѣдовательно, воспитываетъ также и чувство изящнаго.

Въ пѣснѣ ребенокъ скорѣе и естественнѣе запоминаетъ встрѣчающіеся обороты рѣчи и характерныя выраженія; значитъ пѣсня развиваетъ также и память.

На средство, которое такъ усердно помогаетъ дѣлу воспитанія, слѣдуетъ обратить больше вниманія. Между тѣмъ почти всѣ наши попытки примѣнить къ воспитанію дѣтское пѣніе скорѣе препятствовали развитію дѣтской личности, чѣмъ помогали ей.

Лучшіе представители педагогики, какими были Песталоцци и Фребель, блистательно доказали на практикѣ, какъ важно при воспитаніи дѣтей брать матеріалъ изъ народнаго источника. Наши же воспитатели въ дѣтскихъ садахъ и элементарныхъ школахъ не находятъ у себя ничего достойнаго вниманія и не только буквально переводятъ нѣмецкія пѣсни, но, не желая измѣнить и нѣмецкую музыку, стараются подобрать русскія слова подъ размѣръ нѣмецкой пѣсни. Кто когда нибудь слышалъ, до чего безобразны такія переводныя пѣсни, тотъ знаетъ, какъ искажаютъ онѣ дѣтскій говоръ, правильное развитіе котораго такъ необходимо въ первый возрастъ. Подобными подражаніями чужимъ образцамъ только насилуютъ природу ребенка и заглушаютъ въ немъ въ зародышѣ всѣ задатки чутья ко всему народному, близкому для всякаго русскаго человѣка.

Преподаватели, сознающіе весь вредъ такихъ пѣсней, стали давать отрывки въ 4, 8 стиховъ изъ сборниковъ Вильбоа, Балакирева, Афанасьева и другихъ. Это безъ сомнѣнія несравненно лучше, но тутъ опять своего рода затрудненіе. Обыкновенно выбираютъ такіе 4, 8 стишковъ, гдѣ нѣтъ любовной интриги; но за то они переполнены мѣстными выраженіями, требующими много объясненій, или самый напѣвъ при этомъ слишкомъ труденъ для дѣтскаго голоса, или онъ недостаточно выразителенъ. Во всякомъ случаѣ отрывочные стишки безъ начала и конца не задѣнутъ ни одной живой струнки въ дѣтскомъ сердцѣ, не выяснятъ ни одного чувства: ихъ будутъ пѣть только въ урокъ пѣнія, по приказанію старшихъ. Намъ же кажется, что дѣтскія пѣсни тогда только достигаютъ своего настоящаго назначенія, когда, развивая органы и способности ребенка, онѣ въ тоже время доставляютъ ему удовольствіе. Онѣ тогда дѣйствительно хороши, когда дѣти чуть заслышавъ, какъ одинъ изъ товарищей затянулъ что нибудь про себя, живо подхватятъ всѣмъ маленькимъ обществомъ знакомую пѣсенку, усиливая смыслъ того или другаго куплета, того или другаго напѣва, смотря по характеру и личному вкусу каждаго.

Все сказанное выше привело насъ къ убѣжденію въ необходимости сборника дѣтскихъ пѣсней, гдѣ бы какъ слова, такъ и музыка, были непремѣнно свои русскія, народныя, и въ тоже время представляли что нибудь цѣльное.

Съ этою цѣлью мы внимательно перечитали всѣ сборники народныхъ пѣсенъ: Сахарова, Шейна, Безсонова и также музыкальные сборники: Афанасьева, Балакирева, Вильбоа. Мы увидѣли, что содержаніе лучшихъ пѣсней чуждо дѣтскому пониманію: тутъ выставляютъ или гнетъ семейной жизни, или любовь; въ остальныхъ игра словъ безъ всякаго смысла. Но, болѣе вникая въ народную поэзію, мы нашли, что можно воспользоваться формою народной пѣсни и въ нѣкоторыхъ случаяхъ ея содержаніемъ, измѣнивъ то и другое согласно воспитательной цѣли. Въ примѣръ нашихъ передѣлокъ, указываемъ на народныя пѣсни: „Три загадки“ „Во полѣ березынька стояла“ и т. п.

Всѣ пѣсни, которыя читатели найдутъ въ нашемъ сборникѣ, прежде нигдѣ не были напечатаны, кромѣ пѣсенъ: „Ленъ“, „Козликъ“ и „Конь“.

Что касается русскихъ народныхъ напѣвовъ, то они представляютъ необыкновенное богатство и полноту звуковъ и, при этой музыкальной силѣ, выражаютъ чувство во всемъ его разнообразіи. Понятно, какое могучее, воспитательное средство въ нихъ заключается.

Вотъ почему всѣ выбранные нами напѣвы, какъ мы уже сказали выше, русскіе, народные, въ цѣлости и во всей чистотѣ взятые изъ народной музыки; лишь въ нѣкоторыхъ изъ нихъ, сообразно дѣтскому голосу, представлена молодія въ болѣе доступной формѣ, т. е. уничтожены нѣкоторыя ея украшенія, при этомъ однако самый характеръ музыки всегда остается неприкосновеннымъ.

Настоящее изданіе является въ совершенно измѣненномъ видѣ; во-первыхъ, прибавлено нѣсколько новыхъ пѣсней, во-вторыхъ, нѣкоторыя изъ нихъ написаны въ другомъ тонѣ, болѣе удобномъ для дѣтскаго голоса, а въ-третьихъ, присоединенъ акомпаниментъ, аранжированный для фортепіано А. И. Рубцомъ. Послѣднее прибавленіе мы нашли нужнымъ сдѣлать вслѣдствіе многократно выраженнаго желанія публики имѣть акомпаниментъ для этихъ пѣсней.

Большинство выбранныхъ нами народныхъ пѣсней были передѣланы и обработаны В. И. В.

Мы назначаемъ этотъ сборникъ не только для дѣтскихъ садовъ, но и для народныхъ и элементарныхъ школъ и низшихъ классовъ гимназій и институтовъ. Въ Германіи уже давно пѣніе вошло въ программу обученія въ народныхъ школахъ. И у насъ съ обновленіемъ школьнаго дѣла, какъ во всѣхъ учительскихъ семинаріяхъ, такъ и въ лучшихъ народныхъ школахъ стали обучать пѣнію. Мы полагаемъ, что сборникъ пѣсенъ, содержаніе котораго почерпнуто, какъ въ музыкальномъ, такъ и въ литературномъ отношеніи изъ народнаго источника, послужитъ не лишнимъ подспорьемъ при преподаваніи этого предмета.

Примѣчаніе къ пѣснямъ.

Этимъ пѣснямъ слѣдуетъ учить на слуху. Сначала учительница должна научить дѣтей словамъ пѣсни по тексту, напечатанному вначалѣ сборника и пояснить ихъ смыслъ. Пѣсни: „Зайчикъ“, „Игра въ Кошку и Мышку“ не будутъ поняты, какъ слѣдуетъ, если онѣ будутъ прочтены только въ томъ порядкѣ, какъ напечатаны въ нотахъ. Это необходимо и потому что въ пѣснѣ: „Сѣй скорѣе, мужичекъ“ по недосмотру въ нотахъ опущена послѣдняя строфа.—Затѣмъ учительница должна нѣсколько разъ сама медленно спѣть дѣтямъ пѣсню. Когда дѣти начнутъ пѣть, слѣдуетъ наблюдать: а) чтобы дѣти дѣлали правильное удареніе на словахъ, какъ это бываетъ въ обыкновенномъ разговорномъ языкѣ; б) чтобы они били счетъ рукою, отдѣляя и отчеканивая каждый тактъ и в) чтобы пѣсня буквально была спѣта, какъ она написана.

Примѣчаніе къ подвижнымъ играмъ.

Эти игры имѣютъ цѣлью упражнять тѣ, или другія мышцы тѣла, и потому, при пѣніи ихъ, слѣдуетъ какъ можно отчетливѣе подражать всѣмъ упомянутымъ движеніямъ: какъ напр. въ пѣснѣ „Левъ“ и „Земледѣлецъ“.

„Лошадка. Дѣти становятся одинъ сзади другаго и, напѣвая подъ тактъ, подражаютъ движеніямъ лошади. Потомъ они тихо идутъ и затягиваютъ пѣсенку: при словахъ „гоп, лошадка“ дѣти ускоряютъ шагъ и легко бѣгутъ. Послѣ перваго четырехстишія останавливаются, отдыхаютъ, становятся въ тройки и, держа другъ друга за руки, бѣгутъ и поютъ. Послѣ 2-го куплета опять отдыхаютъ и поютъ, стоя парами.

„Лягушка“. Тутъ дѣти должны скакать въ разсыпную, на корточкахъ, вытянувши назадъ руки, и поворачиваться изъ стороны въ сторону не одной головой, а и всѣмъ корпусомъ, какъ это дѣлаетъ настоящая лягушка.

„Птичка“. Тутъ дѣти должны прыгать и махать руками вмѣсто крыльевъ.

„Зайчикъ“. Дѣти становятся въ кругъ, держатся за руки, кружатся и поютъ хоромъ. Въ кругу сидитъ на корточкахъ одинъ ребенокъ, представляя зайчика, скачетъ и поетъ, отвѣчая на вопросы.

„Работники“. Дѣти мѣрнымъ шагомъ идутъ другъ за другомъ и выполняютъ всѣ означенныя дѣйствія и движенія, какъ можно отчетливѣе. Послѣ каждаго четырехстишія необходимо отдохнуть нѣсколько минутъ.

Эти подвижныя игры преимущественно назначаются для дѣтскихъ садовъ, но и въ школахъ ихъ примѣненіе принесетъ не малую пользу, особенно если ими занимать дѣтей во время рекреацій. Надо только помнить, что эти игры, сопровождаемыя пѣснями полезны лишь въ томъ случаѣ, если при живомъ исполненіи онѣ доставятъ дѣтямъ удовольствіе.

Е. Водовозова.

ОГЛАВЛЕНІЕ.

Пѣсни.

Подвижныя игры.

ПѢСНИ.

1) КОНЬ.

Какъ у нашихъ у воротъ
Стоитъ озеро воды, —
 Ай люли, люли,
  Стоитъ озеро воды!
Молодецъ коня поилъ
И къ воротамъ приводилъ, —
 Ай люли, люли,
  И къ воротамъ приводилъ.
Къ вереюшкѣ привязалъ
И коню онъ приказалъ, —
 Ай люли, люли,
  И коню онъ приказалъ.
Стой, мой смирный, добрый конь,
Стой, мой смирный, вороной.

 Ай люли, люли,
  Стой, мой смирный, вороной!
Не сорви ты повода,
Не сгрызи ты удила, —
 Ай люли, люли,
  Не сгрызи ты удила!
Конь веревку оборвалъ
И во поле убѣжалъ, —
 Ай люли, люли,
  И во поле убѣжалъ.
Въ поле молодецъ бѣжитъ,
Хочетъ тамъ коня словить,
 Ай люли, люли,
  Хочетъ тамъ коня словить!

2) КОЗЛИКЪ.

Жилъ былъ у бабушки
Сѣренькій козликъ.
 Вотъ какъ! Вотъ какъ!
  Сѣренькій козликъ.
Бабушка козлика
Очень любила.
 Вотъ какъ! Вотъ какъ!
  Очень любила!
Вздумалось козлику
Въ лѣсъ погуляти.

 Вотъ какъ! Вотъ какъ!
  Въ лѣсъ погуляти.
Напали на козлика
Сѣрые волки.
 Вотъ какъ! Вотъ какъ!
  Сѣрые волки!
Оставили бабушкѣ
Рожки да ножки.
 Вотъ какъ! Вотъ какъ!
  Рожки да ножки!

3) ВО ПОЛѢ БЕРЕЗОНЬКА СТОЯЛА.

Во полѣ березынька стояла,
Во полѣ кудрявая стояла, —
 Ай люли, люли, стояла! (2 раза)
Во полѣ мы съ дѣтками гуляли,
Вѣточки съ березыньки ломали; —
 Ай люли, люли, ломали! (2)
Нутко, дѣтки, вѣточки сбирайте,
Въ чистомъ полѣ колышки вбивайте,—
 Ай люли, люли, вбивайте! (2)

Стройте-ка шалашъ себѣ отъ зною:
Будутъ вѣтки кровлею густою, —
 Ай люли, люли, густою! (2)
Сядемъ мы подъ нею, припѣвая:
То-то наша хата зеленая!
 Ай люли, да зеленая! (2)
Славно пахнутъ свѣженькія вѣтки,
То-то любо намъ подъ тѣнью, дѣтки!
 Ай люли, подъ тѣнью, дѣтки!

4) ДОЖДИКЪ, ДОЖДИКЪ, ПОЛНО ЛИТЬ.

Дождикъ, дождикъ, полно лить,
Бѣдныхъ дѣтушекъ мочить.
Соберемся мы въ кружокъ
На зеленый на лужокъ.

Въ руки грабельки возьмемъ,
Живо сѣно разгребемъ:
Добрымъ людямъ-бы помочь,
Что въ трудахъ и день и ночь.

5) ТРИ ЗАГАДКИ.

Слушай, малый
Семилѣтка!
Разгадай мнѣ
Три загадки:
Что растетъ-то
Безъ коренья?
Что цвѣтетъ-то,
Да безъ цвѣту?
Что шумитъ-то,
Да безъ вѣтра?
Умникъ Петя
Вмигъ смекаетъ;
Я, вотъ, выросъ

Безъ коренья;
А сестрица
Наша, Катя,
Маковъ цвѣтикъ
И безъ цвѣту;
А пойдемъ мы
Вмѣстѣ прыгать —
Шумъ подымемъ
И безъ вѣтру!
Ай, тутушки!
Да ватрушки,
Тромъ-томъ-томъ,
Да съ творогомъ!

6) БАЮШКИ-БАЮ.

Баюшки-баю,
Баю милую дитю.
Спи ты, спи, да почивай,
Глазъ своихъ не раскрывай!
У кота-ли, у кота
Колыбелька хороша:
У мого-ли у дитити
Есть получше его.
Приди, котикъ, ночевать,
Мою дѣточку качать;
Покачати дитю,

Прибаюкивати.
Ужъ ты, сѣренькій котокъ,
Приди въ гости ночевать,
Приди въ гости ночевать,
Мою милую качать.
Ужъ какъ я тебѣ, коту,
За работу заплачу;
Дамъ кувшинъ молока,
Да конецъ пирога.
Ужъ ты ѣшь, не кроши,
Больше, котикъ, не проси.

7) АХЪ, БЕРЕЗЫНЬКИ!

Ахъ, березыньки, вы кудрявыя,
Вы кудрявыя, бѣлоствольныя!
Вы не стойте здѣсь близко берега;
Что придетъ-придетъ весна красная,
Что пойдетъ-пойдетъ вода вольная,

Вода вольная, половодная;
Что подмоетъ тутъ корешки твои,
Позасохнутъ всѣ твои вѣточки,
Позасохнутъ всѣ твои вѣточки, —
Сучки, вѣточки, всѣ отросточки.

8) ПѢСНЯ БѢДНЯКА.

У меня-ль кафтанъ въ изъянѣ,
Да казны пятакъ въ карманѣ!
Песъ лохматый—вся скотинка, } 2
Самъ я въ мірѣ сиротинка.

Гдѣ-бъ найти дружка милова,
Съ кѣмъ по сердцу молвить слово?
Да у насъ одна забота: } 2
Хочешь хлѣба—знай работай!

Эхъ, да что тужить и хныкать,
Лучше горюшко размыкать.
Я пойду-ль къ веселымъ людямъ, } 2
Тамъ плясать и пѣть мы будемъ.

Нутка, братцы, веселѣе!
Эй гуляй, играй живѣе!
Распознай-ка, добрый малый, } 2
Кто богатый, кто удалый.

9) ВОТЪ Я КОЛЬЯ ТЕШУ...

Вотъ я колья тешу,
Огородъ горожу,
Я капусту сажу,
Сажу бѣленькую.
Ты родись, моя капуста,
И бѣла, и спѣла,
И бѣла, и спѣла,

И съ тыномъ ровна.
У крестьянскихъ дѣтей
Похлебать бы только щей,
Да коль былъ таковъ удалъ,
Корку хлѣбца поглодалъ,
Такъ играй себѣ и пой } 2
Съ развеселой головой!

10) С О В У Ш К А.

Гдѣ ты совушка была?
Гдѣ ты, вдовушка, жила?
Я жила въ лѣсищѣ,
Во сыромъ дуплищѣ.
Кто тебя, сову, знавалъ,
У тебя хлѣбъ-соль ѣдалъ?
Все друзья-подружки,
Комарики-мушки;
Черный воронъ прилеталъ,
Сватью къ совушкѣ заслалъ,
Свашеньку смышлену,
Галку да ворону.
Будь мнѣ, совушка, женой;
Будемъ сытно ѣсть съ тобой
Всякую дичинку,
Палую скотинку.

Молвитъ совушка въ отвѣтъ;
— Чтожъ? бери меня, мой свѣтъ;
Я вѣдь не косая,
Я вѣдь не кривая,
У меня-ль крючечкомъ носъ
Пухомъ-перьемъ весь обросъ,
А на головищѣ
Вотъ такъ ужъ глазищи!
Воронъ свадебку сыгралъ,
Все честныхъ гостей сзывалъ;
Былъ тамъ сычъ бояринъ,
Филинъ—важный баринъ;
Кончикъ, рянчикъ рядомъ съ нимъ,
И кукушка молодымъ
Много куковала,
Счастье предвѣщала.

11) Г Р И Б Ы.

Васъ, грибочки, мы сбираемъ,
Васъ поемъ да величаемъ!
Какъ задумалъ царь грибной,
Боровикъ нашъ удалой;

Важно сидя подъ дубочкомъ,
Шлетъ приказъ онъ всѣмъ грибочкамъ:
— «Эй, бѣлянки, на войну
Въ чужеземную страну!»

12) ВЕСЕННЯЯ НЕПОГОДА.

Вновь тепломъ весеннимъ вѣетъ,
Снѣгу вмигъ не стало;
Въ полѣ травка зеленѣетъ,
Рѣчка засверкала.

И подъ снѣгомъ на полянѣ
Зелень вновь мертвѣетъ;
Все кругомъ въ сыромъ туманѣ,
Рѣзкій вѣтеръ вѣетъ.

Вотъ и птичка съ пѣснью звонкой
Въ рощу заглянула,
Вдругъ со сѣверной сторонки
Холодомъ пахнуло.

Ждалъ и нашъ бѣднякъ, гадая;
„Я-ли молоденокъ;
Заживу я, припѣвая,
Раздобуду денегъ!“

Во чужихъ людяхъ достался
Горекъ хлѣбъ спроткѣ;
Такъ и ждалъ онъ — не дождался
Ясной-то погодки.

13) ВѢЮ, ВѢЮ, ВѢЮ, ВЬЮ.

Вѣю, вѣю, вѣю, вью...
Ты крутись, веретено;
Ты крутись, живѣй ходи,
Бѣлыхъ нитокъ напряди.

Я изъ питокъ полотно
Бѣло тонкое сотку.
Мип милому дружку
Я рубашечку сошью.

14) З И М А.

Въ ночку воетъ и гудитъ
На дворѣ мателица;
Утромъ солнышко блеститъ,
Снѣгъ пушистый стелется.
Встала Маша ото сна,
Прыгъ съ своей кроваточки;

Поглядитъ, — а у окна
Санки — самокаточки.
То-то радость! ай люли!
И забила въ ладошки,
Сѣли мы, и понесли
Насъ съ тобой лошадушки

15) БУРЕНУШКА.

Ужъ какъ я-ль мою коровушку люблю!
Сытна пойла я беренушкѣ налью,
Чтобъ сыта была коровушка моя,
Чтобы сливочекъ буренушка дала.

* * *

Тру-ту-ту-ту затрубилъ нашъ пастушокъ,
Собрались всѣ коровки на лужокъ.
Стала тутъ моя коровушка мычать;
Ужъ и ласкъ моихъ не хочетъ больше знать!

* * *

Проситъ жалобно на волюшку пустить:
Ей милѣе во чистомъ полѣ бродить,
Ѣсть на солнышкѣ медвяную траву,
Чѣмъ стоять-то въ душномъ, въ темномъ во хлѣву. —

16) КАКЪ У НАСЪ-ТО КОЗЕЛЪ.

Какъ у насъ-то козелъ
Что преумный былъ.
Самъ и по воду ходилъ,
Самъ и кашу варилъ,
Дѣда съ бабкой кормилъ.
Какъ пошелъ нашъ козелъ
Онъ во темный лѣсъ

Какъ на встрѣчу ему
Да и семь волковъ, (2)
Какъ одинъ-ли то волкъ
Онъ голодный былъ
Онъ три года ходилъ,
Все козлятинки просилъ. (2)

17) КАКЪ У БАБУШКИ КОЗЕЛЪ.

Какъ у бабушки козелъ,
У Варварушки сѣдой —
Онъ подъ печкой живалъ,
Все сухарики ѣдалъ.
Отпросился козелокъ,
Отпросился молодой,
Какъ у бабки на часокъ
Погуляти во лѣсокъ.

Ужъ ты, бабушка,
Ты Варварушка,
Ты пусти, пусти въ лѣсокъ
На единый на часокъ.
Я семь волковъ убью,
Тебѣ шубу сошью;
А восьмаго убью —
Воротникъ пришью.

18) ТЫ ПОДИ, МОЯ КОРОВУШКА.

Ты поди, моя коровушка, домой,
Ты поди, моя недоена, домой,
Ти-ли-ли-ли-ли калинка моя!
Въ саду ягода малинка моя!

У насъ горенка нетоплена стоитъ,
А ребятушки не кормлены кричатъ.
Ти-ли-ли-ли-ли калинка моя!
Въ саду ягодка малинка моя!

19) ЛЕБЕДЬ.

Какъ по морю,
Какъ по морю,
Какъ по морю, морю синему,
Какъ по морю, морю синему,
Плыла лебедь,
Плыла лебедь.
Плыла лебедь съ лебедятами,
Плыла лебедь съ лебедятами,
Со малыми, (2)
Со малыми со ребятами. (2)
Гдѣ ни взялся, (2)
Гдѣ ни взялся младъ ясенъ соколъ (2)
Убилъ, ушибъ, (2)

Убилъ, ушибъ лебедь бѣлую. (2)
Оѣъ кровь пустилъ, (2)
Онъ пустилъ кровь по сырой землѣ; (2)
Онъ пухъ разнесъ, (2)
Онъ разнесъ пухъ по поднебесью. (2)
Какъ затужатъ, (2)
Загорюютъ лебедятушки, (2)
По родимой, (2)
По любимой да по матушкѣ. (2)
Остались мы, (2)
Мы остались сиротинками, (2)
Малешеньки, глупешеньки,
Малы, глупы, безпріютные. (2)

20) СѢЙ СКОРѢЕ, МУЖИЧЕКЪ.

Сѣй скорѣе, мужичекъ! (2)
Выпалъ свѣтленькій денекъ:
Рожь какъ разъ взойдетъ.
Глядь, и колосомъ нальется, (2)
Какъ нальется—соберется
Жать ее народъ.

Сжали,—нутка на гумно;
Молоти, сбирай зерно:
Въ городъ повеземъ,
Кончимъ мы нашъ трудъ тяжелый,
Будетъ, братцы, пиръ веселый,
Пѣсни запоемъ.

21) ТОПЮ ТЯПУ.

Топю тяпу,
Рыбу ловлю,
Въ кошель кладу,
Домой я несу,
Щучки въ кучкѣ,
Плотички на палочкѣ,

Одинъ ершокъ,
Да и тотъ въ горшокъ!
Ухи наварю,
Дѣтей накормлю,
Да и спать уложу. (2)

22) СОЛНЫШКО, ВЕДРЫШКО.

Солнышко, ведрышко,
Выглянь въ окошечко,
Посвѣти немножко:
Плачутъ твои дѣтки,
Плачутъ малы крошки,
Словно птички въ клѣткѣ.

Солнце заиграло,
Дѣтушкамъ сказало:
Эй! гуляйте въ полѣ;
Въ волѣ вы гуляйте,
Бѣгайте, играйте,
Прыгайте на волѣ.

23) К О Л Я Д А.

Ай Коляда весела
На Ивановъ дворъ пришла.
Какъ Ивановъ дворъ красенъ,
Онъ красенъ, мощенъ, тыненъ.
И ворота, и заборъ
Всё раскрашены въ узоръ,
Разукрашены кругомъ
По тычинкамъ жемчугомъ.

Середи того дворка
Три чудесныхъ теремка.
Въ первомъ солнышко блеститъ,
Самъ Иванъ сударь сидитъ;
Краше мѣсяца въ другомъ
Свѣтъ хозяйка подъ окномъ;
Въ третьемъ звѣздочки горятъ
Все ребятушки сидятъ.

24) ЧИРИКЪ, ЧИРИКЪ ПТИЧКА.

Чирикъ, чирикъ птичка
Гнѣздышко вьетъ,
Чирикъ, чирикъ яичко
Въ гнѣздышко кладетъ.

Глядь—поглядь ужъ птенчикъ
Въ гнѣздышкѣ сидитъ,
Пью—пью, пищитъ онъ,
Порхъ—улетѣлъ.

25) В Е С Н А.

Весна, весна красная,
Приди, весна, съ радостію
Съ радостію, радостію,
Съ великою милостію,
Со льномъ высокимъ,
Со корнемъ глубокимъ,

Съ хлѣбами обильными.
Весна! весна!
На чемъ пришла?
На чемъ пріѣхала?
На сошечкѣ,
На бороночкѣ!

26) „ЭЙ УХНЕМЪ.“ (Бурлацкая).

Эй ухнемъ, эй ухнемъ!
Еще разикъ, еще разъ
Эй ухнемъ, эй ухнемъ!
Еще разикъ еще разъ.
Нутка, братцы, за дѣло,
Чтобы мигомъ поспѣло,
Ай да, да айда,
Ай да, да айда,
Чтобы мигомъ поспѣло.

* * *

Эй ухнемъ, эй ухнемъ!
Еще разикъ, еще разъ,
Эй ухнемъ, эй ухнемъ!

Еще разикъ, еще разъ.
Понатужьтесь маленько...
Ой, поднять тяжеленько!
Ай да, да айда,
Ай да, да айда,
Ой, поднять тяжеленько.

* * *

Эй ухнемъ, эй ухнемъ и т. д.
Да чего не сломила
Богатырская сила,
Ай да, да айда
Ай да, да айда
Богатырская сила.

Подвижныя игры.

27) ЛЯГУШКИ.

Вотъ лягушка по дорожкѣ
Скачетъ, вытянувши ножки.
Ква, ква, ква, ква, ква, ква, ква, ква,
Скачетъ, вытянувши ножки.

Мушекъ въ полѣ, то и знаетъ,
Язычкомъ своимъ хватаетъ
Ква, ква, ква, ква, ква, ква, ква, ква,
Язычкомъ своимъ хватаетъ.

* * *

Вотъ изъ лужицы на кочку,
Да за мушкою въ прискочку,
Ква, ква, ква, ква, ква, ква, ква, ква,
Да за мушкою въ прискочку.

Больше ѣсть ей не охота,
Прыгъ опять въ свое болото,
Ква, ква, ква, ква, ква, ква, ква, ква,
Прыгъ опять въ свое болото.

Шлепъ да шлепъ, а тутъ подружки
Изъ воды кричатъ лягушкѣ:
Ква, ква, ква, ква, ква, ква, ква, ква,
Изъ воды кричатъ лягушкѣ.

28) ЛОШАДКА.

Вотъ лошадка въ чистомъ полѣ
Скачетъ весело на волѣ.
Гопъ, лошадка, по доламъ горамъ,
Гопъ въ галопъ по свѣтлымъ по лугамъ.

По большой дорогѣ бойко
Пронеслась лихая тройка.
Гопъ, лошадка; пыль столбомъ летитъ,
Гопъ въ галопъ—летитъ изъ подъ копытъ

По дорогѣ ровной, гладкой
Поскачу и я лошадкой
Гопъ, лошадка, ты скачи,
Гопъ въ галопъ, да насъ не затопчи.

29) ЗЕМЛЕДѢЛЕЦЪ.

Сѣй-ка, сѣй, мужичекъ, (2)
Сѣй да пѣсню пой,—пойдетъ работа въ прокъ. (2)
Стала рожь созрѣвать; (2)
Нутка, со серпомъ мы жать ее пойдемъ! (2)
Ужъ пора молотить, (2)
Будемъ дружно бить цѣпами по снопамъ. (2)
Мужичекъ нашъ усталъ, (2)
Крѣпко спитъ родной; работалъ день деньской. (2)
Мельникъ сталъ работать, (2)
Намололъ муки онъ полные мѣшки. (2)
Будемъ тѣсто мѣсить! (2)
Эй, пекарь, скорѣй намъ булокъ, сухарей! (2)

30) ПТИЧКА.

Птичка въ кустикахъ летала,   А изъ гнѣздышка на вѣтки
Безъ умолку шебетала;   Къ ней порхали малы дѣтки.
Тіо-тіо, чикъ-чикъ-чикъ, да кругомъ   Тіо-тіо, чикъ-чикъ-чикъ— кличетъ мать;
Все летала надъ своимъ гнѣздомъ.   Вы учитесь, дѣтушки, летать.

* *

Будутъ крылышки сильнѣе,
Будемъ, пташки, мы смѣлѣе;
Тіо-тіо, чикъ-чикъ-чикъ запоемъ,
Сами въ лѣсъ зеленый мы порхнемъ.

31) ЗАЙЧИКЪ.

Хоръ. — „Заинька сѣренькій, гдѣ ты бывалъ?“
Зайчикъ. „Я во саду въ огородѣ гулялъ.
Скокъ, скокъ, скокъ,
Черезъ пень, черезъ тынъ въ огородъ;
Тамъ-то за мною, погнался народъ!“
Хоръ. — „Заинька, какъ-же со шкуркой своей
Цѣлъ, невредимъ ты ушелъ отъ людей?“
Зайчикъ. Я-ли быстренекъ, да я-ли удалъ;
Скокъ, скокъ, скокъ,
Черезъ грядки—въ лѣсъ ускакалъ.

32) ИГРА ВЪ КОШКУ И МЫШКУ.

Мышка. Скучно, скучно намъ въ подполье
Въ темной норкѣ все сидѣть;
А на солнцѣ—вотъ приволье,
Любо весело смотрѣть!...
Хоръ. — Ай люли, люли, пестрѣетъ
Все цвѣточками лужокъ;
Ай люли, люли, какъ вѣетъ
Легкій, свѣжій вѣтерокъ!
Мышка. Какъ свѣтло здѣсь, какъ просторно!
Погулять бы на лугу;
Вслѣдъ за бабочкой проворно
Я по травкѣ побѣгу.
Буду прыгать сколько силы;
Не видала-бъ только мать;
Строго, строго запретила
Мнѣ изъ норки выбѣгать.
Хоръ. — Мышка, мышка! матка знала;
Здѣсь бѣда тебѣ дружокъ!

Эй! смотри, чтобъ не попала
Котофею на зубокъ!
Котъ. Я мурлыка, погляди-ка,
Гладкій бѣленькій какой! (2)
Мышка-норышка! приди-ка,
Поиграемъ мы съ тобой.
Славно прыгать я умѣю,
Помурлычу для тебя;
Мягкой лапкою своею
Приласкаю, полюбя.
Посмотри хвостомъ пушистымъ
Я такъ тихо шевелю.
Ну, пойдемъ-же въ полѣ чистомъ
Птичку я тебѣ словлю.
Хоръ. Мышка! нѣтъ, не слушай, мышка!
Берегись ты этихъ лапъ:
Когти выпустить котишко,
Прыгъ!—и мигомъ цапъ-царапъ.

33) РАБОТНИКИ.

Ну, дѣтушки, пойте живѣе;
Работа пойдетъ веселѣе.
Молоть намъ, рубить или шить;
Съумѣемъ мы все смастерить.

* *

Вотъ правой и лѣвой рукою
Помелемъ-ка кофе съ тобою;
Ай люшеньки люли, люли
Ты, мельница, живо мели!

* *

Ну нитокъ теперь намотаемъ;
Какъ это намъ сдѣлать, мы знаемъ:
Вотъ такъ мы мотаемъ клубки;
А няня намъ свяжетъ чулки.

* *

Теперь бы намъ шить поучиться;
Что знаешь, впередъ пригодится.
Вотъ такъ будемъ шить мы иглой
То правой, то лѣвой рукой.

* *

Теперь, мои дѣтушки, съ вами
Мять глину мы будемъ ногами.
Охъ глина вязка и липка;
Работа была не легка!

* *

Эй, дворникъ, куда ты съ метлою?
Пойдемъ-ка и мы за тобою.
Такъ трудится дворникъ съ утра,
Такъ соръ онъ мететъ со двора.

* *

Работать мы, дѣтушки, любимъ;
Давайте и дровъ мы нарубимъ,
Рубите, рубите дрова
Вотъ такъ-то: разъ два, да разъ два!

* *

Мы дровъ накололи для печи,
Такъ взвалимъ теперь ихъ на плечи.
Охъ! трудно нести, тяжело!
Свалили—ну вотъ, отлегло.

Мы, дѣтки, работали дружно;
Теперь и побѣгать намъ нужно.
Эй! бѣгай живѣе, гуляй,
Другъ дружку хватай, нагоняй!

* *

Постойте, теперь не шумите,
Тихонько на цыпкахъ идите,
Вотъ такъ, если мама уснетъ,
Чуть слышно на цыпкахъ впередъ!

* *

Ай трумъ турурушки-тутушки!
Начнемъ мы теперь поскакушки;
Въ припрыжку мы будемъ ходить,
Да весело въ ладошки бить.

* *

Ай ладошки, гдѣ вы бывали?
У бабушки кашку ѣдали;
Намъ бабушка кашки дала,
Да бражки намъ пить налила.

* *

Ну, дѣтки, въ кружокъ становитесь,
Да за руки дружно возьмитесь.
Кружитесь кругомъ да кругомъ,
Вотъ такъ все кругомъ, колесомъ

* *

Охъ моченьки нѣтъ, какъ устали!
Довольно мы, дѣтки, играли:
Усядемся мирно рядкомъ,
Да пѣсенку всѣ запоемъ:

* *

Пташечки мы вольныя:
Мы куда хотимъ,
Во поля раздольныя,
Во лѣса привольные
Мигомъ улетимъ!
Тѣ луга цвѣтистые
Насъ къ себѣ зовутъ,
Тѣ лѣса тѣнистые;
Пташки голосистыя
Гнѣздышки тамъ вьютъ.

34) Л Е Н Ъ.

Ленъ зеленой,
   При горѣ при крутой!
Ужъ я сѣяла, сѣяла ленокъ,
Ужъ я, сѣя, приговаривала,
Чеботами приколачивала;
Ты удайся, мой бѣленькій ленокъ!
   Ленъ зеленой
   При горѣ при крутой!
Ужъ я дергала, дергала ленъ,
Ужъ я дергавъ, приговаривала,
Чеботами приколачивала,
Ты удайся, мой бѣленькій ленокъ!
   Ленъ зеленой... и т. д.
Ужъ я стлала-то, стлала ленокъ,
Ужъ я стлала, приговаривала,
Чеботами приколачивала,
Ты удайся, мой бѣленькій ленокъ!
   Ленъ зеленой... и т. д.
Я мочила, мочила ленокъ,
Я мочила, приговаривала... и т. д.

Ленъ зеленой...
Я сушила, сушила ленокъ;
Я сушила, приговаривала... и т. д.
   Ленъ зеленой... и т. д.
Ужъ я мяла, я мяла ленокъ,
Ужъ я мяла, приговаривала... и т. д.
   Ленъ зеленой... и т. д.
Я трепала, трепала ленокъ,
Я трепала приговаривала... и т. д.
   Ленъ зеленой... и т. д.
Я чесала, чесала ленокъ,
Я чесала, приговаривала... и т. д.
   Ленъ зеленой... и т. д.
Ужъ я пряла, я пряла ленокъ,
Ужъ пряла, приговаривала... и т. д.
   Ленъ зеленой... и т. д.
Ужъ я ткала, я ткала ленокъ,
Ужъ я ткала, приговаривала,
Чеботами приколачивала;
Ты удайся, мой бѣленькій ленокъ!

№ 1. КОНЬ.

На голосъ: „Какъ у нашихъ у воротъ".

Умѣренно.

1. Какъ у на-шихъ у во-ротъ Сто-итъ о-зе-ро во-ды.
2. Мо-ло-децъ ко-ня по-илъ И къ во-ро-тамъ при-во-дилъ.
3. Къ вере-юш-кѣ при-вя-залъ, И ко-ню онъ при-ка-залъ:
4. Стой, мой смирный, добрый конь, Стой, мой смир-ный, во-ро-ной!

Ай лю-ли, лю-ли, Сто-итъ о-зе-ро во-ды!
И къ во-ро-тамъ при-во-дилъ.
И ко-ню онъ при-ка-залъ:
Стой, мой смирный, во-ро-ной!

5. Не сорви ты повода,
   Не сгрызи ты удила,—
   Ай люли, люли,
   Не сгрызи ты удила!
6. Конь веревку оборвалъ
   И во поле убѣжалъ,—

   Ай люли, люли,
   И во поле убѣжалъ!
7. Въ поле молодецъ бѣжитъ,
   Хочетъ тамъ коня словить,—
   Ай люли, люли,
   Хочетъ тамъ коня словить!

1

№ 2. КОЗЛИКЪ.

Не скоро.

1. Жилъ былъ у ба-буш-ки Сѣ-рень-кій коз-ликъ,
2. Ба-буш-ка коз-ли-ка О-чень лю-би-ла,
3. Взду-ма-лось коз-ли-ку Въ лѣсъ по-гу-ля-ти,
4. На-па-ли на коз-ли-ка Сѣ-ры-е вол-ки,

1. Жилъ былъ у ба-буш-ки Сѣ-рень-кій коз-ликъ.
2. Ба-буш-ка коз-ли-ка О-чень лю-би-ла.
3. Взду-ма-лось коз-ли-ку Въ лѣсъ по-гу-ля-ти.
4. На-па-ли на коз-ли-ка Сѣ-ры-е вол-ки.

1. Вотъ какъ! Вотъ какъ! Сѣ-рень-кій коз-ликъ! Вотъ какъ!
2. Вотъ какъ! Вотъ какъ! О-чень лю-би-ла!
3. Вотъ какъ! Вотъ какъ! Въ лѣсъ по-гу-ля-ти!
4. Вотъ какъ! Вотъ какъ! Сѣ-ры-е вол-ки!

Вотъ какъ! Сѣ-рень-кій коз-ликъ!
Вотъ какъ! О-чень лю-би-ла!
Вотъ какъ! Въ лѣсъ по-гу-ля-ти!
Вотъ какъ! Сѣ-ры-е вол-ки!

5. Оставили бабушкѣ

Рожки да ножки!

Вотъ какъ! Вотъ
какъ! (bis).

Рожки да ножки!

№ 3. ВО ПОЛѢ БЕРЕЗЫНЬКА СТОЯЛА.

Не очень скоро.

1. Во по-лѣ бе-ре-зынь-ка сто-я-ла, Во по-лѣ ку-
2. Во по-лѣ мы съ дѣт-ка-ми гу-ли-ли, Вѣ-точ-ки съ бе-
3. Нут-ка, дѣт-ки, вѣ-точ-ки сби-рай-те, Въ чистомъ по-лѣ

1. дри-ва-я сто-я-ла. Ай лю-ли, лю-ли, сто-я-ла.
2. ре-зынь-ки ло-ма-ли. ло-ма-ли.
3. ко-лыш-ки вби-вай-те. вби-вай-те.

Ай лю-ли, лю-ли, сто-я-ла!
ло-ма-ли!
вби-вай-те!

4. Стройте-ка шалашъ
себѣ отъ зною:
Будутъ вѣтки кров-
лею густою,—
Ай люли, люли, гу-
стою! (bis).

5. Сядемъ мы подъ нею,
припѣвая:
То-то наша хата
зеленая!
Ай люли, да зеле-
нàя! (bis).

6. Славно пахнутъ свѣженькія вѣтки,
То-то любо намъ подъ тѣнью дѣтки!
Ай люли, подъ тѣнью, дѣтки! (bis).

№ 4. ДОЖДИКЪ, ДОЖДИКЪ, ПОЛНО ЛИТЬ.

(На голосъ: „И шуме и гуде‟).

Умѣренно.

1. Дож-дикъ, дож-дикъ, пол-но лить, Бѣд-ныхъ дѣ-ту-шекъ мо-чить;
2. Въ ру-ки гра-бель-ки возь-мемъ, Жи-во сѣ-но раз-гре-бемъ:

1. Со-бе-рем-ся мы въ кру-жокъ На зе-ле-ный на лу-жокъ.
2. Доб-рымъ лю-дямъ бы по-мочь, Что въ тру-дахъ и день, и ночь.

№ 5. ТРИ ЗАГАДКИ.

(На голосъ: „Какъ со вечера дождь").

Не очень скоро.

Слу-шай, ма-лый се-ми лѣт-ка! Раз-га-дай мнѣ три за-

гад-ки: Что рос-тетъ-то безъ ко-рень-я? Что цвѣ-тетъ-то

да безъ цвѣ-ту? Что шу-митъ-то да безъ вѣ-тру?

Ум - никъ Пе-тя вмигъ сме-ка-етъ: Я, вотъ, вы-росъ
А пой-демъ мы вмѣ-стѣ прыгать: Шумъ по - ды-мемъ

безъ ко - рень - я; А сес - три - ца на - ша Ка - тя
и безъ вѣт - ру! Ай, ту - туш - ки, да ва - труш - ки,

ма - ковъ цвѣ - тикъ и безъ цвѣ - ту;
Тромъ-томъ - томъ, да съ тво - ро - гомъ!

№ 6.   БАЮШКИ БАЮ.

(На голосъ: „Пряди, моя пряха").

Не скоро.

1. Ба - юш - ки ба - ю,   Ба - ю ми - лу - ю ди - тю.
2. У ко - та ли,   у ко - та   Ко - лы - бель - ка хо - ро - ша;
3. При - ди, ко - тикъ, но - че - вать, Мо - ю дѣ - точ - ку ка - чать:
4. Ужъ ты сѣ - рень - кій ко - токъ, При - ди въ го - сти но - че - вать,
5. Ужъ какъ я те - бѣ ко - ту   За - ра - бо - ту за - пла - чу:

1. Спи ты, спи, да по - чи - вай,   Глазъ сво - ихъ не рас - кры - вай!
2. У мо - го ли у ди - тя - ти   Есть по - луч - ше е - го.
3. По - ка - ча - ти ди - тю.   При - ба - ю - ки - ва - ти.
4. При - ди въ го - сти но - че - вать,   Мо - ю ми - лу - ю ка - чать.
5. Дамъ кув - шинъ мо - ло - ка   Да ко - нецъ пи - ро - га.

pp

6. Ужъ ты ѣшь, не кро - ши,   Боль - ше, ко - тикъ, не про - си.

pp

ritard. _ _ _ _

№ 7. АХЪ, БЕРЕЗЫНЬКИ.

(На голосъ: „Я вечоръ млада во пиру была").

Не скоро.

1. Ахъ бе - ре - зынь - ки,   вы ку - дря - вы - я,   Вы ку-
5. По - за - сох - нутъ всѣ   тво - и вѣ - точ - ки,   Суч - ки,

1. дря - вы - я,   бѣ - ло - стволь - ны - я,   2. Вы не стой-те здѣсь
5. вѣ - точ - ки,   всѣ от - ро - сточ - ки!

близ - ко бе - ре - га;   Что при - детъ при - детъ   вес-на крас-на-

я. 3. Что пой - детъ   пой - детъ   во - да воль - на - я,   Во - да

воль - на - я   по - ло - вод-на-я; 4. Что под - мо - етъ тутъ

ко - реш - ки тво - и, по - за - сох - нутъ всѣ тво - и вѣ - точ - ки,

№ 8. ПѢСНЯ БѢДНЯКА.

Умѣренно   На голосъ: „У сосѣда хата біла".

1. У ме - ня - лъ каф - танъ въ изъ - я - нѣ, Да каз - ны пя - такъ въ кар - ма - нѣ.

Песъ лох - ма - тый — вся ско - тин - ка, Самъ я въ мі - рѣ си - ро - тин - ка.

Песъ лох - ма - тый — вся ско - тин - ка, Самъ я въ мі - рѣ си - ро - тин - ка.

2

2. Гдѣ бъ найти дружка милаго,
   Съ кѣмъ по сердцу молвить слово?
   Да у насъ одна забота:
   Хочешь хлѣба—знай работай! } 2.

3. Эхъ, да что тужить и хныкать,
   Лучше горюшко размыкать.

Я пойду ль къ веселымъ людямъ, } 2.
Тамъ плясать и пѣть мы будемъ. }

4. Нутка, братцы, веселѣе!
   Эй гуляй, играй живѣе!
   Распознай-ка, добрый малый,
   Кто богатый, кто удалый! } 2.

№ 9. ВОТЪ Я КОЛЬЯ ТЕШУ.

(На голосъ: „Ахъ, вы сѣни мои, сѣни").

Скоро.

Вотъ я коль - я те-шу, О-го-родъ го-ро-жу, Я ка-
пус - ту са-жу, Са-жу бѣ-лень-ку - ю,

Ты родись, моя капуста,
И бѣла, и спѣла,
И бѣла, и спѣла,
И со тыномъ ровна.
У крестьянскихъ дѣтей

Похлебать бы только щей,
Да коль былъ таковъ удалъ,
Корку хлѣбца поглодалъ;
Такъ играй себѣ и пой
Съ развеселой головой! } 2.

№ 10. СОВУШКА.

(На голосъ: „Ахъ, утушка луговая").

Не скоро.

Гдѣ ты, со-вуш-ка, бы-ла? Гдѣ ты, вдо-вуш-ка, жи-ла?

Я жи-ла въ лѣ-си-щѣ, Во сы-ромъ дуп-ли-щѣ.

Кто тебя, сову, знавалъ,
У тебя хлѣбъ-соль ѣдалъ?
Все друзья-подружки,
Комарики-мушки,
Черный воронъ прилеталъ,
Сватью къ совушкѣ заслалъ,
Свашеньку смышлену,
Галку да ворону.
Будь мнѣ, совушка, женой;
Будемъ сытно ѣсть съ тобой
Всякую дичинку,
Палую скотинку.
Молвитъ совушка въ отвѣтъ:
—Что жъ? бери меня, мой свѣтъ:

Я вѣдь не косая,
Я вѣдь не кривая.
У меня-ль крючечкомъ носъ,
Пухомъ-перьемъ весь обросъ,
А на головищѣ
Вотъ такъ ужъ глазищи!
Воронъ свадебку сыгралъ,
Все честныхъ гостей сзывалъ:
Былъ тамъ сычъ-бояринъ,
Филинъ—важный баринъ;
Копчикъ, рябчикъ рядомъ съ нимъ,
И кукушка молодымъ
Много куковала,
Счастье предвѣщала.

12

№ 11. ГРИБЫ.

(На голосъ: „Плыветъ, восплываетъ").

Умѣренно.

Васъ, гри-боч-ки, мы сби-ра-емъ, Васъ по-емъ и ве-ли-ча-емъ.

Какъ за-ду-малъ царь гриб-ной, Бо-ро-викъ нашъ у-да-лой:

Важно сидя подъ дубочкомъ.　　　　—«Эй, бѣлянки, на войну,
Шлетъ приказъ онъ всѣмъ грибочкамъ:　　Въ чужеземную страну!»

№ 12. ВЕСЕННЯЯ НЕПОГОДА.

Не скоро.

1. Вновь теп-ломъ ве-сен-нимъ вѣ-етъ, Снѣ-гу вмигъ не ста-ло;

Въ по-лѣ трав-ка зе-ле-нѣ-етъ, Рѣч-ка за-свер-ка-ла.

2. Вотъ и птичка съ пѣснью звонкой
   Въ рощу заглянула,
   Вдругъ со сѣверной сторонки
   Холодомъ пахнуло.

3. И подъ снѣгомъ на полянѣ
   Зелень вновь мертвѣетъ;
   Все кругомъ въ сыромъ туманѣ,
   Рѣзкій вѣтеръ вѣетъ.

4. Ждалъ и нашъ бѣднякъ, гадая:
   „Я-ли молоденекъ;
   Заживу я, припѣвая,
   Раздобуду денегъ!"

5. Во чужихъ людяхъ достался
   Горекъ хлѣбъ сироткѣ;
   Такъ и ждалъ онъ—не дождался
   Ясной-то погодки.

№ 13. ВѢЮ, ВѢЮ, ВЬЮ.

Умѣренно.

Вѣ-ю, вѣ-ю, вѣ-ю, вью, Ты кру-тись ве-ре-те-но.
Я изъ ни-токъ по-лот-но Бѣ-ло тон-ко-е сот-ку.

Ты кру-тись, жи-вѣй хо-ди, Бѣ-лыхъ ни-токъ на-пря-ди.
Ми-шѣ ми-ло-му друж-ку Я ру-ба-шеч-ку сошь-ю.

14

№ 14. ЗИМА.

Умѣренно.

Въ ночь-ку во-етъ и гу-дитъ На дво-рѣ мя-те-ли-ца;

У-тромъ сол-нышко бле-стить, Снѣгъ пу-ши-стый сте-лет-ся.

Встала Маша ото сна,
Прыгъ съ своей кроваточки:
Поглядитъ,—а у окна
Санки-самокаточки.

То-то радость! ай люли!
И забила въ ладошки.
Сѣли мы и понесли
Насъ съ тобой лошадушки.

№ 15. БУРЕНУШКА.

Умѣренно.

1. Ужъ какъ я-ль мо-ю ко-ро-вуш-ку люб-лю! Сыт-на пой-ла

я бу-ре-нуш-кѣ наль-ю, Чтобъ сы-та бы-ла ко-ро-вуш-ка мо-

я, Что-бы сли-во-чекъ бу-ре-нуш-ка да-ла.

2. Тру-ту-ту-ту, затрубилъ нашъ пасту-
шокъ,
Собирались всѣ коровки на лужокъ.
Стала тутъ моя коровушка мычать;
Ужъ и ласкъ моихъ не хочетъ боль-
ше знать.

3. Проситъ жалобно на волюшку пу-
стить:
Ей милѣе во чистомъ полѣ бродить,
Ѣсть на солнышкѣ медвяную траву,
Чѣмъ стоять-то въ душномъ, въ тем-
номъ во хлѣву.

№ 16. КАКЪ У НАСЪ-ТО КОЗЕЛЪ.

Умѣренно.

Какъ у насъ-то ко-зелъ, Что пре-ум-ный былъ: Самъ и

по во - ду хо - дилъ, Самъ и ка - шу ва - рилъ, Дѣ - да съ баб - кой кор -

милъ, Дѣ - да съ баб - кой кор - милъ.

Какъ пошелъ нашъ козелъ
Онъ во темный лѣсъ,
Какъ на встрѣчу ему
Да и семь волковъ. (2).

Какъ одинъ-ли то волкъ
Онъ голодный былъ,
Онъ три года ходилъ
Все козлятинки просилъ. (2).

№ 17.   КАКЪ У БАБУШКИ КОЗЕЛЪ.

Не очень скоро.

Какъ у ба-буш-ки ко-зелъ,   У Вар - ва-руш-ки сѣ-дой,—

Онъ подъ печ - кой жи - валъ, Все су - ха - ри - ки ѣ - далъ.

Отпросился козелокъ,
Отпросился молодой,
Какъ у бабки на часокъ
Погуляти во лѣсокъ.
Ужъ ты, бабушка,
Ты, Варварушка,

Ты пусти, пусти въ лѣсокъ
На единый на часокъ.
Я семь волковъ убью,
Тебѣ шубу сошью;
А восьмаго убью —
Воротникъ пришью.

№ 18.   МОЯ КОРОВУШКА.

Не очень скоро.

Ты по-ди, мо - я ко-ро-вуш-ка, до-мой, Ты по-ди, мо - я не-до-е-

на, до-мой. Ти - ли, ли - ли - ли ка - лин - ка мо - я!

3

Въ са-ду я - го - да ма - лип - ка мо - я!

У насъ горенка. нетоплена стоитъ,
А ребятушки некормлены кричатъ.

Ти-ли, ли-ли-ли калинка моя!
Въ саду ягодка малинка моя!

№ 19.   ЛЕБЕДЬ.

Не скоро.

Какъ по мо - рю, Какъ по мо - рю, Какъ по мо - рю, мо-рю си - не - му, Какъ по мо-рю, мо-рю си - не - му,

Плыла лебедь, (2).
    Плыла лебедь съ лебедятами. (2).
Со малыми, (2).
    Со малыми со ребятами. (2).
Гдѣ ни взялся, (2).
    Гдѣ ни взялся младъ ясенъ соколъ. (2).

Убилъ, ушибъ, (2).
    Убилъ, ушибъ лебедь бѣлую. (2).
Онъ кровь пустилъ, (2).
    Онъ пустилъ кровь по сырой землѣ, (2).
Онъ пухъ разнесъ, (2).
    Онъ разнесъ пухъ по поднебесью. (2).

Какъ затужатъ, (2).
Загорюютъ лебедятушки (2).
Но родимой, (2).
По любимой да по матушкѣ. (2).

Остались мы, (2).
Мы остались сиротинками, (2).
Малешеньки, глупешеньки, (2).
Малы, глупы, безпріютные. (2).

№ 20.   СѢЙ СКОРѢЕ, МУЖИЧЕКЪ.

Умѣренно.

1. Сѣй ско-рѣ-е,   му-жи-чекъ,   Сѣй ско-рѣ-е,
2. Глядь и ко-ло-сомъ наль-ет-ся,   Глядь и ко-ло-

му-жи-чекъ.   Вы-палъ свѣт-лень-кій де-некъ: Рожь какъ
сомъ наль-ет-ся; Какъ наль-ет-ся, со-бе-рет-ся   Жать е-

разъ   взой-детъ.
е   на-родъ.

№ 21. ТОНЮ ТЯНУ.

(На голосъ: „Стой, мой милый хороводъ").

Не скоро.

1. То - ню тя - - ну,   Ры - бу лов - лю,
2. Щуч-ки въ куч - кѣ,   Плотич-ки на па-лоч-кѣ,
3. У - хи на-ва - рю,   Дѣ - тей на-корм-лю,

1. Въ ко - шель кла - ду,   До - - мой я не-су.
2. О - динъ ер - шокъ,   Да и тотъ въ гор-шокъ!
3. Да и спать у-ло-жу.   Да и спать у-ло - - жу.

№ 22. СОЛНЫШКО ВЕДРЫШКО.

Не очень скоро.

1. Сол - ныш-ко, ве-дрыш-ко!   Вы - глянь въ о-ко-шеч - ко,
2. Пла-чутъ тво - и дѣт - ки,   Пла-чутъ ма - лы крош - ки,
3. Солн-це за - иг - ра - ло,   Дѣ-туш-камъ ска-за - ло:
4. Въ по-лѣ вы гу-ляй - те,   Бѣ - гай-те, иг - рай - те,

1. По - свѣ - ти не - множ-ко.
2. Слов - но птич-ки въ клѣт-кѣ.
3. Эй, гу - ляй-те въ по-лѣ;
4. Пры - гай-те на во - лѣ.

№ 23.　КОЛЯДА.

Не очень скоро.

1. Ай, ко - ля - да ве - се - ла,　На И - ва-новъ дворъ при-шла.
2. И во - ро - та, и за - бэръ　Всѣ рас - кра - ше - ны въ у-зоръ,
3. Се - ре - ди то - го дво - ра　Три чу - дес-ныхъ те - рем - ка:
4. Кра-ше мѣ-ся - ца въ дру-гомъ　Свѣтъ хо - зяй - ка подъ ок - номъ;

1. Какъ И - ва-новъ дворъ кра - сенъ,　Онъ кра-сенъ, мо - щенъ, ты - ненъ.
2. Ра - зу - кра - ше - ны кру-гомъ　По ты - чин-камъ жем - чу - гомъ;
3. Въ пер-вомъ сол-ныш - ко бле-стигъ,　Самъ И - ванъ су - дарь си - дитъ;
4. Въ треть-емъ звѣз-доч - ки го - рятъ,　Все ре - бя - туш - ки си - дятъ.

№ 24. ЧИРИКЪ, ЧИРИКЪ ПТИЧКА.

Умѣренно.

Чи - рикъ, чи-рикъ итич-ка гнѣз - дыш-ко вьетъ, Чи-

рикъ, чи - рикъ я - ич - ко въ гнѣз-дыш - ко кла - детъ.

Глядь по - глядь ужъ птенчикъ въ гнѣз-дыш - кѣ си - дитъ;

пью, пью, пью пи-щитъ онъ, порхъ у - ле - тѣлъ.

№ 25. ВЕСНА.

Не скоро.

Вес-на, вес-на крас-на-я, При-ди, вес-на, съ ра-достi-ю,

Съ ра-дос-тi-ю, ра-до-стью съ ве-ли-ко-ю ми-ло-стью, Со

льномъ вы-со-кимъ, Съ кор-немъ глу-бо-кимъ, Съ хлѣ-ба-ми о-биль-ны-ми. Вес-

на! вес-на! На чемъ приш-ла? На чемъ прi-ѣ-ха-ла? На

со - шеч-кѣ, На бо - ро - ноч-кѣ!

№ 26.   „ЭЙ, УХНЕМЪ“.

Умѣренно.

Эй, ух - немъ, эй, ух - немъ! Е - ще ра - зикъ, е - ще разъ.

Эй, ух - немъ, эй, ух - немъ! Е - ще ра - зикъ,   е - ще разъ.

Ну - ка, брат-цы, за дѣ - ло, Что-бы ми-гомъ по - спѣ - ло.

Ай да, да ай да, Ай да, да ай да, Чтобы ми - гомъ пос - пѣ - ло.

Эй ух - немъ, эй ух - немъ, е - ще ра - зикъ е - ще разъ.

Эй ухнемъ, эй ухнемъ!
Еще разикъ, еще разъ.
Понатужтесь маленько....
Ой, поднять тяжеленько!
   Ай да, да ай да, (2).
  Ой, поднять тяжеленько.

Эй ухнемъ, эй ухнемъ и т. д.
Да чего не сломила
Богатырская сила.
   Ай да, да ай да, (2).
  Богатырская сила.

26

ПОДВИЖНЫЯ ИГРЫ.

№ 27. ЛЯГУШКА.

Не очень скоро.

1. Вотъ, ля-гуш-ка по до-рож-кѣ Ска-четъ, вы-тя-нув-ши нож-ки,
2. Вотъ, изъ лу-жи-цы на коч-ку, Да за муш-ко-ю въ при-скоч-ку,
3. Му-шекъ въ по-лѣ, то и зна-етъ, Я-зыч-комъ сво-имъ хва-та-етъ,
4. Боль-ше ѣсть ей не о-хо-та, Прыгъ о-пять въ сво-е бо-ло-то:
5. Шлепъ да шлепъ, а тутъ по-друж-ки Изъ во-ды кри-чатъ ли-гуш-кѣ:

Ква, ква, ква, ква, ква, ква, ква, ква, Ска-четъ, вы-тя-нув-ши нож-ки.
Да за муш-ко-ю въ при-скоч-ку.
Я-зыч-комъ сво-имъ хва-та-етъ.
Прыгъ о-пять въ сво-е бо-ло-то.
Изъ во-ды кри-чатъ ля-гуш-кѣ.

№ 28. ЛОШАДКА.

Умѣренно.

1. Вотъ ло-шад-ка въ чис-томъ по-лѣ Ска-четъ ве-се-ло на во-лѣ.

Гопъ ло-шад-ка по до-ламъ го-рамъ, Гопъ въ галопъ по свѣт-лымъ по лу-гамъ.

По большой дорогѣ бойко
Пронеслась лихая тройка.
Гопъ, лошадка, пыль столбомъ летитъ,
Гопъ въ галопъ—летитъ изъ подъ копытъ.

По дорогѣ ровной, гладкой
Поскачу и я лошадкой.
Гопъ, лошадка, ты скачи, скачи,
Гопъ въ галопъ да насъ не затопчи.

№ 29. ЗЕМЛЕДѢЛЕЦЪ.

(На голосъ: „Во лузяхъ“).

Не скоро.

Сѣй-ка, сѣй, му-жи-чекъ, Сѣй-ка сѣй му-жи-чекъ, Сѣй да

пѣс-ню пой, пой-детъ ра-бо-та въ прокъ, Сѣй да пѣс-ню пой, пойдётъ ра - бо - та въ прокъ.

Стала рожь созрѣвать; (2).
Нутка со серпомъ мы жать ее пой-
дёмъ! (2).
Ужъ пора молотить, (2).
Будемъ дружно бить цѣпами по сно-
памъ. (2).
Мужичекъ нашъ усталъ, (2).
Крѣпко спитъ родной: работалъ день
деньской. (2).
Мельникъ сталъ работать, (2).
Намололъ муки онъ полные мѣшки. (2).
Будемъ тѣсто мѣсить! (2).
Эй, пекарь, скорѣй намъ будокъ суха-
рей! (2).

№ 30. ПТИЧКА.

Не скоро.

1. Птич-ка въ ку-стя-кахъ ле-та - ла, Безъ у - мол - ку
2. А изъ гнѣз-дыш - ка на вѣт - ки къ ней пор - ха - ли
3. Бу-дутъ кры-лыш - ки силь-нѣ - е, Бу-демъ, пташки,

ще-бе - та - ла: Ті - о, ті - о, чикъ, чикъ, чикъ, Да кру - гомъ
ма-лы дѣт - ки. Кли-четъ мать:
мы смѣ - лѣ - е За - по - емъ,

Все ле - та - ла надъ сво-емъ гнѣз - домъ.
Вы у - чи-тесь дѣ-туш-ки ле - тать.
Са - ми въ лѣсъ зе - ле-ный мы порх-немъ.

№ 31. ЗАЙЧИКЪ.

Не очень скоро.

За - инь-ка, сѣ-рень-кій, гдѣ ты бы-валъ? Я во са -
За - инь-ка, какъ же со шкур-кой сво-ей Цѣлъ, не вре-

ду въ о-го - ро - дѣ гу-лялъ: Скокъ, скокъ, скокъ че-резъ пень,
димъ ты у-шелъ отъ лю-дей? Я ли быст - ре - нек,

че-резъ тынъ въ о-го-родъ: Тамъ-то за мно-ю
Да я ли у-далъ: Скокъ, скокъ, скокъ Че-резъ гряд-ки

по-гнал - ся на-родъ.
и въ лѣсъ у-ска-калъ.

№ 32. ИГРА ВЪ „КОШКУ И МЫШКУ“.

МЫШКА.

Не скоро.

Скуч-но, скуч-но намъ въ под-по-льѣ Въ тем-ной нор-кѣ

все си - дѣть; А на солн-цѣ вотъ при - воль - - е,

Лю - бо ве - се - ло смо - - трѣть!...

Хоръ.

Скоро.

1. Ай лю-ли, лю - ли, пес-трѣ-етъ Все цвѣ-точ-ка - ми лу-жокъ,
2. Мыш-ка, мыш-ка, мат - ка зна-ла, Здѣсь бѣ - да те - бѣ, дру-жокъ:
3. Мыш-ка! нѣтъ, не слу-шай, мыш-ка, Бе-ре-гись ты э - тихъ ланъ:

Замедляя.

Ай лю - ли, лю - ли, какъ вѣ-етъ Лег-кій свѣ-жій вѣ - те-рокъ!
Эй смо - три, чтобъ не по - па - ла Ко-то-фе - ю на зу-бокъ.
Ког-ти вы - пу - стить ко-тиш-ко, Прыгъ и ми-гомъ цапъ ца-рапъ.

МЫШКА.

Весело.

1. Какъ свѣт-ло здѣсь, какъ про-стор-но, По - гу - лять бы на лу - гу;
2. Бу - ду пры-гать сколь-ко си - лы, Не ви - да - ла бъ толь-ко мать.

Вслѣдъ за ба - боч - кой про-вор-но Я по трав-кѣ по-бѣ - гу.
Стро - го, стро - го за - пре-ти - ла Мнѣ изъ нор-ки вы-бѣ-гать.

К О Т Ъ.

Я мур - лы - ка, по - гля - ди - ка,

Глад - кій бѣ - день - кій ка - кой, Глад - кій бѣ - день - кій ка - кой.

Мыш - ка но - рыш - ка, при - ди - ка. По - иг - ра - емъ мы съ то - бой.
Мяг - кой лап - ко - ю сво - е - ю при - лас - ка - ю, по - лю - бл̌

Слав - но пры - гать я у - мѣ - ю, По мур - лы - чу для те - бя,
По - смо - три хвос - томъ пу - шис - тымъ Я такъ ти - хо ше - ве - лю.

5

Ну, пой-демъ же въ по-лѣ чис-томъ птич-ку я те-бѣ слов-лю.

№ 33. РАБОТНИКИ.

Не очень скоро.

Ну дѣ-туш-ки, пой-те жи-вѣ-е: Ра-бо-та пой-детъ ве-се-лѣ-е. Мо-лоть намъ, ру-бить и-ли шить. Съ у-мѣ-емъ мы все смас-те-рить.

Вотъ правой и лѣвой рукою
Помелемъ-ка кофе съ тобою.
Ай лошеньки, люли, люли,
Тц, мельница, живо мели!

Ну, нитокъ теперь намотаемъ,
Какъ это намъ сдѣлать, мы знаемъ.
Вотъ такъ мы мотаемъ клубки,—
А нити намъ свяжетъ чулки.

Теперь бы намъ шить поучиться:
Что знаешь—вперёдъ пригодится.
Вотъ такъ будемъ шить мы иглой,
То правой, то лѣвой рукой.

Теперь, мои дѣтушки, съ вами,
Мять глину мы будемъ погами.
Охъ, глина вязка и липка:
Работа была не легка.

Эй, дворникъ, куда ты съ метлою?
Пойдемъ-ка и мы за тобою,
Такъ трудится дворникъ съ утра,
Такъ соръ онъ мететъ со двора.
    Работать, мы, дѣтушки, любимъ,
Давайте и дровъ мы нарубимъ;
Рубите, рубите дрова.
Вотъ такъ-то: разъ два, да разъ два!
    Мы дровъ накололи для печи.
Такъ взвалимъ теперь ихъ на плечи.
Охъ, трудно нести, тяжело!
Свалили—ну вотъ, отлегло.
    Мы, дѣтки, работали дружно.
Теперь и побѣгать намъ нужно;
Эй, бѣгай живѣе, гуляй.
Другъ дружку хватай, нагоняй!
    Постойте, теперь не шумите,
На цыпочкахъ тихо идите:

Вотъ такъ, если мама уснетъ,
Чуть слышно на цыпкахъ впередъ!
    Ай трумъ, туруруши-тутушки!
Начнемъ мы теперь поскакушки;
Въ припрыжку мы будемъ ходить,
Да весело въ ладошки бить.
    Ай, ладошки, гдѣ вы бывали?
У бабушки кашку ѣдали:
Намъ бабушка кашки дала,
Да бражки намъ пить налила.
    Ну, дѣтки, въ кружокъ становитесь,
Да за руки дружно возьмитесь;
Кружитесь кругомъ, да кругомъ,
Вотъ такъ—все кругомъ, колесомъ.
    Охъ моченьки нѣтъ, какъ устали!
Довольно мы, дѣтки, играли!
Усядемся мирно рядкомъ,
Да пѣсенку всѣ запоемъ:

Не скоро.

Пта-шеч-ки мы воль-ны и. Мы, ку - да хо-тимъ, Во по - ли раз-
Тѣ лу - га зе-лѣ-тис-ты - е насъ къ се - бѣ зо-вутъ, Тѣ лѣ - са тѣ-

доль-ны - я. Во лѣ-са при-воль-ны-я ми-гомъ у - ле-тимъ!
нис-ты - е, Пти-чки го - до-сис-ты - я Гнѣз-дыш-ки тамъ вь-ютъ.

№ 34. ЛЕНЪ.

Довольно скоро.

Ленъ зе-ле-ной при го-рѣ при кру-той!

1. Ужъ я сѣ - я - ла,
2. Ужъ я дер - га - ла,
3. Ужъ я стла - ла, то,

сѣ-я-ла ле-нокъ, Ужъ я сѣ - я, при - го-ва-ри-ва-ла,
дер-га-ла ле-нокъ, Ужъ я, дер-гая, при - го-ва-ри-ва-ла, Чебо-
стла-ла ле-нокъ. Ужъ я стла-ла при - го-ва-ри-ва-ла,

Медленно.   Скоро.

та-ми при-ко-ла-чи-ва-ла, Ты у-дай - ся, мой бѣ-лень-кій ле-нокъ!

Ленъ зеленой... и т. д.

Я мочила, мочила ленокъ,
Я мочила, приговаривала... и т. д.
Ленъ зеленой... и т. д.
Я сушила, сушила ленокъ:
Я сушила, приговаривала... и т. д.
Ленъ зеленой... и т. д.
Ужъ я мяла, и мяла ленокъ,
Ужъ я мяла, приговаривала... и т. д.
Ленъ зеленой... и т. д.
Я трепала, трепала ленокъ,
Я трепала, приговаривала и т. д.

Ленъ зеленой... и т. д.

Я чесала, чесала ленокъ,
Я чесала, приговаривала... и т. д.
Ленъ зеленой... и т. д.
Ужъ я пряла, я пряла ленокъ,
Ужъ я пряла, приговаривала... и т. д.
Ленъ зеленой... и т. д.
Ужъ я ткала, я ткала ленокъ,
Ужъ я ткала, приговаривала,
Чеботами приколачивала:
Ты удайся, мой бѣленькій ленокъ!

Дозволено цензурою. С.-Петербургъ, 1-го Октября 1875 года.   Ноты печатаны въ типографіи В. С. Балашева.

КНИГИ ДЛЯ НАРОДНЫХЪ ШКОЛЪ
В. ВОДОВОЗОВА.

www.ingramcontent.com/pod-product-compliance
Lightning Source LLC
Chambersburg PA
CBHW080511090426
42734CB00015B/3031